Wolfgang Adelung   Einführung in den Orgelbau

Wolfgang Adelung

Einführung in den Orgelbau

3. Auflage

1974
BREITKOPF & HÄRTEL · WIESBADEN

ISBN 3 7651 0088 9
3. erweiterte Auflage
Lizenzausgabe des
VEB Breitkopf & Härtel Musikverlag Leipzig
Schutzumschlag: Joachim Thamm, Leipzig
Printed in Germany

Walter Supper gewidmet

Zum Geleit

Noch ehe die Gründung der „Gesellschaft der Orgelfreunde" bei der Internationalen Barock-, Orgel- und Musiktagung 1951 in Ochsenhausen vollzogen wurde, hat es Orgelfreund Dr.Wolfgang Adelung unternommen, sein vorliegendes Buch zu konzipieren. Der immer größer werdende Kreis der Orgelfreunde ermutigte ihn, dieses Werk nun in die vorliegende Form zu gießen.

Der Verfasser, seines Berufes Arzt und im Lieblingsberuf Organist, Orgelselbstbauer und Orgelkenner, hat mit diesem Werk dem Laien etwas in die Hand gegeben, das diesen einen Einblick tun läßt in die „Welt der Orgel". Daß ein Orgelfreund dem Laien berichtet, hat sein Gutes: Er bleibt bei dem, was der Laie fassen kann, und er weiß, daß er dem interessierten Orgelfreund keine zu komplizierte Lektüre vorsetzen darf.

Die „Gesellschaft der Orgelfreunde" rechnet es sich zur Ehre, daß eines ihrer Mitglieder dieses Buch verfaßt hat, und wünscht dem Verfasser und dem Werk, daß durch das Erscheinen dieses Buches der Orgel viele Freunde zugeführt werden mögen.

Esslingen am Neckar   Dr. Walter Supper
Weihnachten 1953   1. Vorsitzender der GDO

Vorwort

Dieses Buch soll, wie der Titel auch lautet, nur eine Einführung in das große Gebiet des Orgelbaus sein. Und der Nachteil jeder Einführung, von allem möglichst das Wichtigste, und das nur kurz zu bringen, macht sich auch hier bemerkbar. Denn der Orgelbau umfaßt so viele Einzeldisziplinen, vom Handwerklichen angefangen bis zur künstlerischen Vollendung, daß alles nicht bis ins letzte im Rahmen einer Einführung beschrieben werden kann. Da sich jedoch dieses Buch an Orgelfreunde und Orgelspieler wendet, kann von vornherein auf die Darstellung des rein Handwerklichen verzichtet werden.

Jeder, der Orgel spielen will, sollte wenigstens über die Grundbegriffe des Orgelbaus und über die künstlerische Beschaffenheit seiner Orgel Bescheid wissen. Und das ganz besonders jeder angestellte Organist. Gewiß kann man auch Orgel spielen, ohne über ihr Inneres Bescheid zu wissen. Aber ohne diese Kenntnis fehlt der nähere Kontakt, fehlt überhaupt eine wichtige Voraussetzung für künstlerisches Spiel!

So will dieses Buch nur eine Andeutung der Orgelbaupraxis bringen. Aber gleichzeitig soll es auch einen Einblick in die künstlerischen Grundlagen geben, die die Voraussetzung für einen charakteristischen echten Orgelklang sind. Denn diese Grundlagen sind nicht nur Sache des Orgelbauers, wie man denken könnte, sondern sie werden erst durch die Zusammenarbeit von Orgelbauer und Orgelspieler gebildet. Das zeigte sich besonders gut bei der Orgelreform vor einigen Jahrzehnten, als die Initiative für neue orgelgemäße künstlerische Grundlagen von Orgelspielern ausging – und dies nicht nur von professionellen Organisten. Deswegen werden diese Grundlagen hier eingehender beleuchtet, als es vielleicht von einer Einführung zu erwarten wäre, wobei sie jedoch trotzdem noch lange nicht erschöpfend behandelt werden (Mensurierung, Disposition). Für ein genaueres Studium sei deshalb auf die zahlreiche spezielle Fachliteratur hingewiesen.

Die technischen Einrichtungen der Orgel werden hier so weit wie nötig erklärt. Bei der Vielzahl der gut funktionierenden Systeme mußte eine gewisse Auswahl getroffen werden; doch sei dazu gleich bemerkt, daß dies nicht ein Werturteil einzelner Systeme bedeutet, sofern solches nicht besonders erwähnt wird.

Für viele wertvolle Hinweise und Anregungen bei der Gestaltung dieses Buches bin ich Dr. Walter Supper, Esslingen am Neckar, zu besonderem Dank verpflichtet. Des weiteren möchte ich an dieser Stelle Dr. Paul Rubardt, Leipzig, für seine freundliche Unterstützung herzlich danken.

Möge dieses Buch den Zweck erfüllen, den Orgelfreund in das große und schöne Gebiet des Orgelbaus einzuführen und dem Orgelspieler ein kleines Nachschlagewerk zu sein!

Singen/Hohentwiel 1954   Dr. Wolfgang Adelung

Vorwort zur 2. Auflage

Nachdem gerade in den letzten Jahren sehr viele neue Erkenntnisse im Orgelbau gewonnen wurden, war für eine Neuauflage dieses Buches eine ausgiebige Umarbeitung des Stoffes notwendig. Dabei konnten viele der neuen und neuesten Erkenntnisse verarbeitet und dazu – dank dem Entgegenkommen des Verlages – auch der bisherige Text erweitert werden. Ebenso war es möglich, die Anzahl der Abbildungen zu vergrößern, um einige Kapitel anschaulicher darzustellen. Dadurch geht jetzt manches über die Elementarkenntnisse hinaus, was – meist kursiv gedruckt – dem besonders Interessierten einen größeren Einblick in die Feinheiten des Orgelbaus gibt, aber auch manchem zum Nachschlagen dienlich sein wird. Denn die heutigen Diskussionen und auch die Literatur über Orgelbau und Orgelklang setzen viele Kenntnisse voraus, die sich erst aus einem genaueren Studium mancher künstlerischen und technischen Orgelbaufragen ergeben. Dies alles bedingt, nun auf mehr Einzelheiten einzugehen als in der ersten Auflage.
Besonderen Dank möchte ich erneut Dr. Walter Supper, Esslingen am Neckar, für viele wesentliche Hinweise und für die Durchsicht des Manuskripts aussprechen, sowie Orgelbauer W. E. Renkewitz, Nehren, und vielen anderen Orgelbauern und Orgelfreunden, die mir wertvolle Anregungen gaben.

Singen/Hohentwiel 1971   Dr. Wolfgang Adelung

Gegenüber der 2. Auflage ist der Text im wesentlichen unverändert geblieben, auch wenn manche neue Erkenntnisse der letzten Jahre eine Neubearbeitung notwendig gemacht hätten. Denn das Manuskript war schon 1968 abgeschlossen. Doch konnten jetzt wenigstens einige Fehler berichtigt werden, die sich in die letzte Auflage eingeschlichen hatten.

Singen/Hohentwiel 1974   Dr. Wolfgang Adelung

Inhaltsverzeichnis

Verzeichnis der Bildtafeln

Tafel 1   Orgel im Straßburger Münster, erbaut 1489 von Friedrich Krebser. Sogenanntes „Schwalbennest" mit Rückpositiv, an der Nordwand hängend. Die
„Ohren" (Schnörkelverzierungen an den Seiten) sind Zutaten der Barockzeit (Foto: Documents historiques).

Tafel 2   Orgel der St. Stephanskirche zu Tangermünde, erbaut 1624 von Hans Scherer. Sogenannter „Hamburger Prospekt" mit zwei auf beiden Seiten in gleicher Höhe des Rückpositivs stehenden Pedaltürmen (Foto: Grossmann, Tangermünde).

Tafel 3   Orgel der St. Wenzelskirche zu Naumburg, erbaut 1695–1705 von Zacharias
Thayßner, Umbau 1743–1746 von Zacharias Hildebrandt (Foto: Deutsche
Fotothek, Dresden).

Tafel 4   Orgel der St. Jakobikirche zu Hamburg, erbaut 1689–1693 von Arp Schnitger (Foto: Kurt Drews, Hamburg).

Tafel 5   Orgel im Münster zu Weingarten (Württemberg), erbaut 1737–1750 von
Josef Gabler. Zwei Rückpositive, ganz oben das Kronwerk (Foto: Helga
Schmidt-Glassner, Stuttgart).

Tafel 6   „Sonnenorgel" der St.-Peter-und-Pauls-Kirche zu Görlitz, erbaut 1697–1703
von Eugenio Casparini und Sohn Adam Horatius, so genannt wegen der in
den „Sonnen" (Rosetten) strahlenförmig angeordneten Pfeifen (Foto: Walter Wolff, Görlitz).

Tafel 7   Orgel im Dom zu Freiberg, erbaut 1710–1714 von Gottfried Silbermann
(Foto: Deutsche Fotothek, Dresden).

Tafel 8   Orgel der evangelischen Kirche zu Störmthal bei Leipzig, erbaut 1722–1723
von Zacharias Hildebrandt (Foto: Institut für Denkmalpflege, Dresden).

Tafel 9   Orgel der ehemaligen katholischen Hofkirche zu Dresden, erbaut 1750–1754
von Gottfried Silbermann (Foto: Deutsche Fotothek, Dresden).

Verzeichnis der Abbildungen

Einleitung

In früheren Zeiten führte die Orgel den Namen „Königin der Instrumente", ein Attribut, das für die Bedeutung spricht, die die Orgel früher eingenommen hat. Heute ist diese Bezeichnung leider kaum noch gebräuchlich.

Wie kommt es nun zu diesem Namen? Schließlich ist die Orgel doch nur ein Musikinstrument wie eine Geige oder ein Klavier, allerdings klanglich und räumlich größer. Aber warum nun „Königin der Instrumente" – eine besondere Wertschätzung gerade dieses Instrumentes? Die Erklärung dafür liegt darin, daß das Musikempfinden in früheren Jahrhunderten – speziell im 17. und 18. Jahrhundert – anders war als heute. Das Ohr liebte den Bläserklang in einer Weise, wie wir dies heute nicht mehr kennen. Das Dominieren der Blasinstrumente ist aus den Musikwerken dieser Zeit bekannt und zeigte sich in der damaligen Rangordnung der einzelnen Musiker: Der Bläser (z. B. Stadtpfeifer) rangierte am höchsten, die Streicher (Fiedler) waren am wenigsten angesehen. Außerdem war die barocke Musikauffassung im Gegensatz zu heute anders, wie wir es aus Bachs Werken und aus denen der Meister vor Bach wissen: Diese Musik drückt weniger die subjektive Gefühlswelt des Komponisten aus, wie später bei den Romantikern, sondern sie ist – streng formal gebunden – meist ausgeglichen und affektarm; das Wesentliche der damaligen Musik ist die Objektivität dem Werk gegenüber – der schaffende Meister gilt wenig, das Werk alles. Und das Werk drückt tiefste Religiosität aus oder ist reine musikalische Form, begnadet durch die schöpferische Kraft des Meisters.[1]

Der Name „Königin der Instrumente" erklärt sich dadurch: Im Mittelpunkt des musikalischen Lebens stehend, das sich hauptsächlich in der Kirche abspielte, vereinigte die Orgel in sich Klangmittel aller Stärken und Farben, gepaart mit einem herben, überpersönlichen Klang, der das Ideal barocker Musikauffassung, aber auch das der rein kirchlichen Musik darstellte. Aus dem letzten Grunde hielt sich die Orgel in der Kirche, als sich das Musikempfinden zum Ende des 18. Jahrhunderts zu ändern begann.

Im Vordergrund des Musiklebens stand nun der romantische Orchesterklang, die Musik wurde empfindsamer, und ihr Schwergewicht verlegte sich aus der Kirche in den Konzertsaal, die „Königin der Instrumente" war damit entthront. Die Versuche im 19. Jahrhundert, die Orgel dem damaligen Orchesterideal anzugleichen, veränderten das Klanggefüge der Orgel so sehr, daß vor dem ersten Weltkrieg und in den zwanziger Jahren (s. Geschichte der Orgel) eine Reform erfolgte, die die Orgel wieder zu ihrem ursprünglichen Wesen und orgeleigenen Klang zurückführte.

Denn auch das moderne Stilgefühl hat sich geändert, indem wir nun Verständnis für die herbere Musik früherer Jahrhunderte (z. B. Frühbarock) bekommen haben. Die Musik der

---

[1] Die ersten Anfänge der deutschen Oper fallen erst in die Zeit um 1700.

Gegenwart steht dieser Klangwelt ebenfalls nahe. Dazu haben wir gelernt, uns in das Klanggefüge der Barockorgel bezüglich seiner kunstvollen Gesetzmäßigkeit hineinzuhören, wodurch die Orgelmusik als solche für uns an Bedeutung gewonnen hat. Ist die Orgel auch vorläufig noch vorwiegend an kultische Musik gebunden (Kirche, Feierstätten), so ist sie doch auf dem Wege, mehr in das Musikleben des Volkes einzudringen durch die Wiederaufnahme als Kleinorgel (Positiv, vgl. S. 198) in Schule und Haus, nicht zuletzt auch durch den Rundfunk. Auch technisch gesehen ist die Orgel eine „Königin der Instrumente". Sie ist das vielseitigste und in ihren räumlichen Ausmaßen größte Instrument, das ein Spieler beherrschen kann. Bei keinem anderen Musikinstrument finden wir so viele verschiedene Klangfarben wie bei der Orgel, keinen so großen Tonumfang, der von der untersten Grenze der Tonwahrnehmung bis zur obersten Grenze reicht (etwa 10 Oktaven). Dazu bietet die Orgel die Möglichkeit, vom leisesten pp bis zum vollsten ff in allen Klangstärken und Klangschattierungen klingen zu können. All das gibt der Orgel eine ganz besondere Stellung unter den Musikinstrumenten. – Erst der elektronischen Technik ist es jetzt gelungen, mit den „Elektrien" (s. S. 224) ähnlich vielseitige Instrumente herzustellen, die zwar den Namen Orgel für sich beanspruchen möchten, deren Tonerzeugung jedoch auf einem völlig anderen Sektor liegt als bei der Orgel, und die demzufolge eine Instrumentengattung eigener Prägung darstellen.

Ganz anders als die Orgel ist auch der Klangkörper eines Orchesters. Zwar enthält er einige der eben angeführten Eigenschaften; aber das Orchester ist kein Einzelinstrument, sondern setzt sich aus vielen Einzelinstrumenten zusammen. Beim Orchester steht neben seinem Gesamtklang jedes einzelne Instrument im Vordergrund, dessen Ton vom Musiker gebildet und geformt wird. Dadurch bekommt dieser Klang mehr individuelles Leben. Anders die Orgel: Der Ton, der auf den Tastendruck hin entsteht, klingt so lange in gleichmäßiger Stärke und Klangfarbe fort, bis die Taste losgelassen wird. Das gibt dem Orgelklang eine gewisse überpersönliche Note und entzieht ihn so dem Einfluß des Allzumenschlichen.

So wertvoll die mehr auf dem Formalen aufgebaute Eigenart der Orgelmusik ist, so ist sie doch wie alles Überpersönliche dem musikalischen Laien oft schwer zugänglich. Deswegen ist es die Aufgabe der Orgelbauer, durch charakteristische Pfeifenansprache, Mensurierung und Intonation den Orgelklang lebendig, klar und plastisch zu gestalten. Und Aufgabe des Organisten ist es, durch geeignete Agogik und Artikulation den Orgelklang so durchzubilden, daß dadurch den Zuhörern das innere Wesen jeder Orgelkomposition verständlich gemacht wird. Keine Orgel klingt besser, als sie der Organist spielt; und was er spielt, muß – besonders beim Reproduzieren – derart von ihm geistig nachgeschaffen und innerlich verarbeitet sein, daß alles zu einer persönlichen Aussage des Spielenden wird. Gemäß der Eigenart des Orgelklanges muß daher auf jeglichen Effekt, sei es in zu betonter dynamischer (crescendo–decrescendo), sei es in klanglicher (süßlicher) Hinsicht, verzichtet werden. Daraus ergibt sich von selbst, daß auf der Orgel nur gespielt werden darf, was dem Wesen des Instruments gerecht wird. Unmöglich ist die Wiedergabe von Orchesterwerken (z. B. Wagner), ganz zu schweigen von Opernmusik.

Der Versuch, Unterhaltungs- und Tanzmusik auf der Orgel wiederzugeben, führte zur Kino-Orgel, die durch einen anderen Klangaufbau und durch effektvolle Solostimmen das ernste Wesen der (Kirchen)-Orgel verloren hat. Schließlich ist auch der Leierkasten eine „Orgel"! Wir wollen uns hier aber nur mit den künstlerischen und technischen Grundlagen der wahren Orgel befassen, der „Königin der Instrumente", deren ungebeugter Klang zum Schönsten gehört, was Menschen erzeugen können.

1.   Grundbegriffe der Orgel

Wenn wir vor der Orgel stehen, sehen wir den *Prospekt[1]),* die Orgelfassade. Viele glauben nun, daß die Prospektpfeifen die einzigen der Orgel seien. Das ist ein verständlicher Irrtum; der eigentliche Komplex der Orgel mit wesentlich mehr Pfeifen befindet sich nämlich hinter dem Prospekt, im sogenannten *Orgelgehäuse.* Und deswegen wollen wir einmal in eine Orgel hineingehen, um einen Begriff von dem räumlichen Aufbau dieses Instrumentes zu bekommen (s. Bildtafel 12).

Wir treten durch eine kleine Tür im Orgelgehäuse in das Innere. Vor uns liegt das *Gebläse,* die Lunge der Orgel, mit oft mächtigen Bälgen, in denen Druckluft, der *Orgelwind,* erzeugt wird, der die Pfeifen zum Tönen bringt. Doch kann das Gebläse auch an einem anderen Ort (z. B. auf dem Dachboden) untergebracht sein. Und nun ersteigen wir eine schmale Leiter und sehen die Pfeifen vor uns, große und kleine, aus Holz und Metall, in allen möglichen Formen. Ein richtiger Pfeifenwald! Meist sind sie reihenweise der Größe nach geordnet, doch kann ihre Aufstellung auch nach einem anderen System erfolgen.

Die vielen Pfeifen (meist mehrere Hundert) stehen auf breiten hölzernen Kästen, den sogenannten *Windladen.* In diesen komplizierten Apparaten befinden sich die Ventile, durch die die Luftzufuhr zu den Pfeifen ermöglicht oder unterbrochen wird. Zu den Windladen führen dicke hölzerne Kanäle, die *Windkanäle,* die den Orgelwind vom Gebläse in die Windladen leiten. Die Ventile selbst kann man nicht sehen, weil sie in den Windladen untergebracht sind.

Wie geht nun ihre Steuerung vor sich? Um das zu erkennen, müssen wir wieder die kleine Leiter hinunter ins *Untergehäuse* steigen und sehen jetzt die Windladen von unten. Die Ventilsteuerung, die *Traktur[2]),* kann in verschiedener Weise vor sich gehen: entweder *mechanisch,* indem von den Tasten schmale hölzerne Leisten oder Drähte über Winkel und Wellen zu den Windladen gehen; oder *elektrisch*: wir sehen dann nur Drähte unter den Windladen; oder auch *pneumatisch*: hierbei führen vom Spieltisch zu den Windladen dünne Bleirohre, durch die bei Tastendruck Druckluft (auch manchmal Saugluft) geleitet wird. Die Druckluft öffnet dann auf komplizierte Art und Weise die Ventile in den Windladen, was später noch eingehend erklärt wird. Haben wir eine große Orgel vor uns, so befinden sich die Windladen mit den vielen Pfeifen meist in mehreren Stockwerken angeordnet. Es können dann auch mehrere Gebläseanlagen vorhanden sein.

Nachdem wir uns über den räumlichen Aufbau der Orgel informiert haben, verlassen wir die Orgelkammer und sehen uns den *Spieltisch* an, von dem aus der Organist die Orgel bedient. In der Mitte liegen dort die Klaviaturen für die Hände, die *Manuale[3]),* und unten

---

[1]) Von lat. prospicere = ausschauen, ansehen.
[2]) Von lat. trahere = ziehen (gilt eigentlich nur für die Mechanik).
[3]) Von lat. manus = Hand.

die Klaviatur für die Füße, das *Pedal*[4]). Meistens hat eine Orgel zwei Manuale, aber auch mehr (bis zu sieben), gelegentlich auch nur ein Manual. Der Tastenumfang der Manuale beträgt etwa $4^1/_2$–5 Oktaven, der des Pedals ist mit 2–$2^1/_2$ Oktaven dagegen wesentlich geringer.

Weiter sehen wir im Spieltisch die Registerzüge zur Betätigung der Register. Was sind nun *Register*? Wir wissen, daß jede Pfeife nur *einen* Ton geben kann. Deswegen braucht ein Manual mit z. B. 54 Tasten eine Pfeifenreihe mit mindestens 54 Pfeifen. Solch eine Pfeifenreihe nennt man Register. Jede Orgel besitzt mehrere Register (Pfeifenreihen), die wahlweise ein- oder ausgeschaltet werden können. Bei 4 Registern z. B. hat das Manual $4 \times 54 = 216$ Pfeifen, bei 10 Registern mindestens $10 \times 54 = 540$ Pfeifen. Mit Registern bezeichnet man eine Reihe von Pfeifen meist gleicher Bauart, die alle die gleiche Klangfarbe und Klangstärke besitzen. Und auf dem unterschiedlichen Klang der einzelnen Register beruht der Farbenreichtum der Orgel, auch ihre Tonfülle. So gibt es Register, deren Klang dem einer Flöte, Trompete, Geige usw. ähnelt. Die meisten Register jedoch bilden Klangfarben, die es beim Orchester nicht gibt, die also nur von der Orgel erzeugt werden können, z. B. das markige Prinzipal, das stille Gedackt, die strahlende Mixtur usw. Weitere Unterschiede zeigen sich in der Klangstärke und Tonhöhe (s. u.); und der verschiedene Gebrauch dieser Register, ihre Mischung und Addition, ist die *Registrierung*.

Zu jeder Klaviatur (Manuale und Pedal) gehören mehrere, nach bestimmten Gesichtspunkten verschieden verteilte Register. Das Vorhandensein mehrerer Manuale hat viele Gründe, über die später noch ausführlich gesprochen werden soll.

Wie vorhin schon erwähnt, beträgt der *Tonumfang* einer Orgel bis zu 10 Oktaven, obwohl jede Manualklaviatur nur $4^1/_2$–5 Oktaven umfaßt. Das kommt daher, weil die Register in verschiedenen Tonhöhen klingen. Es ertönt also auf der Taste c^1 nicht nur, wie auf dem Klavier, der Ton c^1, sondern bei manchen Registern auf dieser Taste auch der Ton c^0 oder c^2, c^3 usw. (Näheres auf S. 52). Manche Register klingen also 1 oder 2, auch 3, 4 Oktaven höher oder tiefer als andere.

Auch das *Pedal* ist eine Orgel für sich mit mehreren Registern, die aber zum Teil tiefer klingen als die Manualregister. Dadurch ist der Pedalklang tiefer, obwohl die Tasten notenmäßig den untersten Manualtasten entsprechen (die tiefste Taste des Pedals, wie auch die der Manuale, ist groß C; der tiefste Ton des Pedals jedoch liegt meist 1–2 Oktaven tiefer).

Die *Größe* einer Orgel schwankt von kleinen Werken mit nur wenigen Registern (bei 7 Registern etwa 500 Pfeifen) bis zu Riesenorgeln mit z. B. 208 Registern (Passauer Dom) = etwa 10 000 Pfeifen. In Nordamerika ist man noch weiter gegangen und baut Riesenorgeln mit bis zu 700 Registern. Diese Größen sind aber abnorm, denn bei der Registerzahl gibt es Grenzen, worüber später noch gesprochen wird. Eine Orgel einer mittelgroßen Kirche hat etwa 25–40 Register mit etwa 2000–3000 Pfeifen.

Wir sehen aus dem allen, daß die Orgel ein Tasteninstrument ist, im wesentlichen aber ein *Blasinstrument*, denn ihre Pfeifen werden durch komprimierte Luft (Orgelwind) zum Ertönen gebracht. Ein Unterschied gegenüber anderen Blasinstrumenten zeigt sich aber darin, daß bei der Orgel für jeden Ton *eine* Pfeife mit bestimmter Tonhöhe vorhanden ist, während z. B. eine Trompete durch entsprechendes Anblasen und durch Ventile mehrere Töne – jedoch nicht gleichzeitig – erzeugen kann.

---

[4]) Von lat. pedes = Füße.

Zum Begriff „Orgel" gehören also die Pfeifen. Alles, was keine Pfeifen hat, ist auch keine Orgel, selbst wenn es orgelähnlich klingt (z. B. das Elektrium).

Ein weiterer Unterschied gegenüber anderen Musikinstrumenten ist der, daß sich der einmal klingende Pfeifenton nicht mehr ändert: Er klingt gleichbleibend fort, er ist ungebeugt (starr). Eine Änderung der Klangfarbe ist nur durch einen Wechsel der Register möglich, bzw. durch den Wechsel der Manuale. Im allgemeinen kann man auch nur auf diese Art die Klangstärke ändern, doch gibt es in gewissen Grenzen dafür auch Schwelleinrichtungen (s. S. 155 und 156).

Nach diesem kleinen Einblick in den Grundaufbau einer Orgel können wir uns vorstellen, was für ein Wunderwerk dieser Komplex mit den vielen Pfeifen, den Windladen, der Traktur, dem Spieltisch und dem Gebläse ist. Und für den *Orgelbauer,* der sein Fach als Schreiner, Metallarbeiter, Lederfachmann und sogar auch als Elektriker beherrschen muß, ergeben sich dazu noch in großem Maße rein künstlerische Fragen, wie die günstigste Klanggestaltung der Pfeifen *(Mensurierung* und *Intonation)* und die Zusammenstellung *(Disposition)* der einzelnen Registerfarben zu einer klanglichen Einheit. Neben akustischen Gesetzen kennt der Orgelbauer auch die statischen Bedingungen für den räumlichen Aufbau, er muß Künstler, Handwerker, Ingenieur und Architekt zugleich sein.

2.   Das Wichtigste aus der Akustik

Um ein besseres Verständnis für viele Eigenschaften des Klangkörpers der Orgel, der Pfeifen, zu bekommen, sei hier kurz auf gewisse Grundgesetze der Akustik eingegangen. Denn der Pfeifenklang und seine Bildung sind wie bei allen Musikinstrumenten physikalischen Gesetzen unterworfen, deren Einfluß auf den Klang nicht uninteressant ist. Wen die physikalischen Klangbedingungen jedoch nicht interessieren, der möge dieses Kapitel ruhig übergehen. Aber er wird das eine oder andere Mal vielleicht doch dankbar für einen Hinweis auf manche Gesetze der Akustik sein, durch die er einige schwierig scheinende Verhältnisse bei der Orgel und ihrem Klang erst versteht.

2.1.   Schwingungen, Wellen

Bekanntlich nimmt unser Ohr dann einen Ton wahr, wenn es von – meist gleichförmigen – Luftschwingungen getroffen wird (ungleichförmige Luftschwingungen ergeben ein Geräusch). Diese Luftschwingungen nennt man *Schallwellen,* die u. a. von einer schwingenden Saite (z. B. bei der Violine) oder von einer schwingenden Luftsäule (im Innern einer Orgelpfeife) erzeugt werden. Doch kann unser Ohr nicht alle Luftschwingungen als Schall oder Ton empfinden, sondern nur solche, die mindestens 16–20 Schwingungen in der Sekunde haben bis höchstens 16 000–20 000. Die anderen Luftschwingungen können wir nicht hören; sie gehören in das Gebiet des *Ultraschalles,* sofern sie über 20 000 mal/sec schwingen.

Was sind nun Schwingungen und Wellen? *Schwingungen* kennen wir vom Uhrpendel her, das nach links und rechts ausschlägt und seine Ruhelage in der Mitte hat. Ähnlich müssen wir uns die Schwingungen ganz kleiner Luftteilchen vorstellen, nur viel schneller. So schwingen auch die Schenkel der Stimmgabel und die Violinsaiten, ebenfalls die Metallzungen bei Orgelzungenpfeifen und bei der Mundharmonika. Und ähnlich schwingen auch die Wasserteilchen an der Wasseroberfläche, wenn wir einen Stein hineingeworfen haben.

Bei diesem Vorgang werden auch *Wellen* sichtbar. Schwingende Körper haben nämlich die Eigenschaft, ihre Umgebung ebenfalls zum Schwingen zu bringen. Und diese regt nun wiederum die weitere Umgebung zum Schwingen an, so daß sich der Schwingungszustand fortpflanzt bzw. ausbreitet. Die Gesamtheit der Schwingungszustände nennen wir eine *Welle,* die sich z. B. auf einer Wasserfläche besonders gut beobachten läßt.

Die durch den Einfall des Steines zum Schwingen angeregten Wasserteilchen erregen die angrenzenden Wasserteilchen, so daß sich der Schwingungszustand mit einer gewissen Geschwindigkeit allmählich auf alle Teilchen der Wasseroberfläche ausbreitet. Da nun nicht alle Teilchen zur gleichen Zeit während der Schwingung oben oder unten sind, zeigt sich die Oberfläche des Wassers wellenförmig mit Wellenbergen und -tälern (s. Abb. 1). Die einzelne Welle scheint nun, sich kreisförmig vom Einfallsort des Steines ausbreitend, über die Wasseroberfläche zu gleiten. Die einzelnen Wasserteilchen dagegen schwingen immer nur auf und ab und machen dabei alle nacheinander den gleichen Schwingungsvorgang durch.

Bei den Wasserwellen handelt es sich um eine Art von *transversalen*[1]) Wellen, bei denen ein Wellenberg mit einem Wellental abwechselt. Sie heißen auch Querwellen, weil die einzelnen Wasserteilchen quer zur Ausbreitungsrichtung der Welle schwingen. Solche Querwellen treten im allgemeinen auch bei allen festen Körpern auf (Seil, Saite, Feder, Stab).

Im Gegensatz dazu breiten sich die Schwingungen in der Luft in Form von *longitudinalen*[2]) Wellen aus. Hier schwingen die einzelnen Luftteilchen *längs* der Ausbreitungsrichtung der Welle. Dadurch entstehen abwechselnd *Luftverdichtungen* (entsprechend dem Wellenberg) und *Luftverdünnungen* (entsprechend dem Wellental). Die Welleneigenschaften gleichen denen der Transversalwellen, wenn auch die Schwingungsrichtung eine andere ist.

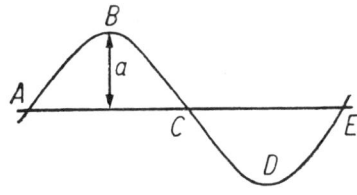

Abb. 1   Transversale Welle
A–E Wellenlänge; B Wellenberg; D Wellental;
a Amplitude oder Schwingungsweite

In der Abb. 1 ist eine transversale Welle aufgezeichnet, an der sich manche Grundbegriffe der Wellen besser demonstrieren lassen als an den longitudinalen Wellen. Der Wellenteil von A–E ist eine ganze Schwingung (früher Doppelschwingung genannt), und der Abstand von A–E ist die *Wellenlänge*. Die *Schwingungsweite a* nennt man *Amplitude*[3]), von der die Stärke (Intensität) der Welle abhängt. Denn je kräftiger ein Körper schwingt, um so weitere Ausschläge machen seine einzelnen Teilchen.

Haben wir es bisher mit *fortlaufenden* Wellen zu tun gehabt, die sich bis zum Abklingen ihrer Intensität immer weiter ausbreiten, so müssen wir uns noch mit dem Begriff der *stehenden* Welle auseinandersetzen, die die Voraussetzung für die Entstehung eines Tones ist, während durch fortlaufende Wellen ein Ton nur weitergeleitet wird. Eine Orgelpfeife z. B. gibt nur deswegen einen Ton, weil sich in ihrem Innern stehende Wellen bilden. Deswegen ist dieser Begriff von einiger Wichtigkeit. Was sind nun stehende Wellen?

Stehende Wellen treten dann auf, wenn einer Wellenbewegung in einem Körper (u. a. auch die Luftsäule im Innern der Orgelpfeife) Grenzen gesetzt werden und die Welle sozusagen in sich zurückgeworfen (reflektiert) wird. Dadurch, daß die Wellen durch Reflexion an den Enden des Körpers zur gleichen Zeit hin- und herlaufen, überlagern sie sich (s. Interferenz, S. 34) und bilden eine stehende Welle eigentümlicher Form. Gleiten bei der fortlaufenden Transversalwelle (Wasserwelle) der Wellenberg und das Wellental kontinuierlich entlang der Ausbreitungsrichtung der Welle, wobei alle Teilchen den gleichen Schwingungsvorgang

[1]) Von lat. transversus = quergerichtet.
[2]) Von lat. longitudo = die Länge.
[3]) Von lat. amplitudo = die Weite.

durchführen und damit nacheinander einmal Wellenberg und -tal bilden, so hat die stehende Welle einzelne Stellen, an denen die Teilchen gar keine Bewegung ausüben *(Schwingungsknoten,* s. Abb. 2). An den dazwischenliegenden Stellen schwingen die Teilchen jedoch sehr stark *(Schwingungsbauch).*

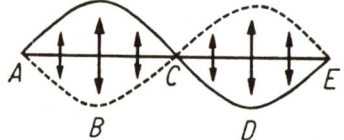

Abb. 2 Stehende Welle
A, C, E Schwingungsknoten
B, D Schwingungsbauch

Auch bei der klingenden Violinsaite bildet sich eine stehende Welle. Die Schwingungsknoten der Grundtonwelle liegen bei ihr an den festgehefteten Enden, der stark schwingende Teil der Saite bildet den Schwingungsbauch, der abwechselnd einen Wellenberg oder -tal zeigt.

Durch die Erregung am *Pfeifenmund*[4]) treten im Innern der *Orgelpfeifen* longitudinale stehende Wellen auf mit Luftverdünnungen und -verdichtungen immer an der gleichen Stelle (ein Schwingungsknoten in der Mitte). An den offenen Enden der Pfeife bilden sich die Schwingungsbäuche mit starker Hin- und Herbewegung der Luft. Bei oben geschlossenen (gedeckten) Pfeifen befindet sich dort der Schwingungsknoten, so daß eine solche Pfeife nur einen Schwingungsbauch, und zwar am Mundstück (Aufschnitt) hat. Die an den offenen Enden befindlichen Schwingungsbäuche bringen sekundär die umgebende Luft in Schwingungen, die sich nun kugelförmig als fortlaufende Schallwellen nach allen Seiten ausbreiten.

2.2. Tonhöhe, Wellenlänge, Stimmung, Stimmtonhöhe

Die Höhe eines Tones wird durch die Anzahl von Schwingungen bestimmt, die in *einer* Sekunde entstehen. Man nennt die Schwingungszahl pro Sekunde *Frequenz*[5]), die in *Hertz*[6]) (abgekürzt Hz) angegeben wird. Das bedeutet, daß ein Körper, der in 1 Sekunde z. B. 16 Schwingungen ausführt, mit einer Frequenz von 16 Hz schwingt.

Schallwellen mit niedriger Frequenz werden von uns als tiefe Töne empfunden, solche mit hoher Frequenz dagegen als hohe. Dafür einige Beispiele: Der tiefste hörbare Ton, das Subcontra-C (32′), hat eine Frequenz von etwa 16 Hz; das große C (8′) etwa 64 Hz; der Kammerton a^1 ist auf 440 Hz festgelegt worden; c^3 hat etwa 1000 Hz und c^7 hat etwa 16 000 Hz (vgl. nächste Tabelle).

Aber auch die Länge der Schallwellen, die *Wellenlänge* (s. Abb. 1, A–E), ist je nach Tonhöhe verschieden groß. Und zwar ist sie der Frequenz umgekehrt proportional, d. h. Schallwellen mit hoher Frequenz haben kurze Wellenlängen, wogegen die Wellenlängen mit abnehmender Frequenz größer werden. Doch ist die Wellenlänge auch von der Geschwindigkeit abhängig, mit der sich die Schallwellen in einem Körper ausbreiten, der *Schallgeschwindigkeit.*

---

[4]) Über den „Anblasvorgang" der Pfeife. Näheres s. S. 41.
[5]) Von lat. frequentia = die Häufigkeit.
[6]) Nach dem bekannten Physiker *Heinrich Hertz* (1857–1894) genannt.

Die *Schallgeschwindigkeit* ist für hohe und tiefe Töne gleich und läßt sich messen. Sie beträgt in der Luft im Durchschnitt 340 m/s, d. h. der Schall legt in einer Sekunde einen Weg von 340 Metern zurück.[7]) Doch ist die Schallgeschwindigkeit auch von der Temperatur abhängig: in kalter Luft ist sie geringer als in warmer (bei 0 °C etwa 331 m/s, bei 15 °C etwa 340 m/s).

Nur am Rande sei erwähnt, daß sich der Schall in verschiedenen Körpern ebenfalls verschieden schnell ausbreitet: im Wasser von 15 °C legt der Schall in einer Sekunde einen Weg von 1440 m zurück.

Wellenlänge, Frequenz und Schallgeschwindigkeit hängen eng miteinander zusammen, und zwar in der Art, daß das Produkt aus Frequenz und Wellenlänge gleich der Schallgeschwindigkeit ist:

Frequenz mal Wellenlänge = Schallgeschwindigkeit.

Denn in der Zeit, in der ein Teilchen (Wasser- oder Luftteilchen) eine ganze Schwingung ausführt, pflanzt sich die Welle um genau eine Wellenlänge fort. Erfolgen nun bei einer Frequenz von z. B. 16 Hz in einer Sekunde 16 Schwingungen, so entstehen in derselben Zeit auch 16 Wellen (mit 16 Wellenbergen und -tälern), deren Gesamtlänge dem Weg entspricht, den der Schall während einer Sekunde zurücklegt = Schallgeschwindigkeit. Eine einzelne Welle hat in diesem Fall die Länge: Schallgeschwindigkeit durch 16, oder allgemein gesagt

Wellenlänge = Schallgeschwindigkeit durch Frequenz.

Stellen wir beide Formeln nochmals etwas um und setzen dafür Zahlen ein, so ergeben sich folgende Verhältnisse für einzelne Töne:

	Frequenz (etwa)	= Schallgeschwindigkeit (in der Luft)	durch Wellenlänge (etwa)
C_2 (32′)	16 Hz =	340 m/s	: 20,8 m
C_1 (16′)	32 Hz =	340 m/s	: 10,4 m
C_0 (8′)	64 Hz =	340 m/s	: 5,2 m
c^0 (4′)	128 Hz =	340 m/s	: 2,6 m
c^1 (2′)	256 Hz =	340 m/s	: 1,3 m
Kammerton a^1	440 Hz =	340 m/s	: 0,77 m
c^2 (1′)	512 Hz =	340 m/s	: 0,65 m
c^3 (1/2′)	etwa 1000 Hz =	340 m/s	: 0,32 m
c^4 (1/4′)	etwa 2000 Hz =	340 m/s	: 0,16 m
c^5 (1/8′)	etwa 4000 Hz =	340 m/s	: 0,08 m

[7]) Diese relativ langsame Schallgeschwindigkeit (Licht legt dagegen in 1 Sekunde einen Weg von 300 000 km zurück!) ist der Grund für die bekannte Erscheinung, daß man den Schlag eines in einiger Entfernung arbeitenden Holzfällers immer erst sehr viel später hört, als man ihn sieht. Bei einem Abstand von 100 m beträgt der zeitliche Unterschied etwa 1/3 Sekunde. Aus den gleichen Gründen folgt auch der Donner dem schon eher gesehenen Blitz nach.

Wir sehen hieraus, daß Schallwellen mit geringer Frequenz als tiefe Töne empfunden werden, sie haben jedoch eine größere Wellenlänge. Hohe Töne werden dagegen von Schwingungen mit hoher Frequenz und kurzer Wellenlänge erzeugt.

Die Berechnung der Wellenlänge eines Tones ist im Orgelbau von Wichtigkeit, weil sie und damit auch die Tonhöhe von der Länge einer Orgelpfeife, besser gesagt von der Länge der schwingenden Luftsäule im Pfeifenkörper abhängig ist. Grob gesagt, können wir folgendes feststellen: In einer großen Orgelpfeife schwingt die lange Luftsäule langsam, der Ton ist bekanntlich tief. Umgekehrt kann die Luftsäule in einer kleinen Pfeife schneller schwingen, wodurch ihr Ton hoch wird.

Jetzt schon soll kurz angedeutet werden, daß die Pfeifenlänge bei *offenen Lippenpfeifen* etwa die Hälfte der entsprechenden Wellenlänge beträgt. Bei *gedeckten* Pfeifen dagegen nur ein Viertel. Über diese Verhältnisse wird später aber noch ausführlich gesprochen werden (s. S. 49).

Aus der obigen Tabelle ist auch zu ersehen, daß eine Verdoppelung der Frequenz als ein um eine Oktave höherer Ton wahrgenommen wird (vgl. Ton C_1 mit 32 Hz und Ton C_0 mit 64 Hz; oder c^3 mit 1000 Hz und c^4 mit 2000 Hz). Dieses Verhältnis bleibt in allen Tonhöhen gleich, d. h., jeder Ton, der die doppelte Frequenz eines anderen Tones hat, klingt genau um eine Oktave höher als der tiefere Ton; oder umgekehrt: für die Wahrnehmung des Intervalls einer Oktave muß der höhere Ton die doppelte Frequenz des tieferen aufweisen, was einem Frequenzverhältnis von 2:1 entspricht.

Alle anderen Intervalle haben andersartige Frequenzverhältnisse. Die Quinte z. B. hat das Frequenzverhältnis von 3 : 2, d. h., man muß die Frequenz eines Tones mit 3/2 multiplizieren, um die Frequenz der darüberliegenden Quinte zu erhalten. Und bei der Terz ist das Frequenzverhältnis 5:4.

Eine Übersicht gibt die folgende Tabelle über die

Frequenzverhältnisse von Intervallen

Intervall:	Prime	Sekunde	Terz	Quarte	Quinte	Sexte	kl. Sept.	gr. Sept.	Oktave
z. B. Ton:	c	d	e	f	g	a	b	h	c
Frequenz-verhältnis:	1	9/8	5/4	4/3	3/2	5/3	7/4	15/8	2/1 = 2

Hierbei handelt es sich um die *natürliche Stimmung*, die aber für Musikinstrumente mit festgelegten Tonhöhen kaum in Frage kommt. Denn einmal sind hier die Ganztonschritte verschieden groß, zum anderen werden beim Spiel in anderen Tonarten, wie beim obigen Beispiel von C-Dur, die Intervalle immer unreiner, je mehr man sich von C-Dur entfernt.

Seit dem 18 Jahrhundert hat sich deswegen die *temperierte Stimmung (gleichschwebende Temperatur)* eingebürgert, bei der eine Oktave in genau zwölf gleiche Halbtöne aufgeteilt wird. Dadurch sind zwar alle Intervalle – außer den Oktaven – nicht mehr ganz rein, was jedoch in der Praxis kaum stört. Dafür bleiben aber in sämtlichen Tonarten nun alle entsprechenden Intervalle gleich, so daß keine Tonart sich in der Reinheit der Stimmung von einer anderen unterscheidet.

Da in den letzten Jahren öfters von anderen Stimmungssystemen wie dem jetzt üblichen temperierten die Rede ist, soll hier doch noch kurz das Problem der *Stimmung* erläutert werden.

Die Schwierigkeiten der Stimmung bei Tasteninstrumenten entstehen dadurch, daß 12 entsprechend dem Quintenzirkel aufeinandergesetzte reine Quinten (Frequenzverhältnis 3:2) nicht genau wieder denselben Ton – nun allerdings 7 Oktaven höher – erreichen [also c–g–d–a– . . . . . –b–f–(c)]. Denn der Endton der 12. Quinte hat eine etwas höhere Frequenz als die der 7. Oktave. Dafür der Beweis: Man errechnet die Endtonfrequenz der 12. Quinte, indem man das Verhältnis 3:2 in die 12. Potenz erhebt:

$$\left(\frac{3}{2}\right)^{12} = \frac{531414}{4096} = 129{,}7464$$

Die 7. Oktave des Ausgangstones hat dagegen die Frequenz

$$2^7 \quad = \quad 128{,}0$$

Das Verhältnis beider Zahlen zueinander (129,7464:128) ergibt etwa 74:73 und wird das „pythagoreische Komma"[8]) genannt. Dieses „Kommas" wegen kann kein Tasteninstrument mit nur reinen Quinten gestimmt werden. Bei Gesang und Streichmusik kann dagegen „rein" musiziert werden.

Das pythagoreische Komma läßt sich mit verschiedenen Stimmungssystemen *(Temperaturen)* ausgleichen, damit die Tonhöhe der 12. Quinte wieder der des Ausgangstones entspricht. Bei der *gleichschwebenden* Temperatur (temperierte Stimmung, s. o.) werden alle Quinten gleichmäßig etwas tiefer gestimmt (sie „schweben" alle gleich schnell, s. S. 35, wodurch in allen Tonarten die einander entsprechenden Intervalle gleich werden. – Bei der sogenannten *Kirnbergerschen* Stimmung[9]) werden 9 Quinten wohl rein gestimmt, doch müssen dafür 2 Quinten (d–a und a–e) stärker verkleinert werden als bei der temperierten Stimmung. Dadurch werden einige Intervalle völlig rein (z. B. c–e–g), andere dagegen etwas stärker verstimmt. – Noch stärkere Verstimmungen weist z. B. die *mitteltönige* (praetorianische[10]) Stimmung auf. Bei ihr werden 8 oft gebrauchte Terzen wohl rein (Frequenzverhältnis 5 : 4), dagegen alle Quinten etwas tiefer gestimmt. Dadurch sind alle Ganztonschritte gleich groß und die gebräuchlichsten Terzen rein; andere Intervalle dagegen klingen, je mehr Vorzeichen die entsprechende Tonart hat, unreiner. Besonders unrein klingt die Quinte as (gis) – es, die man den *Orgelwolf* nennt.

Die Bedeutung der nichttemperierten Stimmungen liegt darin, daß in den verschiedenen Tonarten die einander entsprechenden Intervalle nicht völlig gleich groß sind und dadurch jede Tonart einen eigenen Klangcharakter bekommt, was besonders bei chromatischen Gängen reizvoll und interessant ist. Außerdem geben die teilweise völlig rein klingenden Akkorde dem Klangbild einen eigenartig färbenden Charakter. Deswegen werden heute manchmal wieder einige Orgeln ungleichschwebend gestimmt. Auch läßt man manchen alten Orgeln ihre ungleichschwebende Stimmung (z. B. der Silbermann-Orgel im Dom von Freiberg i. Sa.).

[8]) Nach dem griechischen Philosophen und Mathematiker *Pythagoras* (geb. 582 v. Chr.) genannt.
[9]) Nach *Joh. Philipp Kirnberger* (1721–1783) genannt.
[10]) Nach *Michael Praetorius* (1571–1621) genannt.

Nun noch ein Wort über die *Stimmtonhöhe:* In früheren Jahrhunderten (Barockzeit) hat man die Orgeln meist im *Chorton* gestimmt, der manchmal bis zu einer Terz höher lag als der heutige Kammerton. Der wurde in der Mitte des vorigen Jahrhunderts als *Pariser Kammerton,* $a^1 = 435$ Hz, festgelegt. Seit einigen Jahren wurde er aber auf 440 Hz erhöht. Es sind Bestrebungen im Gange, das a^1 noch höher zu legen. Das mag für das Orchester gut sein, aber nicht für die von der Orgel begleitete singende Gemeinde!

2.3.   Teiltöne, Klang, Formanten, Einschwingvorgänge

Jedes Musikinstrument, also auch eine Orgelpfeife, erzeugt genau genommen nicht Töne, obwohl wir im allgemeinen von Tönen sprechen, sondern einen *Klang,* der sich aus mehreren, in der Tonhöhe verschiedenen *Teiltönen* zusammensetzt. Der tiefste Teilton eines Klanges ist meistens der *Grundton,* den wir am lautesten hören, und der deswegen die notierte Tonhöhe angibt. Die höheren Teiltöne sind die kaum hörbaren *Obertöne,* die durch ihre verschiedene Stärke die Klangfarbe bestimmen.

Die Obertöne sind – bei der *harmonischen* Teiltonreihe – Oktaven, Quinten und Terzen usw. des Grundtones. So bei den meisten Musikinstrumenten; bei der Glocke z. B. jedoch besteht der Klang aus einer unharmonischen Teiltonreihe, die aber hier nicht besprochen werden soll. Doch auch bei Orgelpfeifen können sich einzelne unharmonische Teiltöne bilden.

Das Zustandekommen der Teiltöne müssen wir uns so vorstellen, daß der den Klang erzeugende Körper (Saite, Luftsäule in der Orgelpfeife usw.) nicht nur mit einer bestimmten Frequenz schwingt, sondern gleichzeitig mit Frequenzen, die ein Mehrfaches der Grundfrequenz sind.

Der 1. Teilton ist meist der Grundton = 1 × Grundfrequenz, der die Tonhöhe angibt.

Der 2. Teilton = 2 × Grundfrequenz ist die Oberoktave zum Grundton.

Der 3. Teilton = 3 × Grundfrequenz ist die Quinte über der Oktave.

Der 4. Teilton = 4 × Grundfrequenz ist die Oktave über der Oktave.

In der folgenden Tabelle sind die ersten 8 Teiltöne zu der Grundfrequenz von 16 Hz (Subcontra C = 32′) zusammengestellt:

Grundton | harmonische Obertöne

Teiltöne:	1.	2.	3.	4.	5.	6.	7.	8.
Frequenz:	1 x 16 = 16	2 x 16 = 32	3 x 16 = 48	4 x 16 = 64	5 x 16 = 80	6 x 16 = 96	7 x 16 = 112	8 x 16 = 128 Hz
Ton:	C_2	C_1	G_1	C_0	E	G	B	c^0
Intervall:	Prim.	Okt.	Quint.	Okt.	Terz	Quint.	Sept.	Okt.

Die harmonische Teiltonreihe läßt sich nach oben hin beliebig fortsetzen, also weiter: den 9. (None), 10. (Terz), 11. (Quarte), 12. (Quinte) usf. Teilton, deren Frequenzen immer das Mehrfache der Grundfrequenz sind.[11]) Nur werden die Teiltöne im allgemeinen nach oben

---

[11]) Neuere Untersuchungen haben allerdings ergeben, daß die Obertöne nur in *engen* Pfeifen genau mit der doppelten, dreifachen, vier-, fünf-, sechs-, siebenfachen usf. Grundtonfrequenz schwingen. Je *weiter* jedoch eine Pfeife gebaut ist, um so mehr weichen die Obertonfrequenzen mit zunehmender Ordnungszahl von den genauen harmonischen Obertonzahlen ab.

hin immer schwächer. Doch hat man bei Zungenstimmen schon über 60 Teiltöne *(Smets)* nachweisen können.

Wir hören also bei einem Klang eigentlich sehr viele Töne auf einmal. Da die Obertöne im allgemeinen aber recht schwach sind, empfindet unser Ohr den Klang nicht als *Akkord* (Grundton + Obertöne), sondern hört nur den Grundton, dem die mitklingenden Obertöne eine bestimmte, von ihrer Stärke und Zusammensetzung abhängige *Klangfarbe* geben.

So ist ein Klang mit verhältnismäßig stark entwickelten Obertönen geschärft bis streichend; ein Klang mit wenigen und schwach entwickelten Obertönen ist dagegen weich, flötenartig. Einen Ton ohne Obertöne geben nur die Sirene und die Stimmgabel, neuerdings auch elektronische Geräte. Daneben gibt es noch sehr viele andere Obertonaufbauten, worauf die ganz verschiedenen Klangfarben unserer Musikinstrumente und auch der Orgelregister beruhen.

Es gibt also Orgelregister mit nur wenigen, andere wiederum mit sehr vielen Obertönen. Auch ist die Obertonreihe nicht immer völlig gleichmäßig entwickelt: Bei der Quintade (s. S. 48) ist besonders der 3. Teilton, die Oberquinte (Duodezime) stark ausgebildet. Bei den „überblasenden" Pfeifen (s. S. 46) bildet sich der 1. Teilton überhaupt nicht, wodurch der 2. Teilton der tiefste ist und somit als Grundton gehört wird. In den gedeckten Pfeifen (Gedackt, s. S. 47) können sich nur die ungeradzahligen Teiltöne entwickeln. Diese Obertöne, die innerhalb einer Pfeife entstehen, nennt man die „innerpfeiflichen Obertöne".

Zusätzlich zu den innerpfeiflichen Obertönen werden bei der Orgel einzelne Obertöne auch künstlich durch besondere *Obertonregister* (Aliquote, s. S. 97) erzeugt bzw. verstärkt. Durch bestimmte Zusammenstellungen solcher Obertonregister lassen sich neue *synthetische Klangfarben* bilden. Diese Register bestehen aus einer oder auch mehreren Peifenreihen, die nicht die den Tasten notenmäßig entsprechenden Töne erklingen lassen, sondern solche, die in einer bestimmten Obertonverwandtschaft zum Tastenton stehen (z. B. Oktaven, Quinten, Terzen u. a. m., S. 97).

Der charakteristische Klang der verschiedenen Musikinstrumente und auch Orgelregister hängt, wie wir gesehen haben, von der Auswahl und Stärke seiner Teiltöne ab. Wenn auch manchmal ein einzelner Teilton entscheidend sein kann, wie bei der Quintade, so geben meist erst eine Vielzahl bestimmter Teiltöne und auch unharmonischer Obertöne einem Klang die charakteristische Färbung, die mit *Formanten*[12]) bezeichnet werden. Unter diesem Begriff verstehen wir eine Anhäufung stärkerer Obertöne innerhalb eines bestimmten Frequenzbereiches, durch die ein Klang im Sinne eines Vokalcharakters gefärbt werden kann. So haben z. B. Klänge mit einer Obertonhäufung im Bereich von 400–600 Hz einen dunklen *o*-Charakter. Bei 800–1200 Hz tritt *a*-Charakter auf. Formanten bei etwa 2000 Hz geben den *e*- und bei etwa 3000 Hz den hellen *i*-Charakter. Eine Obertonanhäufung im Bereich von 1500 Hz entspricht dem sogenannten *Näselformanten*, der sich ungünstig auf einen Klang auswirkt.

Meist ändern sich die Formanten vom Baß zum Diskant, doch können sie auch annähernd gleichbleiben, z. B. bei der Klarinette. Die hellklingende Zimbel (Orgelregister, s. S. 105) hat vom Baß zum Diskant eine Obertonanhäufung bei etwa 3000 Hz mit hellem i-Charakter. Durch bewußte Formantbildung läßt sich der Orgelklang wesentlich im Sinne besonderer Abstufung beeinflussen.

---

[12]) Von lat. formare = formen, bilden.

Zum Wesen eines ganz bestimmten Klanges gehören auch die *Einschwingvorgänge,* die eine ganz kurze Zeit bis zur Bildung des fertigen, *stationären* Klanges dauern. Diese treten bei jedem Musikinstrument in verschiedener, für das betreffende Instrument charakteristischer Art auf, wodurch dessen Klang meist überhaupt erst erkannt werden kann. Denn der stationäre Klang vieler Instrumente ähnelt sich oft so sehr, daß selbst ein Kenner einen Klang ohne Einschwingvorgänge nicht immer identifizieren kann (z. B. beim Rückwärtslaufen eines Tonbandes oder nach Wegschneiden der Einschwingvorgänge auf dem Tonband). Das kann so weit gehen, daß sich – besonders bei hohen Tönen – die Klänge von Streich- und Blasinstrumenten nicht mehr unterscheiden lassen!

Zu solchen, nur am Anfang der Tonbildung auftretenden Einschwingvorgängen (bei der Geige und Flöte der „Ansatz") gehören bei den Orgelpfeifen die *Anblasgeräusche* und die *Vorläufertöne* in hohen Frequenzlagen, die den Tonbeginn präzisieren und die Klarheit und Lebendigkeit des Orgelklanges fördern. Diese Einschwingvorgänge werden bei den Orgelpfeifen die *Ansprache* genannt, die nicht bei allen Pfeifen völlig gleich ist, sondern durch verschiedene Intonation variiert werden kann.

Hierfür ein Beispiel: Beim Prinzipal klingt der 2. Teilton (Oktave) anfänglich für nur ganz kurze Zeit stärker als der sich langsamer bildende Grundton, geht dann aber schnell wieder in seiner Intensität zurück. Wir können das im einzelnen nicht genau hören, doch läßt es sich oszillographisch nachweisen. Auch das Einschwingen der übrigen Teiltöne setzt verschieden schnell ein. – Als sogenanntes „Spucken" der Gedackte empfinden wir ganz kurzfristig auftretende, unharmonische Geräusche in höheren Frequenzlagen zu Beginn der Tonbildung.

Entsprechend der Ansprache verklingen bei der *Absprache* (Tonende) einer Pfeife nicht alle Teiltöne plötzlich zur gleichen Zeit.

2.4. Schallstärke, Lautstärke

In der Akustik muß man zwischen Schallstärke und Lautstärke unterscheiden, was keineswegs dasselbe ist. Die *Schallstärke* (= Schallintensität) ist ein Begriff für die physikalische Energie der Schallwellen und ergibt sich hauptsächlich aus der Größe ihrer Amplituden oder Schwingungsweiten (s. Abb. 1a). *Die Lautstärke* dagegen ist ein Begriff dafür, wie laut wir einen Klang hören.

Daß ein Unterschied zwischen beiden Begriffen besteht, liegt in der Bauart des menschlichen Gehörs begründet. Denn die Empfindlichkeit unseres Ohrs ist für Schallwellen unterschiedlicher Frequenzen verschieden groß; sie ist im Bereich von etwa 1000–4000 Hz (c^3–c^5) besonders groß und nimmt mit abnehmender Tonhöhe ebenfalls laufend ab, allerdings auch im Frequenzbereich oberhalb von 4000 Hz (s. Abb. 3).

Das bedeutet, daß von physikalisch gleich starken Tönen diejenigen mit hoher Frequenz (bis etwa 4000 Hz) lauter empfunden werden als die mit niedrigerer Frequenz. Deswegen erscheint auch ein Klang mit vielen Obertönen lauter als ein physikalisch gleich starker mit nur wenigen oder schwach ausgebildeten Obertönen, was gerade bei der Orgel von besonderer Bedeutung ist.

Andererseits muß auf Grund der geringeren Empfindlichkeit unseres Ohrs für tiefe Frequenzen die physikalische Intensität tiefer Töne erheblich verstärkt werden, um als gleich laut wie höhere Töne empfunden zu werden. Das ist beim Bau von vielen Musikinstrumenten zu berücksichtigen.

Physikalisch läßt sich die *Schallstärke* (oder Schallintensität) indirekt durch den *Schalldruck*[13]) bestimmen, der in Mikrobar[14]) (= μbar) gemessen wird. Der Schalldruck ist ein Wechseldruck, d. h. der durch die Luftschwingungen (Schallwellen) hervorgerufene Druckunterschied auf einer bestimmten Fläche (z. B. dem menschlichen Trommelfell). Es hat sich herausgestellt, daß der günstigste Plenumklang einer Orgel im Kirchenraum bei etwa 2 μbar liegt, Einzelregister geben meist nur einen Schalldruck von etwa 1 μbar.

Obwohl unter bestimmten Bedingungen gleiche Unterschiede der Schallstärke bzw. des Schalldrucks ungefähr als gleiche Unterschiede der Lautstärke vom Gehör empfunden werden, können die physikalisch meßbaren Schalldrücke nicht als Maß für die subjektiv empfundene Lautstärke genommen werden. Denn die Übereinstimmung von Schallstärkenunterschieden mit entsprechenden Lautstärkenunterschieden gilt nur für Töne mit gleicher Frequenz. Töne von gleicher Schallstärke, jedoch mit verschiedenen Frequenzen werden dagegen als verschieden laut empfunden. Oder umgekehrt: Töne in verschiedener Tonhöhe, die uns als gleich laut erscheinen sollen, müssen physikalisch verschieden stark sein.

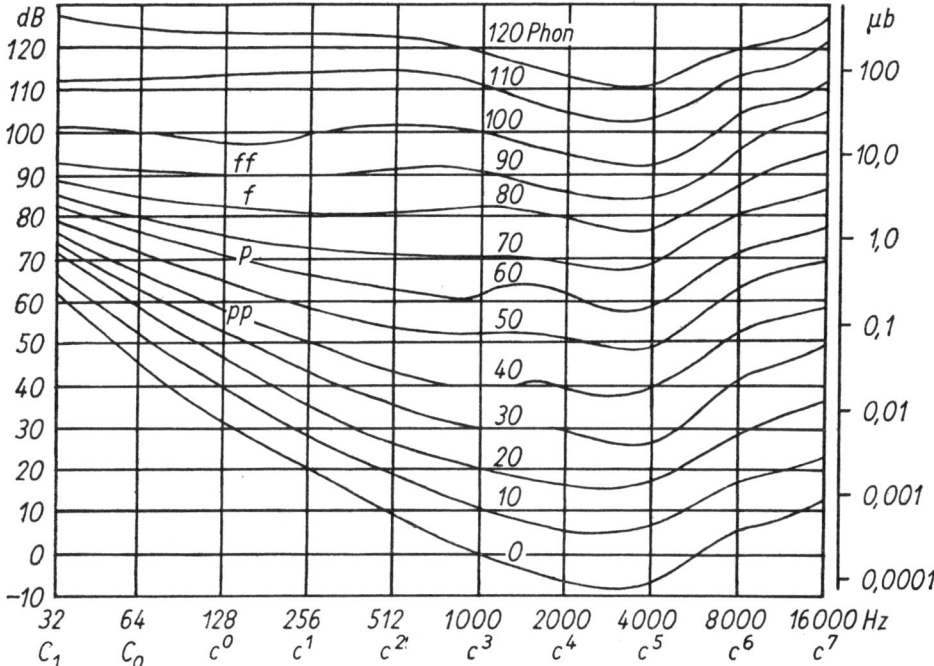

Abb. 3 Lautstärkendiagramm des menschlichen Ohres

Auf der horizontalen Skala der Abbildung 3 ist die Folge der Töne von 32 bis 16000 Hz eingezeichnet (C-Werte). Die vertikale Skala zeigt den Schallstärkenanstieg in der logarythmischen Maßeinheit Dezibel (s. u.). Zum Vergleich ist rechts der Maßstab für die

[13]) Zwischen Schallstärke und Schalldruck besteht die Beziehung, daß die Schallstärke proportional dem Quadrat des Schalldrucks ist.
[14]) 1 μbar ist der millionste Teil eines *Bar* (von griech. βαρύς = schwer und μικρός = klein). 1 μbar ist der Druck von etwa 1 mg auf 1 qcm.

Schalldrücke in µbar aufgezeichnet. Die Kurven entsprechen gleichen Gehörseindrücken, den Lautstärken in Phon, für die verschiedenen Tonhöhen.

Als Maß für die *Lautstärke* wurde das *Phon*[15]) gewählt. Ein Klang von 0 Phon überschreitet gerade die Hörschwelle; bei 130 Phon empfinden wir einen Klang als schmerzhaft (Schmerzgrenze). 1 Phon ist die kleinste, gerade noch wahrnehmbare Zunahme an Lautstärke eines Klanges.

Die Phonskala wird folgendermaßen bestimmt (vgl. Abb. 3): Da unser Ohr bei einer Frequenz von 1000 Hz (etwa c³) für Schallstärkeänderungen in einem – enorm großen – Bereich von 13 Zehnerpotenzen empfänglich ist, erfolgt die graphische Darstellung der Schallstärken und Schalldrücke meist in logarithmischer Art, wie sie z. B. vom Rechenschieber her bekannt ist; denn auch die Lautstärkeempfindung ist angenähert logarithmisch.

Als Maß für die Phonskala wurde festgelegt, daß – bei einer Tonhöhe von 1000 Hz – eine Steigerung der Schallstärke um das Zehnfache einer Lautstärkenzunahme von 10 Phon entsprechen soll (eine Steigerung der Schallstärke um das Hundertfache entspricht dann einer Lautstärkenzunahme von 20 Phon, und Schallstärkensteigerung um das Tausendfache einer Lautstärkenzunahme von 30 Phon usf.[16]). Bei dieser Skala entspricht – bei 1000 Hz – die Lautstärke von 70 Phon einem Schalldruck von etwa 1 µbar. Der gesamte Hörbereich dort, von der Hörschwelle bis zur Schmerzgrenze reichend, umfaßt dann 13 gleiche Stufen von je 10 Phon, entsprechend den 13 Zehnerpotenzen des Schallintensitätsbereiches.

In anderen Frequenzbereichen (Tonhöhen) stimmt der Lautstärkebereich nach Phon nicht mehr mit dem physikalischen Schallstärkebereich überein. Wie schon erwähnt, ist die Empfindlichkeit unseres Ohrs für Schallwellen im Bereich von 1000–4000 Hz besonders groß und nimmt mit abnehmender Tonhöhe ebenfalls ab, während die Schmerzgrenze (130 Phon) nur wenig von der Frequenz abhängig ist; ebenso wie auch ein ff-Klang mit etwa 90 Phon, der in fast allen Tonhöhen einem Schalldruck von 6–9 µbar entspricht. Dagegen liegt die untere Grenze der Tonwahrnehmung (= Hörschwelle mit 0 Phon) im Bereich von 1000 Hz (= c³) bei einem Schalldruck von etwa $2 \cdot 10^{-4}$ µbar, im Bereich von 100 Hz bei etwa $2 \cdot 10^{-2}$ µbar und bei 32 Hz (Contra C = 16') sogar erst bei einem Schalldruck von etwa 0,5 µbar.

Zum Vergleich die durchschnittlichen Lautstärken einiger Orgelregister *(Smets):*

Gedackt	= etwa 40 Phon	Mixtur	= etwa 65 Phon
Prinzipal	= etwa 60 Phon	Trompete	= etwa 70 Phon

Nun ist beim Orgelbau – wie auch beim Orchester – wichtig: Wie empfinden wir die Addition von zwei gleich starken Klängen (Tönen)? Es zeigt sich, daß zwei gleich starke Töne zusammen nicht die doppelte Lautstärke ergeben, sondern nur um etwas lauter sind, als wenn nur ein Ton erklingt. Lassen wir also zwei Pfeifen mit einer Lautstärke von je 60 Phon

---

[15]) Von griech. ψωνεῖν = tönen.

[16]) Zum näheren Verständnis des logarithmischen Aufbaus der Phonskala sei hier noch eine kleine Übersicht gebracht:

10fache Schallstärke = Schallstärke · 10^1 = Lautstärkenzunahme um 10 Phon
100fache Schallstärke = Schallstärke · 10^2 = Lautstärkenzunahme um 20 Phon
1 000fache Schallstärke = Schallstärke · 10^3 = Lautstärkenzunahme um 30 Phon
10 000fache Schallstärke = Schallstärke · 10^4 = Lautstärkenzunahme um 40 Phon

Man beachte die Zahlengleichheit der Exponenten (in der mittleren Rubrik) mit den Zehnern der Phonskala!

ertönen, so hören wir nicht einen Ton von 60 + 60 Phon, sondern nur von 63 Phon. Auch zwei Klänge von je 40 Phon ergeben zusammen nur 43 Phon. Das waren Beispiele dafür, daß wir bei der Addition zweier gleich starker Klänge nur eine geringe Zunahme der Lautstärke bemerken, nämlich eine Zunahme von 3 Phon. Daraus ergibt sich, daß eine wesentliche Lautstärkenzunahme nicht durch Addition gleich starker Klänge hervorgerufen werden kann (wesentlich bei der Orgeldisposition), sondern durch Zufügung obertonreicher Klänge (z. B. Mixtur), die unser Ohr aus physiologischen Gründen lauter empfindet als tiefe Klänge.

Beim Zusammenklang zweier Töne (Klänge) von verschiedener Lautstärke kann es vorkommen, daß der lautere Klang den schwächeren „verdeckt", d. h., der schwächere Klang wird vom Ohr kaum oder gar nicht bewußt wahrgenommen, der sogenannte *Verdeckungseffekt*. Dieser macht sich bei der Orgel dann bemerkbar, wenn man zu einem starken Register ein schwaches von gleicher Tonhöhe zieht: Es tritt weder eine Steigerung der Lautstärke noch eine bemerkenswerte Änderung der Klangfarbe auf. Auch zeigt sich der Verdeckungseffekt dann, wenn bei einer Orgel die Bässe und Diskantstimmen gegenüber den Mittelstimmen klanglich zu stark sind. In einem solchen Fall sind die Mittelstimmen kaum noch zu hören, was man an vielen Orgeln der Jahrhundertwende bis in die vierziger Jahre hinein vielfach selbst feststellen kann. Um die polyphonen Mittelstimmen, besonders wenn sie ein Fugenthema bringen, klanglich herauszuhören, mußte sie der Organist dann auf einem anderen, stärker registrierten Manual spielen.

Wird die Lautstärke in Phon angegeben und die Schallstärke indirekt durch den Schalldruck in Mikrobar gemessen, so verwenden die Physiker für Schallintensitätsunterschiede noch die Einheit „Dezibel" (dB) (vgl. Abb. 3). Das Dezibel ist – ähnlich wie das Phon – die Einheit für eine Skala, die in logarithmischer Form den Anstieg der Schallstärken angibt. Das heißt, der Unterschied zwischen irgendeiner Schallstärke und dem Zehnfachen dieser Schallstärke entspricht einem Unterschied von 10 Dezibel (vgl. Erklärung der Einheit Phon auf S. 32)[17]. Diese Festlegung für die Einheit Dezibel gilt für alle Frequenzen. Sie stimmt zwar bei 1000 Hz mit der Phonskala überein, doch verschiebt sich die Phonskala bei anderen Frequenzen auf Grund der dort verschiedenen Lautstärkeempfindlichkeit des Ohrs (deutlich sichtbar auf dem Lautstärkediagramm mit dem kurvigen Verlauf gleicher Phonstärken). Die Dezibelskala dagegen gibt immer gleichartig den echten physikalischen Schallintensitätsunterschied an.

Die gesamte von uns empfundene Klangstärke einer oder auch mehrerer Orgelpfeifen zusammen ist aber ein sehr komplexer Vorgang, der sich aus der verschieden großen Schallintensität der Teiltöne und der dazu noch verschieden großen Lautstärkeempfindlichkeit unseres Ohrs für die einzelnen Frequenzen der Teiltöne zusammensetzt. Dazu kommen noch bestimmte Eigenschaften der Raumakustik mancher Räume mit Verstärkung oder

---

[17]) Der Unterschied zwischen zwei verschiedenen Schallintensitäten (I_1 und I_2) wird in der Anzahl von Dezibel angegeben, die sich aus dem zehnfachen Logarithmus von I_1 durch I_2 errechnen ($= 10 \cdot \log \frac{I_1}{I_2}$). Und da die Schallintensität (Schallstärke) I dem Quadrat des Schalldrucks proportional ist, kann die Anzahl von Dezibeleinheiten auch aus dem zwanzigfachen Logarithmus des Quotienten aus zwei verschiedenen Schalldrücken (P_1 und P_2) errechnet werden ($= 20 \cdot \log \frac{P_1}{P_2}$). Die Dezibelskala ist nicht (wie dagegen die Phonskala) auf einen bestimmten Nullpunkt festgelegt, gibt also keine bestimmte Schallintensität an, sondern ist nur eine Maßeinheit für den Unterschied zwischen verschiedenen Schallintensitäten oder Schalldrücken, z. B. bei einem Klangspektrum (s. S. 56), auf dem die verschiedenen Stärken von Teiltönen graphisch dargestellt werden können.

Verringerung gewisser Frequenzbereiche, auch die sehr verschiedene Schallreflexion in geschlossenen Räumen, worauf im Kapitel Raumakustik noch eingegangen wird. Dies soll nur ein Hinweis darauf sein, von wie vielen Gegebenheiten die empfundene Lautstärke eines Klanges abhängt, die somit nur sehr schwer objektiv zu fassen ist.

2.5.   Resonanz, Interferenz, Schwebungen, Kombinationstöne

Haben wir bisher die Verhältnisse bei *einem* Ton oder Klang kennengelernt, so wollen wir uns jetzt damit befassen, wie sich zwei oder mehrere Klänge gegenseitig beeinflussen. Denn bei der Orgel ertönen meistens gleichzeitig viele Pfeifen.

Ein allgemein bekanntes Phänomen stellt die *Resonanz*[18]) dar. Das Wort ist uns vom Resonanzkörper der Saiteninstrumente her bekannt und hat folgende Bedeutung: Wir wissen, daß schwingende Körper die Eigenschaft haben, ihre Umgebung zu erregen und ebenfalls zum Schwingen zu bringen. Wenn sich nun in der näheren Umgebung eines schwingenden Körpers (z. B. Violinsaite) ein anderer Körper, auch ein Hohlraum, befindet, dann wird dieser durch die Saite (Klangerreger) ebenfalls in Schwingungen gebracht und verstärkt dadurch den Klang, was mit Resonanz bezeichnet wird.

Nun hat fast jeder Körper einen *Eigenton,* dessen Frequenz von der Größe der stehenden Welle abhängt, die sich in ihm ausbilden kann (bei verschiedener Größe eines Körpers ist auch sein Eigenton verschieden hoch)[19]). Wenn die Eigenfrequenz eines durch Resonanz erregten Körpers gleich der Frequenz des Klangerregers ist, erreicht die Resonanz ihren höchsten Grad *(Resonanzmaximum).*

Auch bei Orgelpfeifen ist die Resonanz entscheidend für die Klangbildung; denn die stehende Welle im Inneren einer Lippenpfeife entsteht erst durch Resonanz, der primäre Erreger ist dabei das schwingende Luftband am Aufschnitt (s. S. 42). Bei den Zungenpfeifen der Orgel (s. S. 107) tritt eine ähnliche Erscheinung auf: Die schwingende Zunge zeigt sich als Erreger, der Schallbecher verstärkt den Ton durch Resonanz.

Aber auch bei einer dem Eigenton völlig verschiedenen Frequenz des Klangerregers kann ein Körper oder Hohlraum zum Mitschwingen erregt werden, sofern die Erregung stark genug ist. Der erregte Körper führt dann *erzwungene* Schwingungen aus. Ein Beispiel dafür bieten gewisse Zungenpfeifen, deren Schallbecherlängen nicht oder nur ungenügend auf den bestimmten Zungenton abgestimmt sind (Regale, s. S. 110). Die Luftsäulen in den verkürzten Schallbechern führen erzwungene Schwingungen aus.

Eine wichtige Erscheinung, die bei mehreren Tönen durch die gegenseitige Beeinflussung ihrer Schallwellen auftritt, ist die *Interferenz* (Überlagerung). Es handelt sich um die Eigenschaft zweier oder mehrerer Wellenzüge, sich unter bestimmten Verhältnissen zu verstärken, abzuschwächen oder sogar auszulöschen.

Bei der Wasseroberfläche ist diese Erscheinung gut zu sehen. Werden auf ihr gleichzeitig zwei Wellenzüge erzeugt, so durchkreuzen sich die Wellen, ohne sich in ihrer Fortbewegung und Richtung zu stören. Überall, wo zwei Wellenberge zusammentreffen, entsteht eine größere Erhebung, wie umgekehrt da eine tiefere Senkung eintritt, wo zwei Wellentäler zusammenfallen. Wo Berg und Tal sich treffen, gleichen sich beide mehr oder minder aus.

---

[18]) Von lat. resonare = zurückklingen, widerhallen, mitklingen.
[19]) Bei Orgelpfeifen aus Holz kann man schwach den Eigenton hören, wenn man mit dem Fingerknöchel an die Pfeifenwand klopft.

Genau die gleichen Interferenzerscheinungen zeigen sich auch bei den longitudinalen Schallwellen, nur daß sich hier anstatt der Wellenberge und -täler Verdichtungen und Verdünnungen verstärken, vermindern oder sogar gegenseitig aufheben können.

Über eine Interferenzerscheinung haben wir schon gesprochen: Es war das Auftreten einer *stehenden Welle* (s. S. 23), wenn nämlich eine fortlaufende Welle am Ende eines Körpers oder Hohlraumes in sich reflektiert wird und dadurch zwei Wellenzüge gleichzeitig vor- und zurücklaufen.

Eine andere Form der Interferenz tritt dann auf, wenn zwei Wellenzüge gleicher Frequenz frei im Raum nicht entgegengesetzt, sondern mit gleicher Richtung verlaufen. Dann können sich die Wellen verstärken, sofern ein Wellenberg der einen mit dem der anderen Welle zeitlich zusammenfällt, was ebenso für die Wellentäler gilt. Man spricht in diesem Falle von *Phasengleichheit* beider Wellen.

Nun können zwei gleichgerichtete Wellenzüge mit gleicher Frequenz aber auch eine Phasenverschiebung von einer halben Wellenlänge (vgl. Abb. 1) aufweisen. Dann treffen sich die Berge des einen Wellenzuges gerade mit den Tälern des anderen und umgekehrt. Bei gleicher Amplitude beider Primärwellen heben sich die Wellenberge und -täler gegenseitig auf, weshalb durch die Interferenz gar keine Wellenbewegung mehr stattfindet. Das äußert sich dann klanglich so, daß das Ohr wegen der fehlenden Schwingungsbewegung keinen Ton wahrnehmen kann.

Haben in einem solchen Falle aber beide Wellenzüge nicht die gleiche Intensität, dann heben sich die Wellenberge und -täler nicht völlig auf, sondern es tritt eine Amplitudenverminderung mit Schwächerwerden des Tones ein.

Solche Interferenzerscheinungen können in der Praxis dann auftreten, wenn zwei gleichhoch klingende Pfeifen in bestimmten Abständen hintereinander stehen und zur gleichen Zeit zu tönen beginnen. Oder zwei Pfeifen mit gleicher Tonhöhe stehen dicht nebeneinander, fangen aber nicht zur gleichen Zeit zu tönen an. Doch sind diese Interferenzerscheinungen relativ selten, weil sie meist durch die Akustik des Raumes (s. S. 38) infolge Klangreflexion verhindert werden, auch durch eine gegenseitige Beeinflussung der Pfeifen auf der Windlade.

Das alles waren unbeabsichtigte Interferenzfolgen. Doch gibt es Fälle, in denen man die Interferenz bewußt anwendet, und zwar zur Erzeugung der *Schwebungen*. Diese treten auf, wenn zwei Orgelpfeifen nicht ganz gleichhoch gestimmt sind; man kennt sie auch von einem verstimmten Klavier her. Der schwebende Klang wird bei manchen Orgelregistern absichtlich erzeugt, z. B. *Vox coelestis* (s. S. 106). Solche Register erhalten für jede Taste zwei Pfeifen mit nicht völlig gleicher Tonhöhe.[20]

Die Schwebungen entstehen durch Interferenz der beiden Klangwellen, die sich durch ihre nur gering verschiedene Frequenz so oft in einer Sekunde abschwächen und verstärken, wie die *Differenz* ihrer Frequenzzahlen beträgt (s. Abb. 4). So erzeugen z. B. zwei Töne mit einer Frequenz von 214 und 210 Hz beim Zusammenklang vier Schwebungen in der Sekunde (214–210 = 4). Unserem Ohr erscheinen langsame Amplitudenschwankungen von Schallwellen als Schwebungen. Werden diese schneller, wird der Klang rauh, bei noch schnelleren Schwankungen treten Differenztöne auf (s. u.).

Die Abb. 4 zeigt die beiden Primärwellen (I und II) und die zugehörige sekundäre Interferenzwelle, deren Amplituden gleichmäßige Schwankungen aufweisen.

---

[20] Ist das Schweberegister höher gestimmt, so nennt man dies „*Oberschwebung*"; im umgekehrten Falle entsteht eine „*Unterschwebung*".

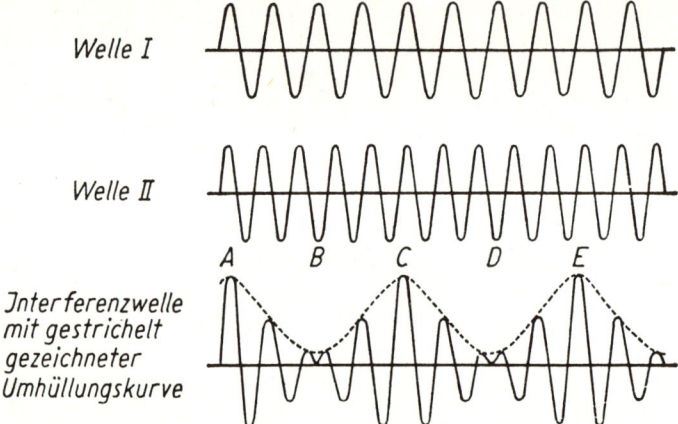

Abb. 4 Interferenz zweier Wellen verschiedener Frequenz (Verhältnis 5 : 4)
mit Auftreten von Amplitudenschwankungen

In der Abb. 4 sehen wir, daß zu Beginn der Tonbildung bei A beide Wellenzüge I und II
noch phasengleich verlaufen: Wellenberg von I trifft mit dem von II zusammen, ebenso die
Wellentäler, was zur Verstärkung ihrer Amplituden (Intensität) führt. Später verschieben
sich allmählich die Phasen, so daß bei B ein Wellenberg von I mit einem Wellental von II
zusammentrifft, wodurch sich beide aufheben. Danach nimmt die Intensität allmählich zu,
um bei C am stärksten zu sein, wie bei A. Denn an dieser Stelle fallen I und II phasengleich
zusammen. Nun wiederholt sich dieser Vorgang immer wieder, und zwar so oft in einer
Sekunde, wie die Differenz zwischen den Frequenzzahlen der Wellenzüge I und II beträgt.

Mit Hilfe der Schwebungen werden viele Musikinstrumente, ebenso die Orgel gestimmt,
weil sie auch bei unreinen Oktaven, in geringerem Maße auch bei Quinten und Quarten,
auftreten.

Eine weitere sehr interessante akustische Erscheinung ist die Bildung von *Kombinations-*
tönen oder *akustischen Tönen,* die ebenfalls durch Interferenz entstehen. Diese Töne werden nicht von der Schallquelle erzeugt, sondern nur von unserem Ohr beim Erklingen
zweier Töne verschiedener Frequenz gehört. Zum Beispiel läßt eine reine Quinte, c und g,
zusammen erklingend, deutlich den Ton C hören, also die Unteroktave des Tones c. Bei
anderen Intervallen hört man andere Kombinationstöne.

Auch hierbei handelt es sich um Interferenzerscheinungen wie bei den Schwebungen. Doch
zeigt sich dabei ein gewisser Unterschied: Die Schwebungen beruhen auf einem gleichförmigen An- und Abschwellen der Klangstärke. Dasselbe tritt, physikalisch gesehen, bei den
Kombinationstönen auf, nur sind die Intensitätsschwankungen bei ihnen viel schneller. Und
unser Ohr empfindet diese als Schwingungen (Ton) mit der gleichen Frequenz, wie Schwankungen in der Sekunde auftreten.[21] Bei den Schwebungen haben wir gesehen, daß die An-

---

[21] Das menschliche Ohr ist also bei Schallwellen in der Lage, ähnliches wie eine Radioröhre zu leisten,
die aus den Amplitudenschwankungen einer hochfrequenten elektrischen Trägerwelle die Modulation
mit niedrigerer Frequenz herausfiltern kann.
Anschaulich läßt sich diese Erscheinung auch auf der Abb. 4 zeigen, auf der die Spitzen der Interferenz-
wellenberge (Maxima) gestrichelt miteinander verbunden sind (Umhüllungskurve). Die Umhüllungskurve bildet eine Wellenlinie, deren Frequenz der des Kombinationstones entspricht.

zahl der pro/s auftretenden Schwebungen gleich der *Differenz* der Frequenzzahlen beider Primärtöne sind. Ebenso ist es bei den Kombinationstönen, die deswegen auch *Differenztöne* genannt werden.

Als Beispiel wollen wir die beiden Töne C mit 64 Hz und G mit 96 Hz (also eine Quinte) nehmen. Beide zusammenklingend ergeben den Ton C_1 mit 32 Hz (96 – 64 = 32). Oder bei der Terz: Ton c^1 mit 256 Hz und e^1 mit 320 Hz ergeben den Differenzton C mit 64 Hz (320–256 = 64). Besonders interessant ist, daß zwei nebeneinanderliegende Teiltöne eines Klanges (s. Tabelle S. 28) immer den Grundton als Differenzton ergeben und damit zur gehörsmäßigen Verstärkung des Grundtones beitragen.

Die Kombinationstöne können in der Orgelbaupraxis genutzt werden, um im Baß große und damit teure bzw. platzraubende Pfeifen einzusparen. So erhält manchmal die unterste Oktavreihe eines tiefklingenden Pedalregisters keine entsprechend großen Pfeifen, sondern für jede Taste zwei kleinere Pfeifen, die den um eine Oktave höheren Ton und den der darüberliegenden Quinte geben. Als deren Kombinationston ist dann der gewünschte Grundton deutlich zu hören: z. B. $C + G = C_1$; $Cis + Gis = Cis_1$; $D + A = D_1$ usf. Man nennt eine solche Pfeifenreihe einen *akustischen Baß*.

Mit Hilfe der Kombinationstöne und Schwebungen werden bei der Orgel die Obertonregister (s. S. 97) eingestimmt. So bilden z. B. die Pfeifen c und g den Differenzton C. Ist jedoch der Ton g nicht genau die reine Quinte von c, so entsteht entsprechend auch nicht der genaue Differenzton C. Auf Grund dessen Unreinheit treten mit dem Ton der Pfeife c Schwebungen auf, die erst bei der Stimmungskorrektur der Pfeife g zur reinen Quinte hin verschwinden. – Zusätzlich entstehen Schwebungen bei einem unreinen Quintintervall auch dadurch, daß der 3. Teilton der Grundpfeife c ja eine reine Quinte ist, die nun mit dem Grundton der unreinen Quintpfeife schwebt. Das gleiche ist bei Terz-, Septimen-, Nonen- und anderen Aliquotregistern der Fall.

Ebenso wie die Differenztöne treten in gleicher Weise auch *Summationstöne* auf, deren Frequenz aus der *Summe* beider Primärtöne entsteht. Doch sind diese Töne nur schwach und spielen beim Orgelbau keine Rolle.

2.6.   Raumakustik, Hörsamkeit

Eine Orgel steht im allgemeinen nicht im Freien, sondern in einem Raum, dessen akustischer Einfluß oft sogar entscheidend für die Klangschönheit ist. Im Freien breitet sich der Klang ungehindert nach allen Seiten aus; in einem geschlossenen Raum dagegen werden die Schallwellen an den Wänden reflektiert, wodurch sie – hin und her wogend – sich gegenseitig beeinflussen und den Klang mehr oder minder formen. So kann es vorkommen, daß eine an sich schlechte Orgel in einem akustisch günstigen Raum doch gut klingt. Durch Berücksichtigung verschiedener Faktoren beim Orgelbau wird der Klang einer Orgel so geformt, wie ihn die Akustik des Raumes erfordert, in dem sie aufgestellt wird. Deswegen ist die Versetzung eines guten Orgelwerkes von seinem ursprünglichen Ort meist von Übel: Die Orgel klingt in dem neuen Raum schlechter, weil bei ihrem Bau die Akustik des alten Raumes bestimmend war. Aus eben diesen Gründen können Orgeln kaum serienmäßig hergestellt werden, ausgenommen Kleininstrumente. Die Orgel ist ein stationäres Instrument mit günstigster Klangentwicklung nur an ihrem vorgesehenen Aufstellungsort.

Unter *Schallreflexion* (Rückwurf) verstehen wir den Vorgang, daß Schallwellen von einer Wand in der Art zurückgeworfen werden, als ob die Schallquelle *hinter* der Wand im gleichen Abstand wie tatsächlich vor der Wand steht.

Gelangt der reflektierte Schall erst $1/10$ s nach einem kurzdauernden Schall des Erregers an das Ohr, so nimmt dieses zwei getrennte Eindrücke wahr = *Echo*. Ein Echo tritt dann auf, wenn die Rückwurffläche weiter als 17 m von der Schallquelle entfernt ist, weil der Schall auf Grund der Schallgeschwindigkeit von etwa 340 m/s in der Luft für die Strecke von 2×17 m etwa $1/10$ s braucht.

Bei näher liegender Rückwurffläche, besonders bei mehreren, wie es in einem geschlossenem Raum der Fall ist, ist der direkte Klang noch nicht verstummt, bis er nach dem Rückwurf verzögert unser Ohr erreicht. Dadurch entsteht ein *Nachhall,* der um so länger dauert, je größer der Raum ist.

Die *Nachhallzeit,* mit der man die Zeitdauer bezeichnet, die ein Ton noch im Raume nachklingt, wenn die Schallquelle schon verstummt ist, beeinflußt wesentlich die Schönheit des Orgelkanges. Wenn sie etwa 2–3 Sekunden beträgt, „klingt" eine Orgel am besten. Ist sie kürzer, macht sie den Klang „trocken". Bei zu großen Nachhallzeiten (in manchen großen Kathedralen bis 13 Sekunden), werden die Tonfolgen verwischt.

Der Nachhall ist aber nicht nur von der Größe eines Raumes abhängig, sondern auch von der Rückwurffähigkeit der Wände. Glatte Steinwände lassen den Klang am stärksten reflektieren. Dagegen absorbiert ein weicherer Stoff den Klang, wodurch der Nachhall geringer wird. Wir kennen das aus der Praxis: Eine Orgel in einer leeren Kirche klingt lauter und voller als während des Gottesdienstes. Denn die Bekleidung der anwesenden Menschen „verschluckt" einen großen Teil des Nachhalls, so daß die Klangreflexion verringert ist.

Der Nachhall hängt noch von der Form eines Raumes ab (lang oder quadratisch, rund, hoch oder niedrig, gewölbt oder flach), wie auch von der Beschaffenheit der Wände (glatt, verziert, Holz, Stein, Beton, viele Nischen usf.).

Auch ist meist die Klangreflexion nicht für alle Frequenzen gleich. So begünstigt mancher Raum den Rückwurf tiefer Töne, ein anderer dagegen den von hohen. Dazu werden manche Frequenzen von den Wänden mehr absorbiert als andere.

In akustisch besonders ungünstigen Räumen mit z. B. sehr kurzer Nachhallzeit läßt sich die Klangreflexion durch Änderung des Wandbelags oder Entfernung von Trennwänden oft wesentlich bessern. – Barockkirchen weisen übrigens im allgemeinen eine besonders günstige Akustik auf.

Doch auch der *Eigenton* (s. S. 34) eines Kirchenraumes als Resonanzkörper hat einen Einfluß auf den Orgelklang. Zwar sind die Grundschwingungen der großen Luftmasse eines Kirchenraums in ihrer Frequenz an sich sehr langsam, so daß sie als Ton nicht wahrgenommen werden können. Doch treten auch Obertonschwingungen dieses Eigentons auf, außerdem besondere Schwingungen auf Grund des meist mit Seitenschiffen, Pfeilern, Emporen usf. gegliederten Raums. Dadurch bekommt jeder Raum eine besondere „Hörsamkeit", die sich darin zeigt, daß durch das Zusammenwirken von Eigenschwingungen und Reflexionen bestimmte Frequenzbereiche des Orgelklanges betont oder abgeschwächt werden. Der Orgelbauer muß durch geeignete Mensuren (Pfeifenmaße) solche raumakustischen Erscheinungen ausgleichen, z. B. durch Betonung der tiefen bzw. hohen Lagen.

Von dem berühmten Orgelbauer Gottfried Silbermann (18. Jahrhundert) wird erzählt, daß er vor dem Beginn des Orgelbaues sich in die Mitte der leeren Kirche stellte und mit sei-

nem Spazierstock stark auf den Boden klopfte. Nach Art und Dauer des Nachhalls bestimmte er die Disposition und Mensuren. Bisweilen lehnte er es sogar ab, eine Orgel zu bauen, wenn nämlich der Raum keine orgelgeeignete „Hörsamkeit" besaß.

Der *Aufstellungsort* der Orgel hat ebenfalls einen großen Einfluß auf ihren Klang. Auf der Westempore einer langen schmalen Kirche stehend sind die Nachhallzeiten länger, als wenn sich die Orgel mehr in der Mitte befindet (z. B. an der Nordwand hängend als sogenanntes Schwalbennest). Eine Orgel muß möglichst frei stehen, damit sich ihr Klang günstig entfalten kann. Deswegen ist ihre Aufstellung in kleinen Nischen mit beengenden Wänden schlecht.

Zuweilen treten im Kirchenraum *stehende* Wellen auf, wodurch an manchen Stellen einzelne Töne besonders laut oder auch besonders leise zu hören sind. Dies ist dann der Fall, wenn man sich gerade in der Nähe eines Schwingungsbauches oder -knotens dieser stehenden Welle aufhält.

3.   Die Pfeifen

3.1.   Allgemeines

Wir wenden uns jetzt dem Klangkörper der Orgel zu, den Pfeifen. Dieses Gebiet ist so um-
fassend, daß es hier ausführlich behandelt werden muß; denn durch den ganz verschiedenen Bau der Pfeifen und ihrer Einzelmaße bekommt der Orgelklang die Mannigfaltigkeit
seiner Klangfarben; und durch die Zusammenstellung mehrerer Register können neue
Klangfarben erzeugt werden. Dazu ist aber Voraussetzung, die einzelnen Orgelregister
bzw. den Bau ihrer Pfeifen zu kennen.

Man unterscheidet zwei verschiedene Arten von Pfeifen:

1. *Lippen-* oder *Labialpfeifen*[1]), bei denen der Ton durch Schwingungen der Luftsäule im
Inneren der Pfeife erzeugt wird;

2. *Zungen-* oder *Lingualpfeifen*[2]), deren Klang durch eine schwingende Metallzunge hervorgerufen wird, ähnlich wie bei der Mundharmonika.

Das *Material,* aus dem die Orgelpfeifen hergestellt werden, ist je nach der gewünschten
Klangfarbe (Holz gibt einen milderen, Metall einen strafferen Klang) oder aus pekuniären
Gründen verschieden (die Herstellung großer und mittlerer Pfeifen aus Holz ist billiger
als aus Metall). Für Metallpfeifen wird *Zinn, Kupfer, Zink* oder *Orgelmetall* verwandt,
eine Legierung aus Zinn und Blei. Zinnpfeifen stehen im allgemeinen nur im Prospekt,
während die Pfeifen im Innern der Orgel häufig aus dem billigeren Orgelmetall bestehen.
Zink ist nur ein sehr billiger Ersatz für Zinn. Kupferpfeifen werden seltener gebaut, meist
nur für den Prospekt aus architektonischen Gründen (Farbeffekt).

Die längste Pfeife, die im Orgelbau (jedoch nicht in jeder Orgel) vorkommt, ist etwa
11 Meter lang; bei der kleinsten ist der Pfeifenkörper nur wenige Millimeter lang (vgl.
Tabelle auf S. 25). Die Anzahl der Pfeifen hängt von der Größe eines Orgelwerkes ab; sie
beträgt in kleinen Werken etwa 300–1000, in größeren mehrere Tausende.

3.2.   Die Lippenpfeifen

Die meisten Pfeifen in einer Orgel, manchmal sogar alle, sind Lippenpfeifen, deren Ton
durch die im Innern der Pfeife schwingende Luftsäule erzeugt wird, wie auch bei einer
Flöte. Wir können bei ihnen im wesentlichen drei Teile unterscheiden:

[1]) Von lat. labium = Lippe.
[2]) Von lat. lingua = Zunge.

1. den *Fuß,* der als Windführung dient,
2. das *Mundstück* mit den klangerregenden Teilen (Labium, Kern, Aufschnitt),
3. den *Pfeifenkörper,* der die Luftsäule umschließt, deren Schwingungen den Klang hervorrufen.

Anhand der Abb. 5 wollen wir uns mit dem Vorgang der Tonentstehung in einer Lippenpfeife befassen.

Der Orgelwind strömt durch das *Fußloch a* in den *Pfeifenfuß b* und wird durch einen engen Spalt, die *Kernspalte c,* hindurchgepreßt, die zwischen dem *Kern d* und der oberen Kante des *Unterlabiums e* liegt. Bei diesem Vorgang bilden sich durch Luftwirbel ganz schwache *Spalttöne.*

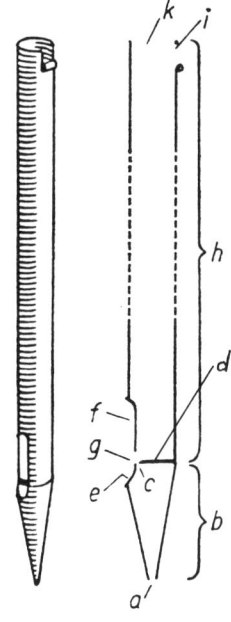

Abb. 5   Offene Lippenpfeife aus Metall

a Fußloch
b Pfeifenfuß
c Kernspalte
d Kern
e Unterlabium
f Oberlabium
g Aufschnitt
h Pfeifenkörper
i Stimmeinschnitt   (Stimmschlitz)
k Pfeifenmündung

Der Kern *d* ist waagerecht an der Nahtstelle vom Pfeifenfuß *b* und Pfeifenkörper *h* eingelötet und besteht aus einer kräftigen, mehrere Millimeter dicken Metallscheibe, die oft an der vorderen Kante noch verstärkt ist. Diese Kante selbst ist nach hinten oben abgeschrägt *(Kernfase);* der *Fasenwinkel* beträgt etwa 60° (50–70°), wodurch das aus der Kernspalte austretende Luftband besser nach oben gerichtet wird.

Das dort nun austretende Luftband prallt auf die scharfe Kante des *Oberlabiums f* und gerät durch weitere Luftwirbelbildungen in Pendelschwingungen, die wir als *Schneidenton*[3]) geringer Intensität hören. Seine Tonhöhe ist – nach neuesten Forschungen *(Ising)* – abhängig von der Länge des Pfeifenkörpers *h,* in dem sich durch *Resonanz* eine *stehende Welle* (s. u.) bildet, die mit der Eigenfrequenz des Pfeifenkörpers schwingt (s. S. 34). Die kräftigen Schwingungen dieser Welle steuern nun rückwirkend das aus der Kernspalte tretende schwingende Luftband; das pendelnd schwingende Luftband wiederum erhält die Schwingung aufrecht. Damit ist der *stationäre* fertige Pfeifenklang erreicht.

[3]) Die Bildung von Schneidentönen beobachten wir z. B. auch bei „singenden" Telegrafendrähten, an denen durch den vorbeistreichenden Wind ebenfalls Luftwirbel auftreten.

41

Die Vorgänge bis zur Bildung dieses Klanges, die Spalt- und Schneidentöne, zusammen mit dem verschieden schnellen Aufbau der Teiltöne, auch mit kurzfristigem Erklingen unharmonischer Teiltöne, hören wir als *Vorläufertöne,* die von uns als *Einschwingvorgänge* (s. S. 30) in für Orgelpfeifen charakteristischen Weise empfunden werden = *Ansprache.*

Durch Resonanz gerät also die Luftsäule im Innern des Pfeifenkörpers in longitudinale Schwingungen. Diese bilden eine „stehende Welle" (s. S. 23), weil die Luftschwingungen an den Enden der Pfeife reflektiert werden und sich dadurch „überlagern". Denn auch an den offenen Enden einer Pfeife (bei den offenen Pfeifen am Aufschnitt und an der Pfeifenmündung) werden die Wellen reflektiert, weil die in Ruhe befindliche Außenluft einen zwar elastischen, jedoch rückwurffähigen Abschluß bildet. Und an diesen Stellen finden sich Schwingungsbäuche mit starker Hin- und Herbewegung der Luftteilchen. Von hier aus wird der Klang abgestrahlt.

Die offene, meist rechteckige Öffnung zwischen Ober- und Unterlabium, deren Breite die *Labiumbreite* genannt wird, ist der *Aufschnitt g*[4]), dessen Höhe (= *Aufschnitthöhe*) dem Abstand zwischen Ober- und Unterlabium entspricht. Die Labiumbreiten und Aufschnitthöhen lassen sich sehr unterschiedlich gestalten und haben einen großen Einfluß auf die Klangstärke und -schärfe.

Durch den *Stimmeinschnitt i,* in dem sich ein aufrollbares Metallband befindet, wird die Pfeife gestimmt. Rollt man das Band nach oben auf, verlängert sich dadurch die schwingende Luftsäule, und der Ton wird tiefer. Umgekehrt erhöht sich der Ton, wenn das Metallband eingerollt wird. Oft werden die Pfeifen auch anders gestimmt: Am oberen Ende des Pfeifenkörpers, der *Pfeifenmündung,* befindet sich ein *Stimmring* (Abb. 6), der – nach oben geschoben – den ganzen Pfeifenkörper verlängert (Ton wird tiefer) oder umgekehrt verkürzt (Ton wird höher).

Kleine Pfeifen haben keinen Stimmring oder Stimmeinschnitt. Ihre Tonhöhe wird dadurch reguliert, daß ihre Pfeifenmündung mit einem *Stimmhorn* (Abb. 6 links) verändert wird. Und das geschieht folgendermaßen:

Schlägt man den Kegel (Abb. 6 a) mit mäßigem Druck auf die Pfeifenmündung, dann wird der Metallrand der Mündung rundherum etwas nach außen gebogen („ausgerieben"), wodurch der Ton höher wird. Umgekehrt läßt sich der Metallrand zur Vertiefung des Tones nach innen biegen („einreiben"), wenn man den trichterförmigen Teil des Stimmhorns (Abb. 6 b) auf die Pfeifenmündung schlägt (s. Abb. 6 rechts).

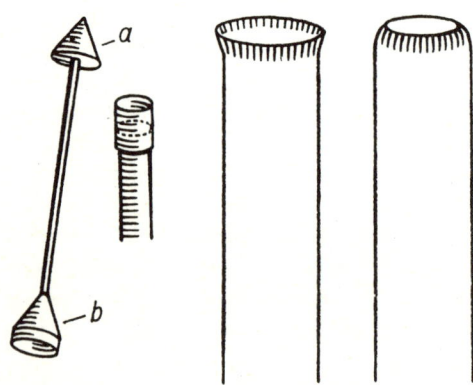

Abb. 6 (von links nach rechts): Stimmhorn und Stimmring, „ausgeriebene" und „eingeriebene" Pfeifenmündung

[4]) Auch *Pfeifenmund* oder *Pfeifenmaul* genannt.

Bei den rechteckigen Holzpfeifen entspricht der *Stimmschieber* (Abb. 7 i) dem Stimmeinschnitt der Metallpfeifen. Er kann nach oben bzw. nach unten verschoben werden. Eine andere Art des Stimmens läßt sich durch die *Stimmplatte* l erreichen, die aus einem dünnen Blech besteht und nur auf einer Seite an der Pfeifenmündung befestigt ist. Durch Hinauf- oder Herunterbiegen des Bleches wird die Länge der schwingenden Luftsäule verändert und damit auch die Tonhöhe.

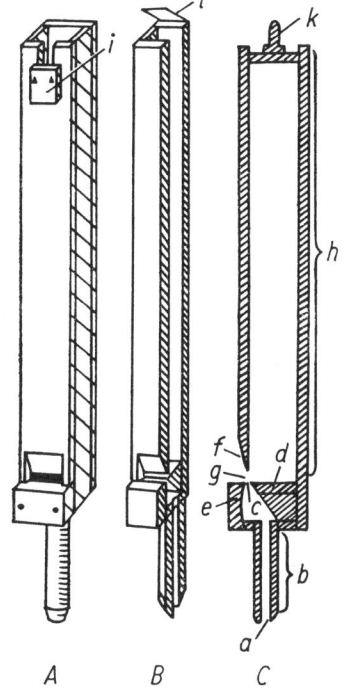

Abb. 7   Lippenpfeifen aus Holz
A offene Holzpfeife (Ansicht)
B offene Holzpfeife (halb aufgeschnitten)
C gedeckte Holzpfeife (Querschnitt)
a Fußloch
b Pfeifenfuß
c Kernspalte
d Kern
e Vorschlag (entspricht dem Unterlabium
    der Metallpfeifen)
f Oberlabium
g Aufschnitt
h Pfeifenkörper
i Stimmschieber
k Spund, mit Handgriff zum Stimmen
    (nur bei gedeckten Pfeifen)
l Stimmplatte

Die *gedeckten* Pfeifen stimmt man in der Weise, daß bei den Metallpfeifen der *Hut* (s. Abb. 10 i) und bei den Holzpfeifen der *Spund* (Abb. 7 k) hinauf- oder herabgeschoben wird.

Die *Holzpfeifen* (Abb. 7) sind im wesentlichen genauso gebaut wie die Metallpfeifen; nur sind sie im Querschnitt rechteckig, während eine Metallpfeife einen kreisförmigen Querschnitt hat.[5]

Das von unten angesetzte Holzbrett (Abb. 7 e), das bei den Metallpfeifen dem Unterlabium entspricht, wird *Vorschlag* genannt. Die Vorderwand der Holzpfeife nennt man den *Deckel* (ausgehend von der bei der Herstellung noch liegenden Pfeife, bei der nun der „Deckel" den Abschluß nach oben bildet).

Bei vielen Registern bestehen fast alle Pfeifen aus Holz; nur die kleinsten werden meist aus Metall hergestellt, weil so kleine Holzpfeifen schwer anzufertigen sind. Umgekehrt werden bei manchen Metallregistern die tiefsten Pfeifen aus Holz gebaut, weil sie billiger

[5] In manchen alten Orgeln finden sich noch zuweilen Holzpfeifen mit kreisförmigem Querschnitt, die in dieser Art gedrechselt worden sind.

als Metallpfeifen sind. Durch geschickte Intonation kann ein guter Orgelbauer diesen Übergang von Holz- zu Metallpfeifen bzw. umgekehrt fast unmerklich machen.
Zur *Umwandlung* von Metall- in Holzpfeifen gehört vor allem auch eine gleichartige Bauweise beider Pfeifenarten. Das ist dann der Fall, wenn die rechteckigen Querschnitte der
Holzpfeifen mit den kreisförmigen (Querschnitten) der Metallpfeifen übereinstimmen.
Ein Kreis läßt sich leicht in ein Rechteck mit gleichem Flächeninhalt umwandeln, wenn
man die Längsseite des Rechtecks so lang wie den Durchmesser des Kreises wählt und für
die Schmalseite ein Viertel des Kreisumfangs nimmt. Hierbei entspricht nun die Schmalseite sogar der am häufigsten gewählten Labiumbreite von einem Viertel des Umfangs
(s. o.).

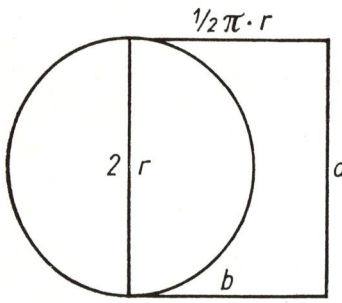

Abb. 8   Kreis- und Rechteckfläche

Auf Abb. 8 ist das deutlich zu sehen:

Ein Kreis hat den

    Durchmesser $= 2r$ $(= 2 \times \text{Radius})$
    Umfang $= 2\pi r$[6])
    Fläche $= \pi r^2$ $(= Querschnitt)$

Ein Rechteck hat die

    Seiten a und b und die
    Fläche $= a \cdot b$

Nehmen wir als die eine Seite (a) des Rechtecks den Kreisdurchmesser $= 2r$, *und für die
andere Seite (b) ein Viertel des Umfangs* $= \frac{1}{4} \cdot 2\pi r$ *(s. o.)* $= \frac{1}{2}\pi r$, *dann beträgt die Rechteckfläche* $2r \cdot \frac{1}{2}\pi r = \pi r^2$, *ist also genau so groß wie die Kreisfläche* πr^2.

Für andere Labiumbreiten muß man von der Formel
$a \cdot b$ $= \pi \cdot r^2$
(Rechteckfläche) *(Kreisfläche)*
ausgehen. Das heißt dann etwas anders ausgedrückt:
gesuchte Rechteckseite a · Labiumbreite b $= \pi r^2 = \pi \cdot (\frac{1}{2} \text{ Pfeifendurchmesser})^2$
    oder:

$$\text{gesuchte Rechteckseite} = \frac{\pi \cdot (\frac{1}{2} \text{ Pfeifendurchmesser})^2}{\text{Labiumbreite}}$$

---

[6]) π (griechischer Buchstabe, sprich: pi) ist eine in der Geometrie angewandte, immer gleich bleibende
Zahl mit dem Wert 3,14159 (auch etwa 22/7), die sich aus dem Verhältnis von Kreisumfang zu Kreisdurchmesser ergibt.

Ist der Raum, in dem die Orgelpfeifen stehen, zu niedrig, so können die großen Pfeifen ohne merkliche Veränderung ihrer Klangfarbe *gekröpft* werden (Abb. 9 a), d. h., der Pfeifenkörper wird ein- oder zweimal geknickt. Das ist sowohl bei Metall- wie auch bei Holzpfeifen möglich.

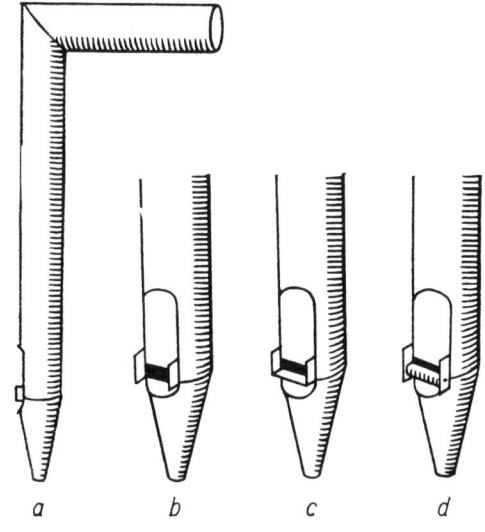

Abb. 9   Gekröpfte Pfeife, Pfeifenbärte

a gekröpfte Pfeife
b Seitenbart
c Kastenbart
d Rollbart

Enge Pfeifen sprechen oft nicht sofort gut an. Deswegen werden zu beiden Seiten des Aufschnitts *Bärte* angelötet, die aus kleinen Metallplatten bestehen und den aus der Kernspalte austretenden Wind lenken. Je nach der Pfeifenart findet man verschiedene Formen von Bärten:
Seitenbart (Abb. 9 b), *Kastenbart* (Abb. 9 c) und *Rollbart* (Abb. 9 d), bei dem vor dem Aufschnitt eine Rolle aus Holz angebracht ist. Der *Streichbart* (frein harmonique) gibt den Streichern einen besonders scharfen Strich, doch wird er heute kaum mehr angewandt.
Bei Holzpfeifen wird nur selten ein Bart angebracht, weil der neben dem Aufschnitt befindliche Teil der Seitenwände als guter Seitenbart wirkt.
Man findet kaum noch bei modernen Orgeln, jedoch immer bei den Orgeln der Romantik das Fußloch der Pfeifen stark *eingekulpt*, d. h., der Pfeifenfuß ist unten herum nach innen eingebogen, sozusagen wie mit dem Stimmhorn eingerieben. Durch das Einkulpen wird das Fußloch verengt, womit sich die Windzufuhr zur Pfeife regeln läßt. Durch die Verengung treten an dieser Stelle jedoch Luftwirbel auf, die die Klangbildung der Pfeife ungünstig beeinflussen. Deswegen wird heute der Kulp meist weggelassen, die Pfeifen stehen dann *„auf offenem Wind".*

3.3.   Die Grundformen der Labialpfeifen

So mannigfaltig der Klangreichtum der Orgel ist, so verschieden zeigen sich auch die Bauformen der Pfeifen, von denen eine Reihe mit meist gleicher Form zu einem Register zusammengefaßt ist. Neben der Form spielen aber auch noch einige andere Faktoren für die

Klanggestaltung der Pfeifen eine Rolle, auf die im Kapitel „Klanggestaltung der Pfeifen" genauer eingegangen werden soll.

Hier wollen wir uns zunächst mit den Grundformen befassen, die die reichen Klangmöglichkeiten der Orgel schon ahnen, aber noch nicht vollkommen erfassen lassen. Dazu als erstes eine Übersicht über die Grundformen der Lippenpfeifen (vgl. Abb. 10)[7]:

1. *offen*	2. *gedeckt*	3. *halbgedeckt*
zylindrisch	zylindrisch	(gedeckt mit Röhrchen)
konisch	konisch	
zylindrisch-konisch		
trichterförmig (oben weiter als unten)		

Ein weiterer Gestaltungsfaktor für die Pfeifen ist die *Mensur*[8]), womit man die in einem gewissen Maßverhältnis zur Pfeifenlänge stehende *Pfeifenweite* bezeichnet (s. S. 77). Sämtliche Pfeifenformen können *enge* oder *weite* Mensur erhalten, d. h. enger oder – mit vielen Zwischenstufen – weiter gestaltet werden. Auch können die Pfeifen aus Holz oder Metall bestehen und laut oder leise klingen. Weitere klangliche Feinheiten lassen sich durch verschiedene Abmessungen der *Labiumbreiten, Aufschnitthöhen* u. a. m. hervorrufen.

Im einzelnen können wir an Hand der Abb. 10 schon folgende Register herausfinden. Sie bilden nur den Stamm für eine sehr große Anzahl weiterer klanglich und baulich fein differenzierter Register, die sich im Laufe von Jahrhunderten aus ursprünglich einfachen Formen entwickelt haben. Eine genaue Übersicht über alle Pfeifenformen und Registernamen wird auf S. 112 gebracht.

Zu den *zylindrisch offenen* Labialpfeifen gehört das Hauptregister der Orgel, das *Prinzipal*[9]), mit einem vollen sonoren Klang (Abb. 10 c). Es ist deswegen das wichtigste Register, weil seine Pfeifen den charakteristischen herben Orgelklang geben. Darum ist es in jeder Orgel und dort auch in verschiedenen Tonhöhen vorhanden.

Wie aus Abb. 10 b ersichtlich ist, sind manche Pfeifen *weiter* mensuriert als die Prinzipalpfeifen von etwa gleicher Länge (und auch Tonhöhe). Diese Pfeifen geben den vollen weichen Klang einer *Flöte.*

Andererseits werden eine ganze Anzahl Register gebaut, deren Pfeifen verhältnismäßig *enger* sind als die der Prinzipale. Ihr Klang ist geschärft, geigenähnlich. Diese Register gehören zur Gruppe der *Streicher,* unter ihnen als wichtigstes die *Gambe* (Abb. 10 d).

Manche Pfeifen werden so intoniert, daß ihr erster Teilton, der Grundton, nicht zu hören ist. Bei ihnen erklingt als tiefster Teilton ihr erster Oberton, die Oberoktave des Grundtones (s. S. 28). Deshalb müssen diese Pfeifen doppelte Länge gegenüber den anderen offenen Pfeifen gleicher Tonhöhe bekommen. Um das *Überblasen* – wie man das Erklingen eines Obertones statt des Grundtones nennt – zu erleichtern, befindet sich zuweilen etwas unterhalb der Mitte des Pfeifenkörpers ein kleines Loch. Zu diesen überblasenden Pfeifen gehört u. a. die *Schweizerpfeife* (Abb. 10 a).

Die *offenen, konisch* gebauten Pfeifen können einmal sich nach oben verjüngen, u. a. das *Gemshorn* (Abb. 10 f), oder werden nach oben trichterförmig weiter (Abb. 10 g), *Dulziana.* Als Kombination zwischen zylindrischer und konischer Bauart ist die *Koppelflöte* (Abb. 10 e) zu erwähnen.

---

[7]) Über die Zungenpfeifen s. S. 107.
[8]) Von lat. mensura = Maß, Maßverhältnis.
[9]) Von lat. princeps = der erste (s. S. 204). Die höher liegenden Register des Prinzipals heißen Oktav. Übrigens heißt es *das* Prinzipal (*der* Prinzipal ist der Chef eines Geschäftes!).

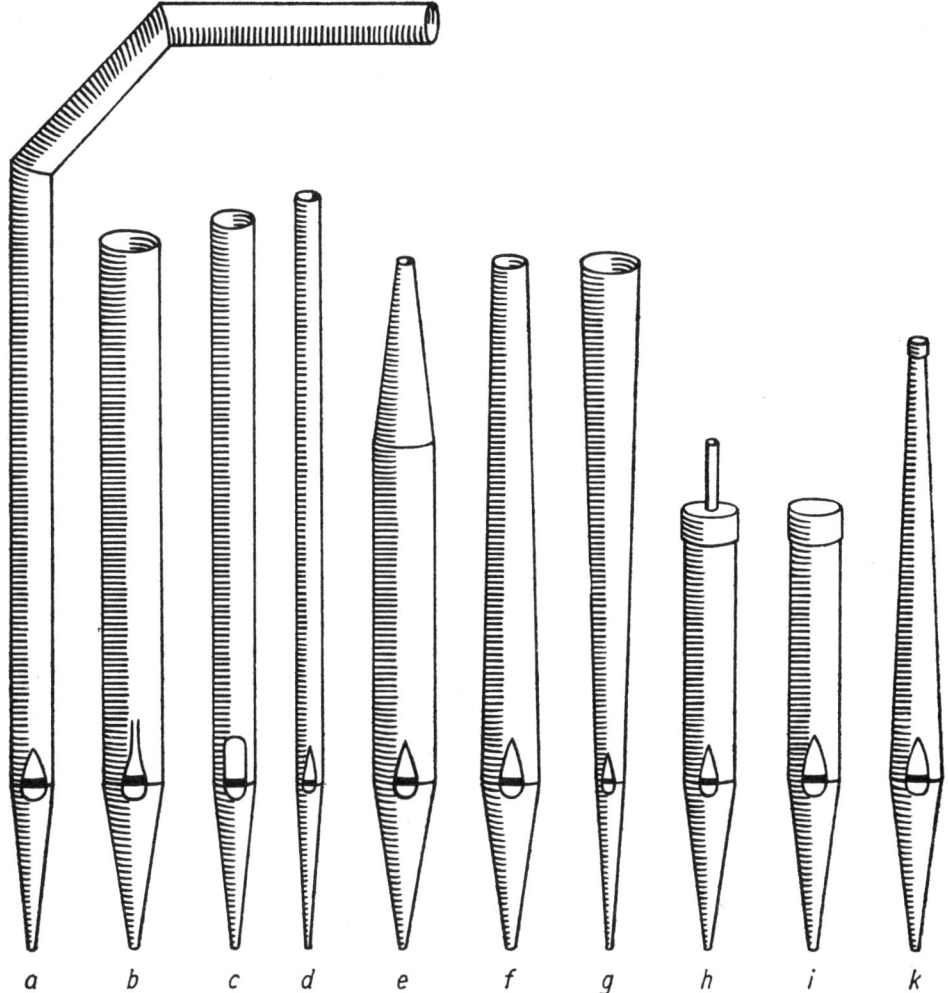

Abb. 10   Grundformen der Labialpfeifen (alle mit gleicher Tonhöhe)
a Schweizerpfeife (gekröpft eingezeichnet); b Flöte; c Prinzipal; d Gambe; e Koppelflöte;
f Gemshorn; g Dulciana; h Rohrflöte; i Gedackt; k Spitzgedackt

Einen völlig anderen Klang geben die gedeckten Pfeifen, die sogenannten *Gedackte*
(Abb. 10 i). Bei ihnen ist die obere Pfeifenmündung durch einen Hut oder Spund (Abb. 7 k)
verschlossen. Dadurch wird der Ton dieser Pfeifen eine Oktave tiefer als der einer gleich
langen offenen Pfeife (s. S. 50), auch bekommen sie durch das Fehlen der geradzahligen
Teiltöne (s. S. 54) einen hohlen Klang. Eine gedeckte Pfeife braucht also nur halb so lang
zu sein wie eine offene Pfeife in der gleichen Tonhöhe. Deshalb werden neben den eigentlichen Gedacktregistern auch manchmal, um Platz zu sparen, in der untersten Oktave offener Register gedeckte Pfeifen angewandt. Der Nachteil ist der, daß selbst durch geschick-
teste Intonation (s. u.) der klangliche Unterschied innerhalb des Registers zwischen den
offenen und gedeckten Pfeifen nicht völlig beseitigt werden kann.

Manche Gedackte werden so gestaltet, daß der dritte Teilton, die *Oberquinte,* neben dem Grundton recht deutlich zu hören ist. Deshalb heißt ein solches Register *Quintade*[10]). Durch das Hervortreten der Quinte hat es einen mageren Klang.

Dagegen wird der Klang von gedeckten Pfeifen heller, wenn sie konisch gebaut sind, z. B. *Spitzgedackt* (Abb. 10 k).

Eine Zwischenstellung zwischen offenen und gedeckten Pfeifen nehmen die *Halbgedackte* ein. Sie sind wohl gedeckt; doch befindet sich in ihrem Hut ein Röhrchen verschiedener Größe, durch das eine Verbindung der Luftsäule im Innern des Pfeifenkörpers zur Außenluft hergestellt wird. Ihr Klang ist flötenartig, nicht so dumpf wie der der Gedackte, eher hell-gebrochen. Das bekannteste Halbgedackt ist die *Rohrflöte* (Abb. 10 h). Ähnlich aufgehellt klingt auch das *Lochgedackt,* in dessen Hut statt des Röhrchens sich nur ein Loch befindet, das die Deckung teilweise aufhebt.

3.4. Die Herstellung und Intonation

Zur Herstellung der Orgelpfeifen soll hier nur so viel gesagt werden, daß der Orgelbauer die Metallplatten für die Pfeifen auf einer Gießbank meist selbst gießt und glatt hobelt oder walzt. Daraufhin werden nach der *Mensurtafel* (s. S. 75) mit den dort aufgezeichneten genauen Pfeifenmaßen die gegossenen Platten zurechtgeschnitten, gerundet und später zusammengelötet. Hierfür gibt es auch Spezialarbeiter, die *Pfeifenmacher.*

Ober- und Unterlabium sind anfänglich noch miteinander verbunden und werden erst nach dem Löten mit einem scharfen Messer aufgeschnitten, woher die Bezeichnung „*Aufschnitt*" für die rechteckige Öffnung am Pfeifenmund stammt.

Die „aufgeschnittene" Pfeife gibt zwar schon einen Ton, der aber noch durch verschiedene Kunstgriffe veredelt werden muß; dies nennt man die *Intonation*[11]). Der *Intonateur,* der hierdurch die richtige Klangfarbe und -stärke, auch das richtige Einpassen eines Registers in den Gesamtorgelklang bewirkt, ist der wichtigste Mann beim Orgelbau. Er muß Fingerspitzengefühl, künstlerisches und musikalisches Empfinden, ein hervorragendes Gehör und tadellose Sachkenntnis haben. Mit ihm steht oder fällt die Güte des Orgelklanges und damit die der Orgel selbst.

Zur Intonation gehört die genaue Bestimmung der Windzufuhr durch Vergrößern oder Verkleinern des Fußloches, womit die Klangstärke geregelt werden kann. Bei Pfeifen mit „offenem" Fuß (auf „offenem Wind" intoniert, s. S. 45) läßt sich die Klangstärke nur durch eine Veränderung der Kernspaltenweite korrigieren, bei der es oft auf einen Zehntelmillimeter genau ankommt. Des weiteren gehört zur Intonation die genaue Einstellung der Klangschärfe durch Bestimmung der richtigen Aufschnitthöhe, auch die Regelung einer guten Pfeifenansprache durch Hinauf- oder Herabstoßen des Kernes bzw. durch Korrektur der Stellung der Oberlabiumkante.

Der Intonateur gibt bisweilen den Pfeifen auch *Kernstiche.* Das sind feine senkrechte Einschnitte an der Vorderkante des Kernes, die die Ansprache glätten und die Bildung unharmonischer Obertöne weitgehend verhindern.

---

[10]) Auch *Quintadena* oder *Quintatön* genannt.
[11]) Von lat. tonare = tönen.

Die feinen Einschnitte an der Vorderkante des Kerns, eben die Kernstiche, führen dazu, daß sich an der Rückseite des aus der Kernspalte austretenden Luftbandes „Lufttrippen" bilden, die das Luftband aussteifen. Auch treffen sie wie „Greiffinger" selbst dann noch die Unterkante des Oberlabiums, wenn die Richtung des Luftbandes nicht ganz exakt zur Oberlabiumkante hin verläuft. Die Kernstiche sind heute nur noch als eine Hilfsmaßnahme anzusehen, die lediglich in Notfällen angewandt werden sollte.[12])

Die sogenannte *Vorintonation* erfolgt oft schon in der Werkstatt auf der *Intonierlade*, einer kleinen Windlade mit nur zwei bis drei Reihen Pfeifenlöcher, versehen mit einer Klaviatur. Hier werden die Pfeifen schon weitgehend auf ihre entsprechende Klangfarbe und Klangstärke vorintoniert, dazu auch grob vorgestimmt. Die eigentliche Intonation findet aber erst am Aufstellungsort der Orgel statt, da sie sich nach den dortigen akustischen Verhältnissen richten muß, die für jeden Raum verschieden sind (s. S. 37). Als letzter Arbeitsgang werden dann die fertig intonierten Pfeifen *rein gestimmt.*

Hierbei ein Wort zur *Pfeifenansprache* (s. S. 42). Damit bezeichnet man den Moment, in dem die Pfeife anfängt zu erklingen. Wie schon erwähnt, treten hierbei schwache, aber charakteristische Geräusche und Vorläufertöne auf, die *Einschwingvorgänge* (s. S. 30). Dazu gehört u. a. das eigentümliche angenehme „Spucken" der Gedackte. Wenn die Einschwingvorgänge zu stark sind, glucksend oder gar pfeifend, auch tremolierend, spricht man von schlechter Pfeifenansprache. Auch ist die Pfeife schlecht intoniert, wenn die Ansprache zu spät kommt oder die Pfeife unbeabsichtigt überbläst.

Im allgemeinen spricht eine Pfeife in dem Augenblick an, wenn Wind durch die Kernspalte tritt. Doch ist sie bei engen Pfeifen meist etwas verzögert, was sich durch *Bärte* (s. S. 45) bessern läßt. Auch sprechen die kleinen Pfeifen immer schneller an als die großen.

3.5.   Die Pfeifenlänge

Daß die Tonhöhe einer Pfeife von ihrer Länge abhängig ist, wurde schon angedeutet: Je länger die Pfeife, um so tiefer ist ihr Ton. Dabei müssen wir zwischen dem eigentlichen Klangerzeuger, der Luftsäule im Innern des Pfeifenkörpers, und dem Fuß unterscheiden, der nur als Windführung dient. Die Länge des *Pfeifenfußes* hat keinen Einfluß auf die Tonhöhe und ist oft bei allen Pfeifen eines Registers gleich, meist 12–25 cm, aber auch mehr. Bei den Prospektpfeifen ist gleiche Fußlänge aus architektonischen Gründen meist gar nicht erwünscht.

Die Tonhöhe hängt also hauptsächlich von der Länge des Pfeifenkörpers ab. Und wie auf S. 26 schon erwähnt worden war, gibt eine Pfeife den Ton, dessen Wellenlänge in einem bestimmten Verhältnis zur Pfeifenlänge steht. Wir haben auf S. 41 erfahren, wie sich infolge von Resonanz im Pfeifenkörper eine stehende Welle bildet.

Bei einer offenen Lippenpfeife entstehen an den beiden offenen Enden (an der Pfeifenmündung und am Aufschnitt) Schwingungsbäuche mit starker Hin- und Herbewegung der Luftteilchen, von denen aus der Klang abgestrahlt wird. Versuche haben ergeben, daß der

---

[12]) Ähnliche Wirkungen wie die von Kernstichen treten auch durch die Alterung der Pfeifen auf: Infolge der mit dem Wind mitgerissenen Staubpartikelchen bilden sich im Laufe der Jahrzehnte an den Innenkanten der Kernspalten ganz feine Haarrisse, die den ursprünglich schärferen Pfeifenklang mildern. – Deswegen nehmen heute manche Orgelbauer eine künstliche „Alterung" vor, indem sie die Unterkante des Kerns ganz leicht mit einer Feile anrauhen.

zugehörige Schwingungsknoten in der Mitte der Pfeife liegt. Demnach weist die stehende Welle in einer offenen Lippenpfeife zwei Schwingungsbäuche mit einem dazwischenliegenden Knoten auf (vgl. Abb. 11, Pfeife 1 auf S. 54). Ein Knoten mit zwei Schwingungsbäuchen entspricht aber einer halben Wellenlänge (s. Abb. 2, B–D auf S. 24). Daraus ist klar ersichtlich, daß in einer offenen Pfeife eine halbe Welle entsteht. Diese schwingt mit derselben Frequenz wie eine doppelt so lange Welle (mit zwei Bäuchen und drei Knoten).

Auf Grund dieser innerpfeiflichen Schwingungsverhältnisse geben *offene* Lippenpfeifen einen Ton, dessen Wellenlänge doppelt so lang ist wie der Pfeifenkörper; oder umgekehrt gesagt: Die Länge einer offenen Pfeife muß gleich der *halben Wellenlänge* des gewünschten Tones sein.

Bei den *gedeckten* Pfeifen (Gedackte, s. S. 47), die am oberen Ende durch einen Hut verschlossen sind, liegen die Verhältnisse etwas anders. Am offenen Ende der gedeckten Pfeife – hier also nur am Aufschnitt – bildet sich ein Schwingungsbauch. Am festgeschlossenen Ende (oben) entsteht ein Schwingungsknoten (vgl. Abb. 11, Pfeife 5 auf S. 54). Die Strecke vom Knoten zum Bauch entspricht dem *Viertel* einer ganzen Welle (s. S. 24, Abb. 2, A–B oder B–C usf.). Die ganze Welle ist also viermal so lang wie der gedeckte Pfeifenkörper (während die ganze Welle einer offenen Pfeife nur zweimal so lang ist wie ihr Pfeifenkörper). Das ist die Erklärung dafür, weshalb gedeckte Pfeifen eine Oktave tiefer klingen als gleich lange offene Pfeifen.

Die folgende Tabelle zeigt eine Übersicht über die Frequenzen und Wellenlängen (die Werte sind nur annähernd angegeben), gleichzeitig auch über die theoretischen Längen offener Lippenpfeifen:

Tonhöhe:	C_2	C_1	C_0	c^1	c^2	c^3	c^4	c^5	c^6	c^7	c^8
Frequenz:	16	32	64	128	256	512	1024	2000	4000	8000	16 000 Hertz
Wellenlänge:	20,8	10,4	5,2	2,6	1,3	0,65	0,32	0,16	0,08	0,04	0,02 Meter
Theoretische Körperlänge:	10,4	5,2	2,6	1,3	0,65	0,32	0,16	0,08	0,04	0,02	0,01 Meter
oder:	32	16	8	4	2	1	$^1/_2$	$^1/_4$	$^1/_8$	$^1/_{16}$	$^1/_{32}$ Fuß[13]

Genauere Angaben bietet die folgende *Tabelle der theoretischen Körperlängen* für zylindrisch offene Pfeifen (in cm) (nach *Mahrenholz*):

	16′	8′	4′	2′	1′	$^1/_2$′	$^1/_4$′	$^1/_8$′
C	526,7	263,4	131,7	65,8	32,9	16,5	8,2	4,1
Cs	497,2	248,6	124,3	62,2	31,1	15,5	7,8	3,9
D	469,2	234,6	117,3	58,7	29,3	14,7	7,3	3,7
Ds	442,9	221,4	110,7	55,4	27,7	13,8	6,9	3,5
E	418,6	209,0	104,5	52,3	26,1	13,1	6,5	3,3
F	394,6	197,3	98,6	49,3	24,7	12,3	6,2	3,1
Fs	372,4	186,2	93,1	46,6	23,3	11,6	5,8	2,9

[13]) Die Pfeifenlänge wird seit alters her in *Fuß* gemessen. 1 Fuß (abgekürzt: 1′), etwa 32 cm, ist ein altes Längenmaß.

	16′	8′	4′	2′	1′	$^1/_2$′	$^1/_4$′	$^1/_8$′
G	351,5	175,8	87,9	43,9	22,0	11,0	5,5	2,7
Gs	331,8	165,9	82,9	41,5	20,7	10,4	5,2	2,6
A	313,2	156,6	78,3	39,2	19,6	9,8	4,9	2,4
B	295,6	147,8	73,9	37,0	18,5	9,2	4,6	2,3
H	279,0	139,5	69,8	34,9	17,4	8,7	4,4	2,2

Es handelt sich hier um die theoretischen Körperlängen; in der Praxis sind die Werte etwas kleiner = *praktische Verkürzung (Mündungskorrektur).* Das kommt u. a. daher, daß die an den offenen Enden vorhandenen Schwingungsbäuche sich über die Pfeifenenden vorwölben *(Kopplungszone*[14]*).* Die Größe der Kopplungszone und damit die praktische Verkürzung der Pfeifen hat mehrere Ursachen, die sich aus verschiedenen feinen Veränderungen beim Pfeifenbau ergeben.
Die praktische Verkürzung hängt neben manchen anderen Pfeifenmaßen (s. u.) vor allem von der Pfeifenweite ab. Je weiter eine Pfeife gebaut ist, um so kürzer muß sie bei gleicher Tonhöhe gegenüber einer enger gebauten sein.[15]*) Der bekannte französische Orgelbauer Cavaillé-Coll hat dafür eine für die Praxis durchaus brauchbare Formel gefunden: Die praktische Verkürzung offener zylindrischer Lippenpfeifen beträgt etwa $^5/_3$ ihres Durchmessers; d. h.: ziehen wir von der theoretischen Länge (s. o.) $^5/_3$ des Pfeifendurchmessers ab, so erhalten wir die tatsächliche Länge der Pfeife. (Ganz genau genommen entspricht die Mündungskorrektur nach Cavaillé-Coll dem doppelten Abstand von der Mitte der Kernspalte bis zum hintersten Ende des Kerns. Dieser Abstand ist bei weiten Pfeifen größer als bei engen, ebenfalls auch bei Pfeifen mit schmalem Labium.)*

Im wesentlichen hängt also die Tonhöhe einer Pfeife von ihrer Länge ab: Tiefe Töne werden von langen, hohe Töne von kurzen Pfeifen erzeugt:
Dazu kommt die Pfeifenform (vgl. Abb. 10 auf S. 47, auf der alle Pfeifen dieselbe Tonhöhe haben).
1. *Offene zylindrische* Pfeifen erzeugen einen Ton, dessen Wellenlänge *doppelt* so lang ist wie der Pfeifenkörper.
2. *Gedeckte zylindrische* Pfeifen bilden einen Ton, dessen Wellenlänge *viermal* so lang ist wie der Pfeifenkörper (sie klingen deswegen eine Oktave tiefer).
3. Bei *offenen konisch* gebauten Pfeifen wird der Ton gegenüber den zylindrischen Pfeifen *tiefer,* je stärker sich die Pfeife nach oben verjüngt.
4. Bei den *gedeckten konischen* Pfeifen dagegen wird der Ton *höher,* je stärker sich die Pfeife nach oben verjüngt. Im allgemeinen liegt ihre Länge etwa in der Mitte zwischen den offenen und gedeckten zylindrischen Pfeifen.
5. Der Ton *halbgedeckter* Pfeifen ist durch die teilweise Aufhebung der Deckung etwas *höher* als der der gleich langen vollgedeckten Pfeifen (etwa 1–2 Halbtöne).

[14]) Von dem Vorhandensein der Kopplungszone kann man sich selbst überzeugen: Kommt man mit der Hand von oben in die Nähe der Pfeifenmündung einer offenen Pfeife oder in die Nähe der Aufschnittsöffnung, wird der Ton tiefer, weil man damit die Kopplungszone beeinflußt.
[15]) Der Grund dafür liegt darin, daß in einer weiten Pfeife nicht alle Luftpartikel schwingen, sondern nur in der Art einer gebogenen „Luftschlange". Auf Grund ihrer gebogenen Form braucht die schwingende Luftsäule weniger Pfeifenlänge als in einer – gleich hoch klingenden – engen Pfeife die dort „gestreckt" schwingende Luftsäule.

Kleinere *Längenunterschiede* (praktische Verkürzung, s. o.) ergeben sich noch auf Grund folgender Faktoren:

1. Mit steigendem *Winddruck* erhöht sich der Grundton[16]): Die Pfeife muß länger sein als eine gleichhoch klingende mit niedrigerem Winddruck.

2. *Weite* offene Pfeifen ergeben einen tieferen Ton als *eng* gebaute: für die gleiche Tonhöhe müssen sie deswegen kürzer sein als eng gebaute (Kopplungszone wölbt sich stärker vor).

3. Pfeifen mit *schmalerem Labium* klingen etwas tiefer als solche mit breiterem Labium.

4. Auch durch Verringerung der *Aufschnitthöhe* sinkt die Tonhöhe etwas ab.

5. Ebenso sinkt die Tonhöhe durch Verengung der *Kernspalte* etwas ab.

6. *Bärte* (s. S. 45) verringern die Tonhöhe; um so stärker, je mehr man sie nach innen biegt.[17])

Zu erwähnen sind noch die *überblasenden* Pfeifen (s. S. 46), bei denen der erste Teilton fehlt und dadurch der 2. Teilton als Grundton gehört wird. Weil sie eine Oktave höher als gleich lange offene Pfeifen klingen, müssen sie für dieselbe Tonhöhe *doppelt* so lang sein wie diese. Auch *gedeckte* Pfeifen können überblasen. Da aber bei ihnen die geradzahligen Teiltöne fehlen (s. S. 54), blasen sie nicht in die Oberoktave, sondern in die darüberliegende Quinte (3. Teilton) über. Ihre Körperlänge muß deswegen *dreimal* so groß sein wie die der nicht überblasenden Gedackte.

Bei *Prospektpfeifen* ist oft eine größere Länge erforderlich, als es ihrer Tonhöhe entsprechen sollte. Man gibt ihnen dann die notwendige „Überlänge" und schneidet die Rückwand des überschüssigen Teiles aus. Doch beeinträchtigt eine zu große Überlänge (über 4 Halbtöne hinaus) den Klang der Pfeife.

3.6.   Die Fußtonzahl

Nicht nur die einzelnen Pfeifen weisen – je nach Länge und Bauart – verschiedene Tonhöhen auf, sondern auch ganze Orgelregister stehen in verschiedenen Tonhöhen, worauf auf S. 20 schon hingewiesen worden war. So finden wir Orgelregister, die wie beim Klavier auf der Taste a^1 (Kammerton) einen Ton mit etwa 440 Hz hören lassen, die also aus Pfeifen bestehen, die auf allen Tasten in der Tonhöhe klingen, die der Tastenlage entspricht. Bei anderen Registern dagegen klingen die Pfeifen auf allen Tasten durchweg ein, zwei oder mehr Oktaven höher oder auch ein, zwei Oktaven tiefer. Um die Tonlage der einzelnen Register zu erkennen, werden sie durch die *Fußtonzahl* gekennzeichnet.

Das bedeutet folgendes: Ein Orgelregister, dessen Pfeifen auf allen Tasten die den Tastennamen entsprechende Tonhöhe aufweisen (also auf Taste a^1 auch den Ton a^1 mit 440 Hz) nennt man achtfüßige Register, abgekürzt 8'-Register. Das ist die *Fußtonzahl,* die die Tonhöhe angibt. Diese Bezeichnung kommt daher, weil die größte Pfeife eines offenen 8'-Labialregisters, das große C, eine Länge von etwa 8 Fuß[18]) hat, also etwa 2,60 m. Ein anderes Register, das auf sämtlichen Tasten einen um eine Oktave höheren Ton klingen läßt als das 8'-Register, steht im 4-Fußton (die größte Pfeife ist nur 4 Fuß lang, also etwa 1,30 m, s. Ta-

---

16) Das ist jedoch nur in bestimmten Grenzen möglich: bei zu geringem Winddruck spricht die Pfeife nicht an, bei zu hohem bläst sie leicht über.

17) Manche metallene Gedacktpfeifen in alten Orgeln sind oben zugelötet; sie können deswegen nur mit den Bärten gestimmt werden.

18) Siehe Fußnote S. 50.

belle S. 50). Es gibt auch 2'- und 1'-Register, ebenso 16'- und 32'-Register, die also mehrere Oktaven höher oder tiefer als das normale 8'-Register klingen (s. Übersicht S. 100). Durch diese verschieden hohen Register erhält die Orgel ihren großen Tonumfang, der wesentlich größer ist als ihr Tastenumfang.

Die Angabe der Fußtonzahl bezeichnet also die *Tonhöhe* eines Registers und wird immer hinter dem Registernamen angegeben, z. B. Prinzipal 8'.

Tatsächlich entspricht aber die Länge der tiefsten Pfeife nicht immer der angegebenen Fußtonzahl; denn gedeckte Pfeifen klingen bekanntlich eine Oktave tiefer als offene Pfeifen derselben Länge, wodurch die tiefste Pfeife des Gedackt 8' nur 4 Fuß lang ist. Bei den nachher zu besprechenden Zungenpfeifen hat die Länge der tiefsten Pfeife oft überhaupt nichts mit der angegebenen Fußtonzahl zu tun. Und bei den überblasenden Registern (Schweizerpfeife, s. S. 46) wäre die tiefste Pfeife doppelt so lang wie die Angabe durch die Fußtonzahl[19]).

Ja, es kann sogar vorkommen, daß es die tiefste Pfeife, das große C, bei einem Register gar nicht gibt, wenn das Register nämlich in der untersten Oktave keine eigenen Pfeifen hat. (Durch einen bestimmten Mechanismus in der Windlade klingen dann, wenn dieses Register gezogen ist, in der untersten Oktave dafür die Pfeifen eines anderen Registers in gleicher Tonhöhe. Man sagt dann, daß die untersten Pfeifen in ein anderes Register *überführt* worden sind.)

Die Angabe der Fußtonzahl bezieht sich hinsichtlich der Länge nur auf offene, nicht überblasende Lippenpfeifen; im übrigen ist sie zu einer *Begriffsbestimmung für die Tonhöhe* geworden.

Man wird hier vielleicht gebrochene Fußtonzahlen vermissen, die manchem von der Orgel her schon bekannt sind, wie z. B. 2²/₃' oder 1³/₅' usf. Diese gebrochenen Fußtonzahlen kennzeichnen Obertonregister, die später im Kapitel 3.15 noch genau behandelt werden.

3.7.   Die Klangfarbe

Die vielen verschiedenen Klangfarben der einzelnen Orgelregister ergeben eine große Mannigfaltigkeit des Orgelklangs, die bei der Beschreibung der Grundformen von Labialpfeifen (s. S. 46) wohl schon angedeutet wurde, hier jedoch nun genauer behandelt werden soll.

Auch wird der Klangreichtum der Orgel noch dadurch vergrößert, daß beim Zusammenklang mehrerer Register bzw. Pfeifen nicht einfach eine Addition der Klangfarben erfolgt, sondern durch gewisse Registermischungen auch völlig neue Klangfarben entstehen können. Von einer solchen Klangsynthese mittels Obertonregistern wird später noch die Rede sein (s. S. 99).

Wie schon früher erwähnt (s. S. 29), beruht der gehörsmäßige Eindruck von einer bestimmten Klangfarbe auf der Anwesenheit mehr oder minder starker Obertöne, deren Anzahl und Verhältnis untereinander (und zum Grundton) das Tongemisch (Klang) in charakteristischer Weise färben.

Jedes Musikinstrument, auch die Orgelpfeife, erzeugt nicht Töne bestimmter Frequenzen, sondern einen Klang, der sich aus mehreren, meist harmonischen Teiltönen verschiedener

---

[19]) Die große Oktave ist allerdings meist nicht überblasend gebaut.

Stärke zusammensetzt. Der tiefste Teilton wird als Grundton meist am lautesten empfunden.[20]*) Die Entstehung der Teiltöne stelle man sich so vor, daß der schwingende Körper nicht nur mit einer Frequenz, sondern gleichzeitig mit höheren Frequenzen schwingt, die sich aus dem Produkt der Grundtonfrequenz mit ganzen Zahlen ergeben (vgl. Tabelle S. 28). Das bedeutet, daß die Obertonwellen Bruchteile der Grundwelle bilden.*

Zwischen den offenen und gedeckten Lippenpfeifen besteht jedoch im Obertonaufbau ein grundsätzlicher Unterschied. Während *offene Pfeifen* die ganze lückenlose Obertonreihe mehr oder minder stark erklingen lassen können, ist bei einer *gedeckten* Pfeife der Obertonaufbau auf die *ungeradzahligen* Teiltöne beschränkt. Diese unterschiedliche Teiltonbildung läßt sich folgendermaßen erklären:

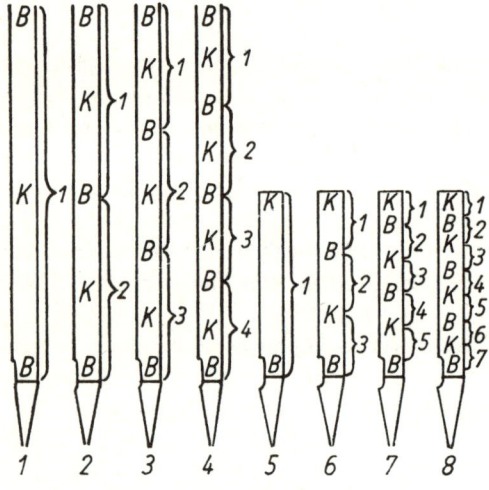

B Schwingungsbauch
K Schwingungsknoten

Pfeifen 1–4 offen
Pfeifen 5–8 gedeckt

Abb. 11   Teiltonaufbau in zylindrischen Lippenpfeifen (nach *Ellerhorst*)

In Abb. 11 sehen wir die Schwingungsverhältnisse in offenen und gedeckten Pfeifen, wie sie gleichzeitig auftreten und damit die Teiltöne bilden. Tabellarisch zusammengestellt ergibt sich folgendes Bild:

Offene Pfeife 1 zeigt 1 Halbwelle. die dem 1. Teilton (Grundton) entspricht
Offene Pfeife 2 zeigt 2 Halbwellen, die dem 2. Teilton (Oktave) entsprechen
Offene Pfeife 3 zeigt 3 Halbwellen, die dem 3. Teilton (Oberquinte) entsprechen
Offene Pfeife 4 zeigt 4 Halbwellen, die dem 4. Teilton (Oberoktave) entsprechen

Gedeckte Pfeife 5 zeigt 1 Viertelwelle, die dem 1. Teilton (Grundton) entspricht
Gedeckte Pfeife 6 zeigt 3 Viertelwellen, die dem 3. Teilton (Oberquinte) entsprechen
Gedeckte Pfeife 7 zeigt 5 Viertelwellen, die dem 5. Teilton (Oberterz) entsprechen
Gedeckte Pfeife 8 zeigt 7 Viertelwellen, die dem 7. Teilton (Oberseptime) entsprechen

[20]) Physikalisch sind manchmal die Obertöne stärker. Durch Kombinationstonbildung (s. S. 36) der Obertöne untereinander verstärken sie aber für unser Ohr den Grundton (z. B. bei der Geige, s. auch Klangspektrum 2, S. 56).

Wir sehen, in offenen Pfeifen bilden sich Halbwellen, deren Anzahl beliebig fortgesetzt werden könnte. In den gedeckten Pfeifen entstehen wohl auch viele Viertelwellen, ihre Summe ist aber immer ungeradzahlig. Bei ihnen fehlen die geradzahligen Teiltöne, wodurch der Klang hohl wird.

Denn dem 2. Teilton entsprächen 2 Viertelwellen (= 1 Halbwelle) mit 2 Bäuchen und 1 Knoten (entsprechend Pfeife 1) oder mit 1 Bauch und 2 Knoten. Solche stehenden Wellen können in einer gedeckten Pfeife aber nicht gebildet werden, weil am gedeckten (oberen) Ende immer ein Schwingungsknoten entsteht und am unteren offenen Ende (Aufschnitt) ein Schwingungsbauch. Ebensowenig kann der 4. Teilton mit 4 Viertelwellen (entsprechend Pfeife 2) entstehen. Und genauso ist es mit den höheren geradzahligen Teiltönen.

Die Teiltonaufbauten der Orgelpfeifen, auch *Klangspektren* genannt, können ganz verschieden gestaltet sein: Enthält ein Klang nur wenige und schwache Obertöne, wird er als rund, flötig, auch hornähnlich empfunden. Ist dazu der Grundton besonders stark ausgebildet, klingt die Pfeife voll, voluminös. Viele und kräftige Teiltöne dagegen geben dem Klang eine gewisse Schärfe. Doch kann ein Klang auch aus vielen Teiltönen bestehen, die aber nur sehr gering ausgebildet sind (z. B. durch besonders hohe Aufschnitte bei engen Pfeifen), wodurch der Klang stumpf oder auch gepreßt wird. Auch ist durchaus nicht immer die ganze Teiltonreihe vorhanden (s. o.). Auf stärkere Teiltonanhäufung in bestimmten Frequenzbereichen (= *Formanten*) mit dadurch vokalartigem Charakter wurde schon auf S. 29 hingewiesen.[21])

Zur Verdeutlichung der Obertonbildung sind in Abb. 12 die Klangspektren einiger Orgelpfeifen schematisch aufgezeichnet. Die Länge der senkrecht stehenden Ordinaten entspricht der physikalischen Stärke der betreffenden Teiltöne (entsprechend der Dezibeleinteilung, (s. S. 33).

Das mäßig eng gebaute *Prinzipal* mit prächtigem sonorem Klang weist einen reichen, lückenlosen Teiltonaufbau auf (Klangspektrum 1). Die stärkeren Amplituden der Teiltöne 5 und 6 geben dem Klang einen gewissen vokalartigen Formantcharakter. – Bei der sehr eng mensurierten *Gambe* (Klangspektrum 2) vergrößert sich die Stärke und Anzahl der Teiltöne. Der daraus resultierende schärfere Klang bekommt dadurch noch einen *streichenden* Charakter, daß der 2. Teilton (die Oktave) physikalisch stärker ist als der Grundton. – Pfeifen, die weiter gebaut sind als Prinzipalpfeifen, z. B. die weit mensurierte *Flöte*, neigen zur Grundtönigkeit mit nur wenigen schwachen Obertönen (Klangspektrum 3). Zwischen den extrem engen und weiten Pfeifen gibt es viele Zwischenstufen mit entsprechender Teiltonbildung, die sich dazu durch gewisse Aufschnittgestaltungen (z. B. Aufschnitthöhen) variieren lassen (s. später).

Bei den *Gedackten* können sich nur die ungeradzahligen Teiltöne entwickeln, wodurch ihr Klang hohl wird. Auch hier spielt die Pfeifenweite für die Obertonbildung eine Rolle: Während beim im allgemeinen mäßig weit mensurierten *Gedackt* die ungeradzahligen Teiltöne recht schwach entwickelt sind (Klangspektrum 4), zeigen sie sich bei der eng gebauten *Quintade* (Klangspektrum 5) erheblich stärker mit dazu besonderer Betonung des 3. Teiltons, der Oberquinte (Duodezime), was den Klang mager macht.

Der dagegen außerordentlich kräftig und vielzahlig entwickelte Obertonaufbau der Zungenstimmen (s. S. 107) wird schematisch im Klangspektrum 6 angedeutet, dem einer *Trompete*.

[21]) Auch gewisse Rauschanteile und unharmonische Teiltöne im Klangspektrum formen den Klang in manchmal sehr charakteristischer Weise.

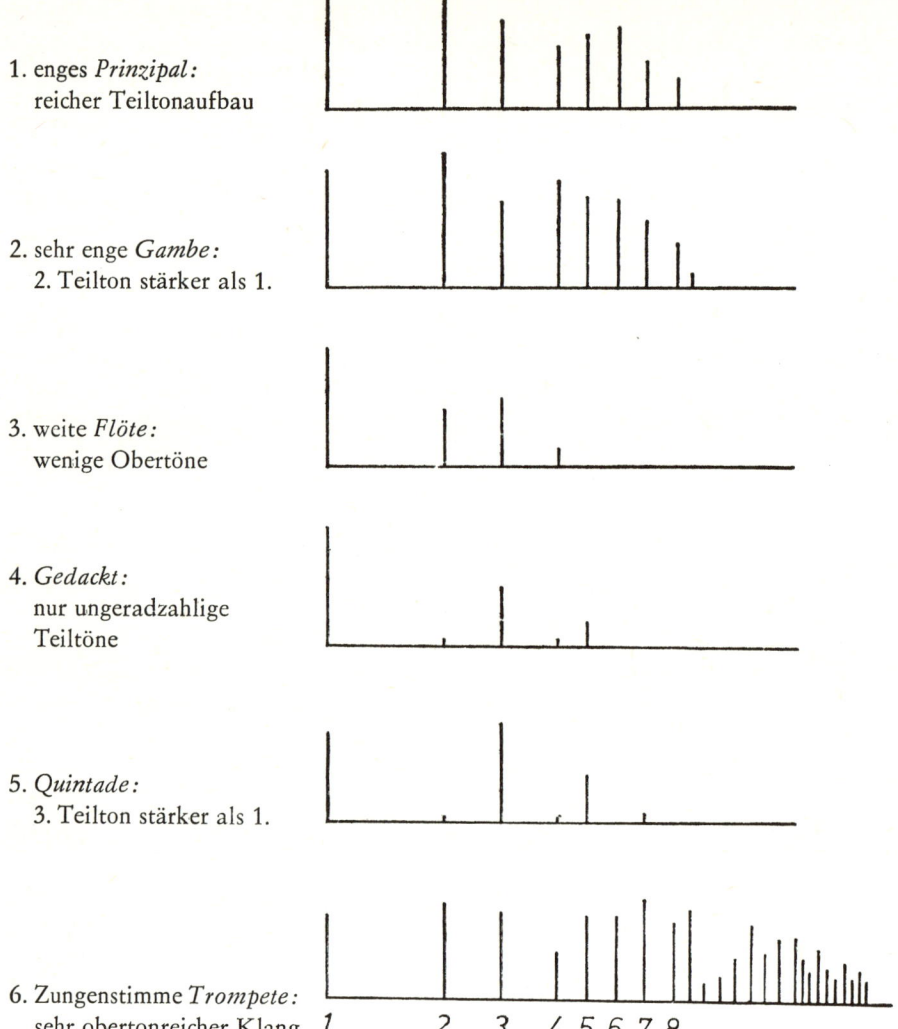

1. enges *Prinzipal*:
   reicher Teiltonaufbau

2. sehr enge *Gambe*:
   2. Teilton stärker als 1.

3. weite *Flöte*:
   wenige Obertöne

4. *Gedackt*:
   nur ungeradzahlige
   Teiltöne

5. *Quintade*:
   3. Teilton stärker als 1.

6. Zungenstimme *Trompete*:
   sehr obertonreicher Klang   *1.   2.   3.   4. 5. 6. 7. 8..............*

Abb. 12 Klangspektren (klangfarbenbestimmende Teiltonaufbauten) einiger Orgelpfeifen (schematisch). Die Länge der Ordinaten entspricht der physikalischen Stärke der Teiltöne

Bei den *konischen, gedeckten* Pfeifen (*Spitzgedackt*) tritt im Gegensatz zu den zylindrischen Gedackten die lückenlose Teiltonpyramide auf; ihr Klang ist dementsprechend heller. – Die *Halbgedackte* (*Rohrflöte*, s. S. 48) weisen in dem Röhrchen noch einen Schwingungsknoten mit eigenen Teiltönen auf, die meist unharmonisch zum Pfeifengrundton liegen. Doch treten diese unharmonischen Teiltöne hauptsächlich nur bei der – dadurch besonders interessant gestalteten – Ansprache auf, weil die Luftsäule im Röhrchen hierbei nur sozusagen „angestoßen" wird.

Interessant sind auch die Verhältnisse bei den *überblasenden, offenen* Pfeifen (s. S. 46). Infolge ihres engen Baues mit gleichzeitig reichlichem Windzufluß bildet sich die Grundtonwelle überhaupt nicht, sondern zerfällt gleich in die Teilwellen der Obertöne, am kräftigsten in die des 2. Teiltons (Oktave). Bei noch stärkerer Erregung können die Pfeifen sogar doppelt, also in den 3. Teilton überblasen.

Auch *überblasende Gedackte* und *Halbgedackte* werden gebaut. Da in ihnen aber nur die ungeradzahligen Teiltöne entstehen, blasen sie also gleich in den 3. Teilton, die Oberquinte über. Das hat zur Folge, daß die Pfeifen zu ihrem neuen Grundton, der ja eigentlich der 3. Teilton ist, „unharmonische" Obertöne mit dadurch besonders interessantem Klange bilden *(Reizklang)*.

Hierbei zum Vergleich die Teiltonaufbauten in einer offenen Pfeife und in einem überblasenden Gedackt:

		Grundton				
offene Pfeife:	*(c′)*	**c′**	*c″*	*g″*	*c‴*	*e‴*
Teilton:	*1.*	*2.*	*3.*	*4.*	*5.*	
übbl. Gedackt:	*(F)*	**c′**	*a′*	*es″*		
Teilton:	*1.*	*3.*	*5.*	*7.*		

Bei überblasenden Halbgedackten (z. B. Rohrflöte) kommt noch der besondere Teiltonaufbau im Röhrchen hinzu.

Die so sehr verschiedenen Klangfarben der Orgelpfeifen entstehen also hauptsächlich durch ihre verschiedenartigen Bauformen wie offen, gedeckt, halbgedeckt, zylindrisch, konisch, trichterförmig u. a. m., worauf schon bei der Besprechung der Grundformen der Labialpfeifen hingewiesen wurde. Dazu kommen die klanglichen Einflüsse des Pfeifenwandmaterials (Holz, Metall), der Pfeifenweite, Labiumbreite, Aufschnitthöhe, Winddruck u. a. m. Darauf soll später noch genauer eingegangen werden.

3.8.   Die Klangschärfe

Obwohl vielfach noch zur Klangfarbe gerechnet, soll der Begriff der *Klangschärfe* doch davon abgetrennt werden. Denn gerade so, wie es die Farben Rot, Grün oder Blau in blasser oder satter Form gibt, können auch Klangfarben in mehr runder oder geschärfter Form in Erscheinung treten.

Auf Grund der Pfeifenform und Pfeifenweite stecken in jeder Pfeife ihrer Gestaltung entsprechende, charakteristische Obertonaufbauten (Klangfarben) drin, deren mehr oder minder starke Ausbildung von der *Windgeschwindigkeit* an der Oberlabiumkante abhängig ist. Je schneller der Wind dort fließt, um so schärfer wird der Klang, d. h., um so stärker bilden sich die Obertöne aus, ohne daß sich der Grundton wesentlich in seiner Stärke verändert.

Die Windgeschwindigkeit an der Oberlabiumkante hängt einmal vom *Winddruck* im Pfeifenfuß und zum anderen von der *Aufschnitthöhe* ab (in geringerem Maße auch von der Labiumbreite). Es ist ohne weiteres verständlich, daß ein hoher Winddruck die Geschwindigkeit des ausströmenden Windes steigert. Die Anfangsgeschwindigkeit der Luftpartikelchen nimmt jedoch mit zunehmendem Abstand von der Kernspalte infolge Reibung an der Außenluft ab. Deswegen ist ihre Geschwindigkeit bei niedriger Aufschnitthöhe an der Oberlabiumkante noch größer und regt die Obertonbildung stärker an als bei höheren Aufschnitten. Bei festliegendem Winddruck kann also die Klangschärfe (Obertonbildung) durch verschiedenartige Höhe der Aufschnitte verändert werden.

Die Ursache für diese Erscheinung ist folgende: Jede Pfeife besitzt in ihrem Inneren verschiedenartig gelagerte Obertonresonanzen, die von der Pfeifenform und -weite abhängig sind. Diese Resonanzstellen entsprechen jedoch nicht genau den ganzzahligen Vielfachen der Grundfrequenz (s. Fußnote 11, S. 28), sondern sind um so mehr nach oben von den mathematisch genauen Obertonfrequenzen verschoben, je weiter eine Pfeife gebaut ist. Diese etwas verschobenen Obertonresonanzen in der Pfeife werden nun um so stärker zum Klingen angeregt, je größer die Windgeschwindigkeit an der Oberlabiumkante ist. Denn mit dort wachsender Windgeschwindigkeit steigt auch etwas die Frequenz des im Aufschnitt pendelnd schwingenden Luftbandes (einschließlich seiner Obertöne) an und nähert sich damit den in der Frequenz nach oben verschobenen Obertonresonanzen, die nun zum Schwingen angeregt werden und damit den Klang obertöniger (schärfer) machen. Der Grundton dagegen wird nun eher etwas schwächer.

Dies trifft besonders für mittelweit gebaute Pfeifen (mit Prinzipalmensur) zu. Bei den engen Pfeifen (Streichern) entsprechen die innerpfeiflichen Obertonfrequenzen genauer den Vielfachen der Grundfrequenz und werden dadurch schon bei geringer Windgeschwindigkeit zum Klingen angeregt, wodurch ihr Klang geschärft ist. Bei sehr weit gebauten Pfeifen (Flöten) jedoch sind die Obertonresonanzen derart weit von den mathematisch genauen Obertonzahlen verschoben, daß diese Obertöne im allgemeinen kaum zum Klingen angeregt werden, wodurch der Klang obertonarm, rund, eben flötig erscheint. Erst bei sehr großer Windgeschwindigkeit, also bei besonders hohem Winddruck und niedriger Aufschnitthöhe, können auch in diesen Pfeifen die Obertöne angeregt werden, so daß sie dann schärfer klingen.

3.9.   Die Klangstärke

Schon früher wurde darauf hingewiesen (s. S. 30), daß zwischen der physikalischen *Schallintensität* und der physiologischen, d. h. der vom Ohr empfundenen *Lautstärke* ein Unterschied besteht, der durch die verschieden große Empfindlichkeit des menschlichen Gehörs für Schallwellen verschiedener Frequenzen bedingt ist. Bei Schallwellen gleicher Frequenz (Tonhöhe) wird eine Zunahme der Schallintensität wohl auch lauter empfunden; bei Schallwellen verschiedener Frequenzen ist das jedoch durchaus nicht immer der Fall. Und das besonders bei den Orgelpfeifen, die ja nicht nur einen Ton, sondern einen Klang mit mehreren Teiltönen verschiedener Tonhöhe und Stärke erzeugen. Deswegen ist die *Klangstärke* von Orgelpfeifen ein komplexer Begriff, der sich aus den Schallintensitäten der einzelnen Teiltöne in Verbindung mit ihrer frequenzabhängigen Lautstärkenwirkung auf das Ohr zusammensetzt. Die physikalische *Gesamtschallintensität* bzw. die *Schalleistung*, die sich indirekt durch den Schalldruck messen lassen, sind ein Ausdruck für die *Energie* der Schallwellen. Ihre Größe hängt von zwei Faktoren ab:

1. Von der *Amplitudengröße* der Luftschwingungen im Pfeifenkörper. Sie ist um so größer, je stärker die Energiezufuhr = *Windzufluß* im Verhältnis zur Pfeifenlänge[22]) gewählt wird.

[22]) Bei gleich hoch klingenden Pfeifen geht eine Erhöhung des Windzuflusses in etwa auch mit einer entsprechenden Erhöhung der Schallintensität und Lautstärke einher. Bei einer gleichartig gebauten

2. Von der *Masse* der schwingenden Luftteilchen im Pfeifenkörper und der *Größe* der *Abstrahlflächen* (Aufschnitt und Pfeifenmündung). Diese sind um so größer, je weiter die Pfeife mensuriert ist, d. h., die Klangabstrahlung ist bei weiten Pfeifen besser als bei engen und erhöht somit die Schalleistung der weiten Pfeifen. Doch geht diese erhöhte Schalleistung keineswegs immer mit einer Zunahme der Lautstärke einher.

Denn die empfundene *Lautstärke* von Pfeifen deckt sich bekanntlich nicht immer mit der physikalischen Schallstärke. Das Gehör reagiert mit den Empfindungen von laut und leise nicht so sehr auf die mehr oder minder große Gesamtschallstärke eines Pfeifenklanges, als vielmehr auf die Zusammensetzung des Klanges, auf die Anzahl, Tonhöhen und Einzelschallstärken der innerpfeiflichen Teiltöne. Wie schon erwähnt, ist das menschliche Gehör für hohe Frequenzen (etwa 1000–4000 Hz = Tonhöhe c^3–c^5) besonders empfindlich (vgl. Diagramm Abb. 3, S. 31). Deswegen werden Töne oder Klänge in diesem Bereich lauter empfunden als physikalisch gleich starke Klänge niedrigerer Tonhöhe. Um gleich laut wie hoch klingende Pfeifen zu erscheinen, muß die Schallintensität tiefklingender Pfeifen stärker sein als die der kleinen Pfeifen. Das läßt sich durch geeignete Pfeifenmaße und erhöhte Energiezufuhr erreichen. Auch wird ein Klang mit vielen kräftigen Obertönen meist lauter empfunden als ein physikalisch gleich starker, ja vielleicht sogar stärkerer Klang mit nur wenigen oder schwachen Obertönen.

Gerade das letztere ist der Grund dafür, daß sich die – infolge größerer Klangabstrahlung – auch größere Schalleistung weitmensurierter Pfeifen in den Frequenzbereichen unter 1000 Hz (c^3) nicht unbedingt auch immer als Lautstärkezunahme auswirkt. Denn die größere Schalleistung beruht hier vor allem auf einem besonders kräftig ausgebildeten Grundton, wogegen die Obertöne hier nur geringer ausgebildet sind. Ein solcher Pfeifenklang erscheint deswegen nicht als laut, sondern als voluminös, worüber später noch gesprochen wird. – Bei Pfeifen ab etwa c^3 ($\frac{1}{2}'$-Tonhöhe) erhöht dagegen ein starker Grundton auch die Lautstärke, d. h., mit zunehmender Pfeifenweite wird hier auch die Lautstärke größer, was dann durch entsprechende Verringerung der Energiezufuhr (Kernspalte) ausgeglichen werden muß.

Auf Grund dieser etwas komplizierten Zusammenhänge zwischen der physikalischen Schallstärke und der physiologischen Lautstärke handelt es sich also bei der „Klangstärke" von Pfeifen um keinen einheitlichen Begriff, der auch – auf Grund verschiedener Klangergebnisse – von den Orgelbauern mit verschiedenen Bezeichnungen unterteilt wird, zumal sich die Klangstärke von Pfeifen auf verschiedene Weise verändern läßt:

1. Die Klangstärkeveränderung durch Wahl verschiedener *Pfeifenweiten* mit dementsprechend verschieden großer Klangabstrahlung und Schalleistung wurde eben besprochen. Je weiter eine Pfeife gebaut ist, um so voluminöser wird ihr Klang (s. S. 61), jedoch nicht unbedingt auch lauter. Doch führt ein größeres Klangvolumen (Schalleistung) auch zu einer größeren Schalldichte im Raum.

2. Die Intensität der schwingenden Luftsäule im Pfeifenkörper ist hauptsächlich von der Energiezufuhr, dem *Windzufluß* oder *Windverbrauch* (= Windmenge in der Zeiteinheit)

Pfeifenreihe dagegen bleiben die Klangstärken der einzelnen Pfeifen jedoch nur dann in etwa gleich, wenn mit wachsender Pfeifenlänge in gleicher Weise auch der Windzufluß ansteigt. Das heißt, von 2 Pfeifen in Oktavabstand braucht die doppelt so lange tiefer klingende Pfeife in etwa auch die doppelte Windmenge wie die höher klingende Oktavpfeife (= *Windmensur 1 : 2*).

abhängig. Welche Windmenge, d. h. wieviel Luftpartikel in einer bestimmten Zeit durch die Kernspalte strömen und damit die Pfeife erregen, hängt

a) vom *Winddruck* im Pfeifenfuß (entscheidend für die *Tonstärke*) und
b) von der *Größe* und *Form der Kernspalte* (entscheidend für die *Tonkraft*) ab.

Auch die Leistung des elektrischen Stromes beruht auf zwei Faktoren, nämlich auf der in Volt gemessenen Spannung, die hier dem Winddruck entspricht, und auf der in Ampère gemessenen Stromstärke, die man hier mit der Größe der Ausflußöffnung vergleichen kann. Gleiche elektrische Leistung (Watt) läßt sich sowohl mit hoher Spannung und niedriger Stromstärke als auch mit niedriger Spannung und höherer Stromstärke erreichen. Doch ist ihre Wirkung nicht völlig gleich. Ebensowenig ist auch bei den Orgelpfeifen eine Winddruckerhöhung klanglich gleichwirkend wie eine Vergrößerung der Ausflußöffnung, wenn auch die erzielte Schalleistung beide Male dieselbe sein kann.

Bleiben wir zuerst beim *Winddruck,* durch dessen verschiedene Stärke die Energiezufuhr verändert wird und der besonders für die *Tonstärke* bestimmend ist. Denn eine unter höherem Druck aus der Kernspalte strömende Luftzunge ist härter und regt deswegen die Luftsäule im Peifenkörper zu stärkeren Schwingungen an als eine bei geringerem Druck weichere Luftzunge. Vom Winddruck im Pfeifenfuß ist aber auch die *Geschwindigkeit,* mit der der Wind aus der Kernspalte austritt, abhängig. Diese ist um so größer, je höher der Winddruck ist. Und bekanntlich beeinflußt diese Windgeschwindigkeit aber auch die *Obertonerregung* (Klangschärfe) in der Pfeife (s. S. 57). Deshalb nimmt mit höherem Winddruck nicht nur die Tonstärke, sondern auch die Obertonbildung zu. Dies jedoch in einer Art, die ohne entsprechende Änderung anderer Pfeifenmaße zu einer „*Klangvergröberung*" führt.

3. Des weiteren läßt sich die Energiezufuhr durch die Größe des *Kernspaltenquerschnitts* beeinflussen, der dem Produkt von Weite mal Länge der Kernspalte gleich ist. Nun entspricht die Kernspaltenlänge im allgemeinen der *Labiumbreite.* Diese ist entscheidend für die *Tonkraft* einer Pfeife. Je breiter das Labium bei gleich langen Pfeifen, absolut und auch im Verhältnis zu Pfeifenvolumen bzw. Umfang gewählt wird, um so breiter ist die aus der Kernspalte strömende Luftzunge und somit die großflächige Anregung der Pfeifenschwingungen. Eine solche Vergrößerung der Windzufuhr erhöht wohl auch die Klangstärke, jedoch weniger die Lautstärke, und bietet eine besonders geartete Obertonbildung mit *singendem Formantcharakter.*

4. Doch läßt sich die Energiezufuhr und damit die Klangstärke auch durch die *Kernspaltweite* regeln. Das ist besonders bei der heute üblichen Intonation auf „offenem Wind" nötig. Denn die durch Pfeifenweite und Labiumbreite schon bei der Herstellung festgelegte Klangstärke kann nicht mehr durch Winddruckveränderung im Fuß (Einkulpen, s. S. 45) geändert werden, wie es noch vor einigen Jahrzehnten üblich war. Eine Veränderung der Kernspaltweite ist jedoch nur innerhalb geringer Grenzen möglich, weil durch eine zu große Abweichung von der „optimalen" Kernspaltweite der natürliche frische Pfeifenklang zu stumpf oder pustend werden kann.

Die Klangstärke von labialen Orgelpfeifen läßt sich also – zusammenfassend – folgendermaßen beeinflussen:

durch die *Pfeifenweite,* die entscheidend für das *Tonvolumen* und die *Schalleistung* ohne direkten Zusammenhang mit der Lautstärke ist,

durch den *Winddruck,* der die *Tonstärke* bestimmt,

durch die *Labiumbreite* (= Kernspaltenlänge), die für die *Tonkraft* entscheidend ist, und durch die *Kernspaltweite,* mit der in geringen Grenzen die *Lautstärke* geregelt werden kann.

Mit welchen dieser Faktoren und in welcher Art die Klangstärken der einzelnen Pfeifen bzw. der Register zueinander gestaltet werden, wird später in den Kapiteln über die Klanggestaltung und Mensuren noch im einzelnen erklärt werden.

3.10. Fülle, Volumen, Tragfähigkeit

Vielleicht hat sich schon mancher gewundert, daß ein Register, das am Spieltisch fast unerträglich laut klingt, z. B. ein Regal (Zungenpfeife mit kurzen Schallbechern, s. S. 110), in der Kirche den Eindruck einer zarten Geige macht; oder, daß umgekehrt ein leises Grundregister, das man allein kaum hören kann, wie z. B. ein Subbaß als einziges Pedalregister, selbst bei vollem Werk gut herausgehört werden kann.

Hier haben wir es mit einer besonderen Eigenschaft des Klanges zu tun, die wohl auch physikalisch zu erklären ist, jedoch vor allem einen bestimmten Gehörseindruck hervorruft, der den Orgelklang mit dem Raum in Beziehung setzt und nicht mit dem Begriff der Klangstärke übereinstimmt. Diese Klangeigenschaft nennen die Orgelbauer *Fülle, Volumen* oder *Tragfähigkeit,* die für den Klangaufbau einer Orgel eine große Rolle spielt. Sie ist erst von einigen Jahrzehnten in ihrer Bedeutung erkannt und benannt worden *(H. H. Jahnn),* wurde aber schon in früheren Jahrhunderten angewandt.

Die *Tragfähigkeit* (Fülle oder Volumen) eines Klanges bedeutet, daß ein eventuell nur leise erscheinender Klang, sofern er jedoch genügend Fülle besitzt, sich trotzdem gegenüber anderen, lauteren Klängen durchsetzen kann und nicht von diesen unterdrückt wird. Ja, ein solcher Klang „wächst" sogar mit zunehmender Anzahl dazugezogener Register. – Das Gegenteil zeigt sich bei dem obigen Beispiel mit dem Register Regal, das trotz seiner scheinbaren Lautstärke keinen tragenden, weitreichenden Klang gibt.

Der Eindruck eines voluminösen, tragfähigen Klanges entsteht dann, wenn das Klangspektrum einen physikalisch besonders kräftigen *Grundton* aufweist (übrigens unabhängig von der Obertonbildung!). Das heißt, je kräftiger der Grundton einer Pfeife ist, um so voluminöser, tragfähiger ist der Klang, auch wenn er – gerade bei tiefen und mittleren Frequenzen – nur leise erscheint. Denn da das Ohr für hohe Frequenzen empfindlicher ist als für tiefe, wird bei den letzteren der besonders kräftige Grundton nicht als entsprechend laut empfunden, obwohl er vielleicht einen größeren Schalldruck als manche obertonreicheren und deswegen als lauter empfundenen Klänge aufweist. Die physikalisch nachweisbare besonders große Intensität des Grundtons bewirkt also – trotz scheinbar nur geringerer Lautstärke –, daß der Klang voluminös, tragfähig wird und dadurch einen großen Raum füllt.

Zu diesem Eindruck trägt eine raumakustische Besonderheit bei: Die Schallwellen tiefer und mittlerer Frequenzen werden nämlich meist weniger stark im Raum absorbiert (verschluckt) als die mit höheren Frequenzen. Dadurch wird die Intensität der tiefen Frequenzen auch in größeren Abständen von der Schallquelle weniger stark geschwächt als die der hohen Frequenzen.

Die Tragfähigkeit eines Klangs hängt bei Orgelpfeifen allein von der *Pfeifenweite* (Mensur) ab. Je weiter eine Pfeife gebaut ist, um so stärker bildet sich in ihrem Klangspektrum der für das Klangvolumen entscheidende Grundton, der dazu noch besonders gut abgestrahlt wird (vgl. S. 59).[23] Auch hat eine weit mensurierte Pfeife einen größeren Rauminhalt (Volumen) als enge Pfeifen, wodurch sie eine größere Anzahl von schwingungsfähigen Luftteilchen besitzt.

Umgekehrt erzeugen eng gebaute Pfeifen immer einen obertonreichen Klang mit nur geringer ausgebildetem Grundton. Erhalten solche Pfeifen ein breites Labium, dann wird ihr Klang auf Grund der kräftigen Obertöne wohl laut und geschärft. Doch ihr Grundton hat trotzdem eine geringere Stärke gegenüber dem von weitmensurierten Pfeifen. Deswegen erscheint der Klang enger Pfeifen vielleicht als laut, jedoch nicht als voluminös und wird dazu im Raum schneller absorbiert, ist also nicht tragfähig. Auch wenn bei engen Pfeifen durch schmalere Labiierung (geringe Windzufuhr) und durch hohe Aufschnitte die Obertöne abgeschwächt werden (wie z. B. bei manchen Magerflöten und Hochaliquoten, s. S. 98), wird ihr Klang zwar runder, ihr Grundton aber nicht stärker. Die Klangeigenschaft der Fülle oder Tragfähigkeit ist also allein von der Pfeifenweite abhängig!

Nun schwingen bei geringer Energiezufuhr (z. B. bei schmalem Labium) in einer weiten Pfeife nicht alle Luftteilchen mit, weswegen ihre physikalische Gesamtklangstärke gering ist. Der Klang wird dann aber lauter, wenn die *Resonanzeigenschaft* des weiten Pfeifenkörpers durch die Schwingungen anderer, gerade klingender Pfeifen angeregt wird. Der Ton der weiten Pfeife wird dann auch bei an sich leisem Klang stärker *„bemerkbar"*, er *„wächst"* mit zunehmender Anzahl der gezogenen Register. Diese Erscheinung ist vor allem bei tiefen Tönen zu beobachten.

Etwas anders liegen die Verhältnisse bei hohen Tönen. Im Klang von weitmensurierten Pfeifen im Bereich von 500 Hz (etwa Ton $c^2 = 1'$) bis über 4000 Hz (etwa Ton c^5) führt nämlich ein besonders stark ausgebildeter Grundton auch zu einer entsprechenden Lautstärke, weil für diese Frequenzen das Ohr besonders empfindlich ist (s. Lautstärkendiagramm auf S. 31). Solche Töne erscheinen deswegen weniger voluminös als tatsächlich lautstark. Das muß bei den Mensuren kleiner Pfeifen berücksichtigt werden, damit eine Orgel im Diskant nicht zu grell wird.

Auch weitmensurierte Pfeifen im Baß können einen voluminösen und lautstarken Klang erhalten, wenn ihre Energiezufuhr durch breite Labiierung verstärkt und die – lautstark wirkende – Obertonbildung durch niedrigen Aufschnitt vergrößert wird. Doch „verdeckt" ein solcher Pfeifenklang den Klang der höher klingenden Pfeifen, weshalb große Fülle im allgemeinen mit entsprechend geringerer Klangstärke durch geeignete Pfeifenmaße verbunden wird.

3.11.   Weitere Klangeigenschaften

Der gesamte Charakter eines Pfeifenklangs setzt sich nicht nur aus den physikalisch nachgewiesenen und meßbaren Klangbestandteilen wie Tonhöhe (Frequenz), Klangstärke (Schallintensität bzw. Lautstärke) und Klangfarbe (Teiltonspektrum) zusammen, sondern enthält noch einige Eigenschaften, die nicht so sehr für den Einzelklang einer Pfeife, sondern für ihren Zusammenklang im Raum entscheidend sind.

[23]) Versuche haben bestätigt, daß sich in gleich langen Pfeifen bei gleicher Energiezufuhr (Windverbrauch), aber mit zunehmender Pfeifenweite, das innerpfeifliche Obertonspektrum zugunsten eines physikalisch immer stärker werdenden Grundtons verschiebt *(Ingerslev und Frobenius).*

Eine weitere Klangeigenschaft einer Pfeife ist ihre *Verschmelzungsfähigkeit*. Damit bezeichnen wir die Erscheinung mancher Töne (Klänge), mit einem anderen Ton so zu verschmelzen, daß nicht zwei Töne oder Klänge, sondern nur noch einer von nun neuer (synthetischer) Klangfarbe gehört wird. Verschmelzen können Pfeifenklänge nicht nur, wenn beide Pfeifen in gleicher Tonhöhe stehen, sondern auch dann, wenn sie in einem Obertonverhältnis zueinander stehen, d. h., wenn die höhere Pfeife mit einer Frequenz schwingt, die einem Vielfachen der Frequenz der tiefer klingenden (Grund-)Pfeife entspricht (s. S. 28). Es können also Pfeifentöne zu neuen Klangfarben miteinander verschmelzen, die in einem Tonabstand von einer Oktave, Oberquinte, Oberoktave, der darüberliegenden Terz, Quinte, Septime oder noch höher vom Grundton liegen. Davon soll später bei den Obertonregistern oder Aliquoten noch genauer die Rede sein, mit deren Hilfe bei der Orgel synthetische Klangfarben erzeugt werden.

Besonders verschmelzungsfähig ist
1. ein *obertonarmer* Klang mit geringer Tonkraft und Tonstärke, der für zusätzliche Teiltöne anderer Pfeifen aufnahmebereit ist und sich mit ihnen zu einem charakteristischen neuen Klangspektrum ergänzt.
2. ein *elastischer* Klang, dessen Teiltöne nicht völlig fest liegen, sondern etwas in der Tonhöhe „fluktuieren" und dadurch von den Teiltönen anderer Pfeifen auf deren Tonhöhe stimmungsmäßig „rein gezogen" und nun frequenzgleich werden können.

Dies ist besonders bei Pfeifen mit *großer Pfeifenweite* (weite Mensur) der Fall. Denn bei ihnen ist wegen der großen Öffnungsquerschnitte an den Pfeifenenden der Ort der dortigen Schwingungsbäuche (Kopplungszone, s. S. 51) nicht so genau festgelegt wie bei engen Pfeifen, wodurch gewisse gegenseitige Beeinflussungsmöglichkeiten in der Tonhöhe bestehen. Außerdem neigen weitgebaute Pfeifen bekanntlich zur Grundtönigkeit, ihr Klang ist also für Teiltöne anderer Pfeifen besonders aufnahmebereit. Auch die *gedeckten* Pfeifen gehören dazu.

Die Verschmelzungsfähigkeit wird aber auch durch *schmale Labiierung* mit dadurch geringerer Tonkraft begünstigt, ebenfalls durch geringere Tonstärke auf Grund eines *niedrigen Winddrucks*. – Auch enge Pfeifen in hohen Tonlagen (Hochaliquote, s. S. 98) können verschmelzungsfähig klingen, wenn sie schmal labiiert werden und hohe Aufschnitte zur Verringerung der Klangschärfe (Obertönigkeit) bekommen.

Als Gegenteil der Verschmelzungsfähigkeit könnte man die *Zeichnungsfähigkeit* eines Klanges ansehen. Sie bedeutet, daß Pfeifenklänge sich trotz geringer Klangstärke deutlich von anderen Klängen abheben und so zu „zeichnender" Stimmführung besonders geeignet sind, z. B. beim Cantus firmus. Hierzu gehört eine gewisse *Klangschärfe* (enge Mensur, breites Labium, niedriger Aufschnitt) mit stabiler *Tonhöhenklarheit*, wie sie besonders enge und offene Pfeifen aufweisen.

Vielfach wird auch von dem *Erregungsgrad* der Pfeifen gesprochen, der in einer gewissen Beziehung zur Verschmelzungsfähigkeit steht. So gelten Pfeifen mit einer zu ihrer Weite nur geringen Energiezufuhr als *untererregt*, d. h., ihr Klang ist relativ schwach und obertonarm. Zu dieser Gruppe rechnet man die *weitmensurierten Flöten* mit schmalem Labium und vielleicht auch hohem Aufschnitt, deren Klang deswegen besonders verschmelzungsfähig ist.

Bei stärkerer Erregung durch größeren Windzufluß (Winddruck, Labiumbreite), unterstützt durch eine niedrigere Aufschnitthöhe, werden Klangstärke und -schärfe vergrößert und die Pfeife somit *normal erregt*. In dieser Form werden die *Prinzipale* mit *enger Mensur* intoniert. Ihr Klang ist obertonreich und zeigt eine gewisse, aber nicht ausgesprochene Fähigkeit zur Klangverschmelzung.

Dagegen werden die *sehr eng* gebauten *Streicher*, deren Klang besonders scharf und obertönig sein soll, so intoniert, daß ihre Obertönigkeit an der oberen Grenze liegt und ohne Überblasen nicht weiter gesteigert werden kann. Im Verhältnis zu ihrer geringen Pfeifenweite bekommen sie viel Wind (breites Labium) und erscheinen *übererregt*. Ihr Klang verschmilzt deswegen mit anderen übererregten Klängen nicht zu einer Einheit.[24])

3.12.   Die Klanggestaltung der Pfeifen

Bisher wurde über eine ganze Reihe von Eigenschaften des Pfeifenklanges gesprochen, wie Klangfarbe, -schärfe, -stärke, Volumen und Verschmelzungsfähigkeit. Es sind Eigenschaften, die den verschiedenen Orgelregistern in ebenfalls verschiedener Weise zugeordnet werden, damit sich aus den Einzelpfeifen ein organisches Gesamtinstrument bilden kann. Wenn auch der letzte „Schliff" des Pfeifenklanges erst durch die Intonation erfolgt, so müssen die meisten der gewünschten Klangeigenschaften schon bei der Planung einer Orgel festgelegt werden. Denn das Klangergebnis einer Pfeife ist von einer Reihe Faktoren abhängig, deren Wirkung bisher schon angedeutet wurde, nun aber genauer untersucht werden soll.

Im wesentlichen sind neben den Einflüssen der *Raumakustik* vor allem folgende Faktoren für die Klanggestaltung wichtig:

a) Pfeifenmaterial   d) Labiumbreite
b) Pfeifenform   e) Aufschnitthöhe
c) Pfeifenweite   f) Winddruck

Es kommen noch eine Reihe Faktoren hinzu, die jedoch hauptsächlich für den Fachmann von Bedeutung sind, wie Kernspaltweite, Kernstiche, Richtung des Luftbands, Stimmeinschnitte, Kulpe, Bärte und Einflüsse der Windladenform. Diese klangbestimmenden Faktoren werden dann im nächsten Kapitel zusammengefaßt besprochen.

3.12.1.   Pfeifenmaterial

Nicht nur die Luftsäule im Pfeifeninnern, sondern auch die *Pfeifenwandung* selbst gerät in Schwingungen und beeinflußt zuweilen erheblich den Klang, besonders bei zu dünner Wandungsstärke. Je geringer die *innere Dämpfung* des Pfeifenmaterials ist, um so stärker werden die Eigentöne der Wandung angeregt, die meist unharmonisch zum Pfeifengrundton liegen. Dadurch kann der Klang rauh werden.

Das teure reine *Zinn* mit den besten Klangeigenschaften wird meist nur für die wichtigen Prospektpfeifen verwandt. *Zink* dient als Ersatz für Zinn, weil es billiger ist; doch hat es

---

[24]) Als Grundregister dagegen verschmilzt ihr Klang – entgegen anderen Behauptungen – sehr wohl mit untererregten, verschmelzungsfähigen Aliquoten (s. S. 98).

eine geringe innere Dämpfung und läßt dadurch eine Reihe unharmonischer Teiltöne zu stark hervortreten. Vielfach wird jetzt auch *Kupfer* benutzt, das zwar auch eine geringe innere Dämpfung hat und härter als Zinn ist, sich aber – mehr aus farblichen Gründen – für manche Prospektpfeifen eignet. Kupfer ist übrigens das älteste Pfeifenmaterial, das aber schwerer zu bearbeiten ist als Zinn. Reines *Blei* wird nicht mehr benutzt, weil es den Klang zu stumpf macht. Für die meisten Orgelregister hat sich das *Orgelmetall* am besten bewährt. Orgelmetall ist eine Legierung aus Zinn und Blei, dessen Verhältnis zueinander in *Lot* angegeben wird:

16 lötig = 100 % Zinn (reines Zinn)   = *Zinn*
12 lötig = 75 % Zinn + 25 % Blei   = *Probezinn*
 8 lötig = 50 % Zinn + 50 % Blei   = *Naturguß*[25])
 4 lötig = 25 % Zinn + 75 % Blei   = *„Blei"*

Eine eigenartige Erscheinung tritt zuweilen bei Zinnlegierungen auf, die sogenannte „Zinnpest". Hierbei handelt es sich um eine Umlagerung der kristallinen Struktur des Zinnmetalls in den amorphen Zustand, wodurch das Metall in ein graues Pulver zerfällt. Diese Umlagerung greift, von einem Punkt ausgehend, nach allen Seiten in der Metallsubstanz um sich.

Eine Pfeife aus *Holz* gibt einen – je nach Holzhärte etwas verschieden – milden, weichen Klang, der bei manchen Registern (z. B. Gedackt, Flöte) erwünscht ist. Verwendet werden fast alle Holzarten vom weichen Fichtenholz über Ahorn-, Birnen-, Eichenholz bis zum sehr harten, aber besonders haltbaren Mahagoniholz. Oftmals werden aus rein finanziellen Gründen große Pfeifen aus dem billigeren Holz hergestellt. – Selbst aus *Karton* lassen sich Pfeifen bauen, ihr Klang ist lieblich.

3.12.2.   Pfeifenform

Hierüber ist das meiste schon in dem Kapitel über die Klangfarbe (s. S. 53) besprochen worden. Denn gerade die äußere Form der Pfeifen ist entscheidend für einen besonders charakteristischen Obertonaufbau, der durch die anderen Faktoren der Klanggestaltung wohl etwas abgewandelt, aber nicht völlig umgestaltet werden kann. Hier sei nur noch einmal zusammengefaßt an die Pfeifenformen erinnert:

offen:
zylindrisch: alle Teiltöne mehr oder minder vorhanden, z. B. Flöten, Prinzipale, Streicher;
konisch: ebenfalls alle, auch unharmonische Teiltöne, z. B. Gemshorn;
trichterförmig: ebenfalls alle, auch unharmonische Teiltöne, z. B. Dolkan;
zylindrisch-konisch: Betonung einzelner Obertöne, z. B. Koppelflöte;

[25]) Besonders beim Naturguß finden sich infolge innerer Spannungsverhältnisse der Legierung auf der Oberfläche großfleckige *„Blumen"*, die wie eine wabenähnliche Zeichnung aussehen. Je höher der Zinnanteil des Orgelmetalls gewählt wird, um so großfleckiger und flacher werden die Blumen, um beim reinen Zinn völlig zu verschwinden. Jedoch werden die Blumen auch dann flacher, je mehr der Zinnanteil ab etwa 40 % verringert, also der Bleigehalt ab 60 % vermehrt wird.

gedackt:
zylindrisch: nur ungeradzahlige Teiltöne vorhanden, z. B. Gedackt, Pommer, Quintade;
konisch: alle Teiltöne, aber in anderer Zusammensetzung, z. B. Spitzgedackt;
trichterförmig: Verstärkung besonderer Teiltöne, z. B. Sextade;

halbgedackt:
zu den ungeradzahligen Teiltönen kommen noch die des Röhrchens, z. B. Rohrflöte.

3.12.3.   Pfeifenweite

Wir wissen, daß Pfeifen jeder Bauart – im Vergleich mit gleichgebauten Pfeifen gleicher Länge – eng oder weit gestaltet sein können (enge oder weite Mensur). Ihre Tonhöhe bleibt dann etwa gleich, doch ändert sich eine Reihe ihrer klanglichen Eigenschaften, auch die Klangfarbe. Das ist sowohl bei offenen, wie auch bei gedeckten Pfeifen in ähnlicher Weise der Fall.

Bleiben wir zunächst bei dem Einfluß der Pfeifenweite, der sog. *Weitenmensur,* auf die Obertonbildung. *Weit* gebaute Pfeifen neigen zu geringer Obertonbildung mit dagegen besonders stark ausgebildetem Grundton.[26] Deswegen werden im allgemeinen weit mensurierte Register flötig klingen *(Flöten).* Die *engen Prinzipale* dagegen haben einen markigen, d. h. obertonreichen Klang. Werden Pfeifen *sehr eng* mensuriert, so wird ihr Klang geschärft, ja streichend *(Streicher).* Bei weiten *Gedackten* wiederum ist die Obertonbildung gering, weswegen ihr Klang hohl, ja manchmal dick wird. Enge Gedackte dagegen klingen aufgehellter und durch die Verstärkung der Duodezime quintig *(Quintade).*

Diese hier nur angedeutete Obertonabhängigkeit von der Pfeifenweite läßt sich jedoch durch entsprechende Aufschnittgestaltungen verändern, weil die Aufschnitthöhen (s. S. 57) ebenfalls die Klangschärfe beeinflussen (niedrige Aufschnitthöhen = obertonreicherer Klang; hohe Aufschnitte = obertonärmerer Klang, s. später).

Hauptsächlich aber ist im Orgelbau die Pfeifenweite für die Klangeigenschaften der *Fülle* und *Tragfähigkeit* bzw. *Leistung* entscheidend. Je weiter eine Pfeife gebaut ist, um so tragfähiger wird ihr Klang, auch vergrößert sich ihre Schalleistung auf Grund der besonders großen Abstrahlflächen. Doch bedeutet diese Vergrößerung der Schalleistung – besonders des Grundtons – nicht immer auch eine Lautstärkenzunahme, weil das menschliche Ohr für tiefe Töne nicht so empfindlich ist und daher mehr einen vollen, voluminösen als einen lauten Klang wahrnimmt. Außerdem weisen weit mensurierte Pfeifen eine bessere *Verschmelzungsfähigkeit* auf als enge.

Das bedeutet, daß Pfeifen bzw. Register, die einen zwar nicht lauten, aber voluminösen, vollen Klang mit guter Verschmelzungsfähigkeit bekommen sollen, weiter mensuriert werden müssen als andere, auf Grund ihrer Obertönigkeit lauter erscheinende Register. Wie

---

[26] Der Grund für die geringe Obertonbildung in weiten Pfeifen liegt in der Abweichung ihrer innerpfeiflichen Obertonresonanzen von den mathematisch genau liegenden harmonischen Obertonzahlen (s. Absatz S. 58). Diese nicht völlig reinen Obertöne treten wohl kurz bei der Pfeifenansprache auf, verschwinden dann aber wieder, weil das nun entsprechend der Grundtonfrequenz schwingende Luftband am Aufschnitt ihren (unharmonischen) Schwingungszustand auf die Dauer nicht aufrechterhalten kann. – Andererseits stimmen in engen Pfeifen die Obertonresonanzen mit den harmonischen Obertonfrequenzen überein, so daß sich die Teiltöne leichter bilden können und stationär bleiben.

das Verhältnis zwischen weit- und engmensurierten Registern in einer Orgel beschaffen sein muß, wird uns später bei der Dispositionsgestaltung noch begegnen.

Aber noch eines: Da weite Pfeifen eine größere Schalleistung aufweisen als enge, müssen sich die Pfeifenweiten ganz generell auch nach der Raumgröße richten. Denn eine zu große Schalleistung in einem kleinen Raum wirkt erdrückend, eine zu kleine dagegen in einem großen Raum „füllt" nicht genug. Das heißt, daß in einem großen Raum alle Pfeifenweiten größer gewählt werden müssen als z. B. für eine Hausorgel. Die durch die Veränderung der Pfeifenweite entstehenden Klangfarbenbeeinflussungen lassen sich dann durch entsprechende Veränderungen des Winddrucks und der Aufschnitte wieder ausgleichen. Das Verhältnis der Pfeifenweite einzelner Register zueinander bleibt aber auch hier gewahrt (Flöten am weitesten, Prinzipale enger und Streicher noch enger mensuriert). – So werden in einer Hausorgel die Flötenregister etwa dieselbe Pfeifenweite haben wie in einem großen Kirchenraum die Prinzipale. Und die Prinzipale der Hausorgel sind vielleicht ebenso eng wie die Streicher in einem großen Raum.

3.12.4. Labiumbreite

Die Labiumbreite ist hauptsächlich für die *Tonkraft* entscheidend, doch hat sie auch für die Klangschärfe eine gewisse Bedeutung. Denn mit zunehmender Labiumbreite und dementsprechend größerem Windverbrauch tritt eine Veränderung aller Teiltonamplituden auf und – trotz gleichbleibender Aufschnitthöhen – sogar eine stärkere Ausbildung gerade der hochliegenden Teiltöne. Das macht sich wohl als eine gewisse Klangverschärfung bemerkbar, doch zeigt sich eine besondere Teiltonbetonung in bestimmten Frequenzbereichen (*Formanten*), durch die der Klang gerade einen „singenden" Vokalcharakter bekommt.

Die *Labiumbreite* beträgt z. B. beim *Prinzipal* mit seinem kräftigen Klang ein *Viertel* des Pfeifenumfangs, ebenso auch bei den Streichern, die jedoch enger gebaut sind. Weitgebaute Pfeifen, d. h. solche mit einem größeren Durchmesser (Umfang) als das Prinzipal, z. B. Flöte, würden bei gleicher Labiierung[27] klanglich zu kräftig werden. Denn mit zunehmendem Umfang würde die absolute Größe der Labiumbreite und damit ebenfalls die Kernspaltgröße anwachsen; deswegen erhalten weite Pfeifen Labiumbreiten von nur einem Fünftel oder auch einem Sechstel des Pfeifenumfangs. Bei extrem weitgebauten Pfeifen oder aus bestimmten klangtechnischen Gründen kann die Labiumbreite eventuell auch bis zu einem Siebentel des Pfeifenumfangs verringert werden.

Der Orgelbauer hat die Möglichkeit, durch geeignete Wahl der Pfeifenweiten und Labiumbreiten die Pfeifen in ihrem Klangcharakter so zu gestalten, daß er große Fülle (weite Mensur) meist mit geringer Tonkraft (schmale Labiierung) verbindet bzw. geringe Fülle bei engmensurierten Pfeifen durch breitere Labiierung mit dadurch größerer Tonkraft ausgleichen kann. Dies ist besonders für die klangliche Gestaltung von ganzen Pfeifenreihen (Registern) von Bedeutung, deren Klangfarben vom Baß zum Diskant hin zwar gleichartig, deren Klangcharakter aber aus akustischen Gründen und zur Belebung des Orgelklanges verschieden gestaltet werden müssen. Diese Möglichkeiten werden noch eingehend im Kapitel über die Mensuren besprochen werden.

---

[27] Labiierung = Labiumbreitengestaltung.

3.12.5. Aufschnitthöhe

Einen großen Einfluß auf den Pfeifenklang hat die Aufschnitthöhe, weil mit ihr die *Klang-schärfe* (s. S. 57) gestaltet werden kann. Denn diese ist abhängig von der Windgeschwindigkeit an der Oberlabiumkante: Je geringer die dortige Windgeschwindigkeit ist, um so weniger Obertöne werden in der Pfeife angeregt. Das heißt, je größer der Abstand der Oberlabiumkante von der Kernspalte wird, um so länger wird auch die aus der Kernspalte austretende Luftzunge und verliert durch Reibung an der Außenluft und durch strahlförmige Verbreiterung ihre Intensität und Geschwindigkeit.

Die *Aufschnitthöhe* steht im allgemeinen zur Labiumbreite in einem bestimmten Verhältnis, das für verschiedene Register ebenfalls verschieden gewählt wird. Je höher der Aufschnitt im Verhältnis zur Labiumbreite ist, um so obertonärmer wird der Klang (flötenähnlich, weich, auch stumpf). In diesem Falle würde die Aufschnitthöhe etwa $^2/_7$–$^1/_3$ der Labiumbreite betragen (bei manchen *Flöten*, auch bei den *Gedackten*). Beim *Prinzipal* hat sich eine Aufschnitthöhe von etwa $^1/_4$ der Labiumbreite als klanglich am günstigsten erwiesen. Auch die engmensurierten Streicher werden in dieser Art aufgeschnitten, allerdings oft auch niedriger ($^2/_9$ – $^1/_5$ – $^1/_6$), wodurch ihr Klang sehr obertonreich, streichend wird.

Mit Hilfe verschiedener Aufschnitthöhen lassen sich jedoch bei Pfeifen trotz gleicher Weitenmensur verschiedene Klangfarben erzeugen, wie es um 1900 oft angewandt wurde: So kann z. B. der Klang einer zur Grundtönigkeit neigenden weiten Pfeife durch einen niedrigen Aufschnitt geschärft werden; oder eine engmensurierte, an sich obertonreich klingende Pfeife wird durch einen hohen Aufschnitt klanglich weicher, allerdings dann meist auch stumpfer u. a. m.

Die obigen Angaben über die Aufschnitthöhen sind nicht absolut verbindlich. Denn die Aufschnitthöhen stehen ja in einer gewissen Beziehung zum Winddruck, weil sowohl von der Aufschnitthöhe als auch vom Winddruck die für die Obertonerregung entscheidende Windgeschwindigkeit an der Oberlabiumkante abhängig ist. Der Zusammenhang zwischen Aufschnitthöhen und Winddruck hat zur Folge, daß bei niedrigem Winddruck die Aufschnitthöhen zur Bildung entsprechender Klangfarben alle etwas niedriger sein müssen als bei höherem Winddruck. So wird z. B. bei niedrigem Druck (35–40 mm WS) auch ein Prinzipal nur mit etwa $^1/_5$ der Labiumbreite aufgeschnitten, ohne dadurch zu scharf zu klingen.

3.12.6. Winddruck

Von großer Bedeutung für den Orgelklang ist der Winddruck im Pfeifenfuß, von dessen Größe und der Kernspalte die Energiezufuhr für die Pfeifen, die Windmenge, abhängig ist. Je höher der Winddruck, um so härter ist die aus der Kernspalte strömende Luftzunge und regt um so mehr die Luftsäule im Pfeifenkörper zu stärkeren Schwingungen an (s. S. 60). Deswegen ist die Höhe des Winddrucks entscheidend für die *Tonstärke*. Doch da auch die Windgeschwindigkeit an der Oberlabiumkante von der Höhe des Winddrucks abhängig ist, beeinflußt er dazu noch die Klangschärfe. Das läßt sich jedoch durch entsprechende Aufschnittgestaltung wieder ausgleichen (s. o.).

Man mißt den Winddruck mit der *Windwaage*[28]) (s. Abb. 13), einem U-förmig gebogenen

---

[28]) Die Windwaage wurde 1667 zum ersten Male von dem Orgelbauer *Chr. Förner* angewandt.

Glasrohr, in dem sich Wasser befindet. Wird der Druckwind – wie auf der Abbildung – in den linken Schenkel geleitet, drückt er dort so auf das Wasser, daß es in dem anderen Schenkel nach oben steigt. Der *Unterschied* zwischen den Wasserspiegeln in beiden Schenkeln wird in Millimetern gemessen und ist damit ein Maß für den Druck des Windes, der die *Wassersäule*, abgekürzt *WS*, im rechten Rohrschenkel im Gleichgewicht hält.

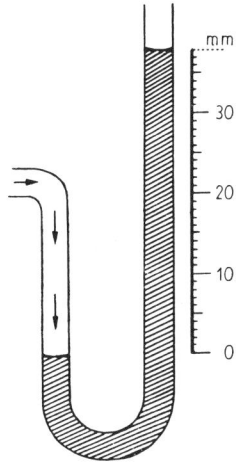

Abb. 13   Windwaage

Der Winddruck wird meistens im Windkanal oder besser in der Windlade gemessen. Er soll normalerweise 45–60–90 mm WS betragen.[29]) Dieser große Schwankungsbereich erklärt sich daraus, daß der Winddruck in großen Räumen höher sein muß als in kleinen, damit die Pfeifen natürlich und edel klingen. Die Regelung der Winddruckhöhe erfolgt hauptsächlich durch die Größe des Drucks, mit dem der Magazinbalg (s. S. 119) den Wind in die Orgel schickt. Auf dem Wege bis zu den Pfeifenfüßen sinkt der Winddruck allerdings infolge Reibung in den Windkanälen erheblich ab, so daß er meist nicht mehr als 30–60 mm WS im Pfeifenfuß beträgt. In manchen großen Orgeln erhalten die einzelnen Werke (z. B. Hauptwerk, Oberwerk, Pedalwerk) zuweilen verschiedene Winddruckhöhen, um die Werke klanglich voneinander besser differenzieren zu können.

Feine Winddruckveränderungen im Pfeifenfuß lassen sich durch ein bestimmtes Verhältnis zwischen Fußloch- und Kernspaltengröße hervorrufen. So sinkt z. B. der Winddruck, wenn das Fußloch eng, die Kernspalte dagegen größer als die Fußlochöffnung ist. Eine solche Reduzierung des Winddrucks im Pfeifenfuß war vor allem bei den Orgeln kurz vor der Jahrhundertwende bis oft in die 50er Jahre hinein notwendig, die in der Windlade meist

---

[29]) Vergleichsweise würde dagegen ein Überdruck von 1 Atmosphäre (= 1 Atü) eine Wassersäule von 10 000 mm (= 10 m) Höhe im Gleichgewicht halten! Man sieht daraus, wie relativ gering der Druck des Orgelwindes ist.

einen der Raumgröße nicht entsprechenden, viel zu hohen Winddruck hatten (90–200 mm WS).[30] *Ein derartiger Winddruck war für die meisten Pfeifen zu stark und mußte durch eine erhebliche Verengung der Fußlöcher (Einkulpen, s. S. 45) auf einen für die Klangbildung tragbaren Druck im Pfeifenfuß verringert werden.*

Doch wird heute zuweilen, vielleicht sogar wieder mehr als vor einigen Jahren, von der Möglichkeit der Winddruckverringerung im Pfeifenfuß zur Bildung eines weicheren Klanges Gebrauch gemacht, besonders bei Gedackten. Zum Beispiel sind in deren röhrenförmigen Holzfüßen seitlich dicke Holzschrauben eingelassen, die durch Eindrehen den Winddurchlaß verringern bzw. ihn durch Ausdrehen vergrößern. Bei Metallpfeifen wendet man nicht mehr die strömungstechnisch besonders ungünstige Form des Einkulpens mit scharfen, nach innen gerichteten Rändern des Loches im Pfeifenfuß an, sondern verengt das Fußloch mehr trichterförmig, wodurch eine störende Luftwirbelbildung verringert wird. Oder man hält schon von vornherein die Bohrung im Pfeifenstock so klein, daß dadurch eine Reduktion des Winddrucks im Pfeifenfuß erfolgt. Denn manche Orgelbauer sind der Meinung, sich für feinere Intonationsmöglichkeiten ruhig des Hilfsmittels einer gewissen Winddruckverringerung im Pfeifenfuß bedienen zu dürfen, wobei natürlich Übertreibungen vermieden werden müssen.

In manchen Orgeln gibt es noch *Hochdruckregister,* die mit einem besonders hohen Winddruck angeblasen werden (300–2000 mm WS) und die auch dementsprechend laut tönen. Ihr Klang ist aber derb und penetrant, weswegen Hochdruckregister heute nicht mehr gebaut werden.

Wenn sich auch gezeigt hat, daß der Orgelklang im allgemeinen bei niedrigerem Druck mit dementsprechend niedrigeren Aufschnitthöhen frischer ist als bei hohen, so gibt es doch keine absolut gültige Winddruckhöhe. Denn diese muß sich nach der Größe des Raumes richten (s. o.), um den Pfeifen die notwendige Energiezufuhr zu geben, damit sie den Raum klanglich ausfüllen können. Bei höherem Winddruck müssen dann aber auch die Pfeifenmaße geändert werden, um die klangverschärfende Wirkung eines höheren Druckes zu vermeiden. In diesen Fällen werden neben größeren Pfeifenweiten und damit größeren Labiumbreiten auch die Aufschnitte – absolut gesehen – erhöht.

Eine nachträgliche Verstärkung des Winddrucks einer fertigen Orgel führt zu einer Vergröberung und Verschärfung des Klanges, weil durch die dann größere Windgeschwindigkeit an den Aufschnitten nur bestimmte innerpfeifliche Obertöne verstärkt werden, kaum dagegen jedoch der Grundton.

3.12.7. Weitere Klanggestaltungsfaktoren

Die bisher erwähnten Möglichkeiten der Klanggestaltung sind die wichtigsten und müssen schon bei der Planung der Orgel festgelegt werden. Doch gibt es noch feinere Gestaltungsmöglichkeiten des Pfeifenklanges, die vor allem der Intonateur beim Intonieren (s. S. 48) anwendet.

---

[30]) Ein derart hoher Winddruck war für die sichere Funktion der damals oft gebauten pneumatischen Windlade (z. B. Taschenlade, s. S. 135) notwendig. Für die heute wieder gebaute Schleiflade ist im Gegenteil gerade ein niedriger Winddruck, besonders bei mechanischer Traktur, günstiger.

Mit der *Kernspaltenweite* läßt sich die Energiezufuhr und damit die *Lautstärke* in gewissen Grenzen regeln (s. S. 48). Doch beeinflußt sie auch etwas die *Klangfarbe*. So wird der Klang frischer, wenn die Kernspalte eng gemacht wird („optimale" Kernspaltenweite). Bei zu geringer Weite jedoch werden nur die tiefsten Teiltöne in der Pfeife angeregt (Klang wird stumpf), wogegen mit zunehmender Weite die Obertonamplituden zunehmen, ebenfalls auch die Blasgeräusche (Klang wird pustend). Die optimale Kernspaltenweite zu finden, ist eine wesentliche Aufgabe des Intonateurs. Sie ist übrigens für Pfeifen verschiedener Größen nicht nur absolut, sondern auch relativ, d. h. in ihrem Verhältnis zur Kernspaltenlänge (Labiumbreite) verschieden groß: So brauchen große Pfeifen im allgemeinen eine verhältnismäßig engere Kernspalte als kleine Pfeifen.

Über die *Kernstiche* wurde schon auf S. 48 berichtet. Sie dienen im wesentlichen zu einer runderen Ansprache der Pfeifen, verringern die Einschwingvorgänge und vermeiden die Bildung unharmonischer Obertöne und Blasgeräusche.

Eine weitere Aufgabe des Intonateurs ist neben der Wahl richtiger Aufschnitthöhen und Kernspaltenweiten, die sich auch bei der fertigen Pfeife noch verändern lassen, die *Richtung der Luftzunge*, die aus der Kernspalte dringt. Sie kann parallel zur Pfeifenwand laufen, aber auch schräg nach vorn (Klang wird schärfer) oder nach hinten (Klang wird grundtöniger). Die Richtung der Luftzunge läßt sich bei Metallpfeifen durch Hinauf- oder Herabstoßen des Kerns steuern, bei Holzpfeifen durch Verschiebung des Vorschlags (s. S. 43) nach oben oder unten.

Hier sei auch kurz nochmals auf die klangbeeinflussende Wirkung von *Stimmeinschnitten* (s. S. 42), *Kulpen* (s. S. 45) und *Bärten* (s. S. 45) hingewiesen. Dazu kommen gewisse Einflüsse auf die Klangbildung durch die *Windlade*, die später noch besprochen werden.

Und zum Abschluß soll nochmals auf die für den Orgelklang so wichtige *Raumakustik* hingewiesen werden, die bei der Wahl der Pfeifenmaße berücksichtigt werden muß. Das gilt besonders für die Klangstärke der Orgel. Um vom Ohr im Kirchenschiff (nicht direkt an den Pfeifen!) als angemessen laut empfunden zu werden, benötigt ein großer Raum eine größere Schalleistung der Orgel als ein kleiner Raum. Eine solche Klangverstärkung wird der Orgelbauer im allgemeinen mit einer Vergrößerung aller oben angegebenen Faktoren zusammen erreichen. Denn das für einen bestimmten Klang wohlabgewogene Verhältnis von Winddruck zu Pfeifenweite zu Labiumbreite zu Kernspaltweite (und auch zur Aufschnitthöhe, s. o.) darf nicht verändert werden. So führt z. B. eine alleinige Winddruckerhöhung ohne entsprechende Veränderung anderer Pfeifenmaße zu einer Verschärfung und Vergröberung des Klanges (Vergrößerung der Tonstärke), oder eine alleinige Vergrößerung der Pfeifenweiten läßt den Klang wohl voluminöser, aber nicht lauter werden. Das bedeutet, daß mit zunehmender Raumgröße im allgemeinen wohl der Winddruck erhöht werden muß, gleichzeitig aber auch die Pfeifenweiten zunehmen und damit – je nach Pfeifenart in gleichbleibendem Verhältnis zu den Umfängen – auch die Labiumbreiten, Aufschnitthöhen sowie Kernspaltweiten anwachsen müssen. Manchmal werden in Kirchenräumen gewisse Frequenzbereiche (Tonhöhen) absorbiert bzw. schlecht reflektiert, was sich in einer für diese Frequenzen geringeren Nachhallzeit bemerkbar macht. Dann muß der Orgelbauer die Pfeifen in diesen Tonhöhen stärker hervorheben, indem er – bei gleichbleibendem Winddruck für die ganze Orgel – dort weitere Mensuren (größere Pfeifenweiten) wählt. Damit das dort nun stärkere Tonvolumen aber nicht das klangliche Gleichgewicht stört, wird durch schmalere Labiierung die größere Schalleistung wieder ausgeglichen. Darüber wird im nächsten Kapitel, bei den Mensuren, zu sprechen sein.

Die Mannigfaltigkeit dieser vielen Einflüsse auf die Klanggestaltung von Orgelpfeifen zeigt, wie viele Möglichkeiten der Orgelbauer zu berücksichtigen hat, um den Pfeifen einen bestimmten Klang zu geben. Jede andersartige Gestaltung der Pfeifen in bezug auf Material, Form, Weite, Labiumbreite, Aufschnitthöhe, Kernspaltweite, Winddruck u. a. m. hat Veränderungen der Klangspektren zur Folge, auf deren Zusammenhänge hier andeutungsweise hingewiesen wurde. Wenn auch manche Änderungen scheinbar gleiche Wirkungen haben (z. B. größere Obertönigkeit durch geringere Pfeifenweiten, breitere Labien, niedrigere Aufschnitte, höheren Winddruck), so ist die klangliche Wirkung auf das Ohr keineswegs immer gleichartig, da der Obertonaufbau dadurch in ganz verschiedener Weise variiert wird. Nicht nur die Anzahl der Teiltöne, sondern ihre verschiedenen Stärkeverhältnisse – zueinander und in bestimmten Tonhöhen – ergeben fein differenzierte klangliche Unterschiede.

3.13. Zusammenstellung der wichtigsten Klanggestaltungsfaktoren

Material

Metall:	Obertöne werden verstärkt, Klang schärfer
Holz:	Obertöne werden gedämpft, Klang milder

Pfeifenform bestimmt den Teiltonaufbau

offen:	Teiltonaufbau vollständig, aber sehr verschieden stark
gedeckt:	nur ungeradzahlige Teiltöne vorhanden, Klang hohl
halbgedeckt:	ähnlich wie gedackt, etwas heller im Klang
zylindrisch (offen, gedeckt):	Teiltonaufbau hauptsächlich harmonisch
konisch (offen, gedeckt):	alle Teiltöne vorhanden, auch unharmonische Teiltöne
überblasend:	der 1. Teilton fehlt

Pfeifenweite (Mensur) bestimmt die Tragfähigkeit, Volumen, Leistung

sehr eng: (Streicher)	geringe Tragfähigkeit; Neigung zur Obertönigkeit, Klang verschleiert bis scharf, streichend; übererregt bei normaler Labiumbreite ($^1/_4$ des Umfangs); wenig verschmelzungsfähig, gut zeichnend
eng: (Prinzipale, auch enge Gedackte)	mittlere Tragfähigkeit; mäßige Obertonbildung, Klang warm, prächtig, sonor; normal erregt; mäßig verschmelzungsfähig, gut zeichnend
weit: (Flöten)	große Tragfähigkeit, Fülle; Neigung zur Obertonarmut, Klang weich, flötig; untererregt bei schmalem Labium ($^1/_5$ bis $^1/_7$ des Umfangs); gut verschmelzungsfähig, wenig zeichnend

Labiumbreite bestimmt die Tonkraft

breit: ($^1/_4$ des Umfangs)	Klang laut, stark erregt
schmal: ($^1/_5$–$^1/_7$ des Umfangs)	Klang milder, untererregt, verschmelzungsfähig

Aufschnitthöhe bestimmt die Klangschärfe

hoch: obertonarm, stumpf (auch bei engen Pfeifen)
($^2/_7$–$^1/_3$ der Labiumbreite)
normal: mäßig obertonreich
($^1/_4$ der Labiumbreite)
niedrig: Klang scharf, neigt zum Überblasen
($^2/_9$–$^1/_5$ der Labiumbreite)

Winddruck bestimmt die Tonstärke

höher: lauter, schärfer (Tonhöhe steigend)
niedriger: leiser, milder (Tonhöhe sinkend)

Fast alle Möglichkeiten lassen sich verschieden miteinander kombinieren, wodurch die Klangeigenschaften der Pfeifen ganz verschieden variiert werden können.

Das folgende Schema der Klanggestaltung bei Labialpfeifen (Abb. 14) muß so verstanden werden, daß in den einzelnen Kästen die verschiedenen Variationsmöglichkeiten von Winddruck, Pfeifenweite, Labiumbreite und Aufschnitthöhe, also die wichtigsten Klanggestaltungsmöglichkeiten eingezeichnet sind mit ihrem Einfluß auf die (links angegebenen) Klangeigenschaften wie Tonstärke, Volumen, Tonkraft, Klangschärfe und – ganz unten – Erregungsgrad und Verschmelzungsfähigkeit (Abb. 14 siehe folgende Seite).

Der oberste Kasten zeigt den Winddruck mit seinem Einfluß auf die Tonstärke, dazu seine verschiedene Druckhöhe je nach Raumgröße. In der Mitte des Schemas sind die Registergruppen angegeben, wie sie – von oben nach unten zu lesen – im allgemeinen mit bestimmten klangregelnden Möglichkeiten gestaltet werden.

So erhält z. B. die Streichergruppe im allgemeinen sehr enge Mensur (mit kleinem Volumen), große Labiumbreite (mit großer Tonkraft) und niedrige Aufschnitthöhe (mit großer Klangschärfe); ihr Klang ist übererregt und gering verschmelzungsfähig, dafür gut zeichnend. Die überweit mensurierte Gruppe der Nachthörner dagegen wird schmal labiert und normal aufgeschnitten, ihr Klang ist untererregt, zeigt große Verschmelzungsfähigkeit und ist obertonarm.

3.14. Die Mensuren

Alle klangbestimmenden Faktoren für die Pfeifen, die gerade besprochen wurden, werden durch die Mensuren festgelegt. Dieses Kapitel muß daher ausführlich gehalten werden; denn nur durch eine genaue Kenntnis der Technik und der sich aus dieser ergebenden Wirkung der Mensuren können die Grundlagen künstlerischer Klanggestaltung verstanden werden.

Mit *Mensuren*[31] werden im Orgelbau alle Maße, Maßverhältnisse und Maßreihen bezeichnet, die für die Herstellung der Pfeifen mit einem bestimmten Klangergebnis benötigt werden.

---

[31] Von lat. mensura = Maß, Maßverhältnis, Maßreihe.

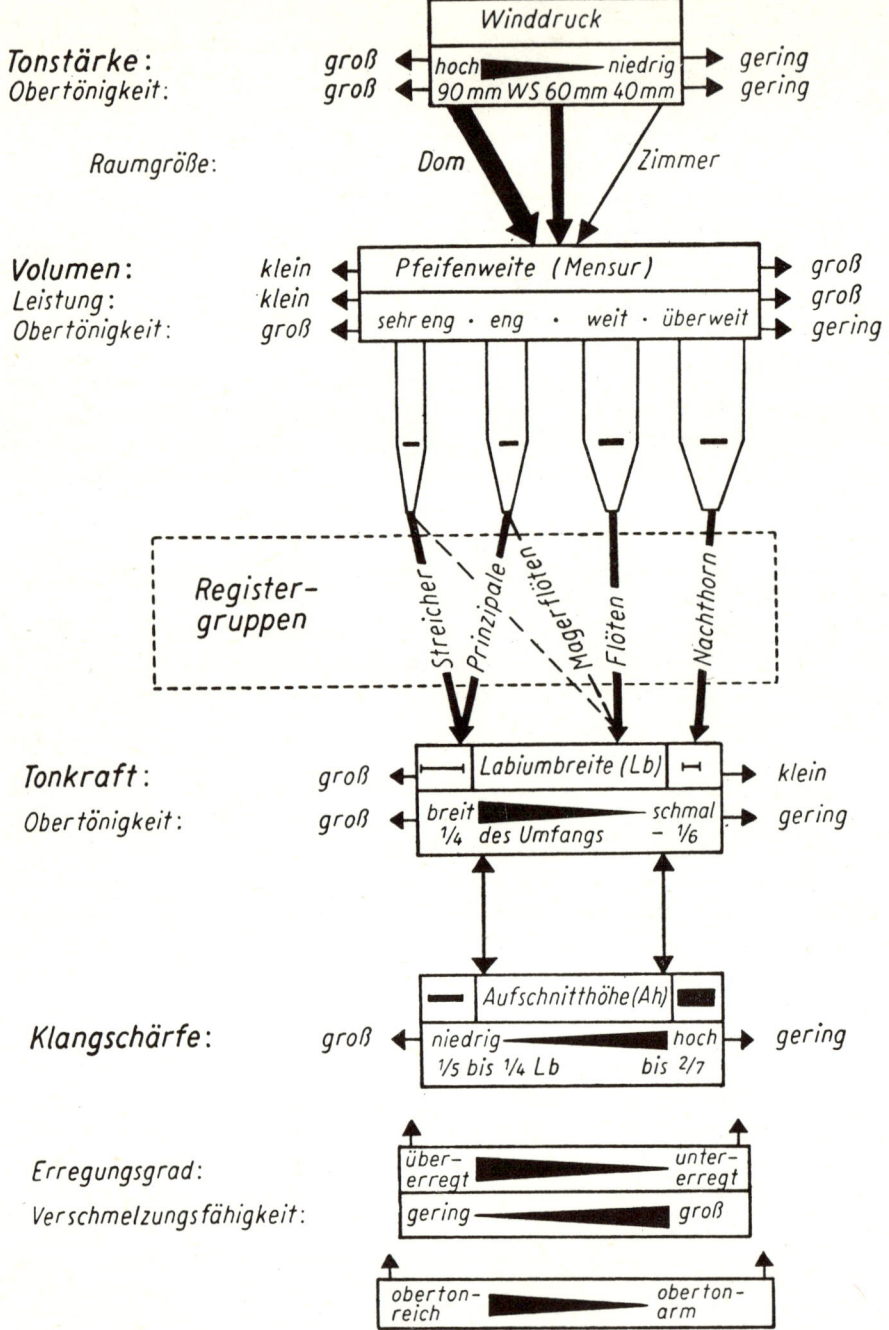

Abb. 14   Schema der Klanggestaltung von Labialpfeifen

Wir hatten im vorigen Kapitel erfahren, wie viele Faktoren den Pfeifenklang beeinflussen, und wollen mit dem Ausdruck *Parameter*[32] diese klangbestimmenden Faktoren zusammengefaßt bezeichnen. So gehören zu den hauptsächlichsten Parametern von Orgelpfeifen ihre Körperlängen, Durchmesser bzw. Umfänge, ihre Labiumbreiten und Aufschnitthöhen. Diese Parameter können bekanntlich in verschieden gearteten Verhältnissen zueinander stehen und müssen sich in ihren Größenmaßen bei gleichartigen Pfeifen einer Pfeifenreihe entsprechend der Tonskala von der kleinsten bis zur größten Pfeife hin ändern. Wie groß nun die verschiedenen Parameter für die Herstellung jeder einzelnen Pfeife bemessen sein sollen, wird durch ihre entsprechenden Mensuren festgelegt. Hieraus ist schon zu ersehen, daß es viele Arten von Mensuren gibt. Diese werden im Sprachgebrauch wohl alle in gleicher Weise mit „Mensuren" bezeichnet, doch sollte man sie voneinander unterscheiden.[33] So muß man als erstes die

a) *absoluten Zahlenmensuren,* d. h. die in cm oder mm angegebenen Parametermaße von den

b) *relativen Proportionsmensuren* unterscheiden. Das sind die *Maßverhältnisse* verschiedener Pfeifenparameter zueinander bei einer einzelnen Pfeife, aus denen sich die *Proportion* einer Pfeife ergibt, die das Klangbild der betreffenden Pfeife formt.

Jeder Parameter einer Pfeife läßt sich nämlich als absolute Mensur, in mm oder cm meßbar, und als relative Mensur, d. h. in seinem Verhältnis zu anderen Parametern derselben Pfeife, betrachten. So beträgt z. B. die absolute Labiumbreite irgendeiner Pfeife (mit 200 mm Umfang) 50 mm, die relative Labiumbreite dagegen $^1/_4$ ihres Umfangs. Der Unterschied zwischen der „absoluten" und „relativen" Labiumbreitenmensur wird noch deutlicher, wenn wir sie im Verlauf einer Pfeifenreihe (Register) betrachten: Die absoluten Labiumbreiten müssen von der größten bis zur kleinsten Pfeife ebenfalls laufend kleiner werden, die relative Labiumbreite (z. B. $^1/_4$ des Umfangs) kann dagegen bei allen Pfeifen dieses Registers gleichbleiben.

Und damit kommen wir zu der dritten Mensurart unserer Einteilung, den

c) *Verlaufsmensuren.* Hier handelt es sich um die *Maßreihen* gleichartiger Parametermaße im Verlauf einer Pfeifenreihe, aus denen der *Verlauf* der Zahlenmaße ersichtlich ist, d. h., wie z. B. die Labiumbreitenmaße entsprechend der Tonskala von Pfeife zu Pfeife anwachsen müssen, damit die Proportionen aller Einzelpfeifen dieser Reihe gleichbleiben oder sich in vorbestimmter Weise ändern sollen. Die Verlaufsmensuren werden entweder maßstabartig auf einem *Mensurstab,* tabellenförmig auf einer *Mensurtabelle* oder graphisch (in Form von Kurven oder Geraden) auf einer *Mensurtafel* aufgezeichnet.

Oft wird auch das Zahlenverhältnis gleichartiger Parametermaße (z. B. der Durchmesser) zweier Pfeifen im Oktavabstand mit Mensur bezeichnet, mit dem der mathematische Verlauf der Maßzahlen mancher Verlaufsmensuren gekennzeichnet werden kann. Doch ist der hierfür von *Töpfer*[34] geprägte Ausdruck *Mensurverhältnis* genauer und eindeutiger.

---

[32] Von griech. parameter = konstante oder veränderliche Hilfsgröße (nicht zu verwechseln mit Diameter = Durchmesser!).

[33] Die begriffliche Unterscheidung der verschiedenen Mensurarten ist bei den Fachschriftstellern und Orgelbauern nicht einheitlich und gibt dadurch zu mancherlei Verwirrung Anlaß, zumal alle Mensurarten eng miteinander zusammenhängen und sich dadurch oft nur schwer voneinander unterscheiden lassen.

[34] *Prof. J. G. Töpfer* (1791–1870), bekannter Orgeltheoretiker.

3.14.1. Die relativen Proportionsmensuren

Bleiben wir zunächst bei den Proportionen, den Maßverhältnissen bei den Einzelpfeifen. Wie eben erwähnt, stehen alle veränderlichen Pfeifenparameter in gewissen Zahlenverhältnissen (Relationen) zueinander, die sich – je nach Klangabsicht – verschieden gestalten lassen und dadurch den Klang entsprechend formen. Die Proportionsmensuren geben also an, in welchen Beziehungen die verschiedenen Parametermaße zueinander stehen müssen, damit die Pfeifen den gewünschten Klangcharakter bekommen.

Ein Kennzeichen der Proportionsmensuren ist ihre Eigenschaft, im Verlauf einer Pfeifenreihe gleichartig zu bleiben oder sich nur geringfügig zu ändern (weil ja die Proportionen aller Pfeifen eines Registers möglichst gleichbleiben sollen), wogegen die absoluten Zahlenmaße der einzelnen Parameter sich von Pfeife zu Pfeife ändern müssen und auf Grund dieser Maßverhältnisse für jede Pfeife gesondert ermittelt werden müßten. Doch geschieht das einfacher mit Hilfe der Verlaufsmensuren, über die später noch gesprochen wird.

a) Die wichtigste Mensur einer Pfeife, *die* Mensur im Orgelbau schlechthin, ist – unabhängig von der Bauart wie offen, gedeckt, konisch usf. – die *Proportionsmensur der Pfeifenweite,* auch *Weitenmensur* oder vielfach nur „Mensur" genannt. Sie ist für das *Klangvolumen* (Tragfähigkeit, Leistung) bestimmend und ergibt sich aus einem gewissen Verhältnis von Durchmesser (bzw. Umfang oder Querschnitt) zur Körperlänge[35]) (genauer gesagt: zur Wellenlänge). Die Weitenmensur gibt an, ob eine Pfeife *eng, mittel* oder *weit* „mensuriert" (gebaut) ist. Diese Mensur ist im Orgelbau so wichtig, daß sie im nächsten Abschnitt noch genauer besprochen werden muß. – Von der Art der Weitenmensur direkt abhängig sind die Maßzahlen für die Durchmesser bzw. Umfänge oder die Querschnitte.

Des weiteren gehören zu den Proportionsmensuren die

b) relative *Längenmensur,* die das Maßverhältnis von Körperlänge zu Wellenlänge angibt und damit die *Tonhöhe* bestimmt. Sie beträgt z. B. bei den offenen Pfeifen etwa die Hälfte, bei den Gedackten etwa ein Viertel der Wellenlänge (s. S. 50). Bei gleicher Tonhöhe müssen dazu engmensurierte Pfeifen etwas länger und weite etwas kürzer sein[36]) (Mündungskorrektur, s. S. 51).

c) relative *Labiummensur* (Labiierung), die das Maßverhältnis von Labiumbreite zum Umfang angibt und für die *Tonkraft* bestimmend ist. Sie wird gekennzeichnet durch die Angabe: *breite* oder *schmale* Labiierung und wird zahlenmäßig angegeben in Bruchzahlen wie z. B. $\frac{1}{4}$, $\frac{1}{5}$ bis $\frac{1}{7}$ des Umfangs bzw. der Plattenbreite (s. S. 67).

d) relative *Aufschnittmensur,* die das Maßverhältnis von Aufschnitthöhe zur Labiumbreite angibt und die *Klangschärfe* bestimmt. Sie wird gekennzeichnet durch die Angabe: *hoch* oder *niedrig* aufgeschnitten, bzw. in Bruchzahlen wie $\frac{1}{3}$ bis $\frac{1}{4}$ bis $\frac{1}{5}$ der Labiumbreite (s. S. 68) angegeben.

e) Zu dieser Art von relativen Proportionsmensuren gehören auch – bezogen auf andere Pfeifenparameter oder auf die Tonhöhe – die Maßverhältnisse der *Kernspaltenweiten,* der

---

[35]) Dieses Verhältnis von Durchmesser zu Länge ist nicht dem mathematischen Begriff eines bestimmten Zahlenverhältnisses gleichzusetzen. Denn das Zahlenverhältnis von Durchmesser zu Länge muß sich bei einer Pfeifenreihe von Ton zu Ton etwas ändern, wenn alle Pfeifen den gleichen Klangcharakter bekommen sollen, weil das richtige Mensurverhältnis für die Pfeifenweite in klanglicher Hinsicht von der Tonhöhe abhängig ist. Doch darüber später mehr.

[36]) Deswegen sprachen die Alten zuweilen von „langer" (heute: enger) und „kurzer" (heute: weiter) Mensur.

Fußlochgrößen, der *Materialstärken* (z. B. die der Pfeifenwandungen, der Kerne), wie auch die Maßverhältnisse der Längen und Durchmesser der Röhrchen bei den Halbgedackten. Ebenso zählen hierzu die Maßverhältnisse der *Zungen* bei den Zungenpfeifen (s. S. 111) in ihren Stärken, Längen und Breiten sowie deren Schallbecherlängen und -weiten. Auch die Menge des Windzuflusses muß in einem bestimmten Maßverhältnis zur Pfeife stehen = *Windmensur.* Selbst bei den Tasten wird zuweilen von schmaler oder breiter Mensur gesprochen, je nachdem, ob sie schmaler oder breiter als die (jetzige) Norm sind.

Hier muß einschränkend gesagt werden, daß alle diese relativen Proportionsmensuren wohl zu den Mensuren im Sinne von klangbestimmenden Maßverhältnissen gehören. Doch ist es üblich, nur die besonders wichtige Mensur der Pfeifenweite mit „Mensur" (Weitenmensur) zu bezeichnen. Man spricht deswegen wohl von „weit-" oder „engmensurierten" Pfeifen, dagegen jedoch von „breit" oder „schmal labiierten" bzw. von „hoch" oder „niedrig aufgeschnittenen" Pfeifen oder Registern.

3.14.2. Die Weitenmensur

Neben der die Tonhöhe festlegenden Pfeifenlänge und natürlich auch der besonderen Bauform einer Pfeife (offen, gedeckt, konisch usf.) ist die schon öfters erwähnte „Pfeifenweite", im Orgelbau mit „Mensur" oder – zum Unterschied von anderen Mensurarten – mit „Weitenmensur" bezeichnet, das wichtigste Maßverhältnis für die Klanggestaltung. Rein äußerlich gibt die Weitenmensur an, ob Pfeifen gleicher Tonhöhe weiter (= weite Mensur) oder enger (= enge Mensur) gestaltet sind, d. h., die Weitenmensur gibt die *Proportion* einer Pfeife bezüglich eines gewissen (allerdings nicht konstanten) Maßverhältnisses von Durchmesser (bzw. Umfang oder Querschnitt) zur Länge, genauer gesagt sogar: zur Wellenlänge[37] (= Tonhöhe), an.

Ob also eine Pfeife enger oder weiter gebaut (mensuriert) ist, hängt von der Größe ihres Durchmessers in einem gewissen Verhältnis zur Wellenlänge ab. So ist von zwei Pfeifen mit gleicher Tonhöhe die eine mit dem größeren Durchmesser weiter mensuriert als die andere mit dem kleineren Durchmesser. Andererseits können zwei Pfeifen trotz gleicher Durchmessergrößen verschieden weit mensuriert sein, dann nämlich, wenn sie verschieden hoch klingen, also auch verschieden lang sind. In diesem Falle ist die längere Pfeife enger und die kürzere weiter mensuriert (vgl. auf Abb. 15 Pfeife c⁰ in der vorderen Reihe bei enger und c¹ in der hinteren Reihe bei weiter Mensur, die beide den gleichen Durchmesser von 68 mm haben).

Der Fachausdruck „die Mensur einer Pfeife" hat im Sprachgebrauch der Orgelbauer sogar fast mehr die Bedeutung, einen bestimmten *Klangcharakter* der Pfeifen zu kennzeichnen.[38] Und um diesen Klangcharakter zu erhalten, müssen die Pfeifen mit ganz bestimmten Maßverhältnissen für ihre äußere Proportion hergestellt werden. So werden Pfeifen,

---

[37] Die Körperlänge kann nämlich verschieden groß sein. Denn auch eine gedeckte Pfeife hat dann dieselbe „Mensur" wie eine offene mit gleicher Tonhöhe, wenn beider Durchmesser oder Querschnitte gleich groß sind, obwohl die gedeckte Pfeife dann nur halb so lang zu sein braucht wie die offene Pfeife.

[38] So sprechen die Alten oft von „lieblicher, delikater" Mensur (gemeint sind weite Mensuren mit schmaler Labiierung) oder von „scharfen, penetranten" Mensuren (also eng mensuriert), oder von – besonders im Pedal – „gravitätischen" Mensuren (weit mensuriert).

die auf Grund ihrer besonderen Stärke und Abstrahlung ihres Grundtons tragfähig, voluminös klingen sollen, weit mensuriert gebaut; oder andere mit einem im allgemeinen mehr
obertönigen, geschärften Klang ohne besondere Tragfähigkeit werden eng mensuriert.[39]
Bei der Planung eines Registers wird dann erst in zweiter Linie ermittelt, welche Maßverhältnisse von Durchmesser zu Länge, d. h., wie groß für jede Tonhöhe die Durchmesser
der Pfeifen sein sollen.

Denn für jeden Ton der Pfeifenskala gibt es einen bestimmten Schwankungsbereich der
Durchmessergrößen, innerhalb dessen die Pfeifen „weit" oder „eng" mensuriert werden
können. Doch entsprechen – wie man aus Erfahrung erkannt hat – diese Schwankungsbe-
reiche der Durchmesser nicht genau proportional den abnehmenden Pfeifenlängen einer
Pfeifenreihe. Um bei einem Register nun gleichmäßig „rechte" Mensurproportionen in
klanglicher Hinsicht zu erhalten, müssen sich die „echten" Zahlenverhältnisse von Durchmesser zur Länge sogar von Ton zu Ton etwas ändern.

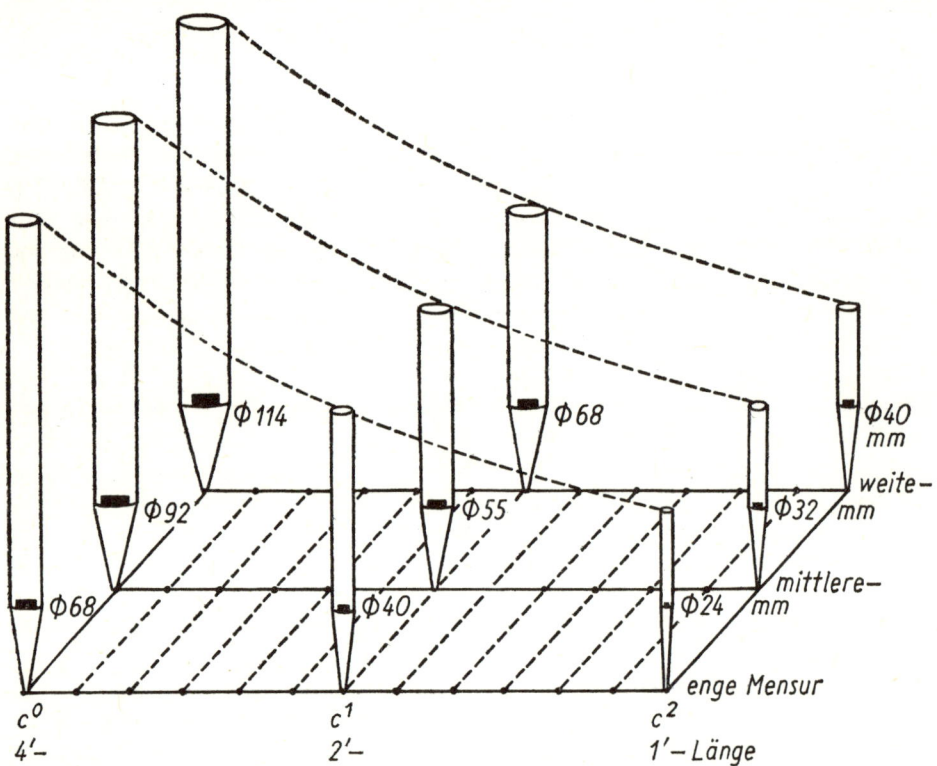

Abb. 15   Pfeifenreihen mit verschiedenen Weitenmensuren

Zum besseren Verständnis dieser etwas schwierigen Begriffe sind in Abb. 15 drei Pfeifenreihen schematisch aufgezeichnet, von denen die vordere eng mensuriert ist (alle Pfeifen
haben durchweg wenig Klangvolumen), die hintere dagegen weit mensuriert mit größerem

---

[39] Daß gewisse klangliche Variationen durch Veränderungen der Aufschnitthöhen und Labiumbreiten möglich sind, wurde schon auf S. 68 erwähnt.

Klangvolumen ist. Zwischen diesen beiden Pfeifenreihen liegen viele Zwischenstufen von Mensurmöglichkeiten, von denen eine (mit etwa mittlerer Mensur, d. h. mit mäßiger Fülle und mäßiger Schärfe, wie sie etwa bei entsprechender Labiierung ein Prinzipal aufweist) hier aufgezeichnet ist. Die Zahlen neben den Pfeifen geben ihre Durchmesser in mm an.

Man sieht hier, daß alle Pfeifen der engmensurierten (vorderen) Reihe kleinere Durchmesser als die der gleichhoch klingenden mittleren Pfeifenreihe aufweisen. Die weitmensurierte hintere Reihe dagegen hat die größten Durchmesser.

Doch sieht man aus der Abb. 15 auch, daß die Pfeifenlängen im Oktavabstand immer um die Hälfte – entsprechend den Verhältnissen bei den Wellenlängen (s. S. 50) – abnehmen (Pfeife c^0 hat 4′-Länge, c^1 = 2′-, c^2 = 1′-Länge), daß aber die Abnahme der Durchmessermaße dagegen von Pfeife zu Pfeife im Oktavabstand eine andere ist (z. B. betragen die Durchmesser bei der vorderen Reihe mit enger Mensur bei Pfeife c^0 = 68 mm, bei c^1 = 40 mm, bei c^2 = 24 mm). Dadurch ändert sich wohl das echte Zahlenverhältnis von Durchmesser zu Länge bei jeder Pfeife einer solchen Reihe um etwas, der Klangcharakter aller dieser Pfeifen bleibt dagegen entsprechend der Wahl der Mensur (eng, mittel oder weit) gleichartig. Diese wechselnden Zahlenverhältnisse bewirken, daß die großen Pfeifen schlanker aussehen, die kleinen dagegen dicker.

Das heißt also, daß die Pfeifen eines Registers nur dann durchgehend gleichartige Weitenmensuren (mit entsprechend gleichartigem Klangcharakter) aufweisen, wenn ihre Durchmesser wohl auch auf Grund der zunehmenden Pfeifenlängen vom Diskant zum Baß hin anwachsen, jedoch in einer anderen Art, als es bei den Pfeifenlängen der Fall ist. – Hier sei schon angedeutet, daß Pfeifen im Oktavabstand dann gleichartige Weitenmensuren haben, wenn ihre Durchmessermaße sich von Oktave zu Oktave wie $1 : \sqrt[4]{8} = 1 : 1,68$ (Töpfersches Mensurverhältnis) verhalten, während ihre Körperlängen sich wie 1 : 2 verhalten. Das wird uns später noch bei den Verlaufsmensuren begegnen.

Als besondere Kunst im Orgelbau, die früher meist geheimgehalten wurde, galt schon immer die richtige Wahl der klangbestimmenden Proportionsmensuren für die Pfeifenweiten sowohl der Register untereinander (je nach Funktion eng, mittel oder weit) als auch innerhalb einer Pfeifenreihe. Die Schwierigkeit lag darin, die richtigen Durchmesser zu finden, die zu den verschiedenen Pfeifenlängen „paßten“, damit der Klangcharakter aller Pfeifen eines Registers in etwa einheitlich wird.

Denn werden die Durchmessermaße nach dem Diskant hin oder dem Baß hin zu klein, dann wird dort auch die Mensur zu eng und damit das Tonvolumen zu gering; oder umgekehrt: bei zunehmender Weitenmensur auf Grund zu großer Durchmessermaße wird das Tonvolumen zu groß. Die mensurmäßige Ausgewogenheit mußte von den Orgelbauern früherer Jahrhunderte zunächst durch vielerlei Versuche ausprobiert und dann auf eine rechnerische Basis gebracht werden. Die einzelnen Schulen lösten das Problem auf verschiedene Weise, wofür später noch einige Beispiele gebracht werden.

Die besondere Wichtigkeit der Weitenmensur liegt aber nicht nur in der von ihr abhängigen Art des Klangcharakters, so wichtig das allein auch schon ist. Sie ist dazu auch noch in den meisten Fällen bestimmend für die Mensuren anderer Pfeifenparameter.

So entspricht einer bestimmten Weitenmensur (eng, mittel oder weit) bei jeder Pfeife der Tonskala eine bestimmte Größe der Durchmesser (= 2r).[40] Und mit deren Größe ist auch

---

[40] r = Radius, mit dem in der Geometrie der Abstand vom Mittelpunkt eines Kreises bis zur Peripherie bezeichnet wird = Hälfte des Durchmessers.

der Umfang ($= 2\pi r$)[40a] *und die Flächengröße des Querschnitts* ($= \pi r^2$) *bekannt. Da sich nun auch oft die Labiumbreiten nach dem Umfang richten (z. B.* $^1/_4$ *des Umfangs) und die Aufschnitthöhen wiederum in einem bestimmten Verhältnis (z. B.* $^1/_4$*) zu den Labiumbreiten stehen, sind diese Maße primär von der Wahl der Pfeifenweite abhängig.*[40b])

Bisher sind wir davon ausgegangen, daß die Weitenmensuren aller Pfeifen eines Registers gleichartig gewählt werden, d. h., daß bei allen Pfeifen die Durchmesserabstufungen von Pfeife zu Pfeife mathematisch so regelmäßig erfolgen, daß die klangbestimmenden Proportionen der Einzelpfeifen gleich bleiben, je nachdem, ob es sich um Pfeifen mit relativ weiter, mittlerer oder enger Mensur handelt. In diesem Falle verläuft die Weitenmensur bzw. ist der *Mensurverlauf* der Pfeifenweiten gleichbleibend (bezeichnet mit $=$).

Doch kann der Mensurverlauf einer Pfeifenreihe durch entsprechend gestaltete Durchmessermaße auch derart erfolgen, daß sich die klangbestimmenden Pfeifenproportionen ändern. So läßt sich z. B. die Baßlage etwas weiter und die Pfeifen nach dem Diskant zu dagegen enger mensurieren $=$ *fallender Mensurverlauf* (bezeichnet mit $>$), oder umgekehrt: Baß eng, Diskant weiter mensuriert $=$ *steigender* Mensurverlauf (bezeichnet mit $<$). Auch andere, *variable*[41]) Mensurverläufe sind oft erwünscht: z. B. Baß eng, Mittellage weiter (und damit „bemerkbarer"), zum Diskant zu aber wieder engere Mensur (Verlauf steigend/fallend $= <>$) u. a. m.

Wenn solche Änderungen der Weitenmensuren innerhalb einer Pfeifenreihe so groß sind, daß die einzelnen Tonhöhen deutlich verschiedene, ineinander übergehende Klangfarben aufweisen, spricht man von *changierenden*[42]) Mensurverläufen. Hierbei sind die Pfeifen also nicht mehr eng oder weit mensuriert, sondern z. B. im Baß sehr eng, nach dem Diskant zu immer weiter werdend. Dadurch klingt – unterstützt durch entsprechende Labiummaße – der Baß wie eine Gambe und über einen prinzipalischen Klang in der Mitte dann der Diskant wie eine Flöte. Oder auch umgekehrt: Baß weit (Flöte), Mitte eng (Prinzipal), Diskant sehr eng (Violine). Diese changierenden Register waren in den Kino-Orgeln der zwanziger Jahre sehr beliebte Stimmen. Heute werden sie kaum noch gebaut.

3.14.3. Die Verlaufsmensuren

Bekanntlich müssen sich bei einer Pfeifenreihe (Register) die Maßzahlen gleichartiger Pfeifenparameter (z. B. die der Körperlängen, der Durchmesser, Labiumbreiten, Aufschnitthöhen usf.) entsprechend den abnehmenden Tonhöhen von Pfeife zu Pfeife fortlaufend etwas ändern, damit die Proportionen der einzelnen Pfeifen und damit ihre Klangcharaktere (Klangfarbe, -stärke, -volumen) etwa gleichbleiben. Die aneinandergereihten Maßzahlen dieser Pfeifenparameter ergeben dann, wie am Anfang des Kapitels erwähnt wurde, eine Maßreihe, die der Orgelbauer ebenfalls Mensur nennt.

Zum Unterschied von den anderen Mensurbegriffen, den klangbestimmenden Proportionsmensuren, ist es günstiger, solche „Mensuren" der Maßzahlen mit *Verlaufsmensuren* zu be-

---

[40a]) π (sprich: pi $=$ griechischer Buchstabe) ist eine feste (konstante) Zahl mit dem Wert 3,1416, oder für das Rechnen einfacher $= 22/7$.

[40b]) Doch soll hier gleich erwähnt werden, daß die Verhältnisse Labiumbreite zu Umfang bzw. Aufschnitthöhe zu Labiumbreite durchaus nicht immer bei, allen Pfeifen eines Registers völlig gleichbleibend sein müssen (s. später).

[41]) Von lat. varius $=$ verschieden.

[42]) Von franz. changer $=$ wechseln.

zeichnen. Denn die entsprechend aneinandergereihten Maßzahlen (z. B. die der Durchmesser) zeigen im „Verlauf" der Pfeifenreihe selbst einen bestimmten „Verlauf", der sich auf einer *Mensurtafel* (s. u.) als Kurve oder Gerade graphisch darstellen läßt und anzeigt, in welcher Art die Maßzahlen von der kleinsten bis zur größten Pfeife eines Registers anwachsen. Dies kann völlig gleichmäßig in Form einer *geometrischen Reihe*[43] vor sich gehen; doch lassen sich die Pfeifenmaße auch nach anderen Gesichtspunkten entwickeln, worüber später noch berichtet wird. Gekennzeichnet wird die Art einer Verlaufsmensur oft durch das Zahlenverhältnis eines bestimmten Pfeifenmaßes zu dem der um eine Oktave tiefer klingenden Pfeife, das *Töpfer* (s. u.) das *Mensurverhältnis* genannt hat.

Dieses Mensurverhältnis wird der besseren Übersichtlichkeit wegen auf ein möglichst einfaches Zahlenverhältnis reduziert angegeben. Beträgt z. B. das Verhältnis eines Pfeifenparameters (z. B. der Labiumbreiten) bei zwei Pfeifen in Oktavabstand 18 mm : 27 mm,

so können wir dafür auch schreiben $18 : 27 = \dfrac{18}{27} = \dfrac{2}{3} = 2 : 3 = 1 : 1{,}5$

Hier sieht man auf den ersten Blick, um wieviel die eine Zahl größer als die andere ist.

Weitere bekannte Mensurverhältnisse sind $1 : \sqrt[+]{8} = 1 : 1{,}682$; *oder* $1 : 2$; *oder* $3 : 5$.

Dazu ein Beispiel: Das bekannteste Maß bei einer Pfeife ist ihre *Körperlänge*. Wie aus der Tabelle S. 50 zu ersehen ist, beträgt das Verhältnis der Körperlängen zweier Pfeifen in Oktavabstand 1 : 2, d. h., eine Pfeife ist doppelt so lang wie die um eine Oktave höher klingende Pfeife gleicher Bauart. Dieses Anwachsen (Progression) der Körperlängen von der kleinsten bis zur größten Pfeife geschieht gleichmäßig in Form einer geometrischen Reihe (s. o.) mit einem Oktavverhältnis (12 Halbtöne) von 1 : 2. Man müßte nun korrekt sagen: die Verlaufsmensur der Körperlängen ist durch das Mensurverhältnis von 1 : 2 gekennzeichnet. Doch drückt man sich oft kürzer aus: die Längenmensur beträgt 1 : 2, besser aber: das *Mensurverhältnis* der Körperlängen beträgt 1 : 2.

Schwieriger ist es, die richtigen Durchmessermaße und ihre Verlaufsmensur zu finden, von deren Größen – in einem bestimmten Verhältnis zur Tonhöhe – die Weitenmensur und damit der Klangcharakter einer jeden Pfeife abhängig ist. Diese Maße verlaufen nicht, wie schon auf S. 79 erwähnt wurde, in einem genau gleichbleibenden Verhältnis zu den Körperlängen, wodurch ihr Mensurverhältnis ein anderes sein muß wie 1 : 2.

Im Mittelalter gab es dieses Problem noch nicht, da eine Pfeifenskala nur aus wenigen Pfeifen bestand und man allen Pfeifen völlig gleiche Durchmesser gab[44] = „starre Durchmessermensur" mit dem Mensurverhältnis 1 : 1, s. Abb. 16. Infolge der völlig gleichen Durchmesser waren die Pfeifen im Verhältnis zu ihrer Länge im Baß sehr eng (mensuriert) und bekamen zum Diskant hin eine immer weitere Mensur, was zu einem sehr verschiedenen Klangcharakter in den einzelnen Tonlagen führte. Mit der Erweiterung der Pfeifenskala über zwei Oktaven hinaus mußte diese Art der Mensurierung aufgegeben werden, weil nun die Pfeifen im Baß noch enger und im Diskant viel zu weit wurden und so nicht mehr richtig intoniert werden konnten. Diese Erkenntnis zwang die alten Orgelmacher dazu, die Durchmessermaße nach dem Baß hin zu vergrößern und nach dem Diskant hin zu verkleinern.

[43] Eine geometrische Reihe ist eine Reihe von Zahlen, die sich durch Multiplikation mit immer demselben Faktor voneinander unterscheiden: z. B. (Faktor 2) 2, 4, 8, 16 usf.; (Faktor 3) 2, 6, 18, 54 usf.; bzw. 3, 9, 27, 81 usf.

[44] Als Maß nahm man den Durchmesser eines Taubeneies mit etwa 24 bis 30 mm.

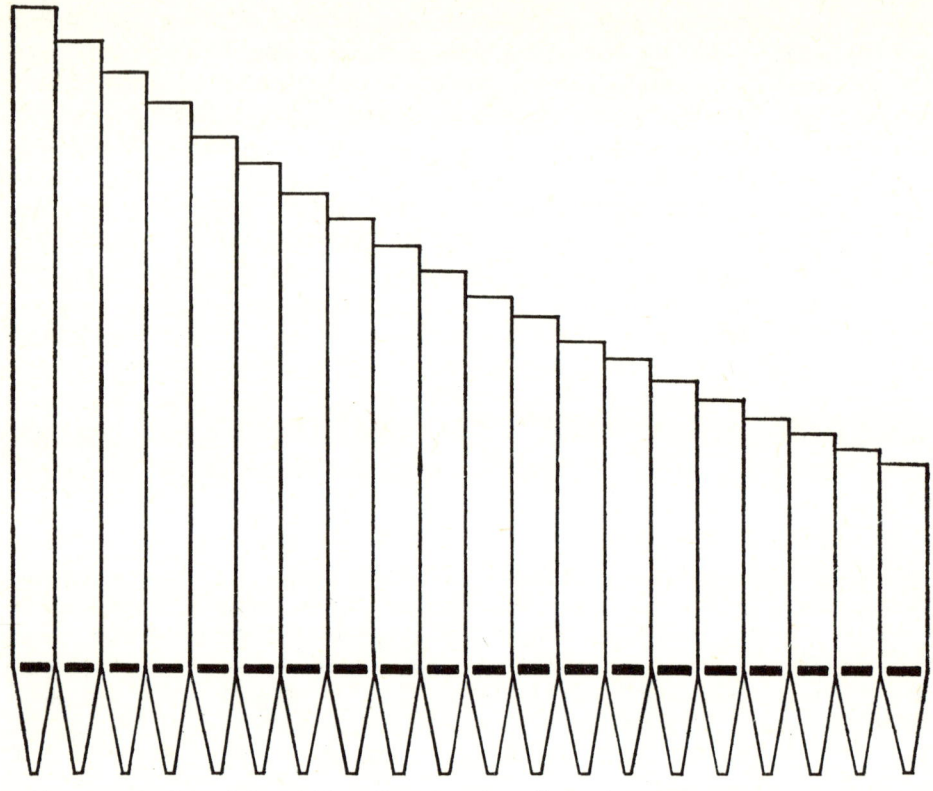

Abb. 16   Mittelalterliche Pfeifenreihe mit „starrer" Durchmessermensur

Der Gedanke lag nahe, die Pfeifendurchmesser nach einem aus den Pfeifenlängen entwik-
kelten Proportionsverhältnis zu finden: Da das Längenverhältnis der Oktave 1 : 2 ist, ver-
suchte man, die Pfeifendurchmesser ebenfalls nach dem Mensurverhältnis von 1 : 2 zu wäh-
len. Dies entspricht auch einer für das Mittelalter nachweisbaren Gepflogenheit, für die
„Dicke" (= Durchmesser) einer Pfeife ¹/₁₂ ihrer Länge anzunehmen. Bei einer Verlaufsmen-
sur dieser Art wäre also das Zahlenverhältnis von Durchmesser zu Länge bei allen Pfeifen
völlig gleichbleibend.[45])
Jedoch stellte man beim Anwachsen des Tonumfangs über zwei Oktaven hinaus sehr bald
fest, daß Pfeifenreihen mit so gearteten Durchmessermaßen erhebliche Unterschiede in der
Klangfarbe und Eigenschaft zwischen Baß und Diskant aufwiesen: Der Diskant wurde im
Verhältnis zum Baß zu scharf und mager. Kleine und kleinste Pfeifen ließen sich in dieser
Mensur auch nicht mehr herstellen (s. fallender Mensurverlauf F, Tabelle, S. 91).
Da nun eine Durchmesserverlaufsmensur mit dem Mensurverhältnis 1 : 2 nach dem Diskant
hin die Pfeifen zu eng, andererseits ein Verlauf mit dem Verhältnis 1 : 1 die Pfeifen zum
Diskant hin zu weit werden läßt, mußte man nach anderen Progressionen der Durchmesser-

[45]) Theoretisch-physikalisch würden die so mensurierten Pfeifen schall-homogen klingen, d. h. ein
völlig einheitliches Schallgefüge hinsichtlich Anzahl, Gruppierung und Amplituden ihrer Teiltöne aufweisen. Aus physiologischen Gründen jedoch empfindet unser Ohr diese Pfeifenklänge eben nicht als
klanglich homogen.

maße mit einem Mensurverhältnis suchen, das zwischen 1 : 2 und 1 : 1 liegt. Die Alten fanden dafür mehrere Möglichkeiten, die sie als besonderes Geheimnis hüteten und das sich auf bestimmten Zahlenverhältnissen aufbaute. Darauf soll später noch eingegangen werden.

Wissenschaftlich wurden die Verlaufsmensuren erstmalig von Prof. *Töpfer*[46]) (1855) untersucht, der einen Verlauf der Querschnittsmaße mit dem Mensurverhältnis von $1 : \sqrt{8} = 1 : 2,828$[47]) errechnete und bei Versuchen mit dieser Maßreihe feststellte, daß nun alle Pfeifen eines Registers ungefähr denselben Klangcharakter haben, also demnach alle gleichartig in der Weitenmensur proportioniert sind.

Töpfer ging bei seinen Berechnungen von den Pfeifenquerschnitten aus, die im Gegensatz zu den eindimensionalen Längen, Durchmessern und Umfängen zweidimensionale Flächen sind. Die Querschnitte wachsen deswegen im Quadrat zu den entsprechenden Durchmessern an. – Ist z. B. das Mensurverhältnis der Durchmesser 1 : 2, so heißt das entsprechende Verhältnis der Querschnitte $1^2 : 2^2 = 1 : 4$. – Umgekehrt muß man aus einem Querschnittsverhältnis die Wurzel gezogen werden, um das entsprechende (eindimensionale) Durchmesserverhältnis zu erhalten: Dem Mensurverhältnis der Querschnitte von $1 : \sqrt{8}$ entspricht das der Durchmesser von $\sqrt{1 : \sqrt{8}} = 1 : \sqrt[4]{8} = 1 : 1,682$.

Bei diesem Mensurverhältnis der Querschnitte verhalten sich also die Querschnittsflächen von Pfeifen in Oktavabstand wie $1 : \sqrt{8}$ (= 1 : 2,828) und die Durchmesser bzw. die Umfänge wie $1 : \sqrt[4]{8}$ (= 1 : 1,682). Bei einer solchen Verlaufsmensur sehen die Pfeifen gegenüber ihrer Länge nach dem Baß zu zwar relativ schlanker und nach dem Diskant zu relativ dicker aus.[48]) Doch gerade dadurch behalten sie gehörsmäßig denselben Klangcharakter, was bedeutet, daß ihre Weitenmensuren nun die ganze Pfeifenreihe hindurch doch völlig gleichartig bleiben.

Übrigens fällt bei dieser Verlaufsmensur der doppelte Durchmesser auf den 17. Halbton (große Dezime) nach unten, wogegen die doppelte Körperlänge bekanntlich auf den 13. Halbton (Oktave) fällt. – Doch hat Töpfer noch andere Mensurverhältnisse angegeben, bei denen der doppelte Durchmesser z. B. auf den 16. Halbton (Mensurverhältnis $1 : \sqrt{3}$), auf den 18. ($1 : \sqrt{2,67}$) und 19. Halbton ($1 : \sqrt{2,5}$) fällt. Hierbei jedoch ändert sich etwas die allgemeine Weitenmensur im Verlauf der Pfeifenreihe.

Es folgt jetzt eine Tabelle über einige Maße von Prinzipalpfeifen, deren Durchmesser entsprechend dem Mensurverhältnis von $1 : \sqrt[4]{8}$ anwachsen, die Labiumbreiten alle $^1/_4$ des

---

46) Siehe Fußnote 34, S. 75.

47) sprich: eins zu Wurzel aus 8.
Es handelt sich hier um das geometrische Mittel aus den Mensurverhältnissen 1 : 2 und 1 : 4.

$$\sqrt{\frac{1}{2} \cdot \frac{1}{4}} = \sqrt{\frac{1}{8}} = \frac{1}{\sqrt{8}} \text{ oder } 1 : \sqrt{8}$$

48) Das heißt, daß sich das Zahlenverhältnis von Durchmesser zu Länge bei allen Pfeifen fortlaufend etwas ändert. Diese „*relative Weite*" ist in der untersten Zeile der folgenden Mensurtabelle angegeben. Beträgt das Verhältnis bei der Pfeife C wie 1 : 20, so ändert es sich laufend und beträgt z. B. bei der Pfeife c^3 nun 1 : 8. – Rechnerisch ergeben sich diese fortlaufenden Veränderungen der „relativen Weite" aus dem Unterschied zwischen dem Mensurverhältnis der Körperlängen von 1 : 2 und dem der Durchmesser von $1 : \sqrt[4]{8}$ für dieselben Pfeifen.

Umfangs (der Plattenbreite) und die Aufschnitthöhen $^1/_4$ der Labiumbreiten betragen. Diese Mensurenreihe beginnt mit einem Durchmesser der C-Pfeife von 155,5 mm, was einer mittleren Weitenmensur entspricht.[49]) Ein mit solchen Maßen gebautes Prinzipal wird *Normprinzipal* genannt, weil dessen Maße mit seiner gleichbleibenden mittleren Mensur für alle Pfeifen eine gute Vergleichsgrundlage (Norm) für weiter bzw. enger mensurierte Register abgibt (s. später). Diese Maße werden auch mit *Normalmensuren,* abgekürzt *NM,* bezeichnet.

Mensurtabelle des Prinzipals (Normprinzipal)
nach dem Querschnittsmensurverhältnis $1 : \sqrt{8}$

Tonhöhe	$C_1 = 16'$	$C_0 = 8'$	$c^0 = 4'$	$c^1 = 2'$	$c^2 = 1'$	$c^3 = ^1/_2{}'$
theoret. Körperlänge	5267	2634	1317	658	329	165 mm
Umfang	821,9	488,7	290,4	172,5	102,5	60,7 mm
Durchmesser	261,5	*155,5*	92,4	54,9	32,6	19,3 mm
Labiumbreite = $^1/_4$ des Umfangs	205,4	122,1	72,6	43,2	25,7	15,2 mm
Aufschnitthöhe = $^1/_4$ der Labiumbreite	51,4	30,5	18,2	10,8	6,4	3,8 mm
Verhältnis von Durchmesser zu Länge etwa (relative Weite)	1:20	1:17	1:14	1:12	1:10	1:8

Dazu hier noch eine genaue Tabelle der Durchmesser entsprechend den obigen Maßen, aus denen alle anderen Parametermaße errechnet werden können.

Durchmessermensuren des Normprinzipals
in mm (nach *Mahrenholz*)

	$16'$	$8'$	$4'$	$2'$	$1'$	$^1/_2{}'$	$^1/_4{}'$	$^1/_8{}'$	$^1/_{16}{}'$
C	261,5	155,5	92,4	54,9	32,6	19,3	11,5	6,8	4,0
Cis	250,4	148,9	88,5	52,6	31,3	18,6	11,0	6,5	3,9
D	239,8	142,6	84,7	50,4	29,9	17,8	10,5	6,3	3,7
Dis	229,6	136,5	81,1	48,2	28,7	16,9	10,1	6,0	3,6
E	219,9	130,7	77,7	46,2	27,4	16,3	9,7	5,7	3,4
F	210,6	125,2	74,4	44,2	26,3	15,6	9,3	5,5	3,3
Fis	201,6	119,9	71,3	42,3	25,2	14,9	8,8	5,2	3,1
G	193,1	114,8	68,2	40,5	24,1	14,3	8,5	5,0	3,0
Gis	184,9	109,9	65,3	38,8	23,1	13,7	8,1	4,8	2,8
A	177,1	105,3	62,6	37,2	22,1	13,1	7,8	4,6	2,7
B	169,5	100,8	59,9	35,6	21,1	12,6	7,4	4,4	2,6
H	162,7	96,5	57,4	34,1	20,2	12,0	7,1	4,2	2,5

[49]) Dieser Durchmesser wurde 1927 vom *Deutschen Orgelrat* als Norm gewählt und entspricht genau dem Durchmesser der Prinzipal-C-Pfeife von *Dom Bédos* (franz. Orgelbauer 1709–1779).

Vielfach wird statt von Durchmessermaßen auch von „Weiten" gesprochen, weil die „lichte Weite" einer Pfeife mit ihrem Durchmesser identisch ist. Doch sollte der Ausdruck „Weite" bzw. Weitenmensur nur im Sinne der klangbestimmenden Proportionsmensur (s. o.) benutzt werden, um Verwechslungen zu vermeiden: Die Weitenmensur wird für alle Pfeifen eines Registers nur im allgemeinen ziemlich gleichartig gewählt, wogegen sich die Durchmesser als absolute Zahlenmaße – wie die Tabelle zeigt – von Pfeife zu Pfeife entsprechend der Tonskala ändern müssen. – Die Orgelbauer rechnen allerdings kaum mit Durchmessern, sondern mit „Plattenbreiten", also den Umfängen, wie sie aus den gegossenen Zinntafeln für die Herstellung der Pfeifen geschnitten werden müssen. Die Plattenbreiten sind meist auch auf den Mensurtafeln aufgezeichnet, selten die Durchmesser.

Nach den eben angegebenen Durchmessermaßen können nicht nur Prinzipale gebaut werden, sondern auch Register mit gedeckten und halbgedeckten, auch konischen Pfeifen; ebenso wie Register, deren Pfeifen *alle enger* bzw. *weiter* mensuriert sind als das oben angegebene Prinzipal. In solchen Fällen geht man von einem anderen Durchmesser für die C-Pfeife (statt 155,5 mm) aus.

Für *Holzpfeifen* gelten diese Maße ebenfalls, nur müssen sie entsprechend ihrem rechteckigen Querschnitt umgerechnet werden. Denn sie haben dann die gleiche Weitenmensur, wenn ihre Querschnitte (= Breite $\times$ Tiefe) gleich groß wie die kreisförmigen Querschnitte der Metallpfeifen sind. Wie das gemacht wird, wurde auf S. 44 erklärt.

Bei den *gedeckten* Pfeifen gelten diese Maße nicht für ihre Länge, sondern für die Tonhöhe (wie auch bei den konischen Pfeifen). Das heißt, der Normaldurchmesser kann bei einer gedeckten Pfeife ebenfalls 155,5 mm betragen, auch wenn ihre Körperlänge nur halb so groß ist wie die der offenen zylindrischen Prinzipalpfeifen mit Ton C.

Die Verlaufsmensur der Querschnitte mit dem Mensurverhältnis $1 : \sqrt{8}$ hat aber den Nachteil, daß eine Orgel mit nur so mensurierten Registern zu einförmig klingt und daher für polyphones Spiel wenig geeignet ist. Denn durch die in jeder Tonhöhe völlig gleichbleibende Klangfarbe, -stärke und -eigenschaft aller Pfeifen eines Registers heben sich die einzelnen Stimmen nicht genügend voneinander ab. Das finden wir noch bei vielen Orgeln des 19. Jahrhunderts und später, deren Pfeifenmaße zum großen Teil nur nach dem Querschnittsverhältnis $1 : \sqrt{8}$ entwickelt wurden.

Um diesen Nachteil zu beseitigen, werden in einer modernen Orgel – wie auch schon in und vor der Barockzeit – viele Register mit anderen Verlaufsmensuren gebaut. Bei ihnen ist das Querschnittsverhältnis im Oktavabstand nicht wie $1 : \sqrt{8}$ (d. h. 1 : 2,83), sondern ein anderes: z. B. 1 : 2,5 oder $3^2 : 5^2$ [50]) oder noch anders.

Dadurch treten geringe Schwankungen der Klangeigenschaften auf, weil sich die Weitenmensuren der einzelnen Pfeifen bei diesen Querschnittsverläufen geringfügig ändern (verschiedene „Bemerkbarkeit"). So ist z. B. der Baß schärfer im Klang (engere Mensur), der Diskant dagegen voller (weitere Mensur), oder auch umgekehrt u. a. m. Durch bestimmte Änderungen der Labiumbreiten und Aufschnitthöhen kann jedoch die Klangfarbe solcher Register in allen Tonhöhen trotzdem ziemlich gleichartig gestaltet werden. – Noch feinere Differenzierungen der Register untereinander lassen sich durch variable Verlaufsmensuren erreichen, die kein gleichbleibendes Mensurverhältnis von Oktave zu Oktave aufweisen. Doch darüber später mehr.

[50]) Das Durchmessermensurverhältnis 3 : 5 (= 1 : 1,67) wurde schon in der Barockzeit oft angewandt und ist dem Mensurverhältnis $1 : \sqrt[4]{8}$ (= 1 : 1,68) sehr ähnlich.

3.14.4. Die Bestimmung der Weitenmensur

Bisher wurde von der Weitenmensur immer nur angegeben, ob sie eng, mittel oder weit sei, was wohl für eine grobe Bestimmung des Klangcharakters der Pfeifen ausreichend war. Doch ist es möglich, über die Art einer Mensur präzisere Angaben zu machen, wenn man als Vergleichsgrundlage eine Verlaufsmensur der Durchmesser wählt, die für alle Pfeifen gleichbleibenden Klangcharakter und damit gleichbleibende Weitenmensuren gewährleistet, die selbst klanglich etwa in der Mitte zwischen weiten (füllebetonenden) und engen (schärfenden) Mensuren liegt.

Eine solche Mensurenreihe ist auf S. 84 angegeben, deren Maße als Norm gewählt wurden und deswegen als *Normalmaß (NM)* des *Normprinzipals* den Maßstab für eine gleichmäßige mittlere Weitenmensurierung abgibt. Deren Durchmessermaße entwickeln sich – ausgehend von einem Durchmesser der C-Pfeife mit 155,5 mm – nach dem (konstanten) Mensurverhältnis $1 : \sqrt[4]{8}$, wodurch bei gleichbleibender Labiumgestaltung alle Pfeifen völlig gleichen Klangcharakter aufweisen.

Durch den Vergleich mit den Maßzahlen des Normprinzipals läßt sich genau feststellen, um wieviel (in Halbtonschritten ausgedrückt) die Mensur eines Registers weiter oder enger ist als die des Normprinzipals.

Die Pfeife c^1 des Normprinzipals hat einen Durchmesser von 54,9 mm. Ein Register, wie z. B. eine Flöte, dessen c^1-Pfeife den Durchmesser von vielleicht 68,2 mm hat, ist also weiter mensuriert. Dieser Durchmesser von 68,2 mm entspricht nun dem Durchmesser der Pfeife g^0 des Normprinzipals (s. Tabelle, S. 84). g^0 liegt von c^1 genau 5 Halbtöne entfernt. Damit haben wir die genaue Mensurbestimmung dieser Flöte beim Ton c^1: Diese Pfeife ist um 5 *Halbtöne* weiter mensuriert (abgekürzt $+ 5$ HT) als die entsprechende Pfeife beim Normprinzipal. Wenn nun die Durchmesser dieses Registers Flöte sich alle nach dem Mensurverhältnis $1 : \sqrt[4]{8}$ wie beim Normprinzipal entwickeln, dann können wir sofort sagen, daß *alle* Pfeifen der Flöte um 5 HT weiter als normal mensuriert sind (s. o.).

Bei einer sehr eng mensurierten Gambe mit einem Durchmesserverlauf nach dem gleichen Mensurverhältnis $(1 : \sqrt[4]{8})$ hat die Pfeife c^1 vielleicht den Durchmesser von 40,5 mm $= g^1$ des Normprinzipals. g^1 liegt von c^1 7 Halbtöne entfernt. Also sind alle Pfeifen der Gambe – kurz gesagt – um 7 Halbtöne enger ($- 7$ HT) als die des Normprinzipals.

Natürlich gibt es auch Weitenmensuren, die zwischen den hier gewählten Beispielen liegen oder darüber noch hinausgehen: z. B. Aeoline (übereng) etwa $- 10$ bis $- 12$ HT, oder Nachthorn (überweit) etwa $+ 12$ bis 14 HT, oder Hohlflöte (weit) etwa $+ 6$ HT u. a. m.

Bei den Verlaufsmensuren der Durchmesser mit anderen Mensurverhältnissen wie $1 : \sqrt[4]{8}$ ändern sich die Weitenmensuren mehr oder minder stark im Verlauf der Pfeifenreihe (nur bei einem Durchmesserverlauf mit dem Mensurverhältnis $1 : \sqrt[4]{8}$ bleibt sie gleich). Wie schon erwähnt, sind dort die Pfeifen z. B. im Baß enger und im Diskant weiter mensuriert (steigender Mensurverlauf) o. ä. In solchen Fällen müßten wir eigentlich die Weite jeder einzelnen Pfeife durch einen Vergleich mit den Maßen des Normprinzipals bestimmen. In der Praxis aber kommt man damit aus, nur einige Pfeifen, z. B. alle C-Pfeifen, zu vergleichen, so daß wir möglicherweise folgende Weiten feststellen: Pfeife $C_0 = - 4$ HT; $c^0 = - 2$ HT; $c^1 = - 1$ HT; $c^2 = + 1$ HT und $c^3 = + 3$ HT, also kurz gesagt: von $- 4$ bis

+ 3 HT steigend ($<$). Daran schon können wir ohne weiteres sehen, daß es sich 1. um eine Durchmesserverlaufsmensur handelt, die sich nicht nach dem Mensurverhältnis $1 : \sqrt[4]{8}$ entwickelt und 2. welcherart der Verlauf der Weitenmensuren ist: von einem engen Baß übergehend in einen weiten Diskant. – Andere Mensurverhältnisse haben vielleicht folgende Maße: $C = -1$ HT; $c^1 = +4$ HT; $c^3 = -2$ HT (Baß eng, Mittellage weit, Diskant wieder enger: $<=>$).

Halbtonschwankungen von $+4$ bis -4 verändern nicht wesentlich den Klangcharakter und werden vom Ohr direkt kaum bemerkt; man sagt, daß solche Mensuren nicht das *Klangfeld* oder die *Klangfläche* verlassen. Darüber hinausgehende HT-Schwankungen der Weitenmensuren führen jedoch zu Klangfarbenänderungen, die beim changierenden Mensurverlauf (s. S. 80) schon besprochen wurden.

3.14.5. Die variablen Verlaufsmensuren

Bei den bisher angeführten Verlaufsmensuren der Durchmesser handelt es sich um *geometrische Reihen* (s. Fußnote 43, S. 81), deren Mensurverhältnisse wie $1 : \sqrt{2,5}$; $1 : \sqrt[4]{8}$; $3 : 5$ usf. in allen Tonlagen konstant (gleich) bleiben. Deswegen werden sie *konstante Verlaufsmensuren* genannt.

Im Gegensatz dazu stehen die *variablen Verlaufsmensuren*, deren Mensurverhältnisse in den einzelnen Tonlagen nicht konstant, sondern *variabel* (verschieden) gestaltet sind, was auf verschiedene Weise ermöglicht werden kann. Diese variablen Verlaufsmensuren der Durchmesser (auch der Labiumbreiten und Aufschnitthöhen) haben ein klanglich interessanteres und reizvolleres Ergebnis als die konstanten Verlaufsmensuren, bei denen die Weitenmensuren entweder in den verschiedenen Tonhöhen gleichbleiben oder sich lediglich laufend gleichmäßig ändern, indem sie zum Baß oder Diskant hin weiter oder enger werden. Bei den variablen Verlaufsmensuren jedoch können bestimmte Tonlagen der Pfeifenreihe durch dort weitere (Weiten)Mensuren in ihrem Volumen begünstigt werden – man spricht hier von einem *Mensurhochpunkt* –, andere Tonlagen dagegen können durch dort engere Mensurierung – *Mensurtiefpunkt* – bewußt zurückgenommen werden.

Die variablen Verlaufsmensuren, besonders der Durchmesser, sind mit eine der Hauptursachen des lebendigen und plastischen Klanges alter Orgeln, ganz besonders der norddeutschen Barockorgeln. Die Großmeister des 17. und 18. Jahrhunderts verfügten hier über Erfahrungen, die ihnen gestatteten, durch Variierung der Mensurverläufe für jedes einzelne Register nicht nur bei verschiedenen Orgeln, sondern auch innerhalb eines einzelnen Werkes den klanglichen Gegebenheiten des jeweiligen Raumes wie auch den Bedürfnissen des Gesamtklanges innerhalb des Werkes Rechnung zu tragen. Sie stützten sich hierbei meist weniger auf Zahlenverhältnisse, sondern entwickelten ihre Mensuren meist auf graphischem Wege, indem sie von einem Mensurdreieck (s. später) ausgingen, dessen „Kurve" sie um die auf empirischen Wege gefundenen Werte von Fall zu Fall änderten. Daß trotzdem auch Mensuren berechnet werden, geht daraus hervor, daß es gelungen ist, alte Mensurverläufe durch Nachrechnung zu rekonstruieren und ihr System zu erkennen. Jedoch hat man erst in neuester Zeit erkannt, daß gerade die kleinen Unregelmäßigkeiten im Verlauf alter Mensuren den Orgelklang beleben. Man wendet daher heute wieder Mensuren an, deren Aufbau aus alten Mensurverläufen abgeleitet ist.

Da übrigens die von uns heute als Maßstab und Vergleich angewandte Normalmensur von Töpfer erst in der Mitte des vorigen Jahrhunderts entwickelt wurde, war in den vorhergehenden Zeiten für die klangliche Beurteilung von Pfeifen allein das Gehör ausschlaggebend. Dieser Umstand führte zur Entwicklung einer großen Fülle von variablen Mensurierungsmöglichkeiten, die sich heute meist nur noch durch Nachmessen alter Pfeifenreihen nachweisen lassen. Einige dieser Möglichkeiten, die auch heute noch von Gültigkeit sind, sollen nachstehend erklärt werden.

Die Untersuchung mancher Durchmesserverlaufsmensuren aus der Barockzeit ergab nun Werte, deren Zustandekommen bis vor einigen Jahrzehnten völlig unklar war und deswegen auf mangelhafte Berechnungsmöglichkeiten der Alten oder sogar auf zahlenmystische Grundlagen zurückgeführt wurden. Erst *Mahrenholz* gelang es auf Grund genauer Untersuchungen besonders der von *Dom Bédos de Celles*[51]) angegebenen Mensuren, deren mathematisch-geometrische Berechnungsgrundlagen zu klären, die hochinteressant sind, im übrigen jetzt auch wieder oft angewandt werden.

Mahrenholz fand nämlich heraus, daß die Grundlage der Durchmessermensuren wohl ein Zahlenverlauf mit dem Mensurverhältnis von 1 : 2 – also entsprechend der Mensur der Körperlängen – bildete, die dadurch hervorgerufenen erheblichen Weitenmensurveränderungen (s. S. 82) der einzelnen Pfeifen solcher Reihe aber durch einen Festwert in etwa ausgeglichen wurden. Dieser *Festwert*, auch *Additionskonstante* genannt, früher oft mit *arcanum* (lat. Geheimnis) der Orgelbauer bezeichnet, ist eine kleine, für alle Pfeifen eines Registers meist völlig gleichbleibende (konstante) Zahl, um die alle nach dem Mensurverhältnis von 1 : 2 gefundenen Zahlenwerte, die jetzt mit *Beugewerten* bezeichnet werden, vergrößert (zuweilen auch verkleinert) werden. Die neuen Durchmesserwerte setzen sich dann aus den wechselnden Beugewerten *und* dem konstanten Festwert zusammen. Eine solche Verlaufsmensur wird *fest-variabel* genannt (nach *Mahrenholz*).

Dafür ein Beispiel:

Pfeife	C	c	c¹	c²	c³
Beugewerte (Mensurverhältnis 1:2)	160 (+ 0,5 HT)	80 (−3 HT)	40 (−7 HT)	20 (−11 HT.)	10 (−15 HT) mm
+ Festwert (10 mm)	+ 10	+ 10	+ 10	+ 10	+ 10
Durchmesser (Vgl. Töpfers NM)	170 (+ 2 HT)	90 (−0,5 HT)	50 (−2 HT)	30 (−2 HT)	20 (+1 HT) mm
	(155,5)	(92,4)	(54,9)	(32,6)	(19,3)

Nimmt man die Maßzahlen der Beugewerte (oberste Zeile) allein als Durchmesser (Mensurverhältnis 1 : 2), so wird die Weitenmensur zum Diskant hin immer enger (bei c³ = − 15 HT). Durch Addition mit dem konstanten Festwert von 10 mm ergeben sich neue Durchmessermaße, die nun nur noch geringe Schwankungen des Weitenmensurverlaufs ergeben (von + 2 HT über − 2 HT bis + 1 HT), also klanglich erheblich einheitlicher sind.

---

[51]) Siehe Fußnote 49, S. 84.

In der Praxis wurden die Zahlen in dieser Art aber nicht errechnet, sondern ergaben sich geometrisch durch die besondere Gestaltung einer *Mensurtafel*, auch *Mensurdreieck* genannt. Auf solch einer Mensurtafel sind alle Maße in normaler Größe aufgezeichnet und können so leicht vom Orgelbauer beim Zuschneiden der Pfeifen direkt abgegriffen werden. Eine solche Mensurtafel sei hier schematisch erklärt:

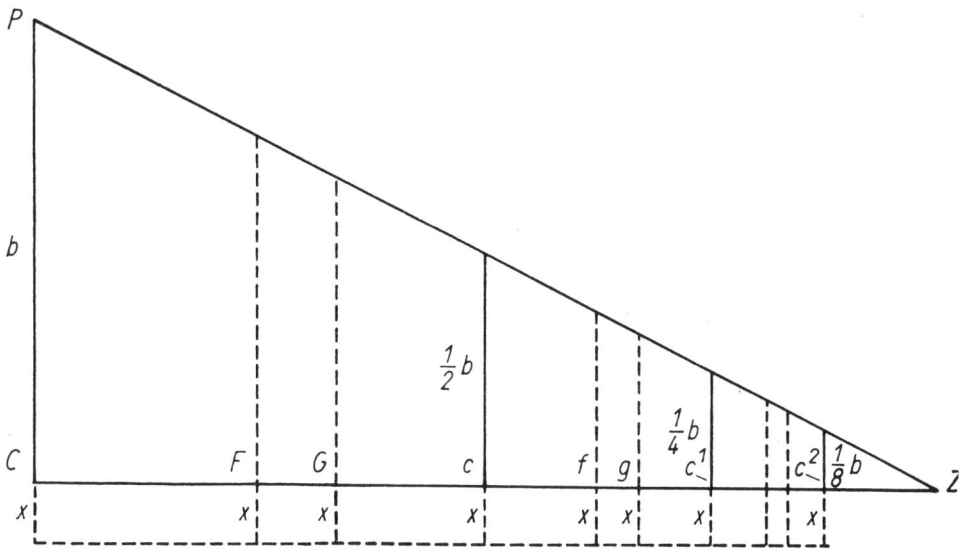

Abb. 17 Mensurtafel oder Mensurdreieck

b Beugewerte nach dem Mensurverhältnis 1 : 2   x Festwert   b + x = Durchmesser

Die Alten legten das Mensurdreieck so an, daß sie die waagerechte Grundlinie C–Z nach dem Mensurverhältnis 1 : 2 teilten und deswegen die Fußpunkte für die einzelnen Töne der Tonskala folgendermaßen fanden: C ist der Fußpunkt für den Ton C. Die Mitte der waagerechten Geraden C–Z (Abszisse) gibt den Fußpunkt für Ton c. Die Mitte von c–Z wird Ton c^1; und der Fußpunkt von c^2 liegt in der Mitte von c^1–Z (diese Einteilung entspricht den Pfeifenlängen: C–Z ist doppelt so lang wie die Strecke c–Z, die selbst wiederum doppelt so lang wie c^1–Z ist usf.). Die Fußpunkte der Töne F und G werden folgendermaßen bestimmt: $^3/_4$ von C–Z (bzw. c–Z, c^1–Z usf.) ergibt die Quarte F (f, f^1); und $^2/_3$ von C–Z (bzw. c–Z, c^1–Z usf.) ergibt den Fußpunkt der Quinte G (g, g^1). Die Fußpunkte der übrigen Intervalle lassen sich durch ähnliche Berechnungen finden, die hier im einzelnen aber nicht erklärt werden sollen.

Auf Fußpunkt C ist als senkrechte Strecke (Ordinate) der Beugewert b der Pfeife C aufgezeichnet. Verbindet man deren Endpunkt P in Form einer schräg verlaufenden Geraden mit Punkt Z, dann ergeben sich an deren Schnittpunkten mit den Ordinaten von c, c^1, c^2 dadurch die Beugewerte von c = $^1/_2$ b, c^1 = $^1/_4$ b und c^2 = $^1/_8$ b mit dem Mensurverhältnis von 1 : 2.

Wie oben erklärt, werden die Pfeifen bei einem solchen Verlauf der Beugewerte allein, sofern sie die Durchmessermaße darstellen sollen, zum Diskant hin zu eng (und damit klanglich zu scharf). Deswegen wird jedem Beugewert (b, $^1/_2$ b, $^1/_4$ b usf.) der Festwert x zuge-

fügt, dessen Größe innerhalb des Registers meist gleichbleibt. Die gesuchten Pfeifendurchmesser setzen sich nun aus den Beugewerten und dem Festwert x zusammen, also $C = b + x$; $c = \frac{1}{2} b + x$; $c^1 = \frac{1}{4} b + x$ usf. Ebenso lassen sich von den Fußpunkten der übrigen Töne der Tonskala (hier nur F und G eingezeichnet), die Maßzahlen der senkrechten Geraden (Ordinate) vom entsprechenden Fußpunkt bis zur Linie P–Z plus dem Festwert x direkt abmessen und ergeben dann die Durchmesser der entsprechenden Pfeifen.

Mit dieser Methode sind erstaunlich viele Möglichkeiten einer Verlaufsmensur gegeben: 1. können die Beugewerte auch nach einem anderen Mensurverhältnis als 1 : 2 (z. B. 1 : 1,5 oder 1 : $\sqrt[4]{8}$) gefunden werden, 2. kann die Größe des tiefsten Beugewertes (bei C) verschieden groß gewählt werden, ebenso wie 3. auch die Größe des Festwertes, 4. läßt sich der Festwert von den Beugewerten auch abziehen (subtrahieren), und 5. sind manchmal verschiedene Festwerte bei einem Register angewandt worden. – Auch heute noch werden viele Verlaufsmensuren der Durchmesser nach dieser Methode errechnet bzw. vom Mensurendreieck geometrisch abgemessen (Smets).

Eine andere Art der Durchmessermensurierung ist die *frei-variable* Verlaufsmensur, die entweder völlig frei – rein erfahrungsgemäß – gestaltet oder aus einfachen Zahlenverhältnissen ausgerechnet wird. Über diese Art der Mensurgestaltung soll später noch berichtet werden.

Hier sei auch noch die *gebrochene* Verlaufsmensur erwähnt, bei der der Verlauf der Durchmessermaße sich an irgendeiner Stelle der Pfeifenreihe ändert, um z. B. aus Platzersparnisgründen die großen Baßpfeifen eines weit mensurierten Registers nicht zu weit werden zu lassen.[52]

Diese vielfältigen variablen Verlaufsmensuren lassen sich so gestalten, daß bestimmte Tonhöhenlagen eines Registers durch dort weitere Mensuren hervorgehoben werden können, wogegen bei einem anderen Register vielleicht eine andere Tonhöhe bevorzugt wird. Das kann durch besondere Labiengestaltung noch unterstützt werden, allerdings auch ausgeglichen werden, falls stärkere Mensurabweichungen den klanglichen Ablauf einer Pfeifenreihe stören würden.

Die Norm ist zwar die, daß die *Labiumbreiten* bei einer Pfeifenreihe durchgehend die gleiche Labiummensur (Labiierung), also ein bestimmtes Maßverhältnis zum Umfang (Plattenbreite), erhalten (z. B. 1 : 4) und die *Aufschnitthöhen* ebenfalls zu den Labiumbreiten in einem gleichbleibenden Verhältnis stehen (z. B. $\frac{1}{4}$ der Labiumbreite). Doch lassen sich auch die Verlaufsmensuren der Labiumbreiten *variabel* gestalten, d. h., ihre Proportionsmensuren können im Verlauf einer Pfeifenreihe wechseln. So wählt man z. B. bei einem fallenden Mensurverlauf (mit weiten Mensuren im Baß) für die tiefsten Pfeifen als Labiumbreite vielleicht nur $\frac{1}{5}$ des Umfangs und läßt die Labiumbreiten allmählich zum Diskant hin, wo die Pfeifen enger in der Mensur werden, bis zu einem Viertel oder mehr des Umfangs ansteigen.

Ebenso kann es z. B. erforderlich sein, zur deutlicheren Tongebung weitmensurierter, aber schmal labiierter Baßpfeifen deren Aufschnitte niedriger als üblich zu halten, oder umgekehrt enge Bässe mit breitem Labium höher aufzuschneiden, um sie gegenüber den normal mensurierten und aufgeschnittenen weiteren Lagen des Registers nicht zu scharf werden zu lassen. Solche unabhängig voneinander verlaufenden variablen Verlaufsmensuren der

---

[52] Deswegen „gebrochen", weil die als Kurve oder Gerade graphisch darstellbare Verlaufsmensur dadurch einen Knick erhält und somit wie gebrochen aussieht.

Durchmesser, Labiumbreiten und Aufschnitthöhen zu gestalten, deren Ergebnis verschiedenartige Proportionen der Einzelpfeifen in Hinblick auf Weitenmensur, Labiumbreite und Aufschnitthöhe sind, ist – sofern das rechte klangliche Verhältnis zum Raum und zu den anderen Registern gefunden ist – die höchste Kunst der Mensurierung. Hierzu gibt es unzählige Möglichkeiten, die in diesem Buch jedoch nur angedeutet werden können.

3.14.6. Möglichkeiten der Mensurgestaltung

Nachdem bisher gezeigt wurde, in welcher Art sich die Verlaufsmensuren besonders der Durchmessermaße mit ihrer Auswirkung auf die Weitenmensur gestalten lassen, sei es in Form geometrischer Reihen, sei es in frei- oder fest-variabler Verlaufsform, sollen im folgenden noch einige Möglichkeiten und Grundsätze der Mensurgestaltung angedeutet werden.

Zusammenstellung einiger Verlaufsmensuren der Durchmesser[53]

Tonhöhe	C_0	c^0	c^1	c^2	c^3
theor. Körperlänge etwa	2600	1300	650	320	160 mm
Pfeifendurchmesser in mm					
A 1 : $\sqrt[4]{8}$ (0 HT)	155,5	92,4	54,9	32,6	19,3
B 1 : $\sqrt[4]{8}$ (+ 5 HT)	193,1	114,8	68,3	40,5	24,1
C 1 : $\sqrt[4]{8}$ (− 7 HT)	114,8	68,3	40,5	24,1	14,3
D 1 : $\sqrt{3}$	160,0	92,4	53,4	30,8	17,8
Weitenmensur:	+ 1 HT	0 HT	− 0,7 HT	− 1,4 HT	− 2 HT
E 1 : $\sqrt{2,56}$	142,6	89,1	55,7	34,8	21,8
Weitenmensur:	− 2 HT	− 0,8 HT	+ 0,3 HT	+ 1,5 HT	+ 2,7 HT
F 1 : 2 changierend	184,8	92,4	46,2	23,1	11,5
Weitenmensur:	+ 4 HT	0 HT	− 4 HT	− 8 HT	− 12 HT
G 1 : 2 (Beugewerte)	184,8	92,4	46,2	23,1	11,5
+ 10 mm Festwert	+ 10,0	+ 10,0	+ 10,0	+ 10,0	+ 10,0
	194,8	102,4	56,2	33,1	21,5
Weitenmensur:	+ 5 HT	+ 2,5 HT	+ 0,5 HT	+ 0,5 HT	+ 2 HT
H frei-variabel	148,9	81,1	50,4	30,6	16,9
Weitenmensur:	− 1 HT	− 3 HT	− 2 HT	− 1,5 HT	− 3 HT

Erklärung:

A   konstante Mensur mit mittlerer Weite (0 HT)

Mensurverhältnis der Durchmesser 1 : $\sqrt[4]{8}$ = Normprinzipal

[53] Die ebenso wichtige Labiierung und Aufschnittgestaltung sei hier außer acht gelassen.

B konstante Mensur mit großer Weite (weite Mensur + 5 HT)
  Mensurverhältnis der Durchmesser 1 : $\overset{4}{\sqrt{8}}$ = Flöte

C konstante Mensur mit geringer Weite (enge Mensur — 7 HT)
  Mensurverhältnis der Durchmesser 1 : $\overset{4}{\sqrt{8}}$ = Gambe

D konstante Mensur mit fallendem Verlauf (+ 1 HT bis — 2 HT)
  Mensurverhältnis der Durchmesser 1 : $\sqrt{3}$ = Prinzipal

E konstante Mensur mit steigendem Verlauf (— 2 HT bis + 2,7 HT)
  Mensurverhältnis der Durchmesser 1 : $\sqrt{2,56}$ = Gedackt

F konstante Mensur mit changierendem Verlauf (+ 4 HT bis — 12 HT)
  Mensurverhältnis der Durchmesser 1 : 2 (verläßt das Klangfeld)

G fest-variable Mensur (fallend/steigend)
  Beugewertverhältnis 1 : 2 + Festwert von 10 mm

H frei-variable Mensur (fallend/steigend/fallend)
  kein festes Mensurverhältnis = Prinzipal

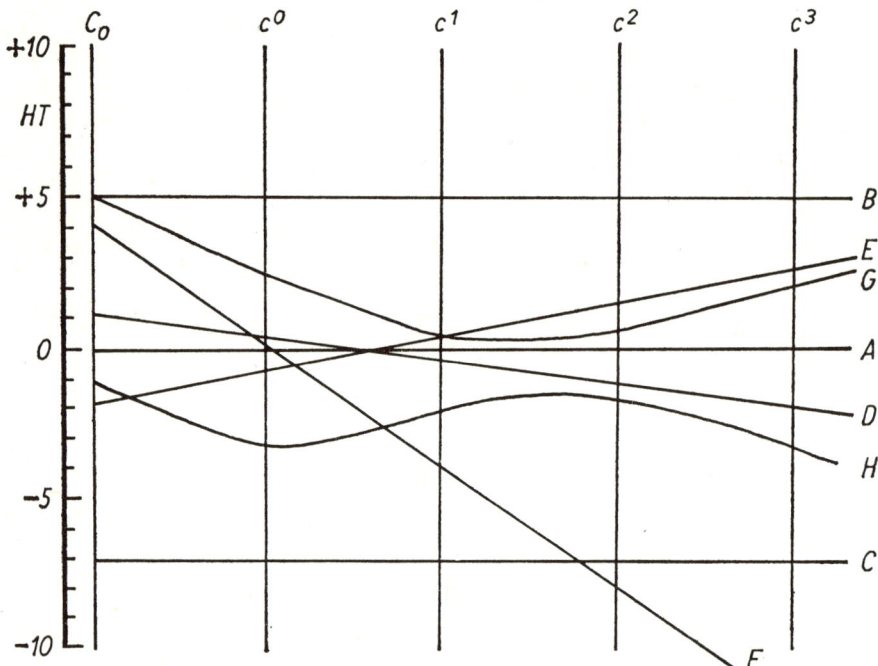

Abb. 18 Mensurdiagramm nach *Klotz* (Verlaufsbild der Weitenmensuren)

Die graphische Aufzeichnung dieser Mensuren in einem *Mensurdiagramm nach Klotz* (Abb. 18) zeigt anschaulich, wie sich die Weitenmensuren bei verschiedenen Durchmesserverlaufsmensuren ändern können. *Klotz* wählte dazu ein Maßsystem, in dem die Pfeifenweiten des Normprinzipals als Vergleichsgrundlage die waagerechte Nullinie bilden (A). Über ihr sind die HT-Werte größerer Pfeifenweiten, nach unten die der kleineren Weiten eingetragen.

Man sieht deutlich, wie nur die Verlaufsmensuren der Durchmesser mit dem Mensurverhältnis 1 : $\sqrt[4]{8}$ in allen Tonhöhen eine gleichbleibende Weitenmensur aufweisen, hier als waagerecht verlaufenden Gerade (A, B, C) sichtbar. Die konstanten anderen Verlaufsmensuren zeigen sich als schräg verlaufende Gerade (D, E, F), während die variablen Verlaufsmensuren (G, H) hier kurvenmäßig verlaufen, sogenannte *Kurvenmensuren*[54].

Auch gibt das Mensurdiagramm die Erklärung für den Ausdruck „*fallender*" oder „*steigender*" Mensurverlauf der Weiten (s. S. 80), da bei einem fallenden Mensurverlauf ($>$) die Kurve oder Gerade von links nach rechts unten abfällt (s. Mensur D), wogegen sie bei einem steigenden Mensurverlauf ($<$, s. Mensur E) ansteigt.

Die sichtbare Aufzeichnung des Verlaufs der Pfeifenweiten im Vergleich mit den gleichbleibenden mittleren Mensuren des Normprinzipals auf einem solchen Mensurdiagramm gibt den besten Aufschluß über die Mensurgestaltung einer Pfeifenreihe. Denn ob eine Pfeifenreihe in sich gleich weit mensuriert ist oder in bestimmten Tonlagen weitere bzw. engere Mensuren aufweist, ist entscheidend für den Klangcharakter der einzelnen Pfeifen im Rahmen des ganzen Registers.

Der Orgelbauer braucht zusätzlich noch zur Pfeifenherstellung die echten Maße der Durchmesser bzw. der Umfänge, also die Plattenbreiten, deren Größenverlauf auf einer Mensurtafel oder einem Mensurstab (s. S. 75) wohl gut sichtbar ist, aber nur schwierig mit den sogenannten Normalmaßen verglichen werden kann.

Auf dem Klotzschen Mensurdiagramm sind auch die *Hochpunkte* bzw. *Tiefpunkte* einer Mensur gut zu erkennen. Hochpunkte (Maxima) mit der größten Tragfähigkeit und Fülle der dort klingenden Pfeifen sind die Tonlagen der Pfeifenreihe, an denen die Weitenmensur am größten ist, z. B. beim Mensurverlauf H in Höhe des Tones g^1. An den Tiefpunkten (Minima) des Mensurverlaufs dagegen weisen die dortigen Pfeifen die engste Mensur innerhalb der Reihe auf, z. B. Mensurverlauf G bei f^1.

Ob und wie beim Entwerfen von Mensuren Hoch- bzw. Tiefpunkte zu gestalten sind, hängt weitgehend vom Geschmack und von der Erfahrung des Orgelbauers ab, ein ihm vorschwebendes Klangbild in Hinblick auf Raumakustik und Disposition zu realisieren. Allgemein kann gesagt werden, daß die altfranzösische Schule (Dom Bédos) gern von der Mensurierung mit Hoch- und Tiefpunkten Gebrauch machte. Diese finden sich auch innerhalb der Prinzipalgruppe, wo z. B. das c^3 des Prinzipals 8' eine andere Mensur aufweist als das c^2 der Oktave 4' und wieder eine andere wie beim c^1 der Superoktave 2'. Im Verein mit den ebenfalls abweichenden Mensuren der Mixturen ergibt sich hierdurch ein besonderer Klangaufbau, der sich klangverstärkend bemerkbar macht, jedoch kein absolutes Verschmelzen der Prinzipalreihen im Plenum zuläßt. – Die klassische italienische Schule verwendet da-

---

[54] Der Ausdruck „Kurvenmensuren" ist umstritten, weil sich ein Mensurverlauf manchmal nur bei diesem Koordinatensystem als Kurve darstellt. Bei einem anderen Koordinatensystem mit anders gewählten Fußpunkten und den Durchmessermaßen als Ordinate (s. Mensurtafel, S. 89) entspricht z. B. der oben kurvenmäßig erscheinende Mensurverlauf G einer Geraden (P-Z auf S. 89). – Doch handelt es sich dabei um zwei verschiedene Arten von Mensurverläufen: Die Geraden oder Kurven in einer Mensurtafel machen nur den Verlauf der Durchmessermaße oder anderer Pfeifenparameter sichtbar, während es sich bei den Geraden oder Kurven in einem Mensurdiagramm um den sichtbaren Verlauf der klangbestimmenden Weitenmensur handelt.

gegen völlig parallel verlaufende Mensuren innerhalb des Prinzipalchores und erreicht hierdurch einen ruhigen strahlenden Silberklang, der das Charakteristikum der klassischen italienischen Schule darstellt. – So hat z. B. Gottfried Silbermann als Schüler seines nach dem altfranzösischen Orgelbau orientierten Bruders Andreas zunächst noch sich überschneidende Hoch- und Tiefpunkte bei seinen Prinzipalmensuren angewandt; bei seinen späteren Werken ist er dann zu „Parallelmensuren" übergegangen.

Die richtige Anlage von Hoch- und Tiefpunkten hängt also von der richtigen Analyse der Raumakustik und ihrer „Ergänzung" durch die Disposition ab, um einen bestimmten Klangaufbau zu gestalten. Dies erfordert höchste Erfahrung des Orgelbauers und sollte grundsätzlich ihm allein vorbehalten sein.

Auch zeigen sich zwischen den einzelnen Registergruppen Mensurierungsunterschiede, die hier kurz angedeutet werden sollen: *Eng* mensurierte Register erhalten gern einen *fallenden Mensurverlauf,* bei dem die Pfeifenweiten nach dem Diskant zu abnehmen (s. Mensur D und H). Denn diese obertönig klingenden Register sollen in der Höhe nicht zu aufdringlich wirken, weshalb dort ihre Fülle und Tragkraft durch engere Mensurgestaltung vermindert werden. Dagegen wählt man für die *Weitchorregister* (z. B. Gedackte) oft einen *steigenden Mensurverlauf* mit allmählichem Anstieg der Weitenmensur nach dem Diskant zu (s. Mensur E). Die hohen Lagen dieser Register erhalten dann mehr Volumen und bilden daher dann ein entsprechendes „Gegengewicht" zu den an sich schon lauter wirkenden Mixturen.

Zur Erzeugung eines gesunden und ausgeglichenen Gesamtklangs wird man daher bestrebt sein, der Baßlage eine gewisse Klarheit durch richtige Dosierung ihrer Obertöne zu geben, während man dagegen in den Diskantlagen die Bildung natürlicher Obertöne etwas drosseln wird, um den Gesamtklang nicht aufdringlich werden zu lassen.

Die Weitenmensur von Registern mit gleichen Namen und Klangfarben wird dazu auch nicht immer gleichartig gewählt, sondern richtet sich nach der *Größe des Raumes,* in dem die Orgel steht. So müssen in großen Räumen die Mensuren bei allen Registern weiter genommen werden als in kleinen, damit ihr Klang voller und tragfähiger wird und somit den Raum genügend ausfüllt. Umgekehrt muß bei einer Hausorgel z. B. ein Register mit Prinzipalklang so eng mensuriert werden wie ein Salizional (– 8 HT) in einer großen Kirche. Die Weite des Normprinzipals ist deshalb nur als relativer Anhaltswert (Richtschnur) für mittelgroße Räume (Kirchen) zu betrachten.

Auch die besonderen *akustischen Verhältnisse* eines Raumes müssen durch die Mensurierung berücksichtigt werden (vgl. S. 38). Begünstigt z. B. ein Kirchenraum die tiefen Frequenzen, so wird der Orgelbauer für die Baßlagen engere Mensuren wählen. Im umgekehrten Fall muß die Mensurgestaltung nach dem Diskant zu enger werden, wodurch sich die akustisch bedingte Begünstigung der hohen Frequenzen ausgleichen läßt.

Hier sei zusammenfassend darauf hingewiesen, daß es bei der *Mensurierung* in erster Linie auf die richtige Wahl der den Klangcharakter bestimmenden Weitenmensuren (den „eigentlichen" Mensuren im Orgelbau!) ankommt, sowohl der Register – dem Raum und ihrer Funktion entsprechend – zueinander als auch der Pfeifen innerhalb eines Registers; entweder fortlaufend gleich weit (bzw. eng) mensuriert oder mit wechselnden Mensuren zur Betonung oder Zurücknahme bestimmter Tonlagen. Die Festlegung der einzelnen Durchmessermaße und die Art ihrer Verlaufsmensur ist dann lediglich ein sekundärer Vorgang, um überhaupt die Pfeifen (ihren Tonhöhen gemäß) mit den gewünschten Weitenmensuren herstellen zu können.

Ebenso steht primär die gewünschte klangbestimmende – bei einer Pfeifenreihe jedoch nicht immer völlig gleichbleibende – Mensur der Labiumbreiten (im Verhältnis zu den Umfängen) im Vordergrund; genauso wie die der Aufschnitthöhen, Kernspaltenweiten usf. Erst sekundär werden dann auf Grund dieser Proportionsmensuren die Maßzahlen für die Pfeifenherstellung errechnet.

Das Wesentliche bei der Mensurierung ist demnach die Gestaltung einer Pfeife und – ihr in etwa entsprechend – aller Pfeifen eines Registers in ihren Proportionen, also mit den klangbestimmenden Mensuren der Weite, Labiumbreiten usf. Um das nicht für jede Pfeife der Reihe einzeln festlegen und ausrechnen zu müssen, bedient man sich der Verlaufsmensuren für die einzelnen Pfeifenparameter, deren Verlauf, oft gekennzeichnet durch das Mensurverhältnis, dafür sorgt, daß die Proportionen aller Pfeifen in etwa denen jener Pfeife gleichen, von der man bei der Mensurierung ausgeht.

Aus all dem ist zu ersehen, wie vielfältig die Pfeifen – ganz abgesehen von ihrer vielgestaltigen Bauform und ihrer Intonation – allein schon durch die Art der Mensurierung – klanglich beeinflußt werden können. Feine Mensurunterschiede, die – sofern nicht das Klangfeld verlassen wird – vom Ohr selbst direkt nicht einmal bemerkt werden können, gestalten den Orgelklang jedoch durch verschieden große Bemerkbarkeit einzelner Register, aber auch einzelner Tonlagen innerhalb der Register, lebendiger und plastischer. Die richtige Gestaltung der Mensuren ist deswegen eine besondere Kunst, die sich auf Grund jahrhundertelanger Erfahrung ausbildete und deren Grundlagen deswegen hier recht eingehend behandelt wurden.

3.14.7.   Die Herstellung von Verlaufsmensuren

Nach diesen Betrachtungen über die Art der Mensuren und der Mensurierung ist noch kurz aufzuzeigen, *wie* die Orgelbauer ihre Verlaufsmensuren herstellen, um nach ihnen die Pfeifen selbst herzustellen oder sie durch die Pfeifenmacher[55] anfertigen zu lassen.

Die Verlaufsmensuren werden, wie früher schon erwähnt, mit allen ihren Einzelmaßen meist auf *Mensurtafeln* (s. S. 75) oder auf *Mensurstäben* aus Holz bzw. aus Zinn (in Form eines Zinnstreifens) aufgetragen. Nur selten bedienen sich die Orgelbauer der Mensurtabellen. Von den Mensurstäben oder -tafeln können die gesuchten Parametermaße mit dem Zirkel direkt abgegriffen werden.

Die am meisten interessierenden Pfeifenmaße sind die der Längen und Plattenbreiten, wogegen die Durchmessermaße für den Orgelbauer weniger wichtig sind. Sie haben lediglich eine Bedeutung für die Kerne und die Einteilung der Pfeifenaufstellung auf den Windladen oder im Prospekt. Hierfür benutzen die Orgelbauer eine Reihe von Scheiben, die den Einzelquerschnitten der Pfeifen eines ganzen Registers entsprechen und – nebeneinander gelegt – die benötigte Grundfläche für die Pfeifen aufzeigen.

Es wurde schon erklärt, wie die Alten ihre Verlaufsmensuren der Durchmesser gestalteten, wobei die von *Don Bédos* angegebene Art (s. S. 89) manchmal auch heute noch angewandt wird (z. B. Mensurtabellen von *Töpfer-Smets*), ebenso – jedoch nur noch selten – konstante Verlaufsmensuren nach *Töpfer*. Einige Orgelbauer haben schon bestimmte Verlaufsmen-

---

[55] Es gibt Firmen, die sich nur auf die Pfeifenherstellung nach angegebenen Maßen der Orgelbauer spezialisiert haben.

suren für gewisse Register von ihren Vorgängern oder während der Ausbildungszeit von ihren Meistern erhalten. Viele nehmen dazu noch jede Gelegenheit wahr, bei guten Orgeln, auch alten Meisterorgeln, die Mensuren abzunehmen, und legen sich von diesen Maßen Mensurstäbe oder -tabellen an, nachdem sie die klangliche Auswirkung dieser Mensuren kennengelernt haben. Entsprechen solche Mensuren ihrem klanglichen Geschmack oder den akustischen Verhältnissen nicht immer ganz, dann lassen sich an den aufgezeichneten Maßen leichte Veränderungen der Abstufungen vornehmen, bis die Verlaufsmensur ihren klanglichen Vorstellungen entspricht. Dies alles könnte man mit „empirische" Art der Mensurgestaltung bezeichnen.

Der an sich beste, auch von vielen Orgelbauern beschrittene Weg der „planenden" Art der Mensurgestaltung ist der, sich zuerst ein Mensurdiagramm (s. S. 92) anzulegen. Auf einem solchen Diagramm ist am besten darzustellen, welche Weitenmensuren eine Pfeifenreihe erhalten soll, ob sie in sich gleich weit mensuriert sein kann oder in bestimmten Tonlagen weitere oder engere Mensuren aufweisen muß, wo Hoch- oder Tiefpunkte liegen können und wie sich die Weitenmensuren verschiedener Register voneinander unterscheiden sollen.

Bei diesem Verfahren genügt es, die im Mensurdiagramm sich zeigenden, von der Töpferschen Normalmensur (NM) abweichenden Halbtonschritte (± HT) bei allen c und fis festzulegen und deren Maßzahlen von der Mensurtabelle des Normprinzipals (s. S. 84) abzulesen. Die so erhaltenen Durchmesser bzw. besser Umfänge für alle c und fis der geplanten Pfeifenreihe werden nun als senkrecht stehende Ordinaten graphisch auf einer Mensurtafel im Maßstab 1 : 1 eingezeichnet und ihre oberen Endpunkte mittels einer Kurve miteinander verbunden, nachdem vorher auf der waagerechten Grundlinie die Fußpunkte aller Töne chromatisch in gleichmäßigem Abstand aufgezeichnet wurden. Die Länge der von den Tonfußpunkten senkrecht nach oben errichteten Höhen ergibt, von der Grundlinie bis zu der gezeichneten Kurve reichend, die Größe der übrigen Plattenbreiten, die sich nun leicht von der Mensurtafel für die Pfeifenherstellung abgreifen lassen.

An sich kann man bei der Gestaltung der *Labiumbreiten,* also der Herstellung ihrer Verlaufsmensur, ähnlich wie eben bei den Plattenbreiten beschrieben, vorgehen. In der Praxis wird jedoch dazu meist eine dreieckige *Labiiertafel* oder *-lade* zum Aufreißen der Labien benutzt, mit der sich die Mitte der jeweils eingeschobenen Pfeifenplatten verschiedener Größen leicht bestimmen und von dort aus die jeweiligen Labiumbreiten markieren lassen. – Das Anreißen der meist in einem bestimmten Verhältnis zur Labiumbreite stehenden Aufschnitthöhen nimmt später der Intonateur mit einem *Proportional-* oder *Reduktionszirkel* vor.

Um für die Mensurgestaltung, aber auch für die Auswertung vorhandener Mensuren von den Tabellen unabhängig zu sein, wurde vom Verfasser ein *Orgelpfeifenmensuren-Rechenstab* (s. Abb. 18 a) entwickelt, auf dem sich schnell alle wesentlichen Maße (absolute Mensuren) und klangbestimmenden Maßverhältnisse (relative Proportionsmensuren) von Labialpfeifen ablesen lassen: theoretische Pfeifenlängen, Weitenmensuren, Umfänge, Durchmesser, Labiumbreiten und Aufschnitthöhen, aber auch die Tiefen von rechteckigen Holzpfeifen (s. S. 44). Der Rechenstab enthält in logarithmischem Maßstab verschiedene Skalen, denen die Maße der Töpferschen „Normalmensur" (s. S. 84) – sozusagen als Maßstab – zugrunde gelegt sind. Auf einem verschieblichen Läufer sind die verschiedenen Maßverhältnisse aufgezeichnet, die – je nach Stellung des Läufers – mit einem Blick die entsprechenden Maße zeigen. Eine kurze Gebrauchsanweisung befindet sich auf der Rückseite des Rechenstabs.

Tonhöhe	C₂·D·EF·G·A·HC₁	D·EF·G·A·HC·D·EF·G·A·HC¹·D·EF·G·A	Hc²·d·ef·g·a·hc¹	d·ef·g·a·hc²·d·ef	g·a·hc³·d·ef·g·a·hc⁴·d·ef·g·a·hc⁵·d·ef·g·a·hc⁶
	32′	16′ 8′	4′	2′	1′
th. Länge	1000 900 800 700 600 500 400 300 200		100 90 80 70 60 50 40 30	20 15 10 9 8 7 6 5 4 3 : cm
U(=2·r)	1500 1000 900 800 700 600 500 400	300 200 150	100 90 80	70 60 50 40 30 20 15 mm
Halbtonunterschiede (±HT) gegenüber der Töpferschen "Normalmensur"		HT 12 11 10 9 8 7 6 5 4 3 2 1	1 2 3 4 5 6 7 8 9 10 11 12 HT	
D(=2·r)	500 400 300 200 150	100 90 80 70 60 50 40 30	20 15 10 9 8 7 6 5 mm 4	
Holzpfeifentiefe (in Skala D) bei einer Labierung von:	T ... ²/₇ ¹/₃ ²/₅ ¹/₂			
U(=2·r)	400 300 200 150 100 90 80 70 60 50 40 30 20	15 10 9 8 7 6 5 4 mm 3		
LB (in Skala ...) bei einer Labierung von:	U ... 1 : 3 ... 4 ... 4:5 ... 5:5 ... 6			
AH (in Skala ...) zu LB (in Skala U) mit Verhältnis:	X ... ¹/₄ ... ²/₇ ... ¹/₃ ... ²/₅ ... ¹/₂		Orgelpfeifenmensuren-Rechenstab nach Adelung 1. Auflage	

Abb. 18a Orgelpfeifenmensuren-Rechenstab *(Adelung) (verkleinerte Abbildung)*

Inzwischen wurde auch von Obm. Rensch ein wesentlich umfangreicherer „Rechenschieber für Orgelpfeifen" entworfen, bei dem zusätzlich noch weitere, für den Orgelbauer wichtige Maße abgelesen werden können.

3.15. Die Obertonregister oder Aliquote

Zur Erzeugung ganz bestimmter Klangfarben gibt es bei der Orgel – im Gegensatz zu anderen Musikinstrumenten – *Obertonregister* oder *Aliquote*[56], die auf allen Tasten statt des Tones, der der Taste entspricht, eine hohe Quinte oder auch Terz u. a. erklingen lassen: so z. B. auf der Taste c^1 den Ton g^2 oder e^3. Durch diese Register werden einzelne Obertöne der *Grundregister* (16′, 8′, 4′) verstärkt, die Obertonregister stellen sozusagen künstliche Obertöne zu den Grundregistern dar.[57] Dadurch lassen sich durch Verschmelzung *synthetische Klangfarben* bilden, die von einem einzelnen Instrument sonst nie erzeugt werden könnten. Die Aliquote sind für sich allein sonst nicht spielbar, sondern nur mit einem oder mehreren Grundregistern zusammen. Sie werden so intoniert und auch meist so mensuriert (große Verschmelzungsfähigkeit), daß ihr Ton bei der Registermischung nicht dissonierend herausklingt, sondern mit den Grundregistern zu einer neuen Klangfarbe verschmilzt. Diese Möglichkeit, Klangfarben synthetisch aus Obertönen herzustellen, ist ein besonderes Merkmal der Orgel, das von den Elektrien übernommen wurde (s. S. 224).
Gibt ein *Quintregister* immer die 2. Oberquinte zu einem 8′-Register an (auf Taste c^0 den Ton g^1), so handelt es sich hierbei um den 3. Teilton, dessen Frequenz die dreifache Grundfrequenz beträgt (s. Tabelle, S. 28) und der damit eine Wellenlänge hat, die nur $^1/_3$ der Grundtonwelle beträgt. Deswegen ist die tiefste Pfeife dieses Registers, nach der wir die Fußtonzahl (s. S. 52) bestimmen, nur ein Drittel so lang wie die eines 8′-Registers. Somit beträgt die Fußtonzahl dieses Quintregisters 8′ : 3 = $2^2/_3$′. Das Register heißt: *Quinte $2^2/_3$′*. Ein Quintregister, das eine um eine Oktave höhere Tonlage hat (auf Taste c^0 der Ton g^2), heißt Quinte $1^1/_3$′. Diese gibt den 3. Teilton zu einem 4′-Register oder den 6. Teilton zu einem 8′ an. Dementsprechend tiefer klingen die Quinten $5^1/_3$′ und $10^2/_3$′.
Gleiche Verhältnisse liegen bei den *Terzregistern* vor. Die Terz ist der 5. Teilton (s. Tabelle, S. 28), die Wellenlänge beträgt ein Fünftel der Grundtonwelle; also heißt – Grundtonregister 8′ – das entsprechende Terzregister $^8/_5$′ = *Terz $1^3/_5$′*. Diese Terz klingt $2^1/_4$ Ok-

---

[56] Von lat. aliquot = einige.
[57] Auch die Oktavregister (4′, 2′, 1′) sind Obertonverstärker, doch rechnet man sie nicht zu den Aliquoten, da sie als Oktavregister auch ohne Grundstimmen allein gespielt werden können.

taven höher als ein 8'-Register (auf Taste c^0 erklingt Ton e^2). Es gibt auch – selten – um eine Oktave höhere Terzregister = $^4/_5'$ bzw. um eine Oktave niedrigere = $3^1/_5'$.[58]
Seltener sind *Septimen* (7. Teilton, ein Siebtel der Grundtonwelle 8', also $1^1/_7'$) und *Nonen* (9. Teilton = $^8/_9'$.[59]) Die Obertonregister noch höherer Teiltöne werden *Hochaliquote* genannt. Zu ihnen gehören die *Quarte* (11. Teilton = $1^5/_{11}'$ bzw. $^8/_{11}'$), *Sexte* (13. Teilton $^8/_{13}'$) und noch einige andere mehr (z. B. die *Mollterz* $^8/_{19}'$).
Im *italienischen Orgelbau* (auch manchmal in alten süddeutschen Orgeln) werden die Obertonregister mit ihrem diatonischen Abstand vom Grundton her (Intervall) bezeichnet:

Intervall			bezogen auf 16'	auf 8'
8.	VIII	Ottava	8'	4'
12.	XII	Duodecima	$5^1/_3'$	$2^2/_3'$
15.	XV	Decima quinta oder Quintadecima	4'	2'
19.	XIX	Decima nona	$2^2/_3'$	$1^1/_3'$
22.	XXII	Vigesima seconda	2'	1'
24.	XXIV	Vigesima quarta	$1^3/_5'$	$^2/_5'$
26.	XXVI	Vigesima sesta	$1^1/_3'$	$^2/_3'$
29.	XXIX	Vigesima nona	1'	$^1/_2'$

Es ist klar, daß die Aliquote zu ihrem Grundton *rein gestimmt* sein müssen (s. S. 26). Denn wären sie temperiert, würde keine Klangverschmelzung mit dem Grundton eintreten, und das Register wäre als Dissonanz dauernd herauszuhören, wie das manchmal bei der Multiplexorgel (s. S. 161), aber auch bei einigen Elektrien (s. S. 224) der Fall ist. Ihre Einstimmung erfolgt meist mit Hilfe von Kombinationstönen (s. S. 37) und den dann auftretenden Schwebungen. Hochaliquote werden oft mit einem elektronischen Stimmgerät gestimmt oder mittels der deutlichen Obertöne von Zungenstimmen (s. S. 108).
Die *Bauart* dieser Aliquoten ist fast ebenso verschieden wie die der Oktavregister. So gibt es neben Aliquoten mit Prinzipalklang auch Rohrflöten und Gedackte. Konisch gebaut ist das *Nasat* $2^2/_3'$, mit weiterer Mensur die *Gemsquinte* (wie Gemshorn), enger die *Spitzquinte*. Bei der *Rohrquinte*, *Quintflöte* und *Terzflöte* ist die Bauart aus dem Namen ersichtlich. Aliquote von Zungenstimmen werden kaum gebaut.
Hochaliquote (9., 11., 13., 15., 17., 19., 21., 25. Teiltonreihe) sollen den Klang nicht verdicken, sondern nur – wie in der Malerei – „*lasierend*" färben, d. h. nur „angedeutet" vorhanden sein. Aus diesem Grunde werden diese Register meist sehr eng mensuriert (geringe Tragfähigkeit), schmal labiiert (geringe Erregung und Klangstärke) und relativ hoch aufgeschnitten (grundtönig).[60]

---

[58] Manchmal werden als Fußtonzahlen nicht die gemischten Bruchzahlen angegeben, sondern statt $2^2/_3' = ^8/_3'$, statt $1^1/_3' = ^4/_3'$, statt $3^1/_5' = ^{16}/_5'$ usf. Man sieht hierbei zwar sofort, zu welcher Grundreihe dieses Obertonregister gehört. Doch läßt sich die tatsächliche Tonhöhe mit den gemischten Bruchzahlen besser erkennen. $2^2/_3'$ liegt als Quintregister zwischen 4' und 2'; Quinte $1^1/_3'$ liegt zwischen 2' und 1' und die Terz $3^1/_5'$ zwischen 4' und 2' usf.
[59] Die None ist übrigens die Quinte der Quinte.
[60] Neuerdings sind Versuche im Gange, klangfärbende Aliquotreihen elektronisch zu erzeugen und sie dem Pfeifengrundklang zu addieren. Wieweit sich eine Kombination aus zwei so verschiedenen Klangsystemen auf die Dauer durchsetzen wird, bleibt abzuwarten.

Ein sehr wesentlicher Grund für die besondere *Färbekraft* einzelner Aliquotregister liegt in ihrer verschiedenen Bauart. Das führt zu dem Ergebnis, daß die Teiltonverstärkung nicht nur durch den Grundton der Aliquotpfeife allein erfolgt, sondern auch noch durch deren eigene innerpfeifliche Teiltöne, die z. T. sogar unharmonisch zur Grundregisterreihe liegen können.

Auch gibt die Färbekraft verschiedener Aliquote zu verschiedenen Klangempfindungen Anlaß: So unterscheidet Supper die „Warmklinger" 2²/₃', 1³/₅', 1¹/₇', die dem Klanggemisch Wärme geben, von den „Kühlklingern" 1', 1¹/₃', ⁸/₉', durch die der Klang kühl, gläsern und klar wird. Kombinationen von Kühl- und Warmklingern (z. B. 2²/₃' + 1') ergeben durch ein gewisses Spannungsverhältnis einen besonderen Reiz.

Auf der folgenden Abbildung wird schematisch dargestellt, wie sich die Klangspektren (s. S. 56) einer 8'- und 2²/₃'-Pfeife zu einer neuen Klangfarbe mit einem entsprechend charakteristischen Spektrum synthetisch zusammenfügen.

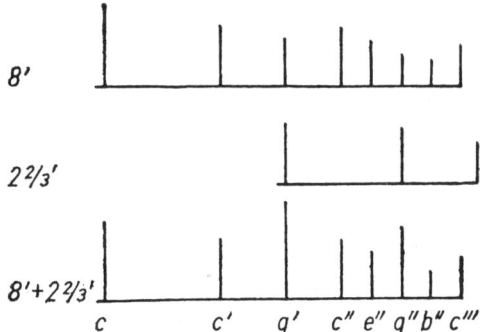

Abb. 19 Spektrale Darstellung der Klangsynthese

Die oft disponierte *Prinzipalquinte* 2²/₃', die auf Grund ihrer engen Mensur sich weniger zur Klangverschmelzung eignet, hat neben einem gewissen färbenden Charakter vor allem die Bedeutung, durch Kombinationstonbildung (s. S. 37) zusammen mit einem 4'-Register die 8'-Basis zu verstärken (denn der Kombinationston von c^1 und g^1 ist c^0).

Die gleiche Aufgabe haben im Pedal die *Baßquinten* 10²/₃' und 5¹/₃', die zusammen mit einem 16'- oder 8'-Register den um eine Oktave tiefer liegenden Kombinationston ergeben: z. B. 8' + 5¹/₃' = 16'; 16' + 10²/₃' = 32'. Zuweilen besteht ein 32'-Pedalregister nur aus den beiden Pfeifenreihen 16' und 10²/₃', deren Kombinationstöne dann den Klang von echten 32'-Pfeifen ersetzen.[61] Mit einem solchen „akustischen Baß" können die großen, teuren und platzraubenden Pfeifen eingespart werden (vgl. S. 37).

Da die Pfeifen mancher Aliquotregister im Diskant so klein werden, daß sie nicht mehr intoniert und gestimmt werden können (die Grenze liegt etwa bei c^6 mit einer Körperlänge von 2 cm), läßt man dort, meist aber auch schon vorher, die Pfeifenreihe abbrechen und mit Pfeifen weiterführen, die vielfach eine Oktave tiefer klingen, was man Repetition[62] nennt. Doch kann man die Pfeifenreihe auch in die darunterliegende Quinte oder auch in eine andere Aliquotreihe repetieren lassen. Diese Maßnahme wird uns später noch bei den Mixturen deutlicher begegnen.

[61] Es sind auch schon *Doppelpfeifen* aus Holz mit gemeinsamer Windzuführung und gemeinsamer Trennwand gebaut worden, deren vorderer Pfeifenteil den Oktavton und deren hinterer – kürzerer – Teil den darüberliegenden Quintton gibt.

[62] Von lat. repetere = wiederholen.

Übersicht über die gebräuchlichsten Fußtonzahlen und Aliquote
(angegeben ist die Tonhöhe auf der Taste C, der tiefsten Manualtaste)

O = Oktave; T = Terz; Qu = Quinte; $Sept$ = Septime; N = None

3.16. Die gemischten Stimmen

Wie schon bekannt, hat jede Orgel auch Register, bei denen zu jeder Taste zwei oder mehr Pfeifen gehören. Man nennt diese Register gemischte Stimmen, weil sie aus mehreren Reihen zusammengesetzt sind. Erklingen bei solch einem Register auf einer Taste 3 Pfeifen auf einmal, so ist es *3chörig* oder *3fach;* dementsprechend bei 5 Pfeifen 5chörig oder 5fach usw. Bis auf die gemischten Stimmen Kornett und Hintersatz (s. u.), die selber 8′-Pfeifenchöre haben, sind die gemischten Stimmen allein nicht brauchbar, sondern nur in Verbindung mit einer oder mehrerer Grundstimmen (16′, 8′, 4′).

Auf zwei sehr wesentliche Unterschiede bei den gemischten Stimmen muß hingewiesen werden: Es gibt einmal die *Klangkronen* mit Prinzipalmensur *(Mixtur, Scharff, Zimbel)* und zum anderen die *gemischten Farbregister* mit mehreren, meist weitmensurierten Aliquotreihen.

3.16.1. Die gemischten Farbregister

Diese Register dienen durch die Synthese mehrerer Obertonreihen zur Bildung bestimmter fertiger Klangfarben und müssen deswegen wie die Aliquotregister klangverschmelzend mensuriert und intoniert werden. Da man in früheren Zeiten solche Register baute, um den Klang alter, heute nicht mehr gebräuchlicher Blasinstrumente nachzuahmen (Kornette, Rauschpfeifen, Zinken u. a.), wurden sie von *Mahrenholz Instrumentalimitatoren*[63]) genannt. Doch heute werden auch solche Aliquotbündelungen zusammengestellt, die zu völlig neuartigen, keineswegs imitierenden Klangfarben führen (z. B. Terzsept, Siebenquart, „Obertöne", Paletta).

[63]) Von lat. imitari = nachahmen.

100

Besser wäre oft die Aufteilung der gemischten Farbregister in die einzelnen Aliquotreihen, wodurch – bei Einzelregistrierung – weit mehr Farbkombinationen möglich wären als bei einem gemeinsamen Registerzug. Doch gibt es hier ökonomische Grenzen: Die Einzelregistriermöglichkeit der Aliquotreihen ist wesentlich teurer als ein Register mit mehreren Pfeifenreihen.

Bei diesen Farbregistern, die keine völlig einheitliche Gruppe bilden, weil sie je nach Klangcharakter (scharf, lasierend oder weich) eng oder weit mensuriert werden, lassen sich aber doch zwei Gruppen unterscheiden:

1. die *nicht repetierenden* gemischten Farbregister,
2. die *repetierenden* gemischten Farbregister.

Zu 1. Bei dieser Gruppe laufen im allgemeinen mehrere Aliquotchöre in gleicher Zusammensetzung vom Baß zum Diskant durch. Nur bei sehr hoch liegenden Teiltonreihen ist manchmal eine Repetition (s. S. 99 unten) nötig.

Zu diesen nicht repetierenden Farbregistern gehören solche Aliquotbündelungen, die zumeist alte Blasinstrumente nachahmen:

Kornett	2–5fach, s. u.
Rauschpfeife	2fach: Quint $2^2/_3'$ + Oktav $2'$
Zink	3fach: Quint $2^2/_3'$ + Terz $1^3/_5'$ + Quint $1^1/_3'$
Hörnlein	2fach: $2'$ + $1^3/_5'$ oder $1^3/_5'$ + $1'$

Weitere Aliquotkombinationen ohne Instrumentalvorbild, die auch schon in der Barockzeit gebaut wurden:

Glöckleinton	2fach: Oktav $2'$ + Oktav $1'$
Rauschquinte	2fach: Oktav $2'$ + Quint $1^1/_3'$
Sesquialtera[64]	2fach: Quint $2^2/_3'$ + Terz $1^3/_5'$
Tertian	2fach: Terz $1^3/_5'$ + Quinte $1^1/_3'$

Dazu kommen früher nicht gebaute Aliquotkombinationen:

Terzsept	2fach: Terz $1^3/_5'$ + Septime $1^1/_7'$
Sextan	2fach: Sept. $1^1/_7'$ + Elfte $8/_{11}'$
Siebenquart	2fach: Sept. $1^1/_7'$ + Mollterz $16/_{19}'$
Septimensesqualtera[65]	3fach: $2^2/_3'$ + $1^3/_5'$ + $1^1/_7'$.
u. a. m.	

Im allgemeinen werden diese Register mit den angegebenen Chören gebaut, doch können noch weitere Reihen zugefügt oder auch andere Fußtonzahlen gewählt werden. Deswegen gibt man zu den Registernamen oft die Fußtonzahl des tiefsten Chores an, aus der sich die Tonhöhe der oberen Chöre ableiten läßt.

Der Aufbau des *Kornetts* soll hier genauer erklärt werden: Dieses Register ist von der Taste c^1 nach oben hin meist 5fach, d. h., es hat auf jeder Taste 5 *Chöre* ($8'$, $4'$, $2^2/_3'$, $2'$, $1^3/_5'$). Auf der Taste c^1 sind also die Töne c^1, c^2, g^2, c^3, e^3 vorhanden, ein lückenloser Obertonaufbau über dem Ton (s. S. 28). Beim Kornett war es früher üblich, nicht alle Chöre

---

[64] Früher auch (lat.) Sexqualtera genannt. Das Intervall $2^2/_3'$ zu $1^3/_5'$ ist eine Sexte.

[65] Wenn die $2^2/_3'$-Reihe als Quintade gebaut wird, enthält dieses Farbregister infolge der innerpfeiflichen Duodezime dieser Quintreihe auch noch die None (= Quinte der Quinte).

gleich von der tiefsten Taste eines Manuals anfangen zu lassen; erst ab Taste c¹ war die volle Chorzahl erreicht. Dies aus folgenden Gründen: Das Kornett diente zur Stützung der Trompete in der Diskantlage, da die Zungenstimmen früher hier schwächer als im Baß klangen. Oft wurde das Kornett auch nur im Diskant als Solostimme gebraucht, weshalb man sich die Pfeifen im Baß ersparte (Einfluß des französischen Orgelbaus).

Nun der Aufbau eines klassischen Kornetts:

Auf Taste:	C	c	g	c¹	bis a³	(höchste Manualtaste)
erklingen	C	c	g	c¹	a³	1. Chor (Rohrflöte 8′)
die Töne:	c	c¹	g¹	c²	a⁴	2. Chor (Oktavreihe 4′)
		g¹	d²	g²	e⁵	3. Chor (Quintreihe 2²/₃′)
			g²	c³	a⁵	4. Chor (Oktavreihe 2′)
				e³	cis⁶	5. Chor (Terzreihe 1³/₅′)

In anderer Schreibweise:

Tasten: C – h   8′ + 4′   (2 Chöre)
  c – fs   8′ + 4′ + 2²/₃′   (3 Chöre)
  g – h   8′ + 4′ + 2²/₃′ + 2′   (4 Chöre)
  c¹– a³   8′ + 4′ + 2²/₃′ + 2′ + 1³/₅′   (5 Chöre)
  Rohrfl. Okt. Qu. Okt. Terz

Der tiefste Chor ist eine 8′-Pfeifenreihe – meist eine Rohrflöte oder ein Gedackt –, wogegen die anderen Chöre aus offenen, zur Klangverschmelzung weit mensurierten Pfeifen bestehen. Nach dem tiefsten Chor (8′) wird die Fußtonhöhe dieses Registers angegeben; steigt wie hier die Anzahl der Chöre von 2 auf 5, dann heißt das Register: *Kornett 8′ zwei bis fünffach*. – Ein Kornett kann aber auch auf dem 16′ aufgebaut sein (16′ + 8′ + 5¹/₃′ + 4′ + 3¹/₅′) oder beginnt erst mit der 4′-Reihe (4′ + 2²/₃′ + 2′ + 1³/₅′). – Zusätzlich zu den „klassischen" Reihen wird heute manchmal noch eine Septimenreihe *(Septimenkornett)* oder Nonenreihe *(Nonenkornett)* hinzugefügt.

Zu 2. Die sehr interessanten *repetierenden Farbregister* sind in der klassischen Zeit des Orgelbaus noch nicht gebaut worden und stellen eine neuartige Weiterentwicklung der Klangfarbengestaltung dar. Sie bestehen aus mehreren, meist sehr entlegenen Teiltonreihen, die oft in andere Aliquotreihen repetieren. Ihre Zusammensetzung ist an keine Norm gebunden und wechselt deswegen sehr entsprechend dem Klanggestalten des Orgelbauers oder Disponenten. Zu diesen Registern gehören u. a. die *Buntzimbel*, „*Obertöne*" und *Paletta*.

Ein Beispiel für den Aufbau des Registers *Obertöne* (doch kann die Aliquotzusammensetzung auch eine andere sein):

Tasten C – a   1fach: ²/₅′
  b – e¹′   2fach: ⁴/₅′ + ⁴/₇′
  f¹ – cs²   3fach: ⁸/₉′ + ⁸/₁₀′ (= ⁴/₅′) + ⁸/₁₁′
  d² – a²   3fach: ¹⁶/₁₀′ (= 1³/₅′) + ¹⁶/₁₃′ + ¹⁶/₁₅′
  b² – a³   3fach: ³²/₁₉′ + ³²/₂₀′ (= 1³/₅′) + ³²/₂₁′

Die *Paletta (Supper)* ist ein gemischtes mehrfaches Farbregister, das auf fast jedem Ton eine andere Zusammensetzung hochliegender (im Baß besonders hoher) Aliquote aufweist.

Dadurch ist ihr Klang außerordentlich variabel und reizvoll, weil dauernd zwischen hohen Quinten, Terzen, Septimen, Nonen, Elften und Dreizehnten abgewechselt wird. Wesentlich ist, daß die Pfeifen aller Farbregister für eine gute Klangverschmelzung nur gering erregt werden und obertonarm sind, damit eine bestimmte synthetische Klangfarbe erzeugt wird, aus der die einzelnen Chöre nicht herausgehört werden können. Doch sei hier gleich erwähnt, daß die gemischten Farbregister, besonders die repetierenden, so interessant sie auch klingen mögen, wohl eine Bereicherung des Orgelklanges bilden, jedoch nur bei größeren Orgeln, die über die zur Bildung des charakteristischen prinzipalischen „Orgelklanges" nötige Substanz verfügen, disponiert werden sollen.
Sind diese Farbregister also nur eine – an sich entbehrliche – Bereicherung der Orgel, so bedeutet die nun folgende Art der gemischten Stimmen, die *Klangkronen*, geradezu eine Notwendigkeit für den charakteristischen Orgelklang.

3.16.2. Die Klangkronen

Ebenfalls zu den gemischten Stimmen gehören die *Klangkronen*, die jedoch eine ganz andere Bedeutung für den Orgelklang haben als die Farbregister. Die Klangkronen gehören dem Prinzipalgefüge zu und krönen – wie der Name sagt – den Prinzipalklang nach oben, d. h., sie geben dem Plenum den strahlenden Glanz.
Bei den Klangkronen ist der Aufbau ihrer Chöre ein anderer als bei den Farbregistern, weil es hier weniger auf eine bestimmte Klangfarbe als auf eine gewisse *Schärfe* des Orgelklanges mit besonderer Klarheit in den einzelnen Stimmen für polyphones Spiel ankommt. Im Gegensatz zu den Farbregistern ist ihre Klangfarbe mehr neutral zu nennen, weil sie hauptsächlich aus Quinten und Oktaven zusammengesetzt werden. Die Klangkronen dienen aber auch, weniger durch höhere Chorzahl als durch ihren Obertonreichtum (s. S. 33), zu einer Verstärkung des Orgelklanges, sollen aber selbst keine zu große Lautstärke haben, wie man es leider noch oft in den Orgeln aus der Zeit um 1900 und später bemerkt.
Zu den Klangkronen rechnet man die *Mixturen*, *Zimbeln* und *Scharff*, die jetzt im einzelnen besprochen werden sollen. Sehen wir uns als erstes den Aufbau einer 3–4fachen *Mixtur*[66]) an, der aber auch anders beschaffen sein kann (s. u.):

auf Taste:	C	c	c¹	c²	c³	
					c⁴	= 4′ -Chor
					+	
				c³	c⁴	= 4′ -Chor
				+	+	
			g²	g³	g⁴	= 2²/₃′-Chor
			+	+	+	
		c²	c³	c⁴	c⁵	= 2′ -Chor
		+	+	+		
	g¹	g²	g³	g⁴		= 1¹/₃′-Chor
	+	+	+			
	c²	c³	c⁴			= 1′ -Chor
erklingen	+	+				
die Töne:	g²	g³				= ²/₃′-Chor

66) Von lat. miscere = mischen.

Das gleiche in anderer Schreibweise:

Tasten: C–H	$1^1/_3' + 1' + {}^2/_3'$	(3 Chöre)
c–h	$2' + 1^1/_3' + 1' + {}^2/_3'$	(4 Chöre)
	⌐————————————————⌐R	
c¹–h¹	$2^2/_3' + 2' + 1^1/_3' + 1'$	(4 Chöre)
	⌐————————————⌐R	
c²–h²	$4' + 2^2/_3' + 2' + 1^1/_3'$	(4 Chöre)
	⌐————————————⌐R	
c³–a³	$4' + 4' + 2^2/_3' + 2'$	(4 Chöre)

Die Anzahl der Chöre steigt hier von 3 auf 4 an. Im Gegensatz zum Kornett bricht bei dieser Mixtur der höchste Chor dreimal ab: Und zwar läuft der ²/₃'-Chor nur von C–h und bricht dann ab (bei R); dafür beginnt ab c¹ ein 2²/₃'-Chor. Der jetzt höchste 1'-Chor endet bei h¹; statt dessen beginnt ab c² ein 4'-Chor. Der in dieser Oktave höchste (1¹/₃') Chor bricht auch wieder bei h² ab; dafür beginnt ab c³ ein weiterer 4'-Chor.[67]
Dieses Abbrechen hoher Chöre, um mit einem tieferliegenden wieder zu beginnen, nennt man die *Repetition*[68] einer Mixtur. Sie ist aus folgenden Gründen notwendig: Tiefe Töne (Klänge) werden durch die Verstärkung hochliegender Obertöne aufgehellt und klarer. Bei hohen Tönen würde sich die Verstärkung entsprechender Obertöne in einem schrillen Klang auswirken. Deshalb beginnt eine Mixtur, wie die übrigen Klangkronen auch, im Baß mit hohen Chören, die durch die Repetition zum Diskant hin allmählich in tiefere Chöre umgewandelt werden.
Sind in einer Orgel mehrere Klangkronen vorhanden, so wird die Repetition bei der einen zwischen den Tasten h und c durchgeführt, bei der anderen vielleicht zwischen c und cis oder auch zwischen fis und g, damit der durch die Repetition vorhandene Klangunterschied sich nicht zu stark bemerkbar macht.
Die Fußtonbezeichnung einer Mixtur richtet sich nach dem tiefsten Chor auf der Taste C; bei der eben erwähnten ein 1¹/₃'. Deswegen heißt diese Klangkrone: *Mixtur 1¹/₃' 3–4fach.*

Ein anderer Mixturaufbau ist z. B. folgender:

Mixtur 2' 4–5fach:

C	$2' + 1^1/_3' + 1^1/_3' + 1'$	(4 Chöre)
c	$2' + 2' + 1^1/_3' + 1^1/_3' + 1'$	(5 Chöre)
c¹	$2^2/_3' + 2' + 2' + 1^1/_3' + 1^1/_3'$	(5 Chöre)
c²	$2^2/_3' + 2^2/_3' + 2' + 2' + 1^1/_3'$	(5 Chöre)
c³	$4' + 2^2/_3' + 2^2/_3' + 2' + 2'$	(5 Chöre)

---

[67] An sich hätte bei c³ ein 5¹/₃'-Chor beginnen müssen. Doch geht man bei Mixturen im allgemeinen nicht unter die 4'-Grenze hinunter, weil ein 5¹/₃'-Chor klanglich zu tief liegt und den Klang verdickt.
[68] Von lat. repetere = wiederholen. Wenn bei der Repetition sämtliche Chöre *um eine Oktave* zurückspringen, spricht man von *wilder* Repetition:

z. B. c $1', {}^1/_3', {}^1/_2'$
      c¹ $2', 1^1/_3', 1'$
      c² $4', 2^2/_3', 2'$

Es ist üblich, beim Aufbau einer Mixtur nur die Tasten mit den Repetitionspunkten (R) anzugeben, d. h. die Tasten, auf denen ein neuer Chor beginnt. Bei dieser Mixtur liegen die Repetitionspunkte bei allen c-Tasten; deswegen wird nur der Choraufbau bei eben diesen Tasten angegeben.

Oft, auch bei dieser Mixtur, sind mehrere Chöre in gleicher Tonhöhe vorhanden, die *Doppelchöre,* die weniger zur Verstärkung, als zu größerem Glanz dienen.

Die beiden Beispiele eben waren *Quintmixturen* (nur Quint- und Oktavchöre). Wenn ein ebenfalls repetierender Terzchor vorhanden ist, handelt es sich um *Terzmixturen.* Manche Sondermixturen weisen auch noch in seltenen Fällen Septimen- und Nonenchöre auf. Doch verlieren die Klangkronen ihre Schärfe, wenn sie nicht nur aus Oktav- und Quintreihen bestehen. Mit weiteren Aliquoten versehen, bekommen sie dann mehr einen färbenden Klangcharakter und verlieren dadurch ihre Eigenart als neutrale, prinzipalbezogene „Klangkronen".

Zu den Klangkronen gehört auch das Register *Scharff,* das ähnlich wie eine Mixtur, aber mit höherliegenden Chören gebaut wird. Der durch die hohen Chöre scharfe Klang gab dieser Klangkrone den Namen.

Die *Zimbel*[69] ist eine Klangkrone mit glockenartig hellem Klang und hat sehr hoch liegende Chöre. Deshalb muß sie sehr oft repetieren, meistens sogar zweimal in einer Oktave (oft zwischen h und c sowie zwischen fis und g).

Ein Beispiel für eine Zimbel $^1/_2'$ 3fach:

C						$^1/_2'$	$^1/_3'$	$^1/_4'$
c					$^2/_3'$	$^1/_2'$	$^1/_3'$	
c^1				$1'$	$^2/_3'$	$^1/_2'$		
g^1			$1^1/_3'$	$1'$	$^2/_3'$			
c^2		$2'$	$1^1/_3'$	$1'$				
g^2	$2^2/_3'$	$2'$	$1^1/_3'$					
c^3	$4'$	$2^2/_3'$	$2'$					

Okt. Qu. Okt. Qu. Okt. Qu. Okt. Qu. Okt.

Wie bei den Mixturen findet man auch Zimbeln mit einem ebenfalls repetierenden Terzchor: die *Terzzimbel.* Zimbeln, die nur aus sehr hoch liegenden Oktavchören bestehen, heißen *Oktavzimbeln.* Die *Buntzimbel* dagegen ist ein gemischtes Farbregister (s. o.) mit sehr entlegenen, oft repetierenden Aliquotreihen, die aber auch eng mensuriert sind.

Die einzelnen Klangkronen unterscheiden sich durch geringe Mensurunterschiede, durch den verschiedenen Aufbau ihrer Chöre und durch die verschiedene Art ihrer Repetition. Alle aber haben enge (Prinzipal) Mensur, um dem Orgelklang eine frische Schärfe und Brillanz zu geben.

[69] Eigentlich gehört die Zimbel auf Grund ihrer geschichtlichen Entwicklung zu den Instrumentalimitatoren und ist eine Art Nachahmung des Zimbelsternes (s. S. 169). Sie muß aber zu den Klangkronen gerechnet werden, weil sie einmal eng mensuriert ist und repetiert, zum anderen oft anstelle einer Mixtur disponiert werden kann.

Hier sei nur noch der selten gebaute *Hintersatz*[70]) oder die *Großmixtur* erwähnt, die sich auf 8'- oder 16'-Prinzipalchören aufbaut ohne oder nur mit *einer* Repetition. Diese Mixtur wird meist ins Pedal gesetzt, wo sie eine enorme Fülle und Kraft, aber durch die höheren Chöre auch Klarheit gibt.

3.17. Die Doppelstimmen

Nicht zu den gemischten Stimmen gehören manche Register, bei denen zwei Pfeifen auf einer Taste erklingen, die sogenannten *Doppelstimmen*.

Entweder stehen beide Pfeifen in gleicher Tonhöhe (z. B. *Prinzipal doppelt*) und dienen zur Verstärkung oder die beiden Pfeifen sind nicht ganz gleich hoch gestimmt und bilden durch Überlagerung (s. S. 35) Schwebungen, weshalb sie *Schwebestimmen* genannt werden. Zu ihnen gehören die *Vox coelestis*[71]) mit sehr enger Streichermensur und die *Unda maris*[72]) mit weiterer Mensur. Diese Schwebestimmen werden heute nur selten gebaut, weil sie oft süßlich klingen. Vorteilhafter sind solche Schweberegister wie *Gemshornschwebung* oder *Schwebend Harf* (eine Harfpfeifenschwebung), die in ihrer Klangbildung charakteristischer wirken. In der altitalienischen Orgel ist die *Voce umana*[73]) ein schwebendes Prinzipalregister, meist 8'.

Eine weitere Doppelstimme ist das *Piffaro*, das aus einer 8'- und 4'-Reihe besteht oder auch 16' und 8', in seltenen Fällen, z. B. im Pedal, 4' und 2'. Dieses Register schwebt nicht und kann aus jeder Pfeifenart hergestellt werden.

3.18. Gruppeneinteilung der Labialregister

Bei sämtlichen Orgelregistern lassen sich alle erdenklichen Kombinationen der Klangeigenschaften durch entsprechenden Bau zusammensetzen. Doch sind nicht alle für den Gesamtorgelklang günstig. Die Zusammenstellung der verschiedenen Klangeigenschaften erfolgt deswegen nach bestimmten Gesichtspunkten, die sich aus der *Funktion* (s. S. 179) der einzelnen Register ergeben. Dies ist vor allem für die Registrierung und Disposition wichtig, weshalb die Gruppeneinteilung der Orgelregister dort noch genauer behandelt werden soll.

Doch kann jetzt schon erwähnt werden, daß wir bei den Labialpfeifen drei funktionsmäßig getrennte *Gruppen* unterscheiden, die sich nicht nach der Klangfarbe oder -stärke richten, sondern auf Grund bestimmter *Klangeigenschaften* zusammengestellt werden. Im wesentlichen ist dafür die *Pfeifenweite* (Mensur) bestimmend, die für die Fülle bzw. Tragfähigkeit entscheidend ist. Etwa parallel zu den verschiedenen Pfeifenweiten wird auch der *Erregungsgrad* (s. S. 63) der Pfeifen gewählt, der für die Verschmelzungsfähigkeit von Bedeutung ist. Diese drei Gruppen sind folgende:

1. Der *Engchor* (mit relativ enger Mensur und normaler Erregung). Zu ihnen rechnet man die kraftvollen *Prinzipale* mit ihren *Oktaven* und *Klangkronen,* die das Rückgrat jeder Orgel bilden. Ebenfalls eng gebaut werden manche *Gedackte* und *Rohrflöten,* die in den tiefen Lagen Prinzipale ersetzen können und dann *Prinzipalstellvertreter* genannt werden.

---

[70]) Über die Entstehung dieser Mixtur s. S. 204.
[71]) Von lat. = himmlische Stimme.
[72]) Von lat. = Meereswelle.
[73]) Von ital. = Menschenstimme.

Das Wesen des Engchors ist ein klarer, gut zeichnender, aber wenig verschmelzungsfähiger Klang.

2. Der *Weitchor* (mit weiter Mensur und geringer Erregung). Diese Register geben neben ihrer guten Verschmelzungsfähigkeit zur Bildung synthetischer Klangfarben dem Orgelklang vor allem Fülle und Tragkraft. Man versieht mit diesen Eigenschaften die verschiedenen *Flöten*, manche *Gedackte* und *Halbgedackte* sowie die zur Klangsynthese dienenden *Aliquote* und *Farbregister*.

3. Der *Solochor* (mit sehr enger Mensur und meist starker Erregung). Zu ihm gehören die obertönig scharfen Streicher (z. B. *Gambe, Viola, Weidenpfeife*), auch die überblasenden Register, die eine gute Zeichnungs-, jedoch geringe Verschmelzungsfähigkeit aufweisen.

Diese Einteilung in drei Gruppen ist nur schematisch zu verstehen, zumal es auch viele Übergangsformen zwischen den einzelnen Gruppen gibt. Übrigens waren die Gegensätze der Pfeifenweiten mit ihren funktionsmäßig verschiedenen Klangeigenschaften im 19. Jahrhundert weitgehend in Vergessenheit geraten und sind erst durch die Orgelbewegung (s. Geschichte der Orgel) als notwendig für einen lebendigen Aufbau des Orgelklanges erkannt worden.

3.19.   Die Zungenpfeifen

Die *Zungenpfeifen* oder *Rohrwerke*[74]), in alten Zeiten auch *Schnarrwerke* genannt, haben eine grundsätzlich anders geartete Tonerzeugung als die eben besprochenen Lippenpfeifen. Bei ihnen ist eine schwingende Zunge – ähnlich wie beim Harmonium oder der Mundharmonika – das klangerzeugende Element.

Als erstes wollen wir uns die Klangbildung in einer solchen Pfeife ansehen (Abb. 20): Durch das *Stiefelloch a* strömt der Orgelwind in den *Stiefel b* und von dort in ein seitlich offenes Metallröhrchen, die *Kehle c*. Ihre seitliche Öffnung ist von einer leicht aufgebogenen (aufgeworfenen) *Metallzunge d* bedeckt. Die Aufwerfung der Zunge gestattet dem Wind einen Durchgang; aber gerade das Durchströmen des Windes bewirkt, daß die Zunge an den Kehlenrand gesogen wird und damit die Kehlenöffnung völlig verschließt. Weil nun der Wind nicht mehr in die Kehle strömen kann, schwingt die Zunge infolge ihrer Elastizität wieder zurück. Dadurch kann der Wind wieder in die Kehle einströmen und bewirkt erneut eine Schwingung der Zunge mit Verschluß des Weges. Auf diese Art erfolgen die weiteren Schwingungen der Zunge, die damit zum Tonerzeuger wird.

Der Wind strömt nun stoßweise weiter durch den *Kopf* oder die *Nuß e*, in der mittels eines *Keiles h* die Zunge festgeklemmt ist, in den *Aufsatz* oder *Schallbecher f* und kann sich durch die dort befindlichen Öffnungen mit der Außenluft ausgleichen. Der Schallbecher (in Abb. 20 ein Trichter) dient als Resonanzverstärker und Obertonregler für den an sich allzu naturhaften Zungenton. Durch die verschiedenartige Gestaltung des Schallbechers werden die Obertöne hinsichtlich bestimmter Klangfarben geformt.

Gestimmt wird die Pfeife durch die *Stimmkrücke g,* einen gebogenen Draht, der den oberen Teile der Zunge an die Kehle c preßt. Durch Hinauf- und Herunterschieben der Krücke

---

[74]) Der Name kommt daher, weil die ältesten Zungenpfeifen den Blasinstrumenten mit einem schwingenden Rohrblatt nachgebildet worden sind (wie auch bei der Klarinette). Zungenpfeifen werden auch *Linguale* genannt, von lat. lingua = Zunge. – Der Ausdruck „Rohrwerke" sollte vermieden werden, weil die „Werke" in einer Orgel eine ganz andere Bedeutung haben (z. B. Hauptwerk, Oberwerk usf., s. S. 183).

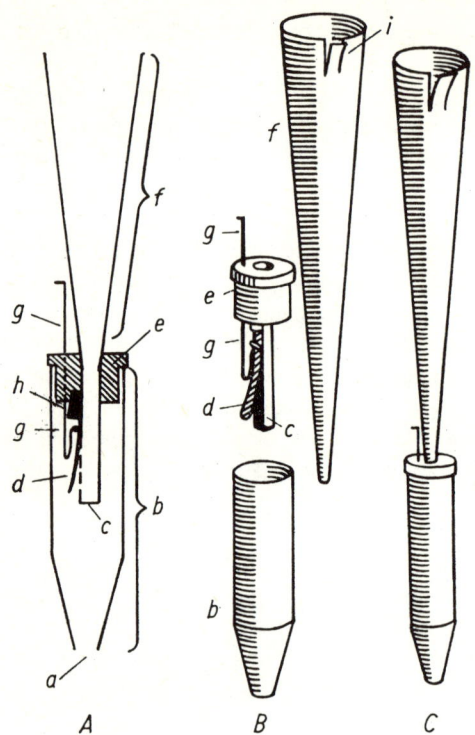

Abb. 20   Zungenpfeife

a Stiefelloch
b Stiefel
c Kehle
d Zunge
e Kopf oder Nuß
f Aufsatz oder Schallbecher
g Stimmkrücke
h Keil
i Intonierschlitz

wird der schwingende Teil der Zunge verlängert (Ton wird tiefer) oder verkürzt (Ton wird höher).

Die Gestaltung der Schallbecher hat – wie eben erwähnt – einen großen Einfluß auf den Klang. Die einzelnen Formen werden gleich erklärt. Hier sei kurz angedeutet, daß sich die Zungenpfeifen akustisch wie „umgekehrte Gedackte" verhalten (unten geschlossen, oben offen). Dadurch bilden sich in den zylindrischen Schallbechern nur die ungeradzahligen Teiltöne (wie beim zylindrischen Gedackt, s. S. 54), während in den konischen Schallbechern alle Teiltöne verstärkt werden. Der Naturklang der Zungen ist übrigens sehr obertonreich; man hat schon über 60 Teiltöne nachweisen können (vgl. Klangspektrum auf S. 56).

Die *Trompete* (Abb. 21 a und k) hat einen trichterförmigen, oben offenen Schallbecher. Ihr Klang ist glänzend, kräftig. In gleicher Art, meist etwas weiter mensuriert, ist auch die *Posaune* und *Bombarde* gebaut. Die 4′-Lage dieser Register nennt man oft *Clairon* oder *Klarine*. – Ebenfalls trichterförmig, oben aber fast vollständig verschlossen, ist der Schallbecher der *Oboe* (21 b). Zum Austritt der Luft sind oben an den Seiten 3–4 Löcher angebracht, die mittels einer *„Drehkegeldeckung"*[74a] in ihrer Größe verstellt werden kön-

---

[74a] Im oberen, seitlich mit einigen Löchern versehenen Ende des kegelförmigen Schallbechers steckt ein oben verschlossener Deckel mit seitlichen Löchern an eben denselben Stellen wie beim Schallbecher. Dieser Deckel läßt sich drehen, so daß die normalerweise übereinstimmenden Löcher in Schallbecher und Deckel durch dessen leichte Drehung mehr oder minder stark verkleinert werden können. Damit kann die Intonation einer Oboe verbessert werden.

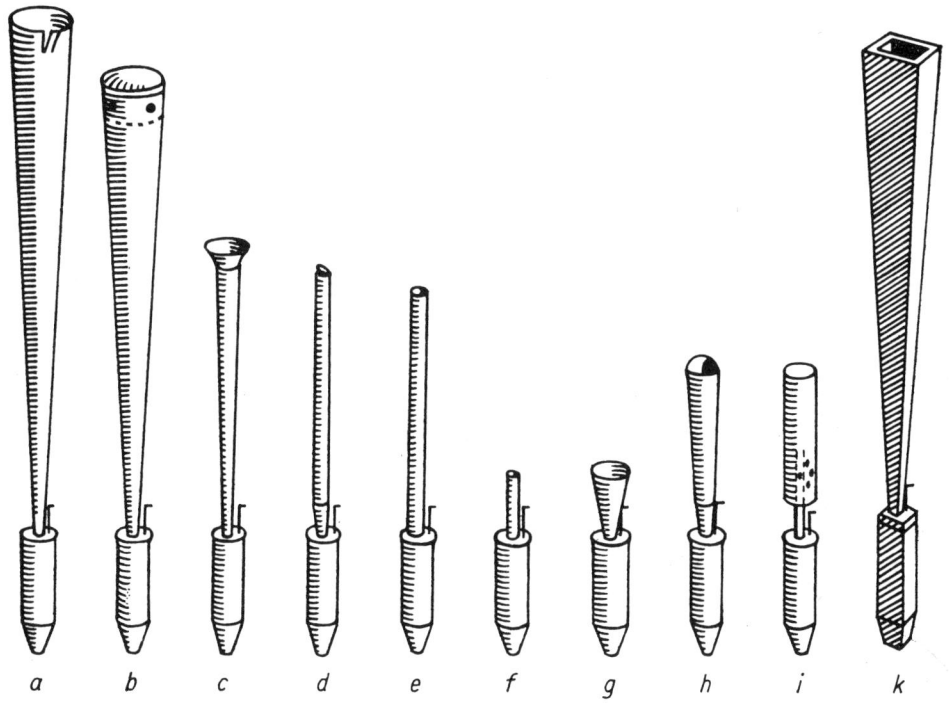

Abb. 21   Grundformen der Zungenpfeifen
a Trompete; b Oboe; c Schalmey; d Dulzian; e Krummhorn; f Harfenregal; g Trichterregal; h Vox humana; i Rankett; k Holztrompete bzw. Posaune

nen. – Der Schallbecher einer *Schalmey* (21 c) ist leicht konisch, oben sich trichterartig erweiternd.

Bei den eben besprochenen Zungenpfeifen ähnelt ihre Klangfarbe den bekannten Musikinstrumenten. Die folgenden beiden Linguale sind alten, heute nicht mehr gebräuchlichen Instrumenten nachgebildet, die einen eigenartigen, leicht näselnden Klang haben. Es handelt sich um das Register *Dulzian* (21 d), dessen Schallbecher unten kurz konisch, dann rein zylindrisch gebaut ist. Das *Krummhorn* (21 e) dagegen hat einen rein zylindrischen Aufsatz.

Das sind die gebräuchlichsten Zungenstimmen, deren Schallbecherlängen in einem bestimmten Verhältnis zur Tonhöhe liegen. Man nennt sie Zungenregister mit *abgestimmten* Schallbechern; im Gegensatz zu den *Regalen* (s. u.), deren Schallbecher wesentlich kürzer sind und deswegen *kurzbechrige* Zungenstimmen genannt werden.

Die volle *Länge* trichterförmiger Schallbecher (z. B. der Trompete) entspricht der der konischen Gedackte: etwa $^7/_8$ der Länge von Prinzipalpfeifen, also beim C 8′ etwa 7 Fuß (2 m) und beim c 4′ etwa 3-Fuß-Länge usf. Dagegen sind die zylindrischen Schallbecher so lang wie normale Gedacktpfeifen derselben Tonhöhe: C 8′ = 4 Fuß lang und C 4′ = 2 Fuß lang.

Man kann die Länge des Aufsatzes verkürzen oder verlängern, wodurch sich im wesentlichen nur die Klangschärfe ändert. So sind Zungenpfeifen mit nur etwas verkürzten Bechern im Klang schärfer (durch vermehrte Obertonverstärkung) als solche mit etwas längeren, die durch Obertonabschirmung einen runderen Klang erzeugen. Heute bevorzugen wir wieder Linguale mit etwas kürzeren *(verkürzten)* Schallbechern, weil sie durch ihren schärferen Klang das – polyphone – Spiel deutlicher machen.

Der Ton der Pfeife wird durch Verkürzung der Schallbecher zwar höher bzw. durch Verlängerung tiefer; doch läßt sich das durch die Stimmung der Zunge selbst (mit Hilfe der Stimmkrücke) wieder ausgleichen. Der Klang kann zudem noch mit dem *Intonierschlitz* (Abb. 20 i) bzw. durch Öffnen oder Schließen der oberen Schallbecheröffnung bei zylindrischen Schallbechern mittels einer biegbaren Metallscheibe (ähnlich wie die Stimmplatte bei manchen labialen Holzpfeifen, s. S. 43) korrigiert werden. Auch die Drehkegeldeckung der Oboe (s. Fußnote 74 auf S. 108) ist eine solche Intonierhilfe.

Das Mensurverhältnis der Becherlängen beträgt wie bei den Labialpfeifen 1 : 2. Die Verlaufsmensur der Becherdurchmesser hat dagegen bei den konisch geformten Schallbechern im allgemeinen das Mensurverhältnis 5 : 7, und bei den zylindrischen 5 : 6, was aus der Erfahrung gewonnen wurde. Doch lassen sich auch hier andere Mensurverläufe wählen, die sich nach den gewünschten Klangeigenschaften in den einzelnen Tonlagen und den Erfordernissen der Raumakustik richten.

Man verlängert den Aufsatz einer Trompete auch manchmal auf das Doppelte und Dreifache und spricht dann von sogenannten *überblasenden Zungenpfeifen,* obwohl diese in Wirklichkeit gar nicht überblasen können. Der Ausdruck ist nur von den tatsächlich überblasenden Lippenpfeifen (s. S. 46) übernommen worden Der verlängerte Aufsatz färbt den Klang dunkler. Eine solche Trompete nennt man *Schweizertrompete.*

Eine weitere Klangfarbenbeeinflussung wird dadurch hervorgerufen, daß die Zunge entweder auf einen *belederten* oder *unbelederten* Rand der Kehle aufschlägt. Im Gegensatz zu diesen *aufschlagenden* Zungenstimmen stehen die *durchschlagenden* Lingualpfeifen, bei denen die Zunge zwischen den Kehlenrändern hindurchschwingt. Sie werden heute nicht mehr gebaut, da ihr Klang weichlich ist, wie z. B. das Register *Klarinette.*

Bei den oben erwähnten *Regalen*[75], den eigentlichen Schnarrwerken der Alten, ist der Schallbecher wesentlich kürzer als bei den Pfeifen mit naturlangen, abgestimmten Aufsätzen und ändert seine Lage bei den verschiedenen Tonhöhen kaum. Der Klang der Regale ist etwas schnarrend und rauh, aber herzhaft.

Zu ihnen gehört das *Harfenregal* (Abb. 21 f) und das *Trichterregal* (Abb. 21 g) mit trompetenartigem Klang. Auch zählt man zu ihnen die *Vox humana*[76] (Abb. 21 h) mit sehr verschieden geformten Schallbechern. Das *Rankett* (Abb. 21 i) hat einen leisen, leicht summenden Klang. Bekannt sind noch viele weitere Regalarten mit Aufsätzen von den verschiedensten Formen, die alle hier zu erklären zu weit führen würde.[77]

---

[75] Von lat. rega = die Reihe. Das *Regal* war in der Frühbarockzeit ein selbständiges Tasteninstrument mit aufschlagenden Zungen ohne oder mit kurzen Schallbechern und hatte ein bis mehrere Zungenreihen (Register) (s. Bildtafel 29).

[76] Lat. = Menschenstimme. Die Vox humana sollte nicht unbedingt eine Kopie der Menschenstimme sein; vielmehr bedeutet diese Bezeichnung, daß dieses Register die Stelle des menschlichen Sologesanges übernehmen konnte.

[77] In der „Orgeldisposition" von *Supper* sind allein 53 verschiedene Schallbecherformen von Regalen angegeben.

Nach dieser Beschreibung der äußeren Formen der Zungenstimmen sollen jetzt stichwortartig die wesentlichsten Faktoren für die Klanggestaltung aufgezählt werden:

Schallbecher: trichterförmig: alle Teiltöne
zylindrisch: nur ungerade Teiltöne
naturlang verkürzt: obertonreicher
naturlang verlängert: grundtöniger
kurzbechrig (Regale): schnarrend
überblasend: Klang dunkel, prächtig

Zunge: Material: (Messing oder Phosphorbronze)
weich: grundtönig
hart: obertönig
Form: (rechteckig, breit oder spitz auslaufend, Spitze gerade oder abgerundet)
breit und dünn: obertöniger
schmal und dick: grundtöniger
Zungendicke: (auf $^1/_{100}$ mm genau) etwa C 16' = 0,8; 8' = 0,5; 4'0 = 0,4; 2' = 0,3; 1' = 0,2 mm
Zungenlänge: Mensurverhältnis meist 5 : 7 = 1 : 1,4

Kehle: Öffnung für die Zunge *dreieckig* aufgeschnitten (deutsche Art)
Öffnung für die Zunge *rechteckig* aufgeschnitten (französische Art)
mit aufschlagender Zunge: Klang klar
mit durchschlagender Zunge: Klang weichlich

Wir sehen, daß auch bei den Zungenstimmen sehr viele Möglichkeiten für feinste Klanggestaltung gegeben sind. Trotz dieser vielen, schon vorher festgelegten und oben angeführten Faktoren ist aber gerade hier der *Intonateur*[77a] sehr wichtig. Denn er muß z. B. besonders bei den halbgedeckten Lingualen die Größe der oberen Becheröffnung genau einstellen. Weit wichtiger ist aber die auf $^1/_{100}$ mm genaue Biegung *(Aufwurf)* der Zunge selbst, die völlig gleichmäßig verlaufen muß.
Ist die Zunge zu weit „aufgeworfen", d. h., zu weit hoch gebogen, spricht sie nicht schnell genug an, auch wird ihr Klang lauter und rauher. Ist sie zuwenig aufgeworfen, wird der Klang zu schwächlich. Und bei einer nicht gleichmäßig aufgeworfenen Zunge (auch bei nicht gleichmäßiger Dicke) schwankt die Tonhöhe. Auch müssen alle Zungenblätter eines Registers gleichartig aufgeworfen sein, damit keine klanglichen Unterschiede bei den einzelnen Pfeifen auftreten.
Das richtige „Aufwerfen" der Zungen ist eine besondere Kunst des Intonateurs, von deren Gelingen die Qualität der Zungenregister abhängt. Wichtig ist dabei auch ein gleichmäßiger Winddruck, weil jede Schwankung den Zungenklang verändert. Deswegen werden die Zungenstimmen bei der Schleiflade möglichst dicht über das Tonventil gestellt.
Zungenstimmen werden im allgemeinen in den Manualen nur von 16'- bis 4'-Tonhöhe gebaut. Im Pedal dagegen finden sich auch 32'- und 2'-Zungenregister. – Da Zungenstimmen ab Tonhöhe g^3 technisch kaum herzustellen sind, werden sie von dort an mit Labialpfeifen nach oben weitergeführt.

[77a] Siehe S. 48.

Aliquote aus Zungenregistern sind nicht gebräuchlich, ebensowenig Mixturen. Hier sei nur die manchmal disponierte *Regalzimbel* erwähnt, die mit Oktavchören auf Taste C entweder einfach als 1′ oder zweifach als 1′ + ½′ beginnt und auf jedem weiteren c um eine Oktave nach unten repetiert, so daß auf Taste c³ die 16′- bzw. 16′ + 8′-Tonhöhe erreicht wird.

Vielfach werden heute im Prospekt – zwischen Untergehäuse und der unteren Reihe der Pfeifenfelder – eine oder mehrere Reihen waagerecht ins Kirchenschiff ragender Trompeten gebaut, wie sie bei spanischen Barockorgeln oft zu finden sind. Diese sogenannten *spanischen Trompeten* strahlen ihren Klang direkt in den Raum ab und klingen darum besonders glänzend. Doch vermischen sie sich nur schlecht mit dem Plenumklang in der Orgel, weshalb ihre Anwendung begrenzt ist. Sie werden auch *Horizontaltrompeten* genannt.

3.20.   Zusammenstellung der wichtigsten Orgelregister

Labialregister

Bauart	Mensur		Registername
Offen			
zylindrisch	sehr weit	+ (7–10) HT	Nachthorn
	weit	+ (3–7) HT	Hohlflöte (Abb. 10 b)
	eng	– (0–3) HT	Prinzipal (Abb. 10 c)
	sehr eng	– (5–7) HT	Gambe (Abb. 10 d)
	noch enger	– 12 HT	Aeoline
konisch			
(oben enger)	sehr weit	+ (8–11) HT	Blockflöte
	weit	+ (4–6) HT	Gemshorn (Abb. 10 f)
	eng	– (0–4) HT	Spitzflöte
(oben weiter)	weit		Dolkan
	eng		Dulziana (Abb. 10 g)
⅔ zylindrisch, ⅓ konisch	weit	+ (2–6) HT	Koppelflöte (Abb. 10 e)
½ zylindrisch, ½ konisch	eng	– (0–3) HT	Spillflöte
Gedackt			
zylindrisch	weit	+ (0–3) HT	Gedacktflöte
	mittelweit	um 0 HT	Gedackt (Abb. 10 i)
	eng	– (3–8) HT	Quintade
konisch			Spitzgedackt (Abb. 10 k)
Halbgedackt	kurze Röhrchen		Rohrflöte (Abb. 10 h)
	längere Röhrchen		Rohrgedackt
Überblasend			
offen			Schweizerpfeife (Abb. 10 a)
gedackt			Schweizergedackt

Bauart	Mensur	Registername
Aliquote	meist weit	Quinte, Terz, Septime, None u. a.
Gemischte Stimmen		
Klangkronen	eng	Mixtur, Scharff, Zimbel
gemischte Farbregister	meist weit	
nicht repetierend		Kornett, Rauschpfeife, Sesquialtera, Terzsept, Siebenquart u. a.
repetierend		Buntzimbel, Paletta, Obertöne
Doppelstimmen	verschieden	Unda maris, Vox coelestis, Piffaro, Schwebung
Zungenstimmen		
mit abgestimmten Schallbechern		
Offen		
trichterförmig	weit	Trompete (Abb. 21 a und k)
	weiter	Posaune
	eng	Fagott
	sehr eng	Schalmey (Abb. 21 c)
zylindrisch-konisch		Dulzian (Abb. 21 d)
zylindrisch		Krummhorn (Abb. 21 e)
Halbgedeckt		Oboe (Abb. 21 b)
„*Überblasend*"		Schweizertrompete
mit verkürzten Schallbechern = Regale		
zylindrisch		Harfenregal (Abb. 21 f)
trichterförmig		Trichterregal (Abb. 21 g)
besondere Bauart	u. a.	Vox humana (Abb. 21 h)
		Rankett (Abb. 21 i)

Die Registernamen, die sich im Laufe der Jahrhunderte entwickelt haben, sind u. a. nach folgenden Gesichtspunkten entstanden:

Klang[78]): Hohlflöte, Gambe, Trompete, Krummhorn, Kornett usw.
Bauart: Gedackt, Rohrflöte, Spitzflöte, Trichterregal usw.
Tonhöhe: Oktav, Quinte, Subbaß[79]), Superquinte[80]), Terzsept usw.
Material: Kupferprinzipal, Holzregal, Bleigedackt.
Das *Prinzipal* hat seinen Namen daher, weil es das wichtigste Orgelregister ist.[81])

---

[78]) Bei den meisten Orgelregistern ist es nicht so, daß irgendwelche Musikinstrumente nachgeahmt werden sollten; sondern wenn ein Register eine bestimmte Klangfarbe hatte, die einem anderen Instrument ähnlich war, bekam das Register nach diesem Musikinstrument seinen Namen.
[79]) Von lat. sub = unter.
[80]) Von lat. super = über.
[81]) Von lat. princeps = der erste (s. S. 204).

Zu den folgenden Erklärungen der wichtigsten Orgelregister muß vorher bemerkt werden, daß die Register von den Orgelbauern trotz der gleichen Namen leider oft verschieden im Klang und in der Bauart hergestellt werden. Die Unterschiede können manchmal erheblich sein.

3.21.   Alphabetische Übersicht der gebräuchlichsten Orgelregister

Acuta	lat. = Scharff, s. d.
Akustischer Baß 32', 16'	eine aus Oktav- und Quintpfeifen bestehende doppelte Pfeifenreihe zur Bildung tiefer Kombinationstöne (s. S. 36).
Aeoline 8'	1. Metall, sehr enge Mensur, leise, streichend. 2. zarte, durchschlagende Zungenstimme.
Bachflöte 8', 4', 2'	s. Blockflöte.
Bärpfeife 32', 16', 8'	Regal mit verschiedenen Schallbecherformen, summender Klang.
Blockflöte 4', 2', 1'	Metall, weite Mensur, konisch, fülliger Flötenklang.
Bombarde 32', 16'	Zunge mit trichterförmigen Schallbechern, ähnlich Trompete, Klang kräftig.
Bordun oder Bourdon 32', 16', 8'	Holz, dumpfes, leises Gedackt.
Buntzimbel	repet. Farbregister (s. S. 102).
Celesta	s. Glockenspiel.
Cello 16', 8'	Holz oder Metall, sehr enge Mensur, ähnlich Gambe, verschleiert streichend.
Choralbaß 4', 2'	Metall, Prinzipalstimme im Pedal, meist Weitprinzipal, zuweilen auch mehrfach (4' + 2').
Clairon oder Clarine 4', 2'	trompetenartige Zungenstimme.
Cornet	s. Kornett oder Singend Cornet.
Cymbel	s. Zimbel.
Dolce 8', 4'	Metall, sehr eng, leicht trichterförmig, mit leisem streichendem Klang.
Dolkan 8', 4'	Metall, weit, trichterförmig (oben weiter).
Doppelgedackt 8'	Gedackt mit zwei einander gegenüberstehenden Labien, Klang kräftig.
Doppelrohrflöte 2'	überblasende Rohrflöte mit 2 Röhrchen, das eine Rohr eng und kurz, das andere weiter und länger. Hell klingend mit besonders kräftigem 5. und 7. Teilton.
Dulzian 32' bis 4'	Zunge, mittelstarker hohl-knatternder Klang (s. S. 109).
Dulziana 8', 4'	trichterförmige Labialstimme, ähnlich Dolce.
Fagott 32' bis 4'	Zunge mit engen trichterförmigen Schallbechern, Echoform der Trompete.
Flautino 2', 1'	Metall, Flöte mit frischem Klang.
Flauto amabile 8', 4'	Holz oder Metall, weiche Flöte.
Flöte 16' bis 2'	Holz oder Metall, mäßig weite Mensur; eventuell konisch, manchmal auch gedeckt gebaut.

Flötenprinzipal 16′ bis 1′	Holz oder Metall, Bauart und Klang liegt zwischen Prinzipal und Flöte.
Fugara[82]) 8′, 4′	Metall, enge Mensur, streichend.
Gambe 16′, 8′, 4′	Metall, sehr enge Mensur, streichend, mäßig stark; s. auch Spitzgambe
Gedackt 32′ bis 2′	Baß Holz, Diskant Metall, mittlere Mensur. Klang dunkel, aber nicht dumpf.
Gedacktbaß 32′ bis 8′	Holz, leises Pedalgedackt.
Gedacktflöte 8′	Holz, weite Mensur, flötenähnlich, füllig.
Gedacktquinte 10²/₃′, 5¹/₃′, 2²/₃′	wie Gedackt bzw. Gedacktflöte.
Geigenprinzipal 16′, 8′, 4′,	Prinzipal mit enger Mensur, leicht streichend.
Gemshorn 8′, 4′, 2′	Metall, konisch, hornähnlicher Klang.
Gemsquinte 5¹/₃′ bis 1¹/₃′	Metall, konisches Quintregister, s. Nasat.
Glöckleinton 1′	Metall, spitziger heller Klang, auch 2fach (2′ + 1′)
Glockenspiel	kleine Glöcklein oder Metallstäbe, die durch Hämmerchen bei Tastendruck angeschlagen werden. Meist nur ab c^1 nach oben reichend, manchmal auch im Pedal vorhanden.
Grobgedackt[83]) 16′, 8′	Holz oder Metall, tieferes Gedackt im Gegensatz zum höher liegenden Kleingedackt 8′, 4′.
Großmixtur	s. Hintersatz
Harfenregal	zartes Regal (s. S. 110).
Harfpfeife 8′	sehr eng, Metall, verschleiert streichend.
Harmonia aetherea	leise Mixtur aus Aeolinenpfeifen bestehend.
Hautbois	s. Oboe.
Hintersatz	meist Pedalmixtur (s. S. 106).
Hohlflöte 8′, 4′, 2′	Holz, weite Flöte.
Hörnlein	Kleinform des Kornett, gemischtes Farbregister, 2′ + 1³/₅′ oder 1³/₅′ + 1′ (s. S. 101).
Hornprinzipal 8′	Metall, hornähnlich klingendes Prinzipal, oft mit changierender Mensur gebaut, konisch.
Italienisch Prinzipal 8′ bis 1′	Metall, Prinzipal mit sanfter Klanggebung. Gute Verschmelzungsfähigkeit mit charakteristischem Prinzipalklang.
Kammergedackt	s. Musikgedackt.
Klarine	s. Clarine.
Klarinette 8′	durchschlagende Zungenstimme (s. S. 110).
Kleingedackt 8′, 4′, 2′	Holz oder Metall, s. Grobgedackt.
Kontrabaß 32′, 16′	Holz oder Metall, enge Mensur, starke Pedalstimme.
Kopftrompete 8′	auch Englisch Horn genannt. Zungenstimme mit trichterförmigem Schallbecher, der am oberen Ende durch einen „kopfartigen" Doppelkegel verdickt ist.
Koppelflöte 8′, 4′, 2′	Metall, unten zylindrisch, oben konisch.
Kornett	gem. Farbregister 8′ + 4′ + 2²/₃′ + 2′ + 1³/₅′ (s. S. 101).

---

[82]) Der Name kommt von der böhmischen *Fujara* = Hirtenpfeife.
[83]) *Grob* ist eine alte Bezeichnung und bedeutet groß.

8*

Krummhorn 16′, 8′	Zungenstimme mit zartem, näselndem Klang (s. S. 109).
Lieblich Gedackt 16′, 8′, 4′	Holz, zartes Gedackt mit enger Mensur.
Lochgedackt 8′, 4′	Holz oder Metall, Gedackt mit einem Loch im Hut (s. S. 48).
Mixtur	Klangkrone (s. S. 103).
Mollterz $^8/_{19}$′, $^{16}/_{19}$′	Obertonregister, 19. Teilton.
Montre 32′ bis 4′	französischer Name für das im Prospekt stehende Prinzipal (von franz. montrer = zeigen).
Musette 16′, 8′	Zungenstimme mit Doppelkegelbechern, recht zarter Klang.
Musikgedackt 8′	(Musiziergedackt, Kammergedackt) ist bei Barockorgeln ein (manchmal auch mehrere) Register im Kammerton, das speziell zur Begleitung mit anderen Musikinstrumenten gezogen wurde, wenn die übrigen Register im etwas höher liegenden Chorton (s. S. 28) gestimmt waren.
Nachthorn 4′, 2′, 1′	Metall, sehr weite Mensur, hohl-fülliger Klang.
Nasard oder Nasat 5$^1/_3$′, 2$^2/_3$′, 1$^1/_3$′	Metall, Quintregister, wie Blockflöte, Hohlflöte oder Nachthorn gebaut.
None 1$^7/_9$′, $^8/_9$′	Obertonregister, 9. Teilton.
Nonenkornett	Kornett mit Nonenreihe (s. S. 102).
Obertöne	repet. gemischtes Farbregister (s. S. 102).
Oboe (16′), 8′, 4′	Zunge mit halbgedeckten trichterförmigen Schallbechern (s. S. 108).
Octav	s. Oktave
Offenbaß 32′, 16′, 8′	prinzipalähnliches Pedalregister aus Holz.
Oktave 16′ bis 1′	Metall, Prinzipalregister, s. Prinzipal.
Oktavbaß 16′ bis 1′	Holz oder Metall, Prinzipalregister im Pedal.
Oktavzimbel	Zimbel nur aus Oktavchören bestehend (s. S. 105).
Paletta	repet. gemischtes Farbregister (s. S. 102).
Piccolo 2′, 1′	Metall, Flötenstimme.
Pommer 32′ bis 4′	Holz, Klang zwischen Gedackt und Quintade liegend.
Portunalflöte 8′	Holz oder Metall, sehr weiche Flöte, soviel wie Bordunflöte.
Posaune 32′, 16′, 8′	Holz, Pedalzunge mit weiten, trichterförmigen Schallbechern. Trompetenartiger kerniger Klang.
Praestant 16′, 8′, 4′, 2′[84]	Metall, Name für Prinzipal, das im Prospekt steht.
Prinzipal 32′ bis 2′	Metall, Prinzipalmensur. Die wichtigste Orgelstimme, kommt in jeder Orgel in meist mehreren Tonhöhen vor. In der tiefsten Lage heißt sie Prinzipal, die höheren Tonlagen nennt man Oktav. Steht meist im Prospekt und sollte aus 60–75%igem Zinn sein.
Prinzipalbaß 32′ bis 8′	Holz oder Metall, Prinzipal des Pedals.
Progressio oder Progressivharmonika	nicht repetierende Mixtur mit zum Diskant zunehmender Chorzahl (Progression)

[84] Von lat. praestare = vorstehen, vorn stehen.

Quartan	Farbregister aus $2^2/_3' + 2'$ oder $1^1/_3' + 1'$.
Quarte $1^5/_{11}'$, $^8/_{11}'$	Obertonregister, 11. Teilton (Quartabstand).
Querflöte oder	
Querpfeife $8'$, $4'$, $2'$	Metall, überblasendes Register.
Quintade(na) oder	
Quintatön $16'$, $8'$, $4'$	Metall, Gedackt mit enger Mensur, bei dem deutlich der 3. Teilton (Oberquinte = Duodezime) zu hören ist.
Quinte $10^2/_3'$ bis $1^1/_3'$	Holz oder Metall, entweder wie Prinzipal oder weiter mensuriert.
Quintbaß $10^2/_3'$, $5^1/_3'$	Holz, meist gedeckt. Dient mit dem um eine Quinte tieferen Prinzipalregister zur Erzeugung von Kombinationstönen (s. S. 36).
Quintflöte $2^2/_3'$, $1^1/_3'$	Metall, weite Mensur.
Rankett $16'$, $8'$	leises Regal, leicht summender Klang (s. S. 110).
Rauschpfeife	Farbregister $2^2/_3' + 2'$ (s. S. 101).
Rauschquinte	Farbregister $2' + 1^1/_3'$.
Regal $32'$ bis $4'$	kurzbechrige Zungenstimme (s. S. 110).
Regalzimbel	s. Zimbelregal.
Rohrflöte $16'$ bis $4'$	Holz oder Metall, eine halbgedeckte Stimme mit kurzem Röhrchen im Hut.
Rohrgedackt $8'$, $4'$	Metall, hat längere und weitere Röhrchen als die Rohrflöte.
Rohrkrummhorn $16'$, $8'$	Zungenstimme mit einem zweiten Rohr in dem üblichen zylindrischen Schallbecher.
Rohrtraverse $4'$	überblasende Rohrflöte mit Betonung des 3. und 5. Teiltons.
Salizional $8'$	Metall, sehr eng, zart streichend.[85]
Schalmey $8'$	Zungenstimme mit engen, konischen Bechern, die sich oben trichterförmig erweitern.
Scharff	Klangkrone mit hochliegenden Chören (s. S. 105).
Schellenflöte $4'$, $2'$	sehr weites Gedackt, durch sehr niedrigen Aufschnitt heller klingend.
Schweizer	bedeutet: überblasendes Register (s. S. 46).
Schwiegel $8'$ bis $1'$	Metall, Echoform des Weitprinzipals.
Septade $8'$ $4'$	trichterförmiges Gedackt mit deutlich hörbarer Septime.
Septime $2^2/_7'$, $1^1/_7'$	Obertonregister, 7. Teilton.
Septimenkornett	Kornett mit Septimenreihe (s. S. 102).
Sesquialtera	Farbregister mit $2^2/_3' + 1^3/_5'$.
Sextade $8'$, $4'$	trichterförmiges Gedackt mit deutlich hörbarer Sexte.
Sextan	Farbregister mit $1^1/_7' + ^8/_{11}'$.
Sexte $1^3/_{13}'$	Obertonregister, 13. Teilton (Sextenabstand).
Siebenquart	Farbregister mit $1^1/_7' + ^{16}/_{19}'$.

---

[85] Das Salizional ist dadurch in Verruf geraten, weil es – wie auch die Aeoline – in der romantischen Orgel ein ganz leises „Säuselregister" bildete. Mit deutlicher Ansprache versehen (ohne Kernstiche) hat dieser zarte Streicher doch einen gewissen Reiz. Jetzt meist Weidenpfeife genannt.

Sifflöte 2′, 1¹/₃′, 1′	Metall, wie Weitprinzipal.
Singend Cornet 4′, 2′, 1′	Regal, zum Cantus firmus im Pedal dienend.
Sordun 32′, 16′, 8′	leises Regal (s. S. 110).
Spanische Trompete	waagerechte Trompete im Prospekt (s. S. 112).
Spielflöte oder Spillflöte 8′, 4′, 2′	Metall, ähnlich Koppelflöte, jedoch enger.
Spitzflöte 16′ bis 1′	Metall, konisch gebaute Flöte.
Spitzgamba 8′, (4′)	Metall, konisch, enge Mensur, verschleiert streichend.
Spitzgedackt 8′, 4′	Metall, gedecktes konisches Register, klingt heller als das zylindrische Gedackt (s. S. 48).
Spitzquinte 2²/₃′, 1¹/₃′	Metall, wie Gemshorn oder Blockflöte gebaut.
Subbaß 32′, 16′, 8′	Holz, Pedalgedackt, weite Mensur, füllend.
Tertian oder Terzian	Farbregister mit weiter, manchmal auch enger Mensur: 1³/₅′ + 1¹/₃′ oder 3¹/₅′ + 2²/₃′.
Terz 3¹/₅′, 1³/₅′, ⁴/₅′	Obertonregister, Metall, weite Mensur.
Terzsept	Farbregister mit 1³/₅′ + 1¹/₇′.
Traversflöte 8′, 4′	Metall, überblasende Flöte.
Trichterregal 16′, 8′	Regal mit trompetenartigem Klang (s. S. 110).
Trompete 16′, 8′, 4′	Metall oder Holz, Zunge mit trichterförmigen Schallbechern, strahlender Klang.
Trompette harmonique 8′	Trompete mit doppelter Becherlänge (= Schweizertrompete s. S. 110)
Tuba 16′, 8′, 4′	trompetenähnliches Zungenregister, Klang etwas dunkler als bei der Trompete.
Unda maris 8′, auch 8′ + 4′	doppelte Schwebestimme (s. S. 106).
Untersatz 64′, 32′, 16′	Holz, meist gedecktes, manchmal auch offenes Pedalregister.
Viola di Gamba	s. Gambe
Viola 8′	Metall oder Holz, sehr eng, zart streichend.
Violine 4′, 2′	Metall, zarter Streicher.
Violon 32′, 16′, 8′	Holz, Pedalregister mit sehr enger Mensur.
Voce umana 8′	Prinzipalschwebung in altitalienischen Orgeln (s. S. 106).
Vox coelestis 8′	doppelte Schwebestimme mit sehr enger Mensur (s. S. 106).
Vox humana 8′	Regal (s. S. 110).
Waldflöte 4′, 2′	Metall, sehr weite konische Flötenstimme.
Weidenpfeife 8′, 4′	Metall, sehr eng, zart streichend, s. Salizional
Weitprinzipal 8′, 4′, 2′	Prinzipal mit weiterer Mensur.
Zartbaß 16′	abgeschwächter Subbaß (s. S. 159).
Zimbel	sehr hoch liegende Klangkrone (s. S. 105).
Zimbelregal	repetierende, hoch liegende Regalstimme (s. S. 112).
Zink	1. Farbregister 2²/₃′ + 1³/₅′ + 1¹/₃′, 2. trichterförmige Zunge, ähnlich wie Dulzian, nur sehr viel weiter mensuriert.

4.   Das Gebläse

Die Windversorgung der Pfeifen mit genügend gleichmäßigem Wind ist ein wichtiges Erfordernis für jede Orgel. Kannte man im Mittelalter nur die Winderzeugung durch mehrere *Keil-* oder *Spanbälge,* die durch einen oder oft durch viele Calcanten (s. u.) der Reihe nach betätigt wurden, so konnte gleichmäßiger Wind erst durch die Erfindung der *Magazinbälge* erzeugt werden, die heute noch in Gebrauch sind. Die Keilbälge waren im Prinzip ähnlich gebaut wie die heutigen *Schöpfbälge* (s. u.), wodurch der Orgelwind jedoch recht ungleichmäßig war und die Orgel oft „*windstößig*" klang.

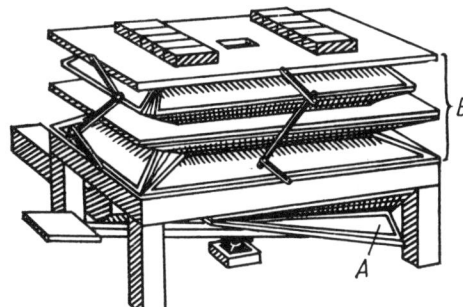

Abb. 22 Das Gebläse
A Schöpfbalg; B Magazinbalg

Das heutige Gebläse besteht aus zwei verschiedenen Balgarten: Einmal die direkte Winderzeugung durch einen oder zwei *Schöpfbälge* (Abb. 22 A, Abb. 23 a, b), durch Hand oder Fuß des *Calcanten*[1] (Bälgetreter) betrieben, jetzt aber meist durch einen elektrischen Ventilator (Abb. 24) abgelöst; zum anderen der *Magazinbalg* (Abb. 22 B, Abb. 23 c-f), der den aus den Schöpfbälgen stoßweise kommenden Wind in einen gleichmäßigen umwandelt.

Beim Schöpfbalg (Abb. 23) befindet sich eine aus Leder hergestellte „Falte" a zwischen der Unterplatte b des Schöpfbalges und der Unterplatte c des Magazinbalges. Dieser hat zwei Falten d, die zwischen der Unterplatte c und der Oberplatte e liegen. Eisenbänder mit Scharnieren, die sogenannten „Scheren" f, bewirken einen gleichmäßigen Aufgang beider Falten.
Der Winderzeugungsvorgang ist folgender: Wird durch den Trethebel g der Schöpfbalg zusammengedrückt, so wird die in ihm befindliche Luft durch das Rücklaufventil h in den

[1] Von lat. calcare = treten.

Magazinbalg gedrückt und treibt diesen hoch. Mit gleichmäßigem Druck, der durch die auf der Magazinbalgoberplatte e liegenden Ziegelsteine i eine bestimmte Stärke hat[2]), strömt der Wind nun durch den Windkanal k zu den Windladen und Pfeifen ab.

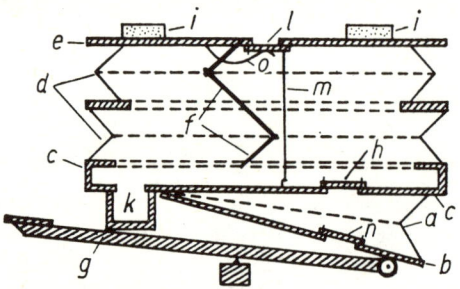

Abb. 23   Schnitt durch ein Gebläse

a Lederfalte;   b Schöpfbalgunterplatte; c Magazinbalgunterplatte; d Lederfalten; e Oberplatte; f Scheren; g Trethebel; h Rücklaufventil; i Ziegelsteine; k Windkanal; l Sicherheitsventil; m Schnur zu l; n Fangventil; o Feder

Wird kein Wind gebraucht, aber dauernd durch den Schöpfbalg zugeführt, öffnet sich bei einer bestimmten Höhe der Oberplatte e das Sicherheitsventil l, dessen Ventilplatte für gewöhnlich mit einer Feder o die Öffnung in der Oberplatte abschließt. Es spannt sich nämlich dann die Schnur m, wenn die Oberplatte eine bestimmte Höhe erreicht hat. Durch diese Ventilöffnung kann nun der überschüssige Wind entweichen.

Wird der Trethebel g wieder losgelassen, öffnet sich der Schöpfbalg durch seine eigene Schwere und saugt durch das Fangventil n Luft an. Die Verbindung zum Magazinbalg ist in diesem Augenblick durch das Rücklaufventil h gesperrt.

Der Vorgang des Schöpfens wird heute meist durch ein elektrisch getriebenes *Schleudergebläse* (Abb. 24) ersetzt, das den Wind direkt in den Magazinbalg treibt. Zur Schallabdichtung steht es in einem gut isolierten Kasten oder in einem Nebenraum. Doch gibt es heute so leise laufende Ventilatoren, die eine Schallisolierung nicht mehr brauchen.

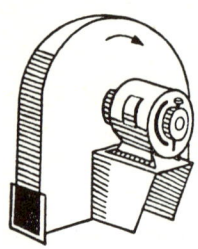

Abb. 24   Elektrisch betriebenes Schleudergebläse

Die Aufstellung des Gebläses auf dem Dachboden ist ungünstig, weil die dort vorhandene Luft im kalten Winter und im heißen Sommer eine ganz andere Temperatur hat als die im Orgelraum, wodurch sich die Pfeifen verstimmen.

Die Größe des Gebläses richtet sich nach dem Windverbrauch, der mit der Größe der Orgel anwächst. In größeren Orgeln sind immer mehrere Magazinbälge und zuweilen auch mehrere Elektroventilatoren vorhanden.

Vor den Windladen der einzelnen Manuale sind schon bei mittelgroßen Orgeln in den Windkanal *Ausgleichbälge* eingebaut – ähnlich wie Magazinbälge –, um Windschwankun-

[2]) Heute meist 35 bis 100 mm WS (Wassersäule, vgl. S. 69).

gen während des Spieles auszugleichen. Auf Grund der heute sehr leistungsstarken elektrischen Schleudergebläse, die schnell Wind nachfördern, auch wenn sehr viel gebraucht wird, werden die Magazin- und Ausgleichbälge meist nicht mehr als Faltenbälge, sondern als *Schwimmerbälge* (Abb. 25) gebaut, die wesentlich einfacher konstruiert sind.

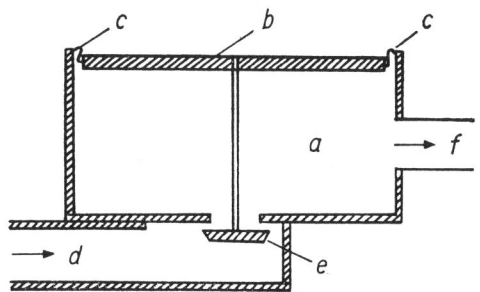

Abb. 25   Schwimmerbalg
a Balgkasten; b Balg- oder Schwimmerplatte; c Lederstreifen; d Windkanal vom
Gebläse; e Einlaßventil; f Windkanal zu
den Windladen

Der Schwimmerbalg besteht im wesentlichen aus einem länglichen Holzkasten a, dessen oben offene Seite – nicht vollständig – von einer schweren Holzplatte b bedeckt ist. Diese Holzplatte ist mittels eines rundherum befindlichen Lederstreifens c zwar locker beweglich, aber luftdicht mit den Oberkanten des Balgkastens verbunden. Der durch den Windkanal d aus dem Gebläse strömende Wind treibt nun die Balgplatte b nach oben, bis sich dadurch das mit der Balgplatte fest verbundene Einlaßventil e (hier schematisch eingezeichnet) schließt und weiteren Windzufluß verhindert. Durch das Gewicht der Schwimmerplatte b, das eventuell noch durch Federn verstärkt werden kann, bleibt der Wind im Balgkasten komprimiert und kann durch den Windkanal f zu den Windladen und Pfeifen abströmen (die Schwimmerplatte b „schwimmt" sozusagen auf dem Wind). Sobald Wind verbraucht wird, sinkt die Schwimmerplatte etwas ab und öffnet dadurch gleichzeitig das Ventil e, so daß sofort wieder Wind nachströmen kann.

In kleinen Orgeln wird heutzutage oft sogar der Magazinbalg weggelassen, weil der nötige Windausgleich allein durch *Schwimmerausgleichbälge* direkt unter den Windladen geregelt werden kann. Hier sitzen die Ausgleichbälge im Boden der Windkammer (vgl. Abb. 27 g), nun allerdings – umgekehrt wie eben beschrieben – mit der Schwimmerplatte nach unten. Den notwendigen Druck erhält die Balgplatte durch starke Metallfedern, die sie nach oben drücken. Auch an den Ausgleichbälgen werden Einlaßventile durch das „Spiel" der Schwimmerplatte geöffnet oder geschlossen, um die Windzufuhr in entsprechender Menge mit gleichmäßigem Druck zu regeln.

5. Windlade und Traktur

5.1. Allgemeines

Der vom Gebläse kommende Wind passiert, ehe er in die Pfeifen strömen kann, durch die *Windkanäle* hindurch erst die *Windladen,* auf denen die Pfeifen stehen. Sie haben die Aufgabe, den Gebläsewind aufzunehmen und ihn nach dem Willen des Spielers in die von ihm gewünschten Pfeifen zu leiten. Die Windlade ist sozusagen das Herzstück jeder Orgel; in ihr vollziehen sich die Umschaltungen und Verteilungsvorgänge, wie einmal die Windzufuhr zu den Pfeifen auf den Tastendruck hin zu öffnen bzw. zu schließen, zum anderen die Pfeifenreihen (Register) mittels der Registerzüge ein- und auszuschalten. Darüber hinaus hat die Windlade auch wesentliche Bedeutung für die Klangentwicklung (s. u.).

Die Verbindung von den Tasten und Registerzügen zu den in der Windlade befindlichen Ventilen nennt man Traktur[1]). Da Windlade und Traktur funktionsmäßig eng zusammengehören, sollen sie hier auch beide miteinander besprochen werden.

In einer Orgel sind mindestens so viel Windladen wie Klaviaturen (Manuale und Pedal) vorhanden, d. h., zu jeder Klaviatur gehört eine, bei großen Orgeln eventuell auch zwei oder mehr Windladen. Nach ihrer verschiedenen Bauart unterscheidet man drei Systeme:

1. *Tonkanzellenlade* (Schleiflade, Springlade)
2. *Registerkanzellenlade* (Kegellade, Membranen-, Taschenlade u. a. m.)
3. *Kastenlade* (Unitlade).

Eine eingehende Besprechung dieser drei Systeme ist erforderlich, weil wir sie alle in den heute vorhandenen Orgeln finden. In *einer* Orgel ist in der Regel nur eine dieser Windladenarten vorhanden. Befinden sich mehrere dort, so stammen sie meist aus verschiedenen Zeiten (durch Umbau, Erweiterung usw.).

Auf der Windlade stehen die Pfeifen hintereinander, die zu einer Taste gehören, und nebeneinander die Pfeifen eines Registers, z. B. in folgender Art:

	C	D	E	Fs	Gs	B	c	d	usw.	ds	cs	H	A	G	F	Ds	Cs
Prinzipal 4′	C	D	E	Fs	Gs	B	c	d	usw.	ds	cs	H	A	G	F	Ds	Cs
Oktav 2′	C	D	E	usw.												Ds.	Cs
Rohrflöte 8′	C	D														Ds	Cs
Mixtur	C	D														Ds	Cs

C-Seite   Cis-Seite

oder   ...d | c | B | Gs | Fs | E | D | C | Cs | Ds | F | G | A | H | cs | ds ...

---

[1]) Von lat. trahere = ziehen (die Ventile werden „aufgezogen").

122

Noch andere Aufstellungsarten sind möglich, deren Aufzeichnung hier aber zu weit führen würde. Nur so viel sei erwähnt, daß sich die Pfeifenaufstellung möglichst nach der Anordnung der Prospektpfeifen richtet.

Die *Traktur,* durch die die Ventile in den Windladen gesteuert werden, arbeitet ebenfalls nach verschiedenen Systemen:

1. *mechanisch*
2. *pneumatisch[2]),* wobei der Orgelwind zur Betätigung der Ventile benutzt wird
3. *elektrisch.*

Wir müssen auch zwischen derjenigen Traktur unterscheiden, die von den Tasten zu den Spielventilen zieht = *Spieltraktur,* und der, die von den Registerzügen aus die Register aus- und einschaltet = *Registertraktur* oder *Registratur.* Im allgemeinen findet sich in einer Orgel Spiel- und Registertraktur in derselben Art; doch muß das nicht unbedingt so sein. Fast jedes Windladensystem kann mit jeder Trakturart verbunden werden, nur haben sich nicht alle Verbindungen bewährt. Die Gründe dafür ergeben sich aus den folgenden Besprechungen.

5.2.   Die Tonkanzellenlade

Das Wesen der Tonkanzellenlade besteht darin, daß alle Pfeifen, die zu einer Taste gehören, eine *gemeinsame* Windzuführung, die *Tonkanzelle[3]),* aufweisen. Durch besondere Vorrichtungen können die einzelnen Register ein- oder ausgeschaltet werden, woraus sich die Unterschiede zwischen der Schleif- und Springlade ergeben.

5.2.1.   Die Schleiflade mit mechanischer Traktur

Die Schleiflade ist eine der ältesten Ladenformen und hat sich bis ins 19. Jahrhundert gehalten, als sie von der Kegellade verdrängt wurde. Heute, klangtechnisch als die beste Ladenform erkannt, wird sie wieder gebaut, ausgestattet mit den Erkenntnissen moderner Technik.

Im wesentlichen handelt es sich bei der Schleiflade darum, daß sich unter den verschiedenen Pfeifen, die zu *einer* Taste gehören, nur *ein* Ventil befindet, das die Windzufuhr zu eben diesen Pfeifen öffnet oder unterbricht. Die einzelnen Register werden dadurch an- oder abgestellt, daß unter den Stockbohrungen aller Pfeifen eines Registers eine *Schleife* entlangläuft. Diese „Schleife" ist eine dünne, schmale Leiste aus Holz oder heutzutage auch Kunststoffen (z. B. Plexiglas), die ebensolang wie die Windlade ist (Abb. 26). Die Schleife enthält ebenso viele genau unter die Stockbohrungen passende Löcher, wie das Register Pfeifen hat, und kann durch den Registerzug in ihrer Längsrichtung verschoben werden. Dann liegen die Schleifenlöcher entweder direkt unter den Bohrungen des Pfeifenstocks, wodurch der Wind durchströmen kann, oder diese Löcher sind längs verschoben, so daß die Windzufuhr abgesperrt ist.

---

[2]) Von griech. πνεῦμα (sprich pneuma) = der Wind.
[3]) Von lat. cancelli = Schranken. Kanzelle bedeutet: mit Schranken versehener Raum, vgl. auch das Wort Kanzel.

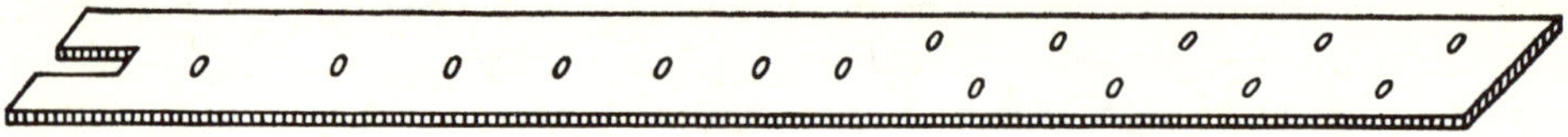

Abb. 26   Die Schleife einer Schleiflade

Die Arbeitsweise einer Schleiflade mit mechanischer Traktur soll an Hand der Abb. 27 genauer erklärt werden (vgl. Bildtafel 14):
Durch Druck auf die Taste a wird die *Abstrakte* b[4]), ein schmales Holzleistchen, abwärts gezogen. Da sich die Pfeifen meistens nicht genau über der Taste befinden, zu der sie gehören, muß diese Bewegung nun durch das *Wellenwerk* c[5]) zur Seite geführt werden. Das Wellenwerk besteht aus drehbaren Wellen, an denen je zwei *Wellenärmchen* d befestigt sind. Die Wellen selbst sind mit Haltern auf dem *Wellenbrett* e befestigt.[6])
Wird der eine Wellenarm d_1 von der Abstrakte b nach unten gezogen, bewegt sich der andere Wellenarm d_2 auf derselben Welle ebenfalls nach unten, so daß die an ihm befestigte Abstrakte f nun auch abwärts gezogen wird. Diese Abstrakte geht kurz vor der Windlade in einen Messingdraht über, der durch ein Loch im Boden des *Ventilkastens* oder *Windmer* g bis zum Ventil i geführt ist. In der Windkammer befindet sich – durch die Windkanäle mit dem Gebläse verbunden – dauernd Wind. Damit durch das Loch im Boden kein Wind nach außen entweichen kann, ist um den Draht ein Beutelchen aus Leder gebunden, die sogenannte *Pulpete* h, die an den Boden des Windkastens geleimt ist.[7])
Der von der Abstrakte f weiterlaufende Draht ist am *Tonventil* i befestigt und kann es dadurch bei Tastendruck gegen den Druck der *Ventilfeder* k öffnen, aber auch gegen den Druck des Windes, der sich im Ventilkasten befindet und auf die Ventilfläche drückt. Sowie sich das Ventil etwas geöffnet hat, gleicht sich der Winddruck vor und hinter dem Ventil aus, wodurch die weitere Ventilöffnung nur noch gegen den Druck der Ventilfeder k leicht vor sich gehen kann. An der Taste macht sich dieser Vorgang als eigentümlicher *Druckpunkt* bemerkbar (nach einem anfänglichen stärkeren Widerstand zu Beginn des Tastenganges läßt sich nach dessen Überwindung die Taste leicht hinabdrücken).
Nach vollständiger Öffnung des Tonventils ist der Weg für **den** in der Windkammer vorhandenen Wind frei, um durch den Ventilschlitz in die darüberliegende *Tonkanzelle* l_2 einzudringen, über der die Pfeifen für die Taste a von sämtlichen auf der Lade befindlichen Registern stehen.
Die Kanzellen sind durch die *Kanzellenschiede* m voneinander getrennt. Den Boden der Kanzelle bilden die *Kanzellenspunde* n, während das Dach vom *Fundamentalbrett* o gebildet wird, das so viele Bohrungen besitzt, wie Pfeifen auf der Windlade stehen (bei den gemischten Stimmen sind die Verhältnisse etwas anders, s. u.). Über den Bohrungen des

---

[4]) Von lat. abstrahere = abziehen. Heute werden vielfach auch dünne Stahlseile oder Stangendrähte aus Aluminium benutzt.
[5]) Manchmal wird dafür auch der Ausdruck *Wellatur* angewandt, der aber ein abscheuliches Mischwort ist, das aus dem Wort „Welle" gebildet wurde.
[6]) Zuweilen findet man auch anstelle des Wellenwerkes ein Brett mit *Winkelhaken,* bei dem die Seitwärtsbewegung der Abstrakten über bewegliche Winkel geführt wird.
[7]) Heute wird der Ventildraht manchmal durch eine fein durchbohrte Messingplatte oder durch einen Kunststoffstreifen geführt. Auch haben sich anstelle der Pulpeten kleine, locker aufliegende Bleischeiben bewährt, durch deren Mitte der Ventildraht beweglich hindurchläuft.

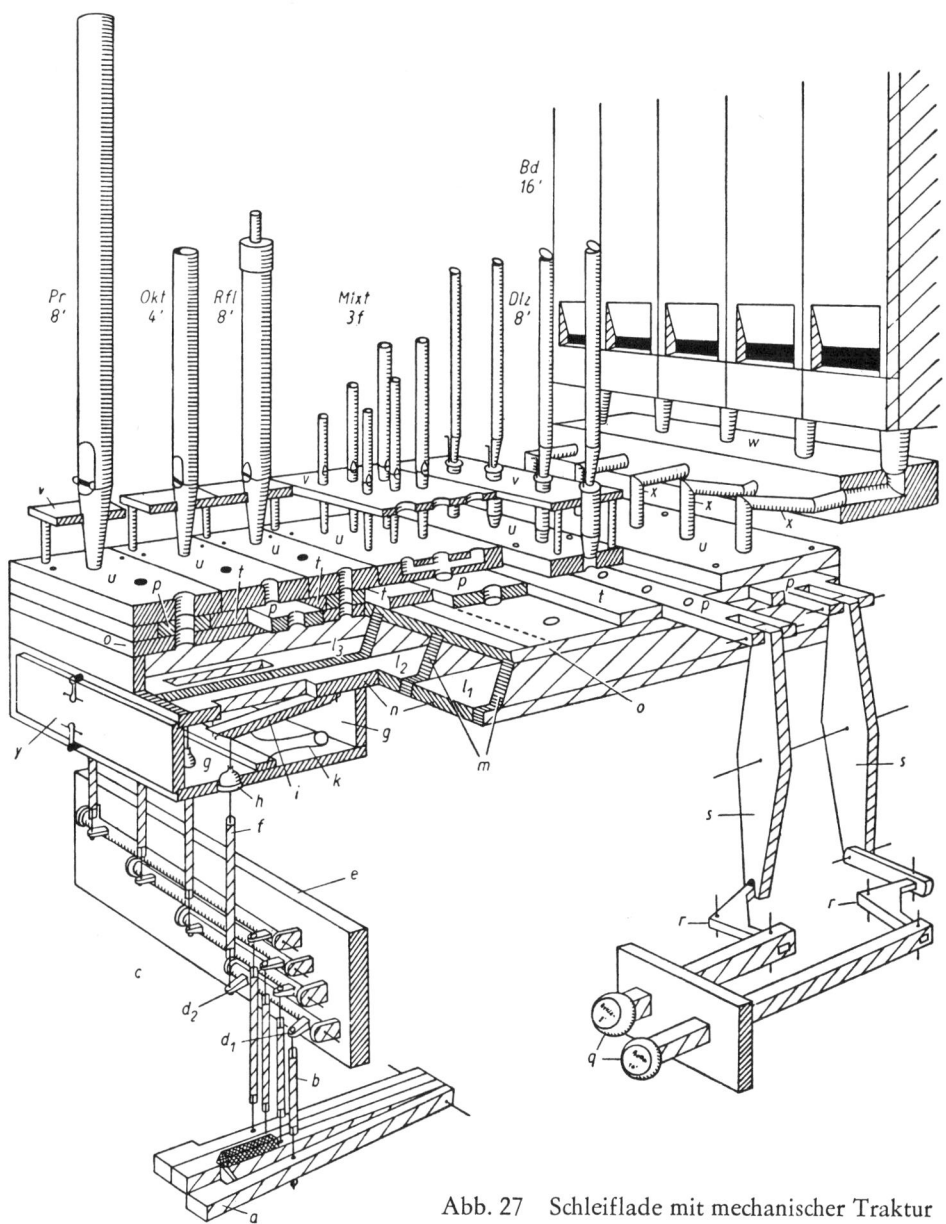

Abb. 27   Schleiflade mit mechanischer Traktur

a Taste; b Abstrakte; c Wellenwerk; d Wellenärmchen; e Wellenbrett; f Abstrakte;
g Ventilkasten oder Windkammer; h Pulpete; i Tonventil; k Ventilfeder; l Tonkanzelle;
m Kanzellenschiede; n Kanzellenspunde; o Fundamentalbrett; p Schleifen; q Registerzüge; r Winkel; s Wippen; t Dämme; u Pfeifenstöcke; v Pfeifenrastbretter; w Pfeifenbank; x Kondukten; y Windkammerspund

Pr. 8′ = Prinzipal 8′   Okt. 4′ = Oktav 4′   Rfl. 8′ = Rohrflöte 8′   Dlz. 8′ = Dulzian 8′
Bd. 16′ = Bordun 16′

Fundamentalbrettes liegen die verschiebbaren *Schleifen* p, durch die alle Bohrungen eines Registers versperrt oder geöffnet werden können.

Betätigt werden die Schleifen durch die Registerzüge *q*, die über die *Winkel* r und die *Wippen* s (auch *Schwerter* genannt) die Schleifen um einige Zentimeter seitwärts verschieben können. Zwischen den verschiedenen Schleifen befinden sich die *Dämme* t, die als Führung für die Schleifen dienen. Und über diesen liegen erst die verschiedenen *Pfeifenstöcke* u, über deren Bohrungen, die oben kesselförmig eingebrannt sind, die Pfeifen eines Registers stehen. Damit die Pfeifen nicht umfallen, stehen sie, nach oben herausziehbar, in den *Pfeifenbrettern* v. Große Pfeifen sind mit Haken an querlaufenden Leisten befestigt.

Der Wind, der sich – nur bei gedrückter Taste und damit offenem Tonventil – in der Tonkanzelle l_3 befindet, kann nur dann in die Pfeifen strömen, wenn die Bohrungen im Fundamentalbrett o, in der Schleife p und im Pfeifenstock u sich übereinander befinden (hier bei den Registern Prinzipal, Rohrflöte, Mixtur und Bordun). Ist ein Register nicht gezogen (bei Oktav und Dulzian), dann versperrt die seitwärts verschobene Schleife den Durchgang des Windes, weil nun die Schleifenbohrungen nicht mit den anderen Bohrungen im Fundamentalbrett und Pfeifenstock übereinander stehen.

Die Mixturpfeifen, bei denen bekanntlich mehrere zu einer Taste gehören, haben am Pfeifenstock unten nur eine Bohrung, die sich dann im Pfeifenstock in so viele Bohrungen, wie Pfeifen (Chöre) zu einer Taste gehören, verzweigen (s. bei Mixtur).

Oft stehen große Pfeifen (hier Bordun 16') nicht direkt auf der Windlade, weil sie wegen ihrer Größe zu viel Platz brauchen. In diesem Falle werden sie auf eine besondere *Pfeifenbank* gestellt, wo sie ihren Wind durch Röhren aus Zinn oder Zink, heute meist aus biegsamem Plastik, den sogenannten *Kondukten*[8]), zugeleitet bekommen, die anstelle der Pfeifen in den Bohrungen des Pfeifenstocks u stecken. Diese Pfeifen stehen „*verführt*", wie der Fachausdruck lautet. Auch klingende *Prospektpfeifen* stehen verführt und werden auf diese Weise mit Wind versorgt.[9])

Vielfach steht das Register Kornett (s. S. 101), besonders in französischen Orgeln, „aufgebänkt". Das bedeutet, daß die Kornettpfeifen nicht in der gleichen Ebene wie die übrigen Pfeifen auf der Windlade stehen, sondern auf besonderen Pfeifenbänken etwa 1 m hoch über der Windlade aufgestellt sind. Die Verbindung von den Pfeifenstöcken auf der Windlade zu diesen Pfeifenbänken geschieht ebenfalls durch Kondukten. Der Grund für die höher angeordnete Aufstellung der Kornettpfeifen ist der, daß ihre Klangabstrahlung dort besser ist, weil das Kornett als Soloregister dient (s. Bildtafel 13).

Um bei Reparaturen an die Windkammer g zu gelangen, ist ihre Vorderwand, der *Windkammerspund* y, abnehmbar eingerichtet. Dadurch lassen sich zerbrochene Ventilfedern leicht auswechseln.

Eine Sonderform der mechanischen Traktur muß noch erwähnt werden: die *Stechermechanik* (Abb. 28). Sie ist nur dann anwendbar, wenn die Pfeifen so dicht nebeneinander stehen können, daß die Tonkanzellen nicht breiter als eine Tastenbreite sind. Das ist nur bei Positiven (s. S. 198) mit relativ kleinen und engen Pfeifen möglich. In diesem Fall liegt die

---

[8]) Von lat. conducere = zusammenführen, verbinden.
[9]) Verführungen lassen sich aber auch durch ausgebohrte Windkanäle in den Pfeifenstöcken selbst herstellen, wenn die Pfeifen wegen ihrer Größe nicht direkt über den Kanzellen stehen können, sondern einige Zentimeter bis Dezimeter verschoben („verführt") – jedoch noch auf dem Pfeifenstock – aufgestellt werden müssen.

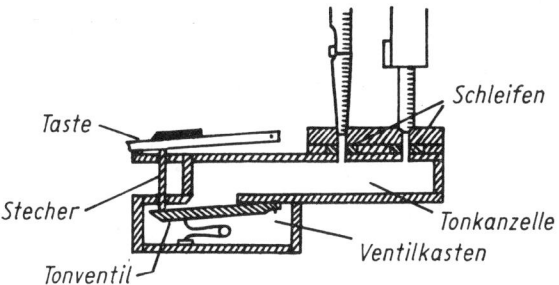

Abb. 28 Schleiflade mit Stechermechanik (bei Positiven)

Klaviatur über dem vorderen Teil der Windlade. Durch Stecher drückt dann die Taste direkt das Tonventil auf. Auf der Abb. 28 läßt sich die Arbeitsweise der einfachen Stechermechanik deutlich erkennen.

Bewährt hat sich übrigens der zusätzliche Einbau solcher Stecher auch an Windladen mit der üblichen Traktur. Mittels dieser Stecher (ohne Tasten) kann dann der Stimmer das Tonventil direkt an der Windlade aufdrücken, um die Pfeifen allein ohne einen Tastenhalter[10]) zu stimmen.

Allerdings hat die Schleiflade einige Nachteile, durch die ihre Wiedereinführung in der Jetztzeit trotz anerkannter bester Klangverhältnisse erschwert wurde. Dazu gehört einmal die schwierige Herstellung. Denn bei nicht genauer und korrekter Arbeit können manchmal „*Durchstecher*" auftreten, d. h., es „heulen" Pfeifen mit, die nicht ertönen sollten. Dieser Fehler kann dann entstehen, wenn die Schleifen bei großer Hitze und Trockenheit schwinden, wodurch Wind in falsche Pfeifenbohrungen dringen kann. Deshalb gibt es bei Schleifladenorgeln *Sperrventile* (vgl. S. 147), die, durch Registerzüge betätigt, den Wind zu den einzelnen Laden völlig absperren können. Bei großer Feuchtigkeit dagegen quellen manchmal die Schleifen und lassen sich dadurch kaum oder gar nicht bewegen. Doch werden diese Fehler durch manche technischen Erkenntnisse heute weitgehend ausgeschaltet, wodurch die Betriebssicherheit der Schleiflade jetzt der der anderen Laden gleichkommt.

Bei einem solchen System z. B. wird zwischen der Schleife und dem Fundamentalbrett oder – nach oben – dem Pfeifenstock ein reichlich bemessener freier Spalt gelassen, der an den Lochbohrungen von teleskopartig zusammenschiebbaren Hülsen (Teleskop-Hülsen) ausgefüllt wird, die sich federnd der Schleife fest anschmiegen und damit den Windweg von der Kanzelle zur Pfeife hin abdichten. Nun ist es gleichgültig, ob das Holz quillt und damit den freien Spalt verengt, oder ob sich durch Schwinden (Schrumpfen) des Holzes der freie Spalt vergrößert: Die Windführung ist abgedichtet, auch gleitet die Schleife immer gleich leicht.

In früheren Zeiten bediente man sich zur Behebung von Durchstechern der sogenannten „spanischen Reiter". Das sind feine schrägstehende, kreuzförmig angeordnete Kerben an der Oberseite der Schleifen zwischen den Bohrungen. Über diese Kerben wird der sich „verschleichende" Wind nach außen abgeleitet.

Heuler (dauernd schwach klingende Pfeifen) bei schlechtem Verschluß des Tonventils oder bei Sprüngen im Holz der Lade beseitigte man früher durch sogenannte „*Frösche*". Hier-

---

[10]) Mit *Tastenhalter* wird die Person am Spieltisch bezeichnet, die auf Zuruf des in der Orgel arbeitenden Stimmers oder Intonateurs die erforderlichen Tasten drückt (hält).

bei wurden die Kanzellenenden angebohrt und die Bohrungen mit einem Lederfleck als Ventil versehen. Geringer, nicht erwünschter Wind kann durch dieses nicht völlig dicht schließende Ventil nach außen abfließen. Der kräftige Pfeifenwind dagegen preßt das Leder an die Bohrung und verschließt sie somit.

Da der Druckpunkt (s. S. 124) bei besonders großen Tonventilen, z. B. bei den großen Pfeifen im Pedal oder im Baß der Manualwerke oft sehr groß ist und die Spielweise erschwert, werden zuweilen unter den Tonventilen sogenannte *Vorventile* angebracht (s. Abb. 29).

Bei einer dieser Konstruktionen sitzt direkt unter dem Tonventil a, das in der Mitte eine kleine Bohrung b aufweist, noch ein ähnlich gebautes Ventil c, das eben diese Bohrung verschließt. Bei Zug an der Abstrakte d öffnet sich erst das kleinere Vorventil um 1–2 mm und sorgt so für einen gewissen Winddruckausgleich durch die Bohrung des größeren Tonventils hindurch. Bei weiterem Zug an der Abstrakte nimmt nun die Stirnseite des Vorventils c das Tonventil a mittels eines Hakens e am Tonventil mit, so daß sich dieses voll öffnen kann.

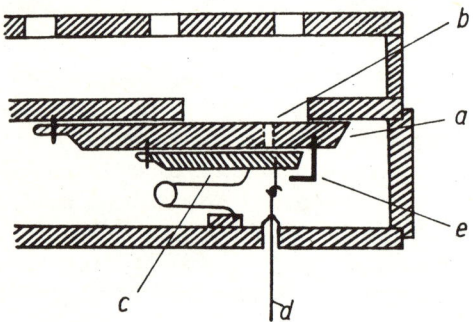

Abb. 29   Vorventil

a Tonventil; b Bohrung im Ventil; c Vorventil; d Abstrakte; e Metallhaken

Eine Eigenart der mechanischen Traktur besteht darin, daß sich die Trakturglieder – besonders bei langen Trakturen – im Sommer durch die Wärme etwas ausdehnen. Dadurch bedingt können dann die Tasten so tief liegen, daß ihr Tiefgang zu gering wird, um die Tonventile genügend zu öffnen. Im umgekehrten Falle – im Winter bei verkürzter Traktur – stehen oft die Tasten zu hoch, so daß sich die Tonventile nicht genügend schließen und sogar Heuler auftreten können. Das *Nachstellen der Traktur* kann jeder geschickte Organist an den kleinen Stellmuttern vornehmen, mit denen die Abstrakten an den Tastenschwänzen befestigt sind. Neuerdings werden vielfach automatische Trakturspanner eingebaut, wodurch das Nachstellen entfällt.

Das einfache Prinzip der *automatischen Trakturspanner* beruht darauf, daß im Innern der Orgel durch einen beweglichen Mechanismus mittels Gewichten die Traktur eines gesamten Teilwerks (Manual bzw. Pedal) immer gleichäßig gespannt wird und dadurch Ausdehnungen oder Verkürzungen der Traktur laufend ausgeglichen werden.

Auf der Abb. 30 ist eine Traktur mit zwei Winkelgliedern aufgezeichnet, wie sie z. B. bei einem freistehenden Spieltisch erforderlich ist, um die Traktur unter dem Emporenboden vom Spieltisch zur Orgel zu führen. Der Winkelbalken a, an dem alle Winkel für die Tasten eines Manualwerkes befestigt sind, ist am Boden starr befestigt. Der Winkelbalken b jedoch ist mit zwei schrägen Armen c derart beweglich am Boden befestigt (Drehpunkt auf der Abb. links unten), daß er sich im ganzen einschließlich aller an ihm befindlichen Winkel schräg nach oben oder unten entsprechend der eingezeichneten Pfeilrichtung

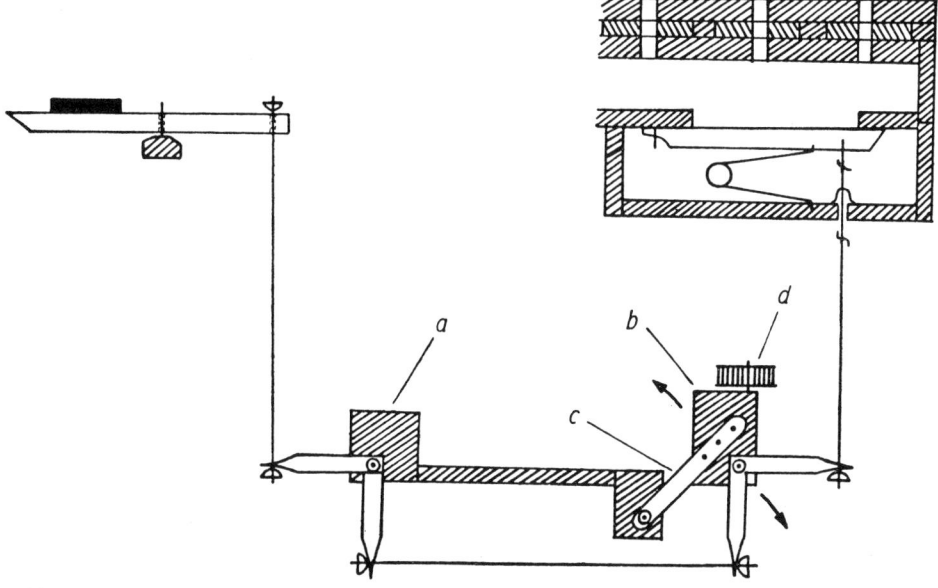

Abb. 30 Automatischer Trakturspanner

a fester Winkelbalken; b beweglicher Winkelbalken; c Befestigungsarm; d Gewicht

heben oder senken kann. Ein dort angebrachtes, genau ausgewogenes Gewicht d bewirkt, daß dieser Winkelbalken bei normaler Spannung der Traktur eine gewisse Mittelstellung einnimmt, auch wenn die Traktur durch mehrstimmiges Spiel zusätzlich belastet wird. Erst wenn mehr als zehn Tasten auf einmal gedrückt werden, wird eine solche Belastung größer als der Gegendruck des Gewichts: dann hebt sich der ganze Winkelbalken nach oben, was aber normalerweise beim Spiel nicht vorkommt (denn mehr als zehn Tasten kann man nicht auf einmal drücken!). Beim sog. „Clusterspiel" (Ligeti) versagt allerdings der automatische Trakturspanner.

Wenn sich nun im Sommer die gesamte Traktur etwas ausdehnt (verlängert), sorgt das Gewicht des Winkelbalkens dafür, daß dieser sich in schräger Richtung so weit senken kann, bis die normale Spannung der Traktur wieder erreicht wird. Umgekehrt zieht die im Winter insgesamt verkürzte Traktur den ganzen Winkelbalken einschließlich des Gewichts so weit nach oben, bis die Verkürzung wieder ausgeglichen ist.

5.2.2. Die Springlade

Eine andere – seltenere – Form der Tonkanzellenlade ist die *Springlade*. Anstelle der Schleifen befindet sich hier unter jeder Pfeifenbohrung ein Ventil, das durch Registerleisten von oben her mittels Stechern geöffnet werden kann. Beim Abstoßen des Registers „springen" alle Ventile dieses Registers durch ihre Federn wieder zu, woher der Name Springlade kommt.

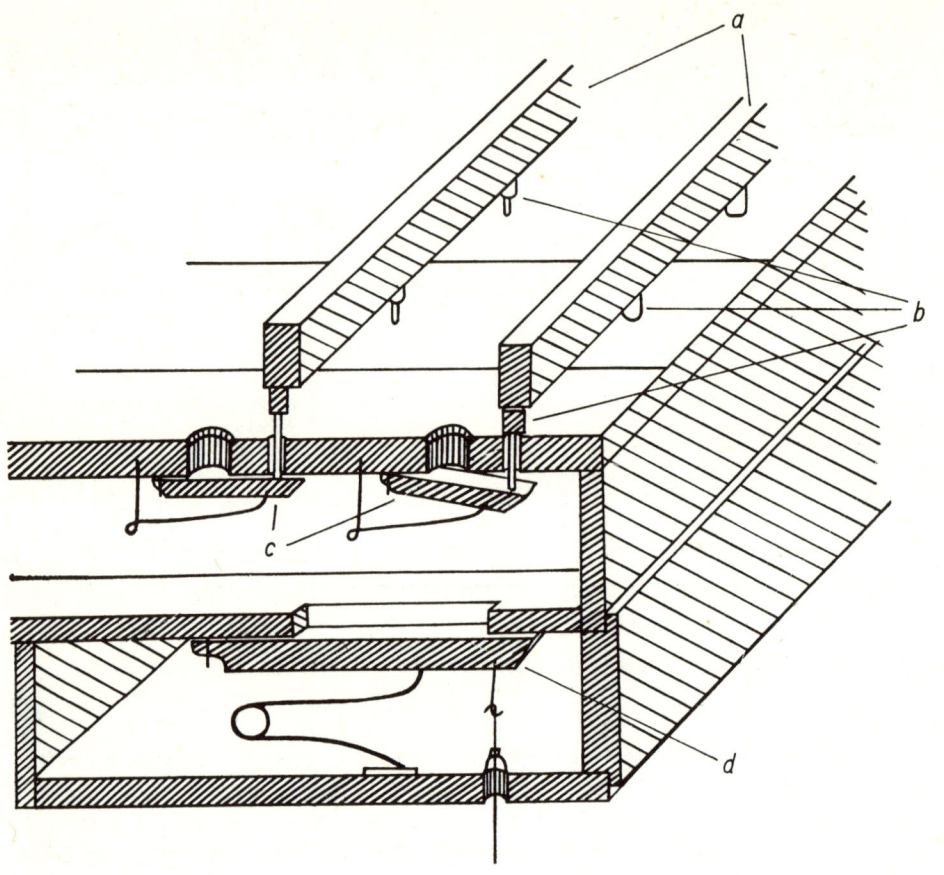

Abb. 31   Springlade

a Registerleisten
b Stecher
c Springventile
d Tonventil

Das Prinzip der Springlade wird auf Grund der Abb. 31 leicht zu erkennen sein. Parallel
zu den Pfeifenbohrungen der Register liegen die sogenannten Registerleisten a über der
Windlade. Beim Ziehen des Registerzuges wird die Registerleiste im ganzen abwärts ge-
drückt (s. rechte Registerleiste) und öffnet somit über die Stecher b alle Springventile c,
die zu dem Register gehören. Nun erst kann der Wind aus der Kanzelle in die Pfeife drin-
gen, sofern das Tonventil d geöffnet ist. Beim Abstoßen des Registerzuges (s. linke Re-
gisterleiste) geht die Registerleiste im ganzen wieder nach oben, woraufhin alle Ventile
durch den Druck ihrer Federn wieder zuspringen. Dem Wind ist nun der Durchtritt in die
Pfeifen versperrt.

Die Springlade wurde im 17. Jahrhundert öfters gebaut, ist jedoch wegen schwierigerer
Herstellung und häufigem Versagen bald wieder verlassen worden. Doch gibt es noch

manche alten Springladen, die – von einem Könner gebaut – immer noch gut ihren Dienst tun (z. B. von *Berendt Hueß* in Stade, St. Cosmae, 1668). Auch neuerdings werden gelegentlich wieder Springladen gebaut.

5.3.   Die Registerkanzellenlade

Ein anderes Windladensystem bilden die Registerkanzellenladen, bei denen im Gegensatz zu den Tonkanzellenladen alle Pfeifen *eines* Registers eine gemeinsame Windzuführung haben, die *Registerkanzelle.* Sie enthält nur dann Wind, wenn ein großes Registerventil durch den Registerzug geöffnet ist; sonst ist sie windlos. In den Registerkanzellen befinden sich die Pfeifenventile, die auf Tastendruck geöffnet werden und den Wind aus dieser Kanzelle in die Pfeifen strömen lassen. Hier braucht jede Pfeife ein Ventil, dessen Form den einzelnen Windladen ihre Namen gibt. Am häufigsten werden folgende Registerkanzellenladen gebaut:

Kegellade mit kegelförmigem Pfeifenventil
Membranenlade; das Ventil besteht aus einer Membrane
Taschenlade, Bälgchenlade u. a. m.

5.3.1.   Die Kegellade mit mechanischer Traktur

Seit der Mitte des 19. Jahrhunderts hat die Kegellade die Schleiflade verdrängt. Heute wird sie nur noch selten gebaut. Im wesentlichen handelt es sich bei ihr darum, daß sich bei jeder Pfeife ein *kegelförmiges* Ventil befindet, das dem Wind aus der unter allen Pfeifen eines Registers laufenden Registerkanzelle den Weg zu den Pfeifen freigibt. An Hand von Abb. 32 soll eine kurze genaue Erklärung einer Kegellade mit mechanischer Traktur folgen. Der Weg von der Taste bis zur Windlade mit Abstrakten und Wellenwerk ist bei der Schleiflade schon erklärt worden; er ist hier der gleiche.
Wird die Abstrakte a durch Tastendruck nach unten gezogen, so zieht sie den Wellenarm b ebenfalls abwärts. Dadurch heben alle Wellenärmchen c auf der Vorderseite der Welle d die Kegelventile e über ihre Stecher f. Befindet sich in den Registerkanzellen g Wind (nur dann möglich, wenn die hier nicht eingezeichneten Registerventile durch ihre Registerzüge geöffnet sind), so kann er durch die nun offenen Ventilöffnungen in die Windführungen b und von dort in die Pfeifen strömen.
An den Stechern f ist jeweils direkt unter der Windladenbohrung ein kleines „Konterventil" angebracht, das bei geöffnetem Ventil e die untere Bohrung (für den Durchtritt des Stechers) verschließt, damit dort kein Wind entweichen kann. Bei geschlossenem Ventil läßt das Ventil die Bohrung frei, so daß dort der Restwind aus dem Windkanal b entweichen kann. Mit i sind Führungsstifte für die Kegelventile bezeichnet.
Wenn sich in einer der Registerkanzellen g kein Wind befindet (Register nicht gezogen), kann trotz geöffnetem Kegelventil kein Wind in die Pfeife dringen. Es klingen also nur die Pfeifen, deren Register gezogen sind.
Auf der rechten Seite der Abb. 32 sind die Verhältnisse bei geschlossenem Kegelventil dargestellt.

9*

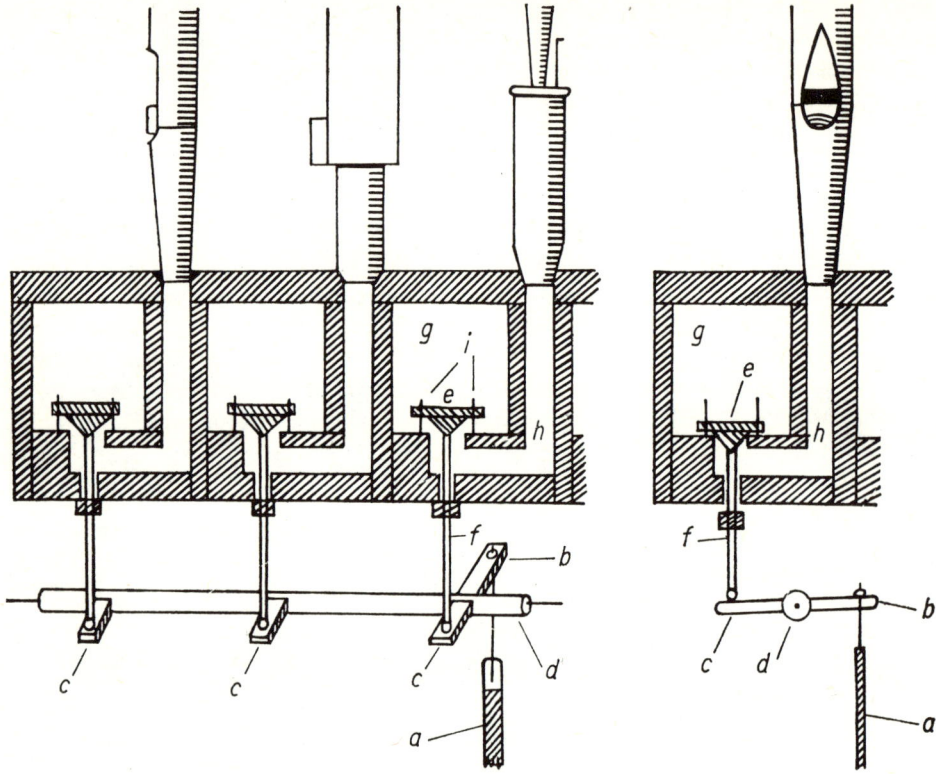

Abb. 32 Kegellade mit mechanischer Traktur

a Abstrakte; b Wellenarm; c Wellenarm; d Welle; e Kegelventil; f Stecher mit Konterventil; g Registerkanzelle; h Windführungen; i Führungsstifte

5.3.2. Die Kegellade mit pneumatischer Traktur

Wesentliche Bedeutung für den Weg von der Taste bis zur Windlade hatte die Erfindung
der pneumatischen Traktur, bei der der Orgelwind zur Steuerung der Ventile benutzt wird.
Dadurch fiel die ganze Mechanik weg, auch wurde das Spiel auf den Tasten leichter. Es
handelt sich darum, daß die Kegelventile nicht mehr auf mechanischem Wege angehoben
werden, sondern durch kleine Bälge, die vom Orgelwind, in diesem Falle *Arbeitswind,*
aufgeblasen werden. Dieser strömt durch dünne Röhren, auch *Kondukten*[11]) genannt, von
einem kleinen Ventil an der Taste bis zur Windlade. Darüber später mehr.
Vorher wäre noch zu erwähnen, daß die *Röhrenpneumatik,* so genannt wegen der erwähnten Röhren oder Kondukten, ihren Vorläufer im *Barker-Hebel* hatte. Die *„pneumatische
Maschine",* wie sie der englische Orgelbauer Barker nannte, von dem sie 1832 erfunden
wurde, hatte – kurz gesagt – für jede Taste einen kleinen Balg, in den durch Tastendruck
Wind einströmte. Dieser Balg öffnete sich dadurch und bewegte so die ganze Mechanik

[11]) Siehe Anmerkung S. 126. Die Röhren haben einen Durchmesser von etwa 3–7 mm.

mit Abstrakten, Wellen und Winkeln. Die Spielart der mechanischen Traktur wurde dadurch zwar leicht, dafür trat aber eine gewisse Verzögerung zwischen Tastendruck und Pfeifenansprache auf; denn der kleine Balg braucht eine kleine, jedoch merkliche Zeit, um die ganze Mechanik zu bewegen.[12]

Die jetzt zu besprechende Röhrenpneumatik krankt noch stärker an diesem Übel. Sie wird deshalb nicht mehr gebaut. Die Tonverzögerung beträgt hier manchmal mehrere Bruchteile von Sekunden. Dies beruht darauf, daß durch die Länge der Kondukten der Arbeitswind infolge seiner Elastizität eine gewisse Zeit braucht, um den nötigen Druck zum Füllen der Arbeitsbälgchen, und damit zum Öffnen der Ventile, fortzuleiten. Durch zwischengeschaltete Relais kann diese Tonverzögerung etwas verringert werden. Bei der Kegellade tritt noch eine zusätzliche Verzögerung dadurch ein, daß die Kegelventile eine zwar geringe, aber doch merkliche Masse haben, die der Arbeitswind überwinden muß.

Nun die Erklärung einer Kegellade mit pneumatischer Traktur an Hand von Abb. 33 (vgl. auch Abb. 32).

Wird eine Taste gedrückt, so hebt deren hinteres Ende, der Tastenschwanz, das kleine Ventil bei A, worauf Arbeitswind aus dem oberen Teil des Ventilkastens A in dessen unteren Teil strömen kann – bei B noch einmal im Querschnitt gezeigt. Von dort gelangt der Wind in die vordere Kondukte C, die bis an die Windlade führt. Hier befindet sich als Relais ein kleiner Balg D, der durch den Arbeitswind aufgeblasen wird und dadurch das Tonventil E öffnet. Nun kann Wind aus dem Windkanal F in die Bälgchenleiste G eindringen und sämtliche auf dieser Leiste sitzenden Bälgchen öffnen, die ihrerseits alle Kegelventile, die zu einer Taste gehören, anheben (vgl. Abb. 32). Der weitere Weg ist derselbe wie auf Abb. 32. Durch die Öffnung am Kegelventil kann jetzt der Wind aus der Registerkanzelle RK in die Pfeife strömen, vorausgesetzt, daß sich in der Registerkanzelle Wind befindet.

Wird die Taste losgelassen, fallen alle Bälgchen dieses Systems zusammen, d. h., es schließt sich das Ventil bei A, an dessen unterem Ende sich wieder ein kleines Konterventil (s. S. 131) befindet, das nun den dort vorhandenen Windauslaß WA öffnet. Jetzt kann der noch in der Kondukte C vorhandene Arbeitswind durch eben diesen Windauslaß nach außen entweichen. Daraufhin fällt das Lederbälgchen D zusammen. Hierauf schließt sich das Ventil E, sein Konterventil öffnet dabei gleichzeitig den kleinen dazugehörenden Windauslaß, und der Wind aus der Bälgchenleiste G strömt durch ihn ab. Daraufhin fallen die Bälgchen unter den Kegelventilen zusammen und schließen damit die Kegelventilöffnungen: Die Pfeife verstummt. Wenn dieser Vorgang auch sehr schnell vor sich geht, dauert er doch Bruchteile von Sekunden.

Der Vorgang zur Betätigung des Registerventils H ist ähnlich: Vorderste und hinterste Registertaste sind gedrückt, die betreffenden Ventile bei I geöffnet (vgl. B). Dadurch ist nun Arbeitswind in den Kondukten K und K', der die Bälgchen L und L' aufbläst, durch die die Ventile in Ventilrelais M geöffnet werden. Nun kann der Arbeitswind aus dem Windkanal N den Registerbalg O füllen, der seinerseits das Registerventil H hebt und damit öffnet. Durch die Registerventilöffnung strömt jetzt der Wind aus dem Windkanal WK in die Registerkanzelle RK und von dort bei geöffnetem Kegelventil in die Pfeife. (In der vordersten Registerkanzelle RK sieht man nur das vorderste Kegelventil geöffnet; die bei-

---

[12] Eine Modifikation des alten Barker-Hebels wird heute noch manchmal angewandt. Dieser Hebel (Balg) unterbricht nicht den Weg zwischen Taste und Abstrakten, sondern erleichtert pneumatisch die Abstraktenbewegung und damit den Tastengang.

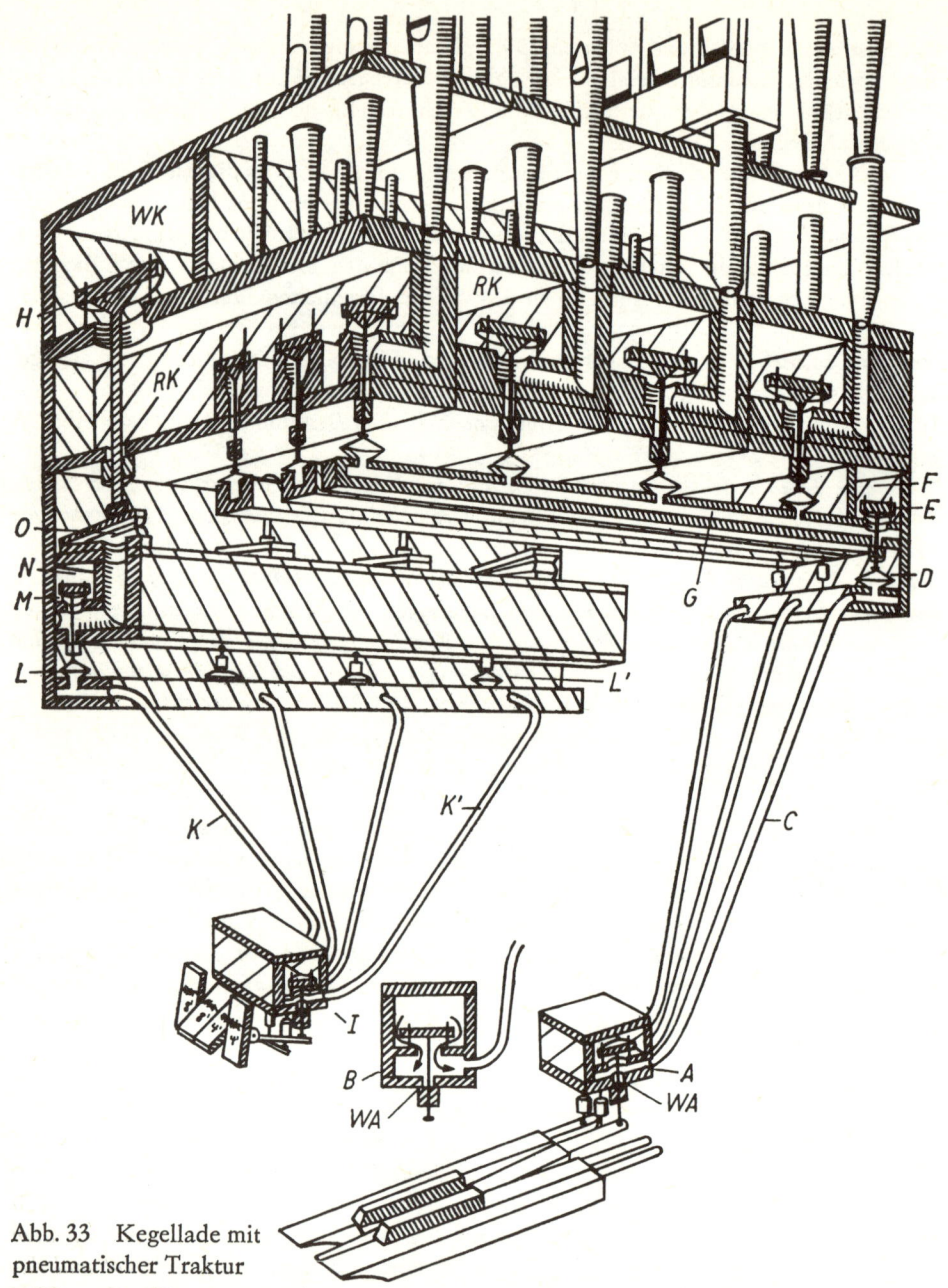

Abb. 33   Kegellade mit
pneumatischer Traktur

A Tastenventilkasten; B Schnitt durch A und I; C Kondukten; D Relais mit Arbeitsbälgchen; E Tonventil im Relais; F Windkanal im Relais; G Bälgchenleiste; H Registerventil; I Registerventilkasten (im Spieltisch); K Kondukten; L Bälgchen auf Bälgchenleiste (hier – im Gegensatz zur Bälgchenleiste G – ohne durchgehenden Hohlraum);
M Ventilrelais; N Windkanal im Relais; O Registerbälgchen; RK Registerkanzelle;
WA Windauslaß; WK Windkanal

den anderen Kegelventile sind geschlossen, da die entsprechenden Tasten nicht gedrückt sind.)

Das Ventilrelais L, M, N hat die Aufgabe, den durch den langen Konduktenweg „lahm" gewordenen Spieltischwind, der von I kommt, durch frischen Arbeitswind zu ersetzen, weil das Registerventil H des auf ihm lastenden Winddrucks wegen im Windkanal WK nur schwer zu heben ist. – Eine ähnliche Aufgabe hat das Ventilrelais D, E, F.

5.3.3. Die rein-pneumatisch gesteuerte Membranenlade

Diese Ladenform hat gegenüber der Kegellade den Vorteil, daß sie schneller und präziser funktioniert. Doch hat sie dafür den großen Nachteil, daß die *Membranenventile,* nach denen diese Windladenart ihren Namen hat, von Zeit zu Zeit brüchig werden und dann ausgewechselt werden müssen (etwa alle 20–30 Jahre).

Im wesentlichen arbeitet die Membranenlade genauso wie die Kegellade; mit Registerkanzellen und Registerventilen. Nur finden sich anstelle der Kegelventile kleine Membranen, die direkt die Windzufuhr zu den Pfeifen öffnen und schließen. Die Membranen haben eine sehr viel geringere Masse als die Kegelventile, wodurch diese Lade wesentlich schneller funktioniert als die Kegellade.

Der Arbeitsvorgang in der Membranenlade mit pneumatischer Traktur ist folgender (Abb. 34):

Links auf der Abbildung sind die Verhältnisse bei nicht gedrückter Taste dargestellt. Das Tastenventil a ist geschlossen, weswegen in der Kondukte b kein Wind ist. Dadurch ist das Bälgchen c noch zusammengefaltet. Nun kann dauernd Wind aus dem Relaiskanal d in die Windkanzelle e strömen, die unter allen Pfeifen, die zu einer Taste gehören, entlangläuft. Dadurch stehen auch die kleinen Ventilkammern f unter Wind, wodurch das Membranventil g mit Unterstützung einer kleinen Feder h gegen die untere Öffnung des Zuflußrohres i gedrückt wird und dieses somit verschließt. Die Pfeife kann aus der Registerkanzelle RK keinen Wind bekommen (der Winddruck ist bei gezogenem Register in RK und f gleich, durch die Feder h jedoch wird die Membrane an die untere Mündung von i gedrückt). Bei nicht gezogenem Register ist in RK kein Wind.

Rechts auf der Abb. 34 sind die Verhältnisse bei gedrückter Taste dargestellt: Tastenventil k geöffnet, dadurch Wind in der Kondukte l, Bälgchen m aufgeblasen. Das Tonventil n verschließt die Öffnung vom Windkanal o, der Windauslaß q ist offen, wodurch der in der Ventilkanzelle p befindliche Wind bei q nach außen abfließen kann.

Befindet sich in der Registerkanzelle RK kein Wind (Register nicht gezogen), so bleibt die Membrane durch den Federdruck weiterhin an das Zuflußrohr s gedrückt. Ist aber bei gezogenem Register Wind in RK, dann öffnet der durch seinen Druck das Membranenventil r gegen den Druck der kleinen Feder, weil in der Ventilkammer nun kein Überdruck mehr ist: Damit kann der Wind jetzt aus RK durch s in die Pfeife strömen.

Die Füllung der Registerkanzelle mit Wind erfolgt wie bei der Kegellade mit einem Ventil, das pneumatisch von der Registertaste aus betätigt wird (s. Abb. 33).

Es gibt noch viele Abarten dieser Ladenform, die im wesentlichen jedoch nach diesem Prinzip arbeiten; z. B. statt der Membranen kleine Lederbälge oder Taschen = *Taschenlade.* Auch können die Membranen, statt wie hier liegend, stehend oder hängend angebracht sein.

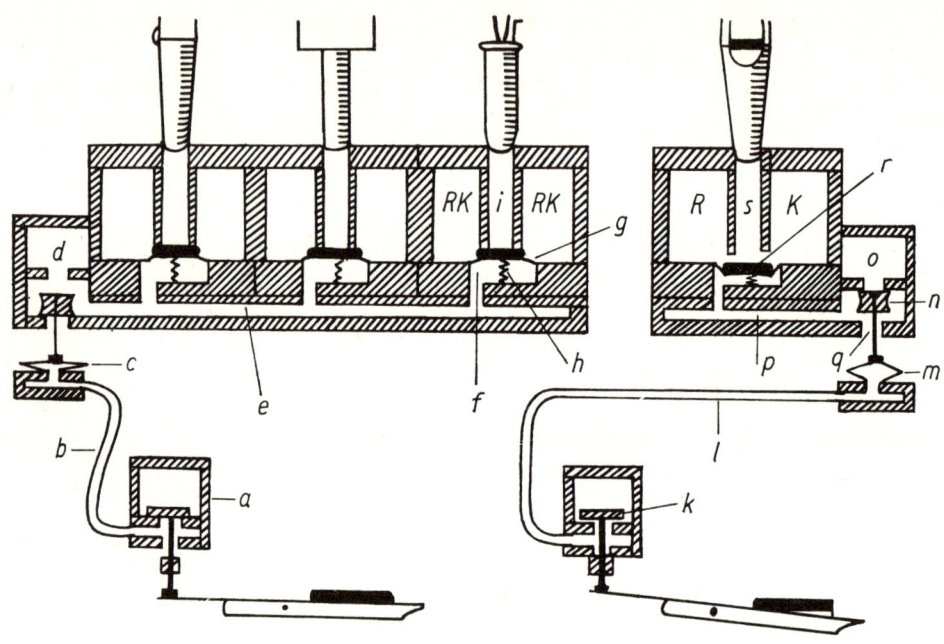

Abb. 34 Rein-pneumatisch gesteuerte Membranenlade

a Tastenventil; b Kondukte; c Lederbälgchen; d Relaiskanal; e Ventilkanzelle; f Ventil-kammer; g Membrane; h Membranfeder; i Zuflußrohr; k Tastenventil; l Kondukte; m Lederbälgchen; n Tonventil, o Relaiskanal; p Ventilkanzelle; q Windauslaß; r Membrane; s Zuflußrohr; RK Registerkanzelle

5.4. Die elektrische Traktur

Die pneumatische Traktur ist heute im wesentlichen verlassen, da die Ventilöffnung wegen der – teilweise sehr langen – Kondukten auch bei der Membranenlade verzögert ist. Diese Verzögerung fällt bei der elektrischen Traktur fast vollkommen weg. Jede Ladenform kann mit elektrischer Traktur versehen werden, auch die Schleiflade! Im allgemeinen wird aber bei der elektrischen Traktur hierfür die Membranen-, Taschen- oder Kegellade bevorzugt, wogegen die Tastentraktur der Schleiflade immer mechanisch sein sollte.

Das Wesentliche bei der elektrischen Traktur ist der Kontaktschluß an den Tasten, Registertasten und Spielhilfen (s. u.), wodurch über Kabel Magnete an der Windlade einge-schaltet werden, die die Windladenventile betätigen.

Der elektrische Strom – Gleichstrom von 14 oder 24 V – wird durch einen *Dynamo* er-zeugt, der direkt an die Gebläsemotorwelle angeschlossen ist, oder durch einen *Gleich-richter*.

Der Kontaktschluß erfolgt meist mit *Silberkontakten,* damit durch die auftretende Fun-kenbildung keine Oxydation an den Kontaktstellen eintritt, wie es bei gewöhnlichen Me-tallen der Fall wäre. Es wird aber auch *Phosphorbronze* u. a. verwendet.

Die Kontaktbildung an den Tasten kann auf zwei verschiedene Arten erfolgen, die auf Seite 146 näher beschrieben werden:

1. *Das Kontaktblocksystem*

Unter der Taste befindet sich eine breite Kontaktfeder, durch die bei Tastendruck eine Verbindung zwischen mehreren Kontaktstiften hergestellt wird, die in einem kleinen Kontaktblock eingelassen sind. Diese Kontaktstifte führen nicht nur den elektrischen Strom zu der den Tasten entsprechenden Windlade, sondern auch zu allen anderen Windladen, deren Register durch die Koppeln (s. u.) miterklingen sollen.

2. *Das Exzenterkontaktsystem*

Bei ihm befindet sich, gelenkig mit dem Tastenschwanz verbunden, hinter der Taste eine kleine, exzentrisch[13]) drehbare Kontaktschiene, neben der die Kontaktstifte angebracht sind. Bei Tastendruck dreht sich die Schiene so, daß sie die Verbindung zwischen den Kontaktstiften herstellt. Doch werden dabei durch eine besondere Vorrichtung (s. S. 146) nur die Kontakte geschlossen, die auch gewünscht werden.

Bei den Elektromagneten unterscheiden wir, je nach Bedarf, mehrere Formen, u. a. den schwachen *Hufeisenmagneten* (Abb. 35 b) und den stärkeren *Stabmagneten* (Abb. 35 e), der wegen seiner Arbeitsweise auch die Bezeichnung *Kippmagnet* führt (Abb. 35 e u. f).

In Abb. 35 ist eine der vielen Anschlußmöglichkeiten dargestellt. Mit a ist die Stromquelle bezeichnet (Dynamo). Bei b ist ein Hufeisenmagnet, der eine kleine Eisenplatte c bei Kontaktschluß anzieht. Diese Eisenplatte wirkt direkt als Tonventil (vgl. Abb. 34 n), die, bei Tastendruck vom Magneten angezogen, die obere Öffnung der Ventilkanzelle d, bei nicht gedrückter Taste dagegen durch ihr Gewicht die untere Öffnung verschließt. Im übrigen ist die Funktion dieser Windlade genauso, wie sie an Hand von Abb. 34 erklärt wurde. Mit e ist ein Kippmagnet bezeichnet, der bei Stromschluß über den Eisenhebel f das große Registerkegelventil öffnet.

Wie ersichtlich, besorgt hier den letzten Arbeitsvorgang doch die Pneumatik, weswegen die Bezeichnung *elektro-pneumatische Traktur* besser am Platz ist. Eine rein elektrische Arbeitsweise ohne pneumatische Zwischenschaltung ist bei den eben besprochenen Kegel-

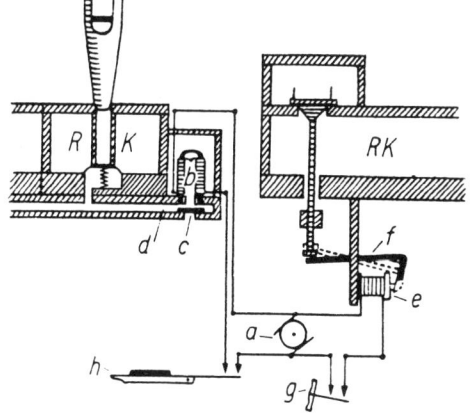

Abb. 35 Membranenlade mit elektrischer Traktur

a Dynamo; b Hufeisenmagnet; c Eisenplatte; d Ventilkanzelle; e Kippmagnet; f Eisenhebel; g Registertaste; h Manualtaste; RK Registerkanzelle

[13]) Exzentrisch bedeutet, daß der Drehpunkt z. B. einer runden Scheibe oder Walze (Welle) nicht in ihrer geometrischen Mittelachse, dem Zentrum, angebracht ist, sondern neben dem Mittelpunkt („ex – centrum"), wodurch sich die Scheibe, Walze oder Welle beim Drehen seitlich „ausdreht".

und Membranenladen nicht möglich, wohl jedoch bei der Kastenlade (s. u.) und neuerdings auch bei der Schleiflade.

Es kann auch die *Schleiflade* mit einer elektrischen Spieltraktur versehen werden, was aber nur in Notfällen (z. B. bei besonders ungünstigen Trakturwegen) vorgenommen werden sollte. Das einfache Prinzip ist aus der Abb. 36 ohne weiteres ersichtlich. Die – gestrichelt gezeichnete – Verlängerung der Traktur nach unten wird dann gebraucht, wenn eine an sich mechanische Traktur zusätzlich noch mit einer elektrischen Traktur versehen wird. Das ist z. B. dann nötig, wenn aus besonderen Gründen zwei Spieltische gefordert werden (der mechanische an der Orgel direkt und dazu noch ein fahrbarer elektrischer Spieltisch bei manchen Konzertorgeln), oder dann, wenn die Koppeln bei der sonst mechanischen Spiel-Traktur elektrisch eingerichtet sind.

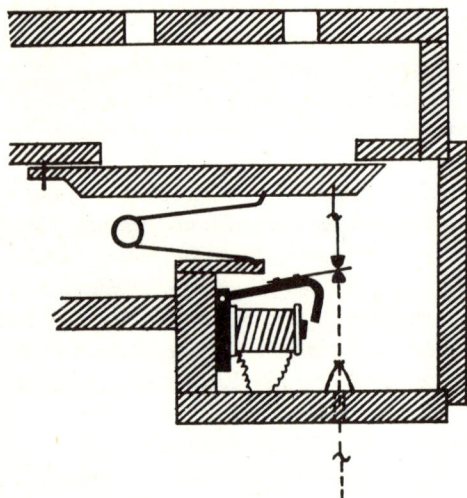

Abb. 36 Tonventil der Schleiflade mit
elektrischer Traktur

Für die elektrische Schleifenbetätigung werden heute entweder kräftige *Registerschleifenzug-Magnete* oder kleine *Schleifenzugmotoren* eingebaut. Die letzteren erzeugen mittels einer Durchlaufspindel eine große Kraft. Im Gegensatz zu der nur in Ausnahmefällen anzuwendenden elektrischen Spieltraktur bei Schleifladen wird die elektrische Schleifenbetätigung = *elektrische Registratur* bei größeren Orgeln heute viel gebaut.

5.5. Die Kastenlade (Unitlade)

Als drittes Windladensystem finden wir die Kastenlade, bei der alle Pfeifen auf einem gemeinsamen Windraum stehen. Unter jeder Pfeife befindet sich ein elektromagnetisch gesteuertes Ventil, das sich nur dann öffnen kann, wenn sowohl die Taste gedrückt wie auch das betreffende Register gezogen ist. Die Steuerung des Pfeifenventils erfolgt also von mehreren Kontakten aus, dem Tasten- und dem Registerkontakt. Die Kastenlade wird beim Multiplexsystem angewandt, über das später eingehend gesprochen wird (s. S. 161). *Hierbei hat sich der sogenannte Hülsenmagnet bewährt, ein elektrisch gesteuertes hülsenförmiges Ventil, das sich leicht beim Einbau von oben her in die etwas weitere Pfeifen-*

bohrung der Windlade einführen läßt, und auf dem direkt die Pfeife steht. Diese läng-
lichen, hülsenförmigen Ventile gibt es in verschiedenen Größen, die der Fußlochgröße der
Pfeifen entsprechen.

5.6. Der Einfluß der Windladen auf die Klangbildung

Bisher wurde nur von der Klangbildung der Pfeifen allein gesprochen, wobei wir allerdings auch auf den Einfluß des Raumes in akustischer Hinsicht eingegangen waren. Doch
hat eine weitere Bedeutung für die Art der Kangbildung auch die verschiedene Form der
Windzuführung in der Windlade. Das läßt sich daran erkennen, daß ein und dieselbe
Pfeife auf verschiedenen Windladenformen nicht völlig gleich klingt, sondern bei der An-
und Absprache feine Unterschiede aufweist. Auch beim Zusammenklang mehrerer Pfeifen
zeigen sich gegenseitige Beeinflussungen, die nach der Art der Windlade verschieden sind.
Die Pfeifenansprache mit ihren Einschwingvorgängen (s. S. 30) hängt u. a. sehr von der
Art des Windes ab, wie er nach dem Öffnen des Pfeifenventils in die Pfeife strömt. Das
geschieht bei keiner Windlade so, daß mit der Ventilöffnung der Wind sofort seine volle
Stärke erreicht und diese gleichmäßig beibehält. Sondern immer treten anfängliche *Wind-
schwankungen* auf, bis sich der Winddruck stabilisiert. Und der anfängliche *Druckanstieg*
kann langsamer oder schneller erfolgen. Ist er zu schnell, sprechen die Pfeifen knallartig
an; am günstigsten ist ein sanfter, möglichst gleichmäßiger Druckanstieg. Für stärkere
Windschwankungen sind *Luftwirbelbildungen* an manchen Stellen der Windführung die
Ursache, die möglichst zu vermeiden sind. Sie bilden sich besonders an manchen Winkeln,
Ecken und Verengerungen der Windführung. Dabei spielen auch die Ventilform und die
Schnelligkeit der Ventilöffnung eine Rolle.
Weil sich die Luftschwingungen der Pfeifen in geringem Maße auch rückwärts in die Windlade hinein ausbreiten, beeinflussen sich die Pfeifen gegenseitig, was man mit *Klangkopp-
lung* bezeichnet. Dazu treten in der Windführung (Kanzelle) auch gewisse *Resonanz-
erscheinungen* auf.
Die Klangkopplung bewirkt in der Hauptsache, daß die Schwingungen aller Pfeifen, die
auf einer Kanzelle stehen, phasengleich werden (s. S. 35). Dadurch tritt bei diesen Pfeifen
im Zusammenklang eine besonders gute Klangverschmelzung ein (s. S. 62).[14] Hierin liegt
der Grund für den wesentlichen Unterschied zwischen Ton- und Registerkanzellenlade:
Die *Tonkanzellenlade* fördert die Verschmelzung aller Pfeifen, die zu *einer* Taste gehören,
was sich besonders geeignet für horizontale, polyphone Musik herausstellt. Denn dadurch
hebt sich jeder Ton des polyphonen Gewebes klar von den anderen Stimmen ab. Auch begünstigt die Kopplung über die Tonkanzelle die Klangsynthese zwischen Grund- und
Obertonregistern zu einer neuen einheitlichen Klangfarbe. Dagegen tritt bei der *Registerkanzellenlade* eher eine Klangverschmelzung zwischen den Pfeifen *eines* Registers ein,
weshalb sich diese Ladenform besonders für die Akkordbildung beim homophonen Spiel
eignet.
Eine weitere Klangkopplungseigenschaft zeigt sich in einer gegenseitigen Ansprachebe-
schleunigung verschieden großer Pfeifen, die auf einer Kanzelle stehen. Die schneller an-
sprechenden kleinen Pfeifen „nehmen" die großen mit langsamerer Ansprache „mit".

---

[14]) Doch erfolgt eine gewisse Klangkopplung auch über die die Pfeifen umgebende Luft.

Auch „ziehen" enge Pfeifen weite Pfeifen „rein", falls diese den engen Pfeifen gegenüber etwas verstimmt sind. Denn die Tonhöhe weitgebauter Pfeifen ist auf Grund der größeren Kopplungszone (s. S. 51) am Pfeifenende unbestimmter und liegt nicht so exakt fest wie bei engen Pfeifen.

5.7. Die Beurteilung der verschiedenen Windladensysteme

Nachdem wir die einzelnen Windladensysteme und -arten kennengelernt haben, ergibt sich die Frage, welche Windlade ist klanglich und technisch die beste und warum?
Durch die Erkenntnisse und Forschungen der letzten Jahrzehnte hat sich herausgestellt, daß die *Tonkanzellenlade* klanglich die beste ist. Denn die Klangkopplung in einer Tonkanzelle entspricht am besten den Forderungen der heute am meisten gepflegten polyphonen Musik und eignet sich besonders gut für die Bildung synthetischer Klangfarben (s. o.).
Nicht ohne Grund hat sich die *Schleiflade* über Jahrhunderte gehalten, bis sie durch die Entwicklung der Technik, die sich über die klanglichen Gesetzmäßigkeiten der Orgel hinwegsetzte, im vorigen Jahrhundert weitgehend verdrängt wurde. So ermöglicht die Schleiflade bei niedrigem Winddruck eine besonders singende *Pfeifenansprache,* weil der Wind bei Öffnung des Tonventils nicht zu plötzlich und stark in die Pfeife strömen kann. Denn die in den Tonkanzellen dauernd befindliche Luft bildet ein elastisches Luftkissen, das den plötzlich einsetzenden Druckunterschied nach der Ventilöffnung infolge des abrupt einschießenden Orgelwindes mildert. Auch hat die Schleiflade die günstigste Form der Windführung von der Kanzelle in die Pfeife: eine völlig gerade Bohrung, die Wirbelbildungen verhindert. Dadurch wird die Pfeifenansprache ruhig und natürlich, besser als bei anderen Windladensystemen.
Auf Schleifladen lassen sich die Pfeifen auch sehr viel enger, also platzsparender aufstellen als bei den Registerkanzellenladen, weil ihre Kanzellen recht eng und die Tonventile schmal gehalten werden können. Und schließlich ermöglicht die Schleiflade in Verbindung mit der mechanischen Traktur eine gewisse Ansprache-Beeinflussung der Pfeifen durch verschieden schnelle Öffnung des Tonventils, die der Spieler mit dem Tastendruck regeln kann (s. S. 141).
Ein gewisser Nachteil der Schleiflade besteht wohl in einer Erschwerung der Intonation, da der Winddruck abfällt, je mehr Register gezogen sind. Das wiederum führt aber zu einem besonders günstigen Plenumklang (volles Werk), der voller, aber physikalisch nicht viel stärker als der Klang eines einzelnen Registers ist.
Daß die *Springladen* heute nicht mehr gebaut werden, hat seinen Grund in der komplizierten und oft zu Störungen neigenden Bauart.
Wie schon erwähnt, hatte ab Mitte des 19. Jahrhunderts die *Kegellade* (Registerkanzellenlade) die Schleiflade weitgehend verdrängt. Die Gründe für ihre Einführung waren einmal die einfachere Herstellung mit besserer Betriebssicherheit (gegenüber der damaligen Schleiflade), zum anderen die Größe vieler Orgeln mit einer Überhäufung von Registern in den Einzelwerken, so daß dadurch der Winddruckabfall in der Schleiflade bei vollem Werk zu stark und auch die mechanische Traktur wegen der großen Ventile zu schwer wurde. Bei der Kegellade ist die Intonation leichter. Außerdem läßt sie sich tropensicher herstellen, was für den damals anlaufenden Export wesentlich war. Dazu kommt die

Änderung des Musikstils im 19. Jahrhundert, der nicht mehr den polyphonen, sondern den homophonen Satz bevorzugte, dem die Akkordverschmelzung bei der Tonkanzellenlade entgegenkam.

Die Entwicklung der Röhrenpneumatik Ende des 19. Jahrhunderts gab den Anlaß zu neuen Windladenformen *(Membranenlade, Taschenlade* usw., alles Registerkanzellenladen), die präziser als die Kegellade arbeiten. Sie haben sich in ihrer technischen Konstruktion bewährt, so daß sie wohl heute noch, meist allerdings mit elektro-pneumatischer Traktur, gebaut werden. In der Klangkopplungseigenschaft und Pfeifenansprache erreichen sie aber nicht den Idealzustand der Schleiflade (Tonkanzellenlade), weshalb diese allen Registerkanzellenladen vorzuziehen ist.

Das dritte System, die *Kastenlade,* wird fast nur beim Multiplexsystem (s. S. 161) gebaut. Bei diesem läßt sich ein anderes Windladensystem nicht verwenden. Doch da das Multiplexsystem kaum noch angewandt wird, wird die Kastenlade nur selten gebaut.

5.8.   Die Beurteilung der verschiedenen Trakturarten

Auch die Traktur übt einen gewissen Einfluß auf die Klangbildung aus und hat somit eine große Bedeutung für den Orgelspieler, dessen künstlerisches Spiel weitgehend von ihrer Arbeitsweise abhängig ist.

Die gegebene Traktur, die auch jahrhundertelang zur vollen Zufriedenheit gedient hatte, ist die *mechanische.* Durch sie erhält der Spieler einen guten Kontakt mit dem Pfeifenventil. Da nämlich durch die Überwindung des auf dem Pfeifenventil lastenden Winddrucks beim Öffnen dieses Ventils ein *Druckpunkt*[15]) entsteht, fühlt er genau, wann sich das Ventil öffnet *(Ventilöffnungsgefühl).* Gerade das unterstützt die Durchführung eines präzisen und sauberen Spiels. Denn der Spieler merkt an Art und Stärke des Tastenwiderstands genau, wie sich die Taste und das mit ihr – über die Traktur – fest verbundene Tonventil verhält. Der in den Fingerspitzen sitzende Tastsinn meldet dieses Verhalten dem Gehirn *(Rückmeldung),* wodurch der Spieler sicherer und die Kontrolle über sein Spiel erleichtert wird.

Besonders bei einer kurzen Traktur kann man auch durch schnellen oder langsamen Tastendruck mit dementsprechender Öffnungsgeschwindigkeit des Ventils die *Pfeifenansprache* beeinflussen: So ist bei schnellem Öffnen des Ventils die Pfeifenansprache mit kräftigen Vorläufertönen prägnant und macht besonders bei schnellen Passagen das polyphone Tongeflecht fürs Ohr deutlich bemerkbar. Andererseits wird bei langsamem Öffnen des Tonventils durch sanften Tastendruck die Pfeifenansprache milder, weil sich nun kaum Vorläufertöne bilden und der Pfeifenklang weicher einschwingt. Dies wird besonders bei langsamem Spiel zu weicheren Legatoverbindungen angewandt.

Auch bei großen Orgeln wird die mechanische Traktur heute wieder viel gebaut, sofern die Trakturwege nicht gar zu kompliziert werden. Manchmal brachten auch schwergängige Trakturen die Mechanik in Mißkredit. Doch gibt es jetzt Konstruktionen, bei denen alle Erkenntnisse der Hebelmechanik ausgewertet sind (durch Anwendung geringster Massen und geringster Reibung mit z. B. Spitzenlagerung der Gelenkteile). Deswegen können heute selbst lange Trakturen betriebssicher und leicht spielbar gebaut werden.

[15]) Siehe S. 124.

Nach der Erfindung der Barker-Maschine (s. S. 132) setzte sich ab Ende des 19. Jahrhunderts die *Röhrenpneumatik* durch, die eine leichte Spielart selbst der größten damaligen Orgeln ermöglichte. Heute ist sie jedoch völlig verlassen, weil die Verzögerung zwischen Tastendruck und Tonbeginn zu groß ist.

Die *elektrische Traktur* weist zwar kaum eine Verzögerung auf und kann jeder Windlade vorgeschaltet werden. Doch fehlt bei ihr der unmittelbare, mit den Fingerspitzen fühlbare Kontakt des Spielers mit dem Tonventil, da ja mit der Taste nur eine Kontaktfeder niedergedrückt wird. Außerdem reißt diese Traktur das Tonventil immer mit gleicher Stärke und Schnelligkeit auf, ohne daß der Spieler den Ventilaufgang beeinflussen kann. – Noch vor wenigen Jahren mußten längere Trakturen elektrisch gebaut werden. Jetzt ist man aber in der Lage, auch lange Trakturen funktionssicher mechanisch zu bauen. Deswegen sollte die elektrische Traktur nur noch bei ganz besonders ungünstiger, weitläufiger Windladenaufstellung benutzt werden.

Zusammenfassend läßt sich sagen: Die beste Orgelsteuerung in technischer und klanglicher Hinsicht ist die Schleiflade mit mechanischer Traktur. Jede andere Trakturart bedeutet das Zwischenschalten einer „Maschine" zwischen den Spieler und sein Instrument. Dies ist vielleicht manchmal notwendig, stört aber die feinfühlige Verbindung zwischen beiden.

Denn wir kontrollieren unser Spiel auf kleinen Instrumenten, bei denen sich die Tonquelle dicht neben uns befindet (Klavier, Positiv u. a.) mit dem Gehör. Bei der großen Orgel sind die Pfeifen aber in größerer Entfernung vom Spieler aufgestellt. Dadurch tritt eine gewisse Tonverzögerung auf, weil der Schall eine zwar nur geringe, aber gerade bei schnellem Spiel doch merkliche Zeitspanne für die Überwindung des Weges zwischen Pfeifen und Spieler braucht.[16] Hier nun kontrollieren wir unser Spiel nicht mehr mit dem Gehör, sondern weitgehend durch das *Fingerspitzengefühl*. Und ein nicht zu starker Druckpunkt, der der tatsächlichen Ventilöffnung entspricht, verstärkt den Gefühlsimpuls und trägt damit zur Sauberkeit des Spieles bei.[17]

Anders ist es mit der *Registertraktur* (Registratur). Diese braucht nicht mechanisch zu sein, weil sie keinen Einfluß auf die Tongestaltung ausübt. Es ist ohne weiteres zu vertreten, sie bei mechanischer Spieltraktur elektrisch oder pneumatisch einzurichten, da sie Spielhilfen und Kombinationen (s. u.) ermöglicht, die bei der mechanischen Registratur allein nicht oder nur umständlich herzustellen sind. Deswegen erhalten jetzt die meisten größeren und großen Schleifladenorgeln eine mechanische Spieltraktur, kombiniert mit nichtmechanischer Registratur = *kombinierte Traktur*.

---

[16] Bei 10 m Abstand beträgt der zeitliche Unterschied schon etwa $^3/_{100}$ Sekunden.

[17] Durch die Einrichtung eines künstlichen Druckpunktes läßt sich der Tastengang bei der elektrischen Traktur bessern, weil der Spieler dadurch wenigstens eine Art „Ventilöffnungsgefühl" bekommt. Dazu ist nur der Einbau einer einfachen *Druckpunktfeder* nötig. Doch ist das nur ein Notbehelf für die auf jeden Fall bessere mechanische Traktur.

6.   Die Spielhilfen

Haben wir bisher nur von der Registerbetätigung durch Registerzüge oder -tasten gesprochen, so wollen wir uns jetzt mit den Spielhilfen befassen. Sie dienen einmal dazu, die verschiedenen Werke einer Orgel miteinander zu verbinden *(Koppeln)*, zum anderen, das
Registrieren während des Spieles *(Kombinationen, Absteller)* zu erleichtern. Die Spielhilfen werden entweder durch Registerzüge oder durch Druckknöpfe, auch durch Tritte für die
Fußbetätigung eingeschaltet (s. Spieltisch, S. 168). Nicht direkt zu ihnen gehören die Einrichtungen für dynamische Steigerungen *(Schweller)* und der *Tremulant;* diese sollen aber
auch in diesem Abschnitt besprochen werden.
Die technische Erklärung der Spielhilfen wird nicht so eingehend erfolgen wie die der
Windladen und Traktur, weil es einmal zu viele gleich gut funktionierende Systeme gibt
und zweitens die genaue Kenntnis ihrer technischen Arbeitsweise keine so große Bedeutung für den Orgelspieler hat wie die der Windlade und Traktur. Man hüte sich vor einer
Überschätzung der Spielhilfen, da gutes Spiel nicht von ihnen abhängig ist!

6.1.   Die Koppeln

Zu den wichtigsten Spielhilfen, die in fast keiner Orgel fehlen, gehören die *Koppeln.* Sie
bewirken, daß die gezogenen Register eines Manuals auf einem anderen Manual oder
auch auf dem Pedal mitgespielt werden können. Einmal wirken sie in der Art, daß die
Tonhöhe der gekoppelten Register dieselbe ist wie auf dem Werk, zu dem diese Register
gehören: sogenannte *Normalkoppeln.* Oder die gekoppelten Register klingen eine Oktave
höher *(Superoktavkoppeln)* bzw. eine Oktave tiefer *(Suboktavkoppeln).*[1] Die Oktavkoppeln können auch auf das gleiche Manual wirken, so daß also gleichzeitig die Pfeifen der
Ober- und Unteroktave mitklingen. Doch werden Oktavkoppeln heute nicht mehr gebaut.
Sie hatten in der Romantik eine gewisse Berechtigung, um den Klang der grundtönigen
Orgeln aufzuhellen (vgl. die Oktavverdoppelungen bei Reger). Doch wird das heute
durch echte Obertonregister besser erreicht.
Die heute nicht mehr gebaute *Melodiekoppel* wirkte als Superoktavkoppel nur auf den
höchsten Ton eines Akkordes, der dadurch gegenüber den anderen Stimmen verstärkt wird
(Betonung der Melodie).
So wichtig die Normalkoppeln für manche Klangkombinationen und zur Erzeugung grö-
ßerer Tonstärke sind (durch Klangaddition mehrerer Manualwerke), besonders bei klei-

[1] Vgl. Anmerkung 79 und 80, S. 113.

nen Orgeln, so sollten sie doch nur sparsam angewendet werden, um das Werkprinzip (s. S. 183) einer Orgel nicht zu verwischen.

Im wesentlichen werden nicht die Register selbst gekoppelt, sondern nur die Spieltraktur.

Von den mechanischen Koppeln soll eingehender die *Wippenkoppel*[2]) erklärt werden (Abb. 37, vgl. auch Abb. 47).

Wird die Taste a gedrückt, so zieht sie die Abstrakte b nach unten, die zur Windlade des I. Manuals führt. Wenn die Manualkoppel II/I gezogen ist, wodurch die ganze Koppelwippe c die eingezeichnete Stellung einnimmt, so wird jetzt ihr linker Arm durch die an der Abstrakte b befindliche Nocke d abwärts gedrückt, der rechte Arm zieht dabei über die Abstrakte e den rechten Arm der Wippe f nach oben. Deren linker Arm drückt nun seinerseits die Nocke g abwärts, die sich an der zur Windlade des II. Manuals führenden Abstrakte h befindet.

Bei abgestellter Koppel liegt, durch den Koppelregisterzug betätigt, die Koppelwippe c mit ihrem linken Arm einige mm tiefer (hier gestrichelt eingezeichnet). Wird jetzt die Taste a gedrückt, zieht sie wohl die Abstrakte b nach unten, ohne jedoch die Koppelwippe c bewegen zu können.

Durch Druck auf Taste i wird die Abstrakte h abwärts gezogen, der ganze Koppelapparat c–f bleibt jedoch dabei in Ruhe.

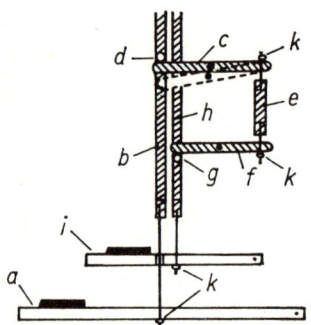

Abb. 37 Mechanische Wippenkoppel

a Taste I. Manual; b Abstrakte I. Manual; c Koppelwippe; d Nocken an Abstrakte b; e Abstrakte; f Wippe; g Nocke an Abstrakte h; h Abstrakte II. Manual; i Taste II. Manual; k Stellmuttern

Ähnlich arbeiten die *Pedalkoppeln*, bei denen die Windladen der Manuale vom Pedal aus gespielt werden können. Wegen des komplizierten Baues werden in einer mechanischen Orgel nur die nötigsten Koppeln eingebaut; Oktavkoppeln in keinem Fall.

Erwähnt sei hier auch die „Schiebekoppel", die in früheren Jahrhunderten viel gebaut wurde. Bei ihr wird die gesamte Klaviatur des Obermanuals um einige cm zum Organisten zu verschoben, worauf sich unter jeder Taste des Obermanuals befindliche Haken in entsprechende des Untermanuals einhaken (Hakenkoppel). Beim Spiel auf dem Untermanual werden nun die Tasten des Obermanuals durch diese Haken mit herabgezogen. – Oder: Es befinden sich an der Unterseite der Tasten des Obermanuals und auf der Oberseite der des Untermanuals Holzklötzchen, die sich normalerweise nicht berühren (Klötzchenkoppel). Wird hier die Klaviatur eines Manuals verschoben, dann liegen die Klötzchen aufeinander. Beim Spiel auf dem Obermanual werden nun durch die Klötzchen auch gleichzeitig die entsprechenden Tasten des Untermanuals herabgedrückt.

[2]) Mit Wippe bezeichnet man einen zweiarmigen Hebel.

144

Weitere mechanische Koppeln seien hier nur noch dem Namen nach erwähnt, weil sie ähnlich wie die Schiebekoppeln funktionieren: die Gabelkoppeln, die Widderkoppeln.

Die in der Barockzeit bei Schleifladenorgeln oft als Pedalkoppel gebaute „Ventilkoppel" besteht aus einer weiteren Reihe von Tonventilen an den hinteren Enden der Baßkanzellen in der Manualwindlade (vgl. Abb. 27), die mit eigenen Abstrakten an das Pedal an- bzw. abgehängt werden können.

Eine praktisch sehr brauchbare, bisher allerdings noch selten gebaute Form der Manualkoppel bei zweimanualigen Orgeln ist das „Koppelmanual". Hierbei wird eine dritte „stumme" Manualklaviatur zwischen Ober- und Untermanual eingebaut, die dauernd mit den Trakturen der beiden „klingenden" Manuale verbunden ist. Dadurch ist ein besonderer Koppelzug unnötig. Um die Manuale gekoppelt zu spielen, geht man auf das Koppelmanual über. – Selbst bei nur zwei Manualen gibt es dadurch drei Möglichkeiten zu schnellem Klangwechsel, ohne erst einen Koppelzug betätigen zu müssen.

Die mechanisch wirkenden Koppeln erschweren natürlich immer etwas den Tastengang, weil nun zusätzlich noch die Mechanik des angekoppelten Manualwerkes bewegt werden muß. Das kann bei sehr großen Orgeln zu so schwerer Spielart führen, daß man in solchen Fällen nicht alle, aber doch einige Koppeln *elektrisch wirkend* einrichtet. Hierbei werden die Abstrakten oder Ventile des angekoppelten Manuals durch Elektromagnete betätigt, die bei Tastendruck eingeschaltet werden. Die mechanische Verbindung zwischen den Tasten des angekoppelten Manuals und dessen Windlade bleibt davon unbeeinflußt (vgl. Abb. 36).

Bei der *pneumatischen* Traktur gibt es ebenfalls verschiedene Koppelsysteme (Ventil-, Membranen-, Stecherkoppeln), die, da sie heute nicht mehr gebaut werden, hier nur erwähnt, aber nicht erklärt werden sollen.

Bei der *elektrischen* Traktur wirken die Koppeln in der Art, daß durch einen Elektromagneten (Einschaltung durch Druckknopf oder Registertaste) der Kontakt zwischen dem Stromleiter des einen und dem des anderen Manuals bzw. Pedals hergestellt wird.

Auf Seite 137 wurde schon erwähnt, daß es zwei Arten der elektrischen Kontaktbildung gibt: das Kontaktblocksystem und Exzenterkontaktsystem. Durch ihre verschiedene Bauweise ist auch die Kontaktbildung der Koppeln verschieden.

Beim *Kontaktblocksystem* werden bei Tastendruck direkt unter der Taste sämtliche Kontakte für alle Koppeln geschlossen. Damit aber dann nicht alle Koppeln gleichzeitig in Betrieb sind, werden ihre Leitungen in besonderen Relais (z. B. *Kreuzkontaktrelais*) unterbrochen. Erst beim Einschalten der Koppel entsteht im Relais ein Kontakt der unterbrochenen Leitung, worauf der (Koppel-) Stromkreis geschlossen ist.

Im einzelnen (Abb. 38) befindet sich unter jeder Taste (z. B. des I. Manuals) eine Kontaktbrücke a, die vom Dynamo e über eine Leitung durch die Taste hindurch immer unter Strom steht. Wird die Taste gedrückt, berührt die Kontaktbrücke alle Kontaktstifte b, die im Kontaktblock c federnd gelagert sind. Vom Kontaktblock aus führt die Leitung (L_1) direkt zu den Magneten in der Windlade des I. Manuals. Die andere Leitung (L_2), die mit der Windlade des II. Manuals verbunden ist (Koppelleitung II/I), ist auf ihrem Wege dorthin im Kreuzkontaktrelais R_1 unterbrochen. Dieser besteht aus zwei an ihren oberen Enden in einem bestimmten Winkel gebogenen Drähten, die sich nicht berühren (Kontakt unterbrochen). Der Strom, der sich durch den Tastendruck in der Leitung L_2 befindet, kann deswegen nicht die Magneten in der Windlade des II. Manuals betätigen (Koppel II/I ist abgestellt). Die Leitung L_3 (Koppel III/I), die zur Windlade des III. Manuals führt,

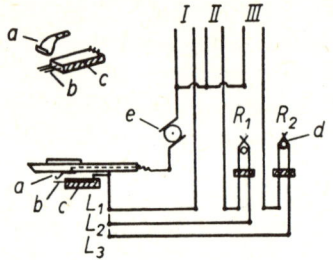

Abb. 38 Koppel beim elektrischen Kontaktblocksystem
a Kontaktbrücke; b Kontaktstifte; c Kontaktblock; d beweglicher Kontaktstift im Relais; e Dynamo; L Leitung;
R Kreuzkontaktrelais

ist in einem anderen Kreuzkontaktrelais R_2 normalerweise ebenfalls unterbrochen. Da die Koppel III/I aber gezogen ist, hat sich durch einen Magneten der zwischen den Kontaktdrähten befindliche Stift d gehoben und verbindet dadurch die beiden Kontaktdrähte (bei R_2 in der Stellung eingezeichnet). Nun kann der vom Dynamo e über Kontaktbrücke a, Kontaktstifte b und Leitung L_3 kommende Strom durch das eingeschaltete Relais R_2 zu den Magneten der Windlade des III. Manuals fließen und diese betätigen.

Beim *Exzenterkontaktsystem* wird unmittelbar hinter der Taste der Stromkreis nur für die Koppeln geschlossen, die auch angeschaltet sind.

Hier (Abb. 39) befindet sich hinter jeder Taste (z. B. des I. Manuals) eine exzentrisch[3] gelagerte Kontaktschiene a, die gelenkig mit dem Tastenschwanz b verbunden ist. Bei Tastendruck hebt sich der Tastenschwanz und dreht damit die Kontaktschiene a um ihre Längsachse. Dadurch verbindet die vorstehende Kante der Kontaktschiene die Kontaktstifte c_1–c_3 und stellt Stromschluß zwischen ihnen her; Kontaktstift c_1 dient zur Stromzuführung, c_2 gehört zur Leitung des I. Manuals, c_3 zur Koppelleitung II/I und c_4 zur Koppelleitung III/I. Der Kontaktstift c_4 ist hier seitlich abgebogen eingezeichnet, wodurch er keine Verbindung mit der Kontaktschiene a erhält: die Koppel III/I ist nicht angestellt.

Die seitliche Verbiegung der Kontaktstifte zum Abstellen der Koppel erfolgt dadurch, daß diese mit ihrem oberen Ende in einer Art Schleife d stecken, einer schmalen Leiste aus isolierendem Material (Kunststoff) mit Löchern. Wird diese Schleife mit einem Magneten, der durch den Koppelzug am Spieltisch betätigt wird, in ihrer Längsachse seitlich verschoben, so biegen sich damit auch sämtliche Kontaktstifte, die in dieser Schleife stecken, von der Kontaktschiene a ab, so daß diese die Stifte bei Tastendruck nicht berühren und damit keinen elektrischen Kontakt mehr herstellen kann.

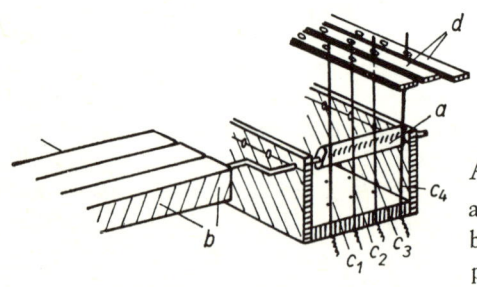

Abb. 39 Exzenterkontaktkoppel
a exzentrisch gelagerte Kontaktschiene;
b Tastenschwanz; c Kontaktstifte; d Koppelschleifen

[3]) Siehe Anmerkung 13, S. 137.

6.2. Die freien Kombinationen

Schneller Wechsel während des Spiels von einer Klangfarbe oder -stärke zur anderen kann zwar durch Manualwechsel erfolgen; doch ist oft auch eine andere Registrierung nötig, wobei das Umregistrieren, besonders bei großen Orgeln, zu lange dauern würde. Deshalb werden in modernen Orgeln immer mehrere freie Kombinationen eingebaut, bei denen durch Druck auf einen Einschaltknopf vorher schon „vorbereitete" (programmierte) Register erklingen. Freie Kombinationen lassen sich fast nur bei pneumatischer oder elektrischer Registertraktur einrichten.[4] Wir kennen dabei zwei verschiedene Arten, die sich wesentlich unterscheiden: Einmal die *deutsche freie Kombination*, bei der sich über jeder Registertaste ein oder mehrere kleine Züge befinden (je nach Anzahl der freien Kombinationen), zum anderen die *amerikanische Setzerkombination*.

Die *deutsche freie Kombination* wirkt folgendermaßen: Werden vor Beginn des Spiels die eben erwähnten kleinen (Kombinations-)Zügchen über den Registerzügen, die eine spätere Registrierung herstellen sollen, eingestellt, so klingen diese Register erst nach Druck auf den Kombinationseinschaltknopf (meist unter dem untersten Manual gelegen). Dabei werden oft gleichzeitig die gezogenen Register der *Handregistratur* (Registertasten) abgestellt, so daß also nur die durch die Kombinationszüge vorbereiteten Register klingen. Ist das nicht der Fall, so kann die Handregistratur durch einen *Absteller* (s. S. 154) gesondert abgestellt werden.[5]

Auf der Abb. 40 mit dem Schaltschema der deutschen freien Kombination ist links eine Registerwippe mit zwei darüberliegenden Kombinationszügchen eingezeichnet und dazu rechts unten vier Druckknöpfe (in der Vorsatzleiste unter dem untersten Manual gelegen) für die Einschaltung der Handregister H, der beiden Kombinationen A und B (letztere eingeschaltet) sowie des Tutti, bei dem sämtliche Register erklingen (s. S. 153). Das Schaltschema selbst enthält hier die Schaltungen für fünf Register. Die verschiedenen Parallelschaltungen werden durch die Druckknopfschalter nach Wunsch entsprechend eingeschaltet. – Man verfolge nun den Strom, der vom Minuspol (–) der Stromquelle über den gerade geschlossenen B-Kombinationskontakt an die Kontakte der oberen Kombinationszüge und von dort – je nach Stellung der Züge selbst – zu den zugehörigen Register- bzw. Schleifenzugmagneten in den Windladen fließt. Auf der Abbildung sind die Parallelschaltungen für die Handregister H, Kombination A und Tutti unterbrochen eingezeichnet. Die verschiedenen Kontaktstellungen der Register bei der Handregistratur und bei den Kombinationszügen A und B geben deutlich die eingestellte Registrierung an, die jedoch nur bei Einschaltung des entsprechenden Druckknopfes erklingt. – Durch den Tutti-Knopf wird ein Relais eingeschaltet, das den Strom über bewegliche Einzelkontakte (s. oberste Reihe) an die einzelnen Leitungen zu den Schleifenzugmagneten führt. Die bei allen Schaltungen nötigen Dioden, die verhindern, daß der Strom in die falsche Richtung fließen kann, sind hier nicht eingezeichnet.

---

[4] Bei den mechanisch gesteuerten Orgeln bedeuten die *Sperrventile*, die eine Windlade völlig vom Wind absperren können (s. S. 127), auch eine Art Kombinationsmöglichkeit. Durch diese Ventile lassen sich die entsprechenden Windladen mit den schon eingestellten Registern schnell ein- oder abschalten. Die Kombinationswirkung zeigt sich besonders dann, wenn zu einem Werk mehrere Windladen gehören.

[5] Ähnlich wie die deutsche freie Kombination ist die *französische*, bei der im Gegensatz zu der deutschen die Auslösung der Kombination für jedes Manual und Pedal getrennt ist.

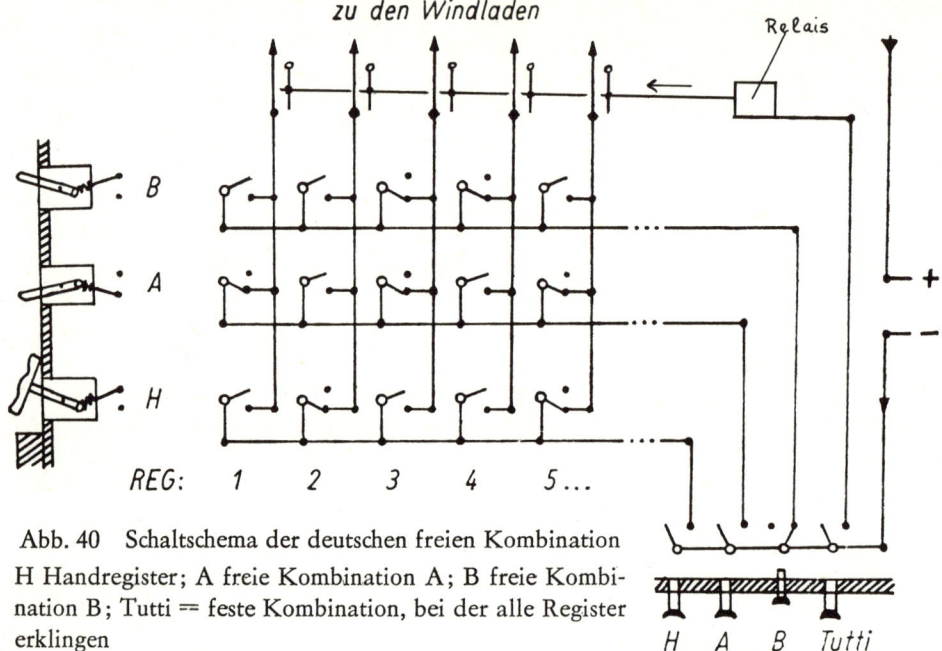

zu den Windladen

Relais

B

A

H

REG: 1 2 3 4 5...

H A B Tutti

Abb. 40 Schaltschema der deutschen freien Kombination
H Handregister; A freie Kombination A; B freie Kombination B; Tutti = feste Kombination, bei der alle Register erklingen

Die andere Art der freien Kombination ist die *amerikanische Setzerkombination*. Bei ihr finden wir über den Registerzügen oder -wippen keine Kombinationszügchen. Denn die Register, die bei der Kombination klingen sollen, werden in der Art vorbereitet, daß die Registerzüge oder -wippen direkt betätigt werden, wobei gleichzeitig ein sogenannter *Setzknopf* und der entsprechende *Kombinationsknopf* gedrückt sein müssen. In einer komplizierten Apparatur werden diese Register nun fixiert („gesetzt") und klingen nur bei Einschaltung dieser Kombination. Bei den modernen Setzerapparaten werden dabei die Registerzüge automatisch (elektrisch durch Doppelmagnete, oder mechanisch) bewegt, so daß man an ihrer Stellung sehen kann, welche Register augenblicklich in Betrieb sind. Der Vorteil der Setzerkombinationen liegt in besserer Übersichtlichkeit und Vereinfachung des Spieltischs, weil hierbei die vielen kleinen Züge der deutschen Kombination wegfallen. Ein Nachteil besonders der elektrischen Setzer, die bis zu vierzig Kombinationen ermöglichen, ist der verhältnismäßig hohe Preis und die Größe der Apparatur, die meist in einem gesonderten Schrank untergebracht ist. Doch gibt es jetzt auch einfacherere und nicht so aufwendige mechanische Setzerkombinationen, die später noch beschrieben werden.

Das abgebildete Schaltschema einer elektrischen Setzerkombination (Abb. 41) zeigt links unten die Stromquelle, mit + und — bezeichnet, dazu links oben eine Registerwippe mit ihren Registermagneten RM und rechts den Setzermagneten SM. Zu jedem Register werden so viele Setzermagneten benötigt, wie die Anzahl der Kombinationen beträgt (also bei 50 Registern und 6 Kombinationen 300 Setzermagnete).

Auf der Abbildung befinden sich unten – schematisch gezeichnet – der Setzknopf S und der Kombinationsknopf K, beide als Druckschalter in der Vorsatzleiste unter dem untersten Manual gelagert. Die nach oben gehenden Leitungen führen vom Registerkontakt zum entsprechenden Register- oder Schleifenzugmagneten in der Windlade. Das rechts gestri-

chelt eingezeichnete Schaltschema ist die Schaltung für eine zweite Kombination mit entsprechendem Setzermagneten und zugehörigem Kombinationsknopf.

Das „Herz" der elektrischen Setzeranlage ist der Setzermagnet SM, der aus zwei Elektromagneten besteht, zwischen denen sich ein mit einer Kontaktzunge versehener Pendelanker PA befindet. Dessen Stellung mit Kontaktschluß entweder am linken oder rechten oberen Kontaktpunkt ist entscheidend dafür, ob das Register in dieser Kombination „gesetzt" ist oder nicht. Ein ähnlicher Doppelmagnet RM befindet sich auch hinter der Registerwippe im Spieltisch, durch den die Registerwippe sichtbar betätigt werden kann.

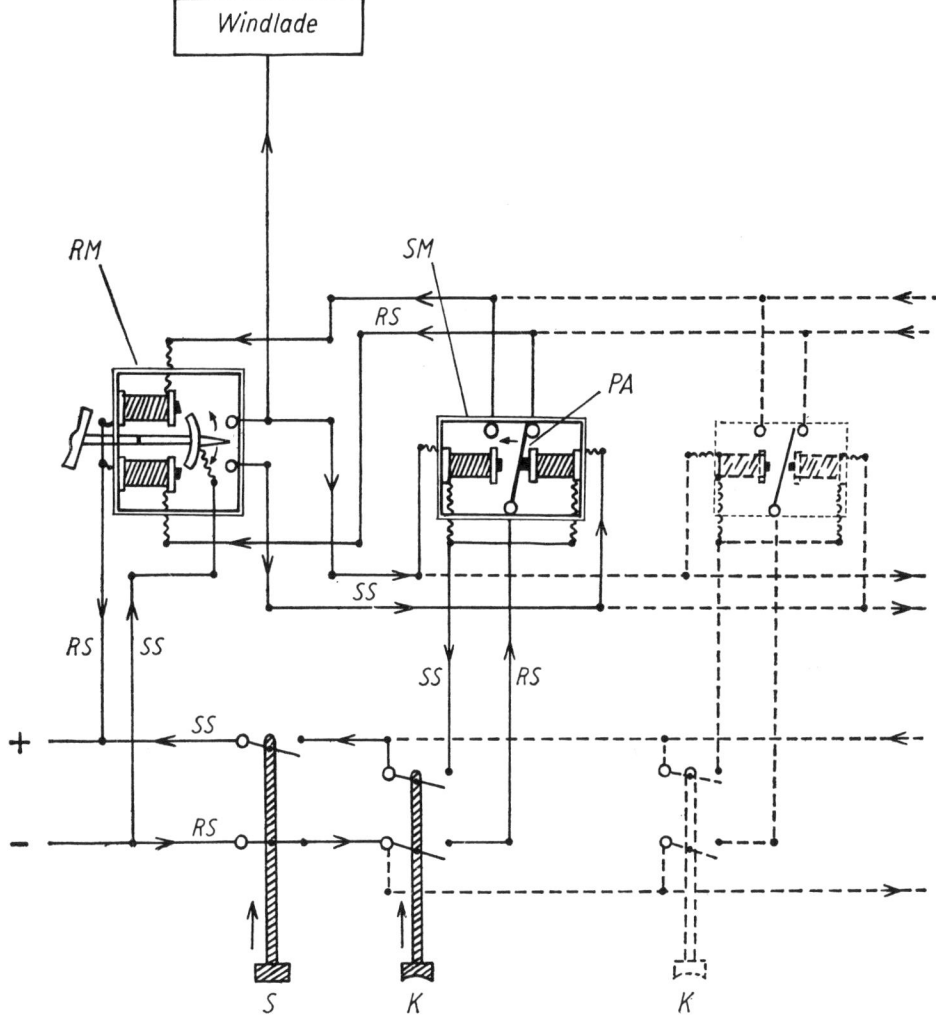

Abb. 41 Schaltschema einer elektrischen Setzerkombination

S Setzknopf; K Kombinationsknopf; RM Registermagnet; SM Setzermagnet; PA Pendelanker; RS Registrierstrom; SS Setzstrom

149

Man muß bei der Setzerapparatur hauptsächlich zwei Stromkreise unterscheiden, und zwar den Setzstrom SS, der zu den Setzermagneten SM fließt und damit die Register „setzt", und den Registrierstrom RS, der zu den Registermagneten RM fließt und die Registerwippen betätigt.

Verfolgen wir den Weg, den der elektrische Strom nimmt: Bei nicht eingeschalteter Kombination unterbricht – wie hier eingezeichnet – der Schalter am Kombinationsknopf K beide Leitungen RS und SS. Drücken wir den Knopf K, so werden diese beiden Stromleitungen geschlossen. Über die RS-Leitung fließt dann Strom vom Minuspol (–) der Stromquelle zum Pendelanker PA des Setzermagneten SM und von dort – je nach linker oder rechter Kontaktstellung – in den oberen oder unteren Magneten des Registermagneten RM, wodurch die Registerwippe sichtbar in die entsprechende Stellung „an" oder „ab" springt und dabei gleichzeitig über ihre Kontaktzunge den entsprechenden Kontakt für den Stromkreis zu den Register- bzw. Schleifenzugmagneten in der Windlade gibt. Von den Magneten in RM fließt dann der Strom über die RS-Leitung zurück zum positiven (+) Pol der Stromquelle.

Zum „Setzen" der Register müssen Setzkopf S und ein entsprechender Kombinationsknopf K gleichzeitig gedrückt werden, wodurch bei K wohl beide Leitungen (RS und SS) geschlossen werden, bei S jedoch nur die SS-Leitung, wogegen die RS-Leitung jetzt unterbrochen wird. Nun kann über RS kein Strom zum Pendelanker PA gelangen, wodurch auch die Registermagneten RM stromlos bleiben und die Registerwippe – unabhängig von der Stellung des Pendelankers PA – mit der Hand gestellt werden kann. – Dagegen fließt nun über die SS-Leitung Strom nach oben zu der Kontaktzunge des RM und von dort – je nach Stellung der Registerwippe – über eine der beiden SS-Leitungen zum linken bzw. rechten Setzermagneten SM, die ihrerseits den für das „Setzen" entscheidenden Pendelanker PA in die entsprechende Kontaktstellung bringen (linke Stellung: Register ist in Stellung „an" gesetzt; rechte Stellung: Register ist in Stellung „ab" gesetzt).

Wenn nun der Setzknopf S wieder losgelassen wird, unterbricht er die SS-Leitung, wodurch die Magneten von SM stromlos werden und die jeweilige Stellung des Pendelankers PA nicht mehr beeinflussen können: Das Register ist damit „gesetzt". – Wird nun auch die Kombination K ausgeschaltet, dann wird dazu noch die RS-Leitung unterbrochen, wodurch auch die Magnete des RM stromlos werden und die Registerwippe nur noch durch Handeinstellung betätigt werden kann. – In gleicher Weise funktionieren das Setzen und die Einstellung von weiteren Kombinationen, von denen ein weiterer Schaltkreis hier gestrichelt eingezeichnet worden ist. Man erkennt, daß alle weiteren Schaltkreise parallel geschaltet sein müssen und durch ihre entsprechenden Kombinationsknöpfe ein- oder ausgeschaltet werden. Zusätzlich zu dem hier eingezeichneten Schaltschema gibt es übrigens noch besondere Schaltungen, damit die Magnete nicht dauernd unter Strom stehen, d. h. in ihren Endstellungen automatisch abgeschaltet werden.

In der letzten Zeit wurden auch *elektronische* (mit Transistoren) arbeitende Setzerkombinationen gebaut, die wesentlich weniger Platz einnehmen, weil bei ihr die vielen Setzermagnete SM wegfallen. Neuerdings sind Setzerapparate entwickelt worden, deren Registerprogrammierung sich mit *Lochkarten* oder -*streifen* vornehmen läßt.

Diese recht aufwendige amerikanische Setzerkombination wird im allgemeinen nur bei sehr großen Orgeln angewandt. Bei kleineren Orgeln, deren Register sich oberhalb der Manuale in einer Reihe anordnen lassen, gibt es jetzt robuste und einfachere *mechanische Setzerkombinationen*. Die Registertraktur kann bei dem einen Prinzip (Abb. 42 a) mechanisch oder elektrisch eingerichtet sein, bei dem anderen Prinzip (Abb. 42 b) ist nur elektrische Übertragung zu der Windlade möglich. Bei beiden Systemen erfolgt der Setzvorgang ebenso wie die sichtbare automatische Umstellung der Registerzüge oder -tasten rein mechanisch.

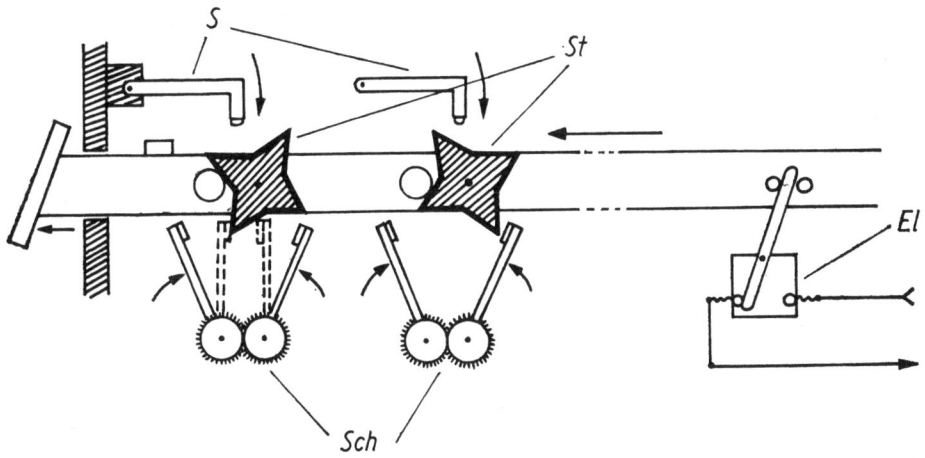

Abb. 42a   Mechanische Setzerkombination (System *Heuss*)
S Setzerschiene; St Sternräder; Sch Schaltapparat; El elektrischer Schalter

Das eine System der mechanischen Setzerkombination (Heuss)[6] ist in der Abb. 42a aufgezeichnet: An den Registerschubstangen (diese Registerzüge werden wie bei der mechanischen Traktur heraus- bzw. hineingeschoben) befinden sich – sofern sie nicht mechanisch mit den Schleifen verbunden sind – am hinteren Ende die elektrischen Schalter El für den Strom zu den Register-Schleifen-Magneten. An den Schubstangen sind seitlich so viele vierspitzige Sternräder St angebracht, wie dieser Setzer Kombinationsmöglichkeiten hat (hier sind nur zwei eingezeichnet, doch sind bis zu 20 möglich). Zu jeder Kombination gehört eine Setzerschiene S, die über den entsprechenden Sternrädern aller Registerzüge beweglich angebracht ist, und ein Schaltapparat Sch mit scherenförmigen Schaltarmen unter den Sternen. Die Setzerschiene und der Schaltapparat werden mittels Fußtritten (s. S. 168) – oberhalb der Pedalklaviatur gelegen – mechanisch eingeschaltet.
Wenn die Setzerschiene S nach unten gedrückt wird, so schiebt sie diejenige Spitze des Sternes nach unten, über der sich die Schiene gerade befindet, d. h. bei gezogenem Register die hintere (hier rechte) Sternspitze, bei nicht gezogenem Register die vordere (linke) Sternspitze. Dadurch machen die Sterne eine kleine Drehbewegung, deren beide möglichen Stellungen hier eingezeichnet sind. Die jeweilige Stellung des Sternes gibt an, ob das Register gesetzt ist oder nicht. Durch eine scheibenförmige Sperre an der Registerstange kann jeder Stern nur diese kleine Drehung machen.
Zum Einschalten der Kombinationen wird einer der Schaltapparate Sch unter den Sternen betätigt. Dadurch klappen – mittels Zahnrädern zwangsgesteuert – beide Schaltarme in Pfeilrichtung zusammen und stoßen dabei – entsprechend der augenblicklichen Stellung des

6) Rein mechanisch bis zu 20, elektrisch bis etwa 45 Register möglich.

151

Sternes – an dessen vordere oder hintere (hier linke oder rechte) Spitze an. Bei der – hier – rechten Kombination stößt der rechte Schaltarm an die nach unten umgelegte rechte Sternspitze und schiebt diese mitsamt der Registerstange nach links, d. h., das Register wird gezogen. – Bei der linken Kombination greifen beide Arme in der hier gestrichelt eingezeichneten Stellung ins Leere, weil das Register weder gesetzt noch gezogen ist. Man kann sich aber vorstellen, wie der linke Arm des Schaltapparates die linke untere Sternspitze mitnehmen würde, wenn das Register wohl „gezogen“, also nach links herausgezogen wäre, jedoch eben nicht gesetzt ist. Der Schaltarm würde nun die Registerstange nach rechts schieben und damit das Register abstoßen, weil es nicht gesetzt ist.

Bei einer anderen mechanischen Setzerkombination (Abb. 42 b, System *Laukhuff*), die jedoch immer mit elektrischen Registerkontakten versehen werden muß, befinden sich – mit den Registertasten gelenkig verbunden – hinter diesen kräftige rechteckige Metallbügel a, die sich je nach Registertastenstellung „ab“ etwas schräg nach links (hier der linke und mittlere Bügel) oder „an“ nach rechts (hier der rechte Bügel) drehen. Durch alle Metallbügel hindurch laufen so viele seitlich verschiebbare Kombinationsschienen b, wie Kombinationsmöglichkeiten vorhanden sind (hier sind zwei eingezeichnet). In Höhe der Registerbügel befinden sich an jeder Schiene für jedes Register ein drehbarer Setzflügel c. Zum Setzen dieser Kombination wird durch den Kombinationstritt (s. S. 168) die zugehörige Schiene seitwärts nach links gezogen, um die sonst freistehenden Setzflügel c an die

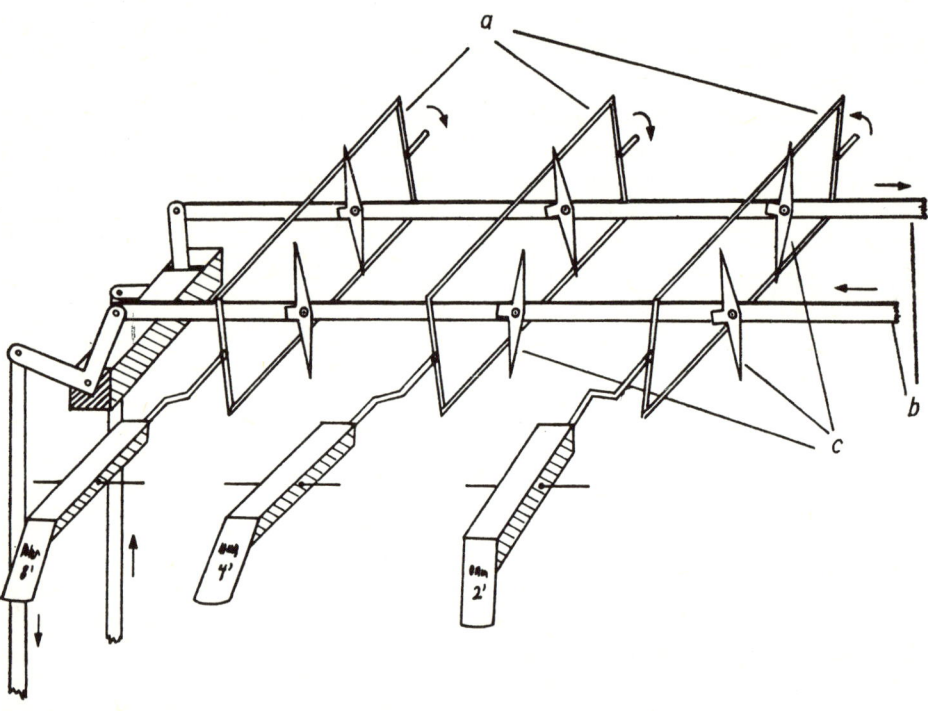

Abb. 42b Mechanische Setzerkombination (System *Laukhuff*)
a Registerbügel; b Kombinationsschienen; c Setzflügel

152

Bügel a zu drücken. Nun stellt man die gewünschten Registertasten mit der Hand ein, wodurch die Bügel eine entsprechende Drehung machen und die ihnen anliegenden Setzflügel mitnehmen, die dann in der entsprechenden Stellung einrasten (hintere Kombinationsschiene). Wird der Kombinationstritt losgelassen, so schiebt eine Feder die Schiene wieder nach rechts, die nun frei stehenden Setzflügel bleiben jedoch in der eben erhaltenen Stellung („gesetzt") stehen (vordere Schiene).

Die Einschaltung der Kombinationen erfolgt ebenfalls durch denselben Fußtritt, der die Schiene wieder nach links zieht und die – eingerasteten – Setzflügel an die Registerbügel preßt. Stehen diese nicht in der Stellung, die die Flügel einnehmen, dann drückt der schräg stehende Flügel an den oberen oder auch unteren Teil des Bügels und dreht ihn mitsamt der Registertaste in die „gesetzte" Stellung.

Bei kleinen Orgeln lassen sich auch einfachere *rein mechanische Kombinationen* einbauen. Hierbei können die Registerstangen, die zum Ziehen oder Abstoßen der Register wie üblich herausgezogen oder hineingeschoben werden, auch noch seitlich verschoben werden und kommen erst nach Einschalten der Kombination zum Klingen.

Oder die Registerzüge sind drehbar eingerichtet. Eine solche Kombination wird dadurch vorbereitet, daß die gewünschten Registerzüge um 90° gedreht werden. Beim Einschalten der Kombination greifen Schaltarme – ähnlich wie auf Abb. 42 a – an bestimmte Nocken der – gedrehten – Registerschubstangen und schieben damit die vorbereiteten Register heraus bzw. drücken die nicht vorbereiteten, jedoch im Augenblick noch gezogenen Register wieder hinein.

Günstig ist auch eine separate einfache oder doppelt wirkende freie Kombination, die nur auf die Pedalregister wirkt *(Pedalkombination)*, denn im Pedal ist eine Umregistrierung wesentlich häufiger notwendig als in den Manualen.

6.3. Die festen Kombinationen

Neben den freien Kombinationen gibt es, einstellbar durch Druckknöpfe, auch feste Kombinationen. Hierbei werden durch Druck auf den entsprechenden Knopf (pneumatisch oder elektrisch) eine bestimmte Anzahl von Registern eingestellt und die gezogenen Register der Handregistratur abgestellt. Eine wichtige feste Kombination ist „Tutti"[7]), bei der sämtliche Register einschließlich aller Koppeln erklingen. Besser noch ist die Kombination „organo pleno" (s. S. 178), die alle Prinzipale samt ihren Klangkronen, dazu die prinzipalbezogenen Stimmen und die trompetenartigen Zungenregister sowie die Normalkoppeln, einstellt.

In den Orgeln um die Jahrhundertwende bis etwa 1940 finden wir meist sämtliche Lautstärken als feste Kombinationen: *pp, p, mf, f, ff* mit entsprechend festgelegten Registrierungen. In manchen Orgeln gibt es auch Kombinationen wie: *Prinzipalchor, Flötenchor, Streicherchor, Zungenchor,* wobei die entsprechenden Registergruppen erklingen (Einfluß des französischen Orgelbaus).

Der Nachteil der festen Kombinationen ist der, daß die bei ihnen erklingenden Register vom Orgelbauer fest eingestellt sind und dadurch nicht der Individualität der Musikwerke bzw. der des Organisten entsprechen. Bis auf „Tutti" oder „organo pleno" sollten sie

[7]) Italienisch = alle (Register), vgl. Schaltschema Abb. 40.

nicht mehr gebaut werden, und letzteres möglichst so, daß der Organist diese Kombination sich selbst einstellen kann.

Technisch funktionieren die Kombinationen in der Art, daß pneumatische oder elektrische Relais parallel zu der Registertraktur eingebaut sind, die, durch den Druckknopf eingeschaltet, die entsprechenden Registerventile betätigen.

6.4. Die Absteller

Lassen sich durch die festen Kombinationen bestimmte Registergruppen einschalten, so werden umgekehrt bestimmte Register durch die Absteller abgeschaltet. Ihre Betätigung erfolgt meist auch durch Druckknöpfe unter dem untersten Manual oder durch Fußtritte. Die wichtigsten Absteller seien hier aufgezählt:

„Handregister ab"	Dabei erklingen nur die Register, die durch den Rollschweller oder durch Kombinationen eingeschaltet sind.
„Zungen ab"	Hier werden alle Zungen so abgestellt, daß sie weder bei der Handregistratur noch beim Rollschweller oder bei den Kombinationen erklingen können (wichtig bei verstimmten Zungen).
„Koppeln ab"	Wirkt wie „Zungen ab".
„Walze ab"	Der Rollschweller (s. S. 156) wird ausgeschaltet.
„Koppeln aus der Walze"	Hier werden die bei betätigtem Rollschweller eingeschalteten Koppeln abgestellt.
„Zungen aus der Walze"	Wirkt wie „Koppeln aus der Walze".
„Manual 16′ ab"	Sämtliche 16′-Register in den Manualen und 32′ im Pedal werden abgestellt.
„Tremulant ab"	Fußtritt zur Abschaltung des Tremulanten (s. S. 158)

Eine besonders günstige Einrichtung sind *Einzelabsteller* für die – leider – häufig verstimmten Zungenregister. Ihre Wirkung ist wie bei „Zungen ab", doch lassen sich auf diese Weise nur die besonders verstimmten Zungenstimmen abstellen, während die noch brauchbaren erklingen können.

6.5. Die Pedalumschaltung

Beim Übergang von einem laut zu einem leise registrierten Manual ist es oft nötig, auch die Pedalregistrierung abzuschwächen. Geht das bei einer kleinen Orgel mit wenigen Pedalregistern verhältnismäßig schnell, so ist es bei großen Orgeln wegen der vielen Register in kurzer Zeit nicht möglich. Deshalb wurde früher oft die *Pedalumschaltung* gebaut, die, entweder durch einen Druckknopf oder auch *automatisch,* beim Übergang vom I. zum II. Manual starke Pedalregister und die Koppel I/P abstellt. Die automatische Pedalumschaltung ist nicht dauernd in Betrieb, sondern wird erst durch einen Druckknopf in Bereitschaft gesetzt.[8] Die einfache Pedalumschaltung wirkt ähnlich wie ein Absteller: „starke Pedalstimmen ab".

---

[8] Doch ist die Automatik bei Manualwechsel beider Hände nacheinander oft unbrauchbar und wechselt gerade im unpassenden Moment. Deswegen wird dieses System heute kaum noch gebaut.

Bei den so gebauten Pedalumschaltungen, auch bei der automatischen, ist die Abschaltung starker Pedalstimmen aber vom Orgelbauer festgelegt und kann dadurch nicht mehr der musikalischen Forderung angepaßt werden, wodurch ihr Wert gering ist. Eine Pedalumschaltung ist nur dann brauchbar, wenn man sich die Register durch kleine Züge, ähnlich den Kombinationszügen, selbst einstellen kann (s. Pedalkombination, S. 153).

6.6.   Der Schwellkasten

Der Schwellkasten ist eine im Verlauf der Orgelgeschichte noch junge Einrichtung. Am Anfang des 18. Jahrhunderts schon erfunden, bürgerte er sich in Deutschland aber erst im 19. Jahrhundert, im Zeitalter der Romantik, ein. Damit konnte der über Jahrhunderte ungebeugte abstrakte Orgelklang dynamisch gestaltet werden. Eine Vorform des Schwellkastens sind die Flügeltüren an alten Orgeln und Positiven, durch deren Öffnen und Schließen der Klang stärker bzw. schwächer wird.

Beim Schwellkasten stehen die Pfeifen eines Werkes, eventuell auch nur einige Register, in einem Holzkasten, der durch eine Art Jalousie geöffnet bzw. geschlossen werden kann.[9] Dadurch wird der Klang lauter oder leiser. Allerdings hat man bei geschlossenem Schwellkasten den Eindruck, als sei der Klang entfernter als bei offenem Schwellkasten.

Der Klangstärkenunterschied zwischen offenem und geschlossenem Schwellkasten beträgt etwa 13–15 Phon.

Betätigt wird der Jalousieschweller durch einen *Fußbalanziertritt,* mechanisch oder elektrisch gesteuert. Die Pfeifen des Hauptwerkes und des Pedals werden im allgemeinen nicht in den Schwellkasten gestellt.

Der Schwellkasten wird für eine Crescendo-Wirkung heute fast nur bei romantischen Orgelkompositionen angewandt. Bei klassischen Werken sei er geöffnet oder geschlossen, wodurch eine größere Ausnutzung des Pfeifenmaterials möglich ist (z. B. Registrierung mit starken Stimmen, die durch den geschlossenen Schwellkasten im Klang abgeschwächt sind).

Zu Begleitungszwecken ist ein Schwellkasten wegen besserer Anpassung sehr vorteilhaft. Doch soll es nicht dazu kommen, während des Spielens alle paar Takte den Schweller zu öffnen oder zu schließen!

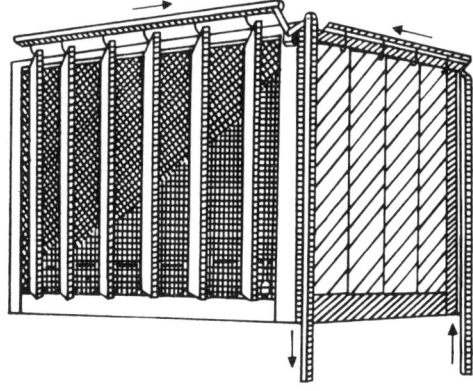

Abb. 43   Jalousieschwellkasten

[9] Oft werden jetzt die Jalousieflügel aus Plexiglas gebaut und geben – in den Prospekt gesetzt – eine besondere architektonische Note für die Prospektgestaltung.

6.7.   Der Registerschweller

Mit dem Aufkommen der Röhrenpneumatik (Ende des 19. Jahrhunderts) war es möglich, die Dynamik des Orgelklanges zu erweitern, durch ein automatisches Ziehen der Register nacheinander ein Crescendo von dem sanftesten Orgelregister bis zum brausenden Tutti zu erzeugen und umgekehrt. Dazu dient eine Walze, *Registerschweller* oder *Crescendo-Walze,* die vom Organisten mit den Füßen gedreht wird, auch *Rollschweller* genannt. Technisch werden im Inneren des Spieltisches dabei durch eine Rolle oder Schiebeeinrichtung die verschiedenen Register (elektrisch oder pneumatisch) nacheinander eingeschaltet. Durch eine am Spieltisch angebrachte Skala kann jederzeit die Stellung der Walze kontrolliert werden.

Der Nachteil der Walze ist einmal die Tatsache, daß bei der Orgel ein lückenloses Crescendo gar nicht möglich ist, ganz besonders nicht bei kleinen Orgeln. Denn die Klangfarbe ändert sich z. B. mit dem Einsetzen der Mixturen und Zungen erheblich. Der andere Nachteil der Walze ist die vom Orgelbauer eingestellte, immer gleichbleibende Crescendo-Registrierung, die der Art der Orgelmusik oft nicht entspricht. In großen Orgeln gibt es jedoch Einrichtungen, durch die der Organist die Reihenfolge der Register selbst einstellen kann. Für klassische Kompositionen heute nicht mehr angewandt, ist die Walze jedoch für romantische Tonschöpfungen auch heute noch unentbehrlich. Sie ist ein typisches Kind der orchestralen Orgel.

6.8.   Der Tremulant

Der *Tremulant*[10]) ist schon im Mittelalter gebaut worden und dient dadurch, daß er den starren Orgelklang in eigentümlich bebender Weise verändert, dazu, einzelne Stimmen des polyphonen Musikgewebes durch den Gegensatz zu den anderen gleichförmigen Stimmen herauszuheben, wozu wir ihn heute noch gern benutzen.

Technisch ist dieser Apparat so gebaut, daß auf dem Windkanal kurz vor der Windlade ein kleiner Balg sitzt, der sich stoßweise öffnet und schließt und dadurch den gleichmäßig fließenden Wind in Bebung versetzt, wodurch das Tremolieren des Orgelklanges entsteht.[11])

Eine einfache Form des Tremulanten sei nach der Abbildung 44 hier erklärt: Auf dem Windkanal a sitzt ein kleiner Balg b, dessen Unter- und Oberplatte durchbrochen sind. Die untere Öffnung wird durch ein Ventil c geschlossen, das mit einer Feder d an die Öffnung herangedrückt wird. Wird das Ventil c durch den Registerzug „Tremulant" geöffnet (in dieser Stellung hier eingezeichnet), strömt Wind in den Balg b, der sich dadurch gegen den Federdruck e hebt. Diese schnelle Bewegung teilt sich dem Gewicht f mit, das ebenfalls gehoben wird und durch seine Schwerkraft noch höher fliegt, wenn der Balg b sich auch nicht mehr weiter öffnen kann. Durch den Weiterschwung des Gewichtes f zieht dieses die Ventilklappe g, mit der es federnd verbunden ist, nach oben, wodurch die Öffnung h in der Oberplatte des Balges b frei wird und der im Balg befindliche Druckwind daraus

---

[10]) Von lat. tremere = zittern.
[11]) Die regelmäßigen Winddruckschwankungen erzeugen Tonhöhen- und -stärkeschwankungen des Pfeifentones, während die Schwebung (s. S. 106) nur Schwankungen der Tonstärke hervorruft.

*entweichen kann. Nun fällt der Balg, unterstützt durch die Feder e, schnell zusammen. In-
zwischen hat auch die Schwungbewegung des Gewichtes f aufgehört, worauf es wieder
nach unten fällt und damit über das Ventil die Öffnung h schließen läßt.*

*Weil das Ventil c dauernd geöffnet bleibt, strömt der Druckwind nun wieder in den Balg b
hinein, der sich damit erneut öffnet und dem federnden Gewicht einen Aufwärtsschwung
gibt. Damit wiederholt sich der Vorgang mit Öffnen des Ventils g, Zusammenklappen des
Balges b und späterem Verschluß der Öffnung h.*

*Die dauernde Bewegung des Balges b mit Entweichen von Wind führt zu regelmäßigen
Druckschwankungen im Windkanal a, die erst aufhören, wenn das Ventil c durch den Re-
gisterzug wieder geschlossen wird. Die Schnelligkeit der Balgbewegung läßt sich durch
Verschieben des Gewichtes f regeln.*

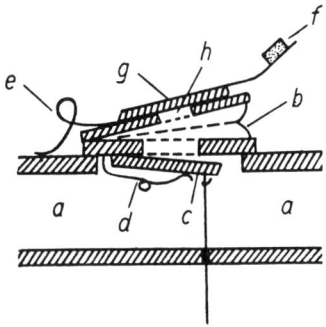

Abb. 44   Wippfedertremulant
a Windkanal; b Balg; c Ventil; d Feder; e Feder;
f Gewicht; g Wippventil; h Windauslaßöffnung

Diese Art und ebenso die meisten anderen gebräuchlichen Arten von Tremulanten bewirken durch stoßweises Entweichen des Windes Schwankungen des Winddrucks nach unten.
Klanglich günstiger sind Winddruckschwankungen nach oben (mit gleichmäßigen *Wind-
druckerhöhungen*). Auch dafür gibt es Konstruktionen, die direkt auf die Balgplatte des
Ausgleichbalges (s. S. 120) einwirken und diese Platte zum Schwingen (Vibrieren) bringen,
ohne daß dabei Wind verlorengeht.

*Ein besonders einfaches Prinzip ist ein auf der Balgplatte befestigter Elektromotor mit
zwei großen, rotierenden Scheiben, deren Mittelachse parallel zur Balgplattenoberfläche
angeordnet ist. An beiden Scheiben sind exzentrisch kleine Gewichte angebracht, wodurch
bei der Drehung der Scheiben Schwingungen auftreten, die sich auf die Balgplatte über-
tragen.*

*Auch gibt es pneumatische oder – in ihrer Frequenz stufenlos verstellbare – Tremulanten
mit elektronischer Impulsgebung für elektro-pneumatische Relais, die stoßweise Wind in
eine „Luftkondukte" leiten. Diese endet direkt an der Balgplatte eines Ausgleichs- oder
besonderen Tremulantenbalges und bewirkt, daß die rhythmischen Windstöße die Balgplatte zum Schwingen bringen.*

Im allgemeinen soll die *Frequenz* der Tremulantenschwingungen 150–300 Schläge in der
Minute betragen. Schnellere Schwingungen wirken süßlich (z. B. bei den Kinoorgeln). Die
Alten hatten oft zwei Tremulanten, den „geschwinden" und den „langsamen" Tremulan-
ten oder den „*starken Bock*" und den „schwachen" Tremulanten.[12]

---

[12]) Sie entsprechen in französischen Orgeln dem „*Tremblant fort*" (= stark) und dem „*Tremblant doux*"
(= schwach).

Der Tremulant dient, sparsam und nur bei Soloregistrierungen angewandt, sehr zur Belebung des *Cantus firmus* („Melodie“, s. S. 178). Bei der Kirchenorgel soll der Tremulant nur auf das Manual wirken, zu dem er gehört, weshalb vor der betreffenden Windlade ein Ausgleichsbalg (s. S. 120) eingebaut sein muß. Anders bei der Kinoorgel, wo der Tremulant dauernd auf das ganze Werk einwirkt, was sehr effektvoll, aber auch geschmacklos ist. Man hüte sich vor zu häufiger Anwendung des Tremulanten auch bei der Kirchenorgel! Er gleicht einer Delikatesse; und diese darf nur sparsam genossen werden.

Gut ist es, den Tremulanten mit einem *Fußtritt* (s. S. 168) ein- und ausschalten zu können. Denn beim Schlußakkord sollte der Tremulant abgestellt werden. Doch hat man dann im allgemeinen keine Hand frei, einen Fuß dagegen fast immer.

7. Technische Einrichtungen zur Einsparung von Orgelregistern

7.1. Die Windabschwächung

Bei kleinen Orgeln ist der Einbau eines ganz leisen 16'-Registers im Pedal oft zu kostspielig oder platzraubend. Man kann dann dadurch zu einem leisen 16' kommen, indem der Subbaß 16' durch eine geeignete Apparatur in der Windlade bei gezogenem Register *Zartbaß* 16' Wind mit einem niedrigeren Druck erhält, wodurch die Pfeifen des Subbaß nun leiser erklingen. Daß der Ton dann auch etwas **tiefer** wird, ist bei der geringen Tonhöhe dieser Pfeifen kaum zu merken.

7.2. Die Transmissionen

Eine andere Art, Register und damit Platz und Geld zu sparen, sind die *Transmissionen*[1]. Es handelt sich dabei um eines oder mehrere Register, die vom Manual und auch vom Pedal aus, je mit einem besonderen Registerzug, gespielt werden können. Es ist also die gleiche Pfeifenreihe, die beim Manualspiel z. B. als Bordun 16' und beim Pedalspiel dann als Bordunbaß 16' erklingt. Aber auch mehrere Manualregister können zur Bereicherung der Pedaldisposition ins Pedal transmittiert werden. Der Vorteil gegenüber der Pedalkoppel liegt darin, daß diese Register auch dann im Pedal erklingen, wenn sie vom Manual aus nicht gezogen sind oder umgekehrt. Bei kleinen Orgeln sind Transmissionen einzelner Register manchmal recht brauchbar. Wenn man jedoch sehr weise disponiert, sind Transmissionen nicht nötig.

Transmissionen können auch in verschiedenen Tonhöhen eingerichtet werden, z. B. Manual 8', im Pedal 4' u. ä. Sie lassen sich auch zwischen zwei Manualen einbauen, entweder in gleicher Tonhöhe oder auch in verschiedenen. Doch ist diese Art der Transmissionen zu verwerfen, da hierbei das Werkprinzip der einzelnen Manualwerke (s. S. 183) verwischt wird.

Anhand von Abb. 45 ist dieses einfache Prinzip ohne weiteres zu verstehen (vgl. auch Abb. 34, S. 136).

A, B, C, D sind die Pfeifen verschiedener Register eines Manuals mit ihren Registerkanzellen a, b, c, d₁. Zur Pfeifenreihe D gehört noch eine weitere Registerkanzelle d₂, die nur vom Pedal aus bespielt werden kann. Bei v befinden sich zwei Ventile (hier aus Leder), damit der Wind nicht von einer Registerkanzelle in die andere gelangen kann, sondern nur in den Pfeifenfuß.

---

[1] Von lat. transmittere = überführen.

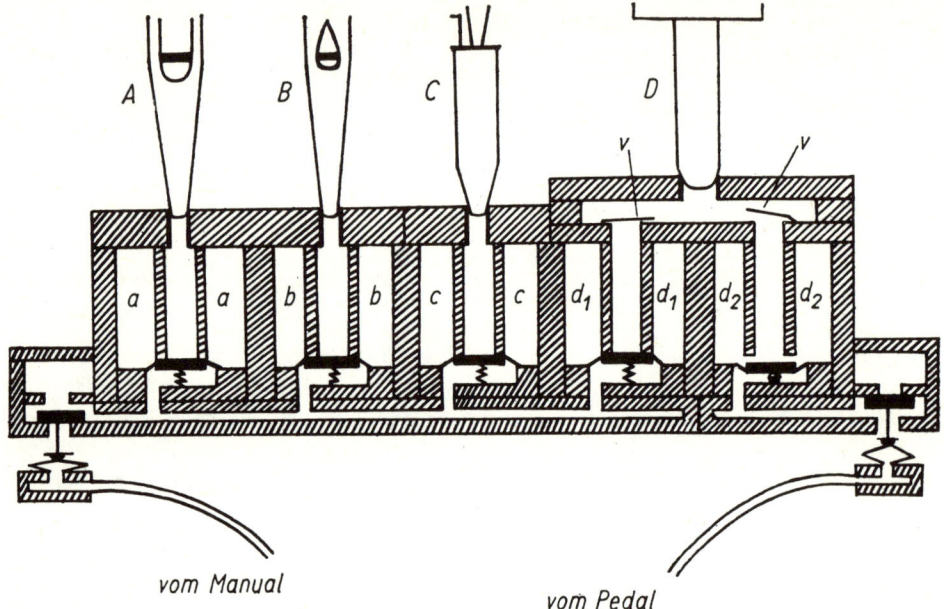

Abb. 45   Membranenlade mit Transmission

A, B, C, D = Pfeifen verschiedener Register; a, b, c, d_1 = Registerkanzellen, vom Manual aus spielbar; d_2 = Registerkanzelle, vom Pedal aus spielbar; v = Rückschlagventile aus Leder

In ähnlicher Weise können Transmissionen auch bei der Schleiflade gebaut werden, was schon in früheren Jahrhunderten ausgeführt wurde.

Wenn nur ein Register (hier auf der Abb. 46 eine Zunge) transmittiert wird, also im Manual oder Pedal wahlweise erklingen soll, werden die Tonkanzellen mit einem Schied A unterteilt. Der linke (vordere) Teil erhält Wind über das Tonventil M, das mit der Manualtraktur verbunden ist, wogegen der rechte Teil der Kanzelle über das mit der Pedaltraktur verbundene Tonventil P Wind bekommt. Die Pfeifen des Transmissionsregisters T stehen auf dem Pfeifenstock Pf, dessen Bohrungen von zwei Seiten aus über die Manualschleife SM und die Pedalschleife SP den Wind in die Pfeife führen. Ein Pendelventil PV sorgt dafür, daß der aus der jeweils bespielten Kanzelle kommende Wind nur in die Pfeife dringen kann, nicht jedoch in die Gegenkanzelle.

Wenn mehrere Register als Transmissionen gebaut werden sollen, erhält jedes zwei Schleifen und einen doppelt gebohrten Pfeifenstock. Doch sind dazu für jeden Ton zwei nebeneinanderliegende Kanzellen nötig, deren eine durch ihr mit der Manualtraktur verbundenes Tonventil Wind bekommt, wogegen das Tonventil der anderen Kanzelle mit der Pedaltraktur verbunden ist. Die Windlade erhält also im Pedalbereich doppelt so viele Kanzellen wie üblich. Bei den Manualschleifen sind die Bohrungen so angeordnet, daß sie nur über den zum Manual gehörenden Kanzellen liegen. Bei den Pedalschleifen liegen die Bohrungen entsprechend nur über den zum Pedal gehörenden Kanzellen. Über den doppelt gebohrten Pfeifenstock erhält dann jede Pfeife wahlweise Wind aus der Manualkanzelle oder aus der neben ihr liegenden Pedalkanzelle, sofern auch die zugehörige

160

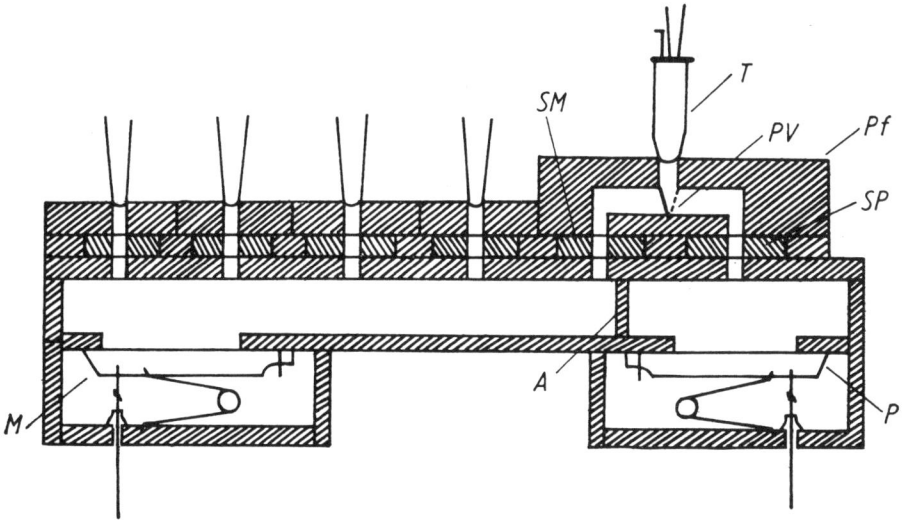

Abb. 46   Schleiflade mit einer Transmission
A Kanzellenschied; M Tonventil vom Manual; P Tonventil vom Pedal; SM Manualschleife; SP Pedalschleife; T Transmissionsregister; PV Pendelventil; Pf Pfeifenstock

*Schleife „gezogen" ist. Doch ist dieses Prinzip technisch etwas aufwendig und wird nur
selten angewandt.*
Öfters dagegen werden *Oktavtransmissionen* im Pedal gebaut, z. B. ein Prinzipalbaß 8',
aus dem durch den zusätzlichen Einbau von nur zwölf Pfeifen in der tiefen Oktave ein
Prinzipalbaß 16' entsteht, wodurch Platz und Kosten gespart werden. Und da im Pedal
meist einstimmig gespielt wird, läßt sich hier – im Gegensatz zu Oktavtransmissionen in
den Manualen – eine solche Sparmaßnahme zuweilen verantworten.
*Bei diesem Prinzip erhalten beide Register ebenfalls je zwei Schleifen. Verführungen in
den Pfeifenstöcken mit kleinen Rückschlagventilen (Pendelventilen), oder auch Kondukten, verbinden dann die Bohrungen von den Schleifen her derart, daß jede Pfeife von
zwei Kanzellen im Oktavabstand aus Wind bekommen kann, z. B. von Kanzelle C und c;
oder Cis und cis; oder d und d' usf.*

7.3.   Das Multiplexsystem

Das Wesen des Multiplexsystems[2]) ist, kurz gesagt, folgendes: Aus *einer* Pfeifenreihe
werden *mehrere* Register mit verschiedenen Tonhöhen herausgezogen. Da sich hierbei
viele Pfeifen einsparen lassen, können „ganze" Orgeln nach diesem System gebaut werden: mit zwei bis fünf Grundreihen verschiedener Klangfarben, aus denen eine Unmasse
„Register", verteilt auf zwei Manuale und Pedal, herausgezogen werden. Da dieses System
Platz und Material spart und gegenüber einer Normalorgel mit der gleichen Anzahl wirk-
licher Register billiger ist, wurde es besonders in den dreißiger Jahren dieses Jahrhunderts

[2]) Von lat. multum = viel, und plexus = Geflecht. Auch (engl.) *Unitsystem* genannt.

öfter angewandt, jetzt allerdings nur noch selten. Um seinen Wert zu verstehen, muß man sich erst über das Prinzip im klaren sein, das übrigens ähnlich auch bei vielen Elektrien (s. S. 224) angewandt wird. Deshalb soll das Multiplexsystem (im folgenden MP-System genannt) hier näher beleuchtet werden.

Nehmen wir an, eine solche „Orgel" habe ein Manual (61 Tasten von C–c⁴) mit folgenden sechs „Registern":

Prinzipal	$8'$
Oktav	$4'$
Quinte	$2\tfrac{2}{3}'$
Oktav	$2'$
Quinte	$1\tfrac{1}{3}'$
Oktav	$1'$.

Eine normale Orgel mit diesen 6 Registern hätte 6 (Register) mal 61 (Manualtasten) = 366 Pfeifen. Die MP-Orgel hat aber nur eine Pfeifenreihe mit 97 Pfeifen in Prinzipalmensur, aus der diese 6 Register herausgezogen werden. Dazu folgende Zusammenstellung:

```
Pfeife Nr. : 1....13...20...25...32...37....49....61....73..80..85..92..97
Tonhöhe :    C....c....g....c¹...g¹...c²....c³.....c⁴....c⁵..g⁵..c⁶..g⁶..c⁷

   Taste :   C....c.........c¹.... ...c². Prinz. 8'..c⁴
     Taste : C.........c..... ...c¹. Okt. 4'...c³....c⁴
       Taste : C .... ...c ...f.. Qu. 2²/₃'..f²........c⁴
         Taste : C .... ...c.. Okt. 2'....c²....c³......c⁴
           Taste : C ...F. Qu. 1¹/₃'...f¹........c³......c⁴
             Taste : C. Okt. 1'....c¹ ...c²......c³......c⁴
```

Erklärung:

Prinzipal	$8'$	benutzt Pfeifen 1–61
Oktav	$4'$	benutzt Pfeifen 13–73
Quinte	$2\tfrac{2}{3}'$	benutzt Pfeifen 20–80
Oktav	$2'$	benutzt Pfeifen 25–85
Quinte	$1\tfrac{1}{3}'$	benutzt Pfeifen 32–92
Oktav	$1'$	benutzt Pfeifen 37–97

Man sieht also, daß viele Pfeifen mehrere Funktionen haben, je nachdem, bei welchem „Register" sie gerade klingen. So hat z. B. Pfeife 37 eine sechsfache Funktion: Beim 8' gehört sie zur Taste c², beim 4' zu c¹, beim 2²/₃' zu f, beim 2' zu c, beim 1¹/₃' zu F und beim 1' zur Taste C.

Technisch wird das MP-System so ausgeführt, daß sich in einer *Kastenlade* (s. S. 138) unter jeder Einzelpfeife ein elektrisch gesteuertes Ventil findet.

Wird nur eine Taste bei allen 6 gezogenen Registern angeschlagen, so erklingen tatsächlich 6 Pfeifen wie bei der Normalorgel. Werden aber zwei Tasten im Quint- oder Oktavabstand angeschlagen – und das kommt oft vor –, so erklingen bei der Normalorgel 2 × 6 = 12 Pfeifen, bei dieser MP-Orgel aber nur 8 oder 10 Pfeifen, wovon man sich auf Grund der obigen Zusammenstellung überzeugen kann. Denn fast jede Pfeife hat mehrere Funktionen. Bei drei Tasten (z. B. Grundton, Quinte, Oktave) ist der „Pfeifenschwund" noch erheblich größer: bei der Normalorgel 3 × 6 = 18 Pfeifen, bei dieser MP-Orgel nur 11 Pfeifen!

Durch diesen Pfeifenschwund entstehen z. B. bei einem Lauf (Tonleiter) mit der rechten Hand, während die linke einen 3- oder 4stimmigen Akkord aushält, sogenannte „Tonlöcher". Denn die Pfeifen für manche Töne des Laufes erklingen schon durch den gehaltenen Akkord, sprechen also nicht mehr neu an; dadurch ist der Lauf in der Tonstärke unregelmäßig, was sich beim Spiel unangenehm bemerkbar macht.

Wie schon gesagt, wurde eine MP-Orgel mit 3–5 Pfeifenreihen in verschiedenen Klangfarben gebaut, aus denen, auf mehrere Manuale und das Pedal verteilt, eine Unmasse „Register" herausgezogen werden konnte. Der bedeutende Nachteil der „Tonlöcher" ist bei mehreren Pfeifenreihen etwas geringer, aber immer noch groß genug, um ein künstlerisches Spiel unmöglich zu machen.

Jetzt eine Disposition (vgl. S. 174) einer MP-Orgel mit drei Grundpfeifenreihen, die Auszüge („Register") geordnet nach den Pfeifenreihen:

	Prinzipal (104)		*Gedackt* (92)		*Flöte* (97 Pfeifen)	
I. Manual	Prinzipal	8′	Bordun	16′	Hohlflöte	8′
	Oktav	4′	Gedackt	8′	Rohrflöte	4′
	Oktav	2′	Nasat	2²/₃′	Terzflöte	1³/₅′
	Quinte	1¹/₃′				
II. Manual	Prinzipal	8′	Bordun	16′	Flauto amab.	8′
	Oktav	4′	Gedackt	8′	Piccolo	2′
	Quinte	2²/₃′	Pommer	4′	Spillflöte	1′
Pedal	Prinzipalbaß	16′	Subbaß	16′	Baßflöte	4′
	Oktavbaß	8′	Gedacktbaß	8′		
	Oktavbaß	4′	Quintbaß	5¹/₃′		
	Prinzipalflöte	2′				

Koppeln fallen beim MP-System natürlich weg. Also eine Orgel mit 27 „Registern", aber nur 293 Pfeifen! Selbstverständlich sind noch viel mehr Auszüge („Register") aus diesen drei Pfeifenreihen denkbar.

Ein *Vorteil* der MP-Orgel ist der, daß mit wenig Material eine verhältnismäßig große Tonvielfalt erreicht wird, auch nimmt sie wenig Platz ein. Dazu ist sie im Verhältnis zu einer Normalorgel mit der gleichen Registerzahl billiger.

Indessen hat sie derart viele *Nachteile,* daß sich die MP-Orgel nie gegenüber einer Normalorgel durchsetzen konnte. Die wesentlichsten Nachteile seien hier kurz zusammengestellt:

1. entstehen bei mehrstimmigem Spiel die obenerwähnten Tonlöcher, die ein kunstvolles Orgelspiel unmöglich machen;

2. sind die Quinten und Terzen unbrauchbar, weil sie nicht rein, sondern temperiert (s. S. 26) gestimmt sind. Sie können deswegen nicht gut mit den Grundregistern verschmelzen;

3. ist das Spiel wegen der wenigen Klangfarben eintönig;

4. unterscheiden sich die Manuale in ihrer Klangfarbe fast gar nicht, was sehr wesentlich für eine gute Orgel ist (s. Werkprinzip S. 183);

5. fehlen meist die Mixturen, die dem Orgelklang die erforderliche Frische geben;

6. Das Wesentliche der Intonation, daß jede Pfeife in den Gesamtklang hineinpaßt, muß hier übermäßig berücksichtigt werden, weil fast alle Pfeifen mehrere Funktionen haben. Damit wird die Intonation verwaschen.

Die Nachteile des MP-Systems lassen sich dadurch verringern, daß solch eine Orgel mindestens 5–6 Grundreihen bekäme, unter denen sich eine Mixtur- und eine Quintreihe befänden. Auch verringern sich die Nachteile, je weniger Auszüge aus einer Grundreihe entnommen werden, vor allem nicht in Aequallagen für verschiedene Manuale.

So vorsichtig angewandt, läßt das MP-System sogar eine gewisse größere Ausnützung des vorhandenen Klangmaterials zu, was auch ursprünglich in der Absicht seiner Erfindung und Propagierung durch namhafte Organisten lag. Doch ist der Schritt von gezielter, den tatsächlichen Verhältnissen (Grundreihen) entsprechender Registrierung zu unkritischer und – von den vielen Registerzügen verlockt – unzweckmäßiger Registrierung nur klein und zu leicht zu begehen, wodurch das MP-System, das dazu noch eine viel größere Orgel nur vortäuscht, in Mißkredit geriet.

Auch im Pedal ließ sich das MP-System manchmal vertreten, um Platz bei den großen Pfeifen und um Material zu sparen. Sein größter Nachteil, die Tonlöcher bei mehrstimmigem Spiel, fällt hierbei weg, weil auf dem Pedal meist nur einstimmig gespielt wird.

8.   Der Spieltisch

Nachdem nun der Mechanismus der Orgel bekannt ist, soll auf die Einrichtung eingegangen werden, von der aus sich der ganze Komplex Orgel bedienen läßt, nämlich auf den Spieltisch. Von hier aus überträgt sich der Wille des Spielers auf das Instrument; von ihm aus führen die Trakturleitungen wie Nerven zu den Windladen. Da sich der Spieltisch nach dem Aufbau des Orgelwerkes richten muß, finden wir ihn auch in den verschiedensten Formen und Anordnungen. Bei den mechanischen Orgeln sind die Manual- und Pedalklaviaturen sowie die Registerzüge oft direkt in die Unterwand des Prospektes eingebaut und lassen sich durch Türen verschließen. Diese Einrichtung nennt man den *Spielschrank* (s. Bildtafel 16), durch den die Trakturwege kurzgehalten werden können.

Mit dem Aufkommen der Röhrenpneumatik, aber auch schon vorher, wurde der Spielschrank verlassen und die Tasten und Register in einem meist freistehenden *Spieltisch* untergebracht (s. Bildtafel 17). Auch heute ist ein freistehender Spieltisch zwischen Hauptorgel und Rückpositiv bzw. der Emporenbrüstung zu bevorzugen, weil der Organist von ihm aus den Klangeindruck der einzelnen Werke besser beurteilen kann als an einem Spielschrank direkt vor der Orgel sitzend. Auch läßt sich vom Spieltisch aus die heute so häufige Doppelfunktion als Organist und gleichzeitig Chorleiter besser ausüben. Die mechanischen Trakturen können jetzt so leichtgehend gebaut werden, daß eine längere Traktur – unter dem Emporboden hindurch – kein wesentliches Hindernis mehr für die Anlage eines freistehenden Spieltisches ist.

In dem folgenden Querschnitt durch einen Spieltisch (Abb. 47) sind auch die Normmaße in Millimetern angegeben, wie sie 1967 vom Bund deutscher Orgelbaumeister zusammen mit der Gesellschaft der Orgelfreunde ausgearbeitet wurden. Neue Normmaße wurden notwendig, weil die jetzigen Menschen gegenüber früheren Zeiten größere Körperlängen erreichen, worauf beim Spieltischaufbau Rücksicht genommen werden muß.

Im Innern dieses Spieltisches sieht man oben die Registerwippen für eine elektrische Registratur, die mittels zweier Magnete für ihre Funktion als Setzerkombination (s. S. 148) bewegt werden können. Außerdem sind die Koppelwippen für die Koppeln II–I, I–P und II–P zu sehen sowie ein Wellenbrett (s. S. 125) für die Koppelabstraktur vom Pedal zu den Manualen. Dieses Wellenbrett ist deswegen nötig, weil die Pedalabstrakten auf Grund der breiteren Pedaltasten weiter auseinanderliegen als die entsprechenden Manualabstrakten.

Günstig ist es, wenn die *Pedalklaviatur geschweift* ist, d. h., wenn die seitlichen Tasten etwas höher liegen als die mittleren, weil dadurch die Füße die seitlichen Tasten leichter erreichen können, als wenn alle Tasten in einer Ebene liegen. Heute werden meist *doppelt geschweifte* Pedalklaviaturen gebaut (s. Abb. 48), bei der die Länge der Pedalobertasten von 130 mm in der Mitte (bei cis^0) bis 198 mm nach den Seiten (bei Cis bzw. dis^1) zunimmt.

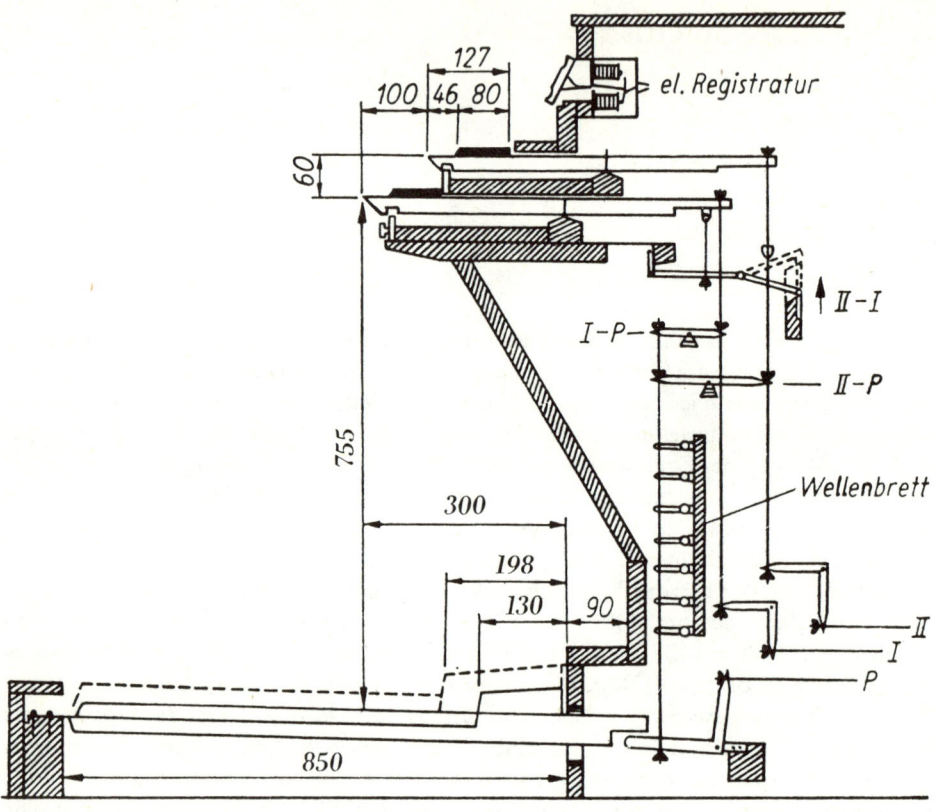

Abb. 47 Querschnitt durch einen Spieltisch mit mechanischer Spieltraktur und mit Angabe der Normmaße (in mm)

Zuweilen wird auch ein *dreifach geschweiftes Radialpedal* gebaut (s. Abb. 49), bei dem
zusätzlich die Tasten nach den Seiten zu strahlenförmig auseinanderlaufen (sogenanntes
amerikanisches Pedal). Diese Pedalklaviatur wird dann so angeordnet, daß die dis[0]-
Pedaltaste senkrecht unter der dis[1]-Taste der Manuale liegt (Normenausschuß des Bun-
des deutscher Orgelbaumeister 1972).

Der *Pedalumfang* war früher nicht einheitlich und reichte manchmal nur von C–c[0], auch
a[0] oder d[1]. Jetzt wird er immer von C–f[1], also mit 2$^1/_2$ Oktaven gebaut. Im allgemeinen
besitzt eine Orgel nur eine Pedalklaviatur; doch kennen wir Beispiele mit *doppeltem
Pedal,* bei der die 2. Klaviatur schräg hinter der vorderen liegt (z. B. alte Orgel der
Stuttgarter Stiftskirche, auch manche alten spanischen Orgeln).

Je nach der Größe der Orgel schwankt die Anzahl der *Manuale* von einem bis zu fünf,
in amerikanischen Riesenorgeln sogar bis zu sieben. Der Klavierumfang ist verschieden,
jetzt meist von C–a[3] oder c[4], also 4$^1/_2$ bis 5 Oktaven.

166

Abb. 48   Doppelt geschweifte Pedalklaviatur

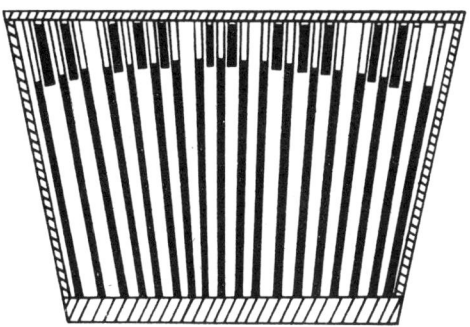

Abb. 49   Radiale Pedalklaviatur

Über dem obersten Manual oder auch seitlich neben den Manualen sind – nach ihrer Werkzugehörigkeit geordnet – die *Registerzüge* angebracht, entweder als *Züge* (s. Abb. 27), als *Kipptasten* (s. Abb. 33) oder *Wippen*. Unter den Registerzügen befinden sich auch oft die *Hilfsregister,* zu denen die Koppeln, auch der Tremulant gehört[1]); im Gegensatz zu den *klingenden Registern,* die die Pfeifenreihen zum Erklingen bringen.

Bei der Anlage der Registerzüge darf nicht allein von symmetrischen Gesichtspunkten ausgegangen werden, weil die Register möglichst bequem erreicht werden müssen. Denn der Organist hat beim Spiel eher einmal die linke Hand frei, weswegen wichtige Register möglichst links angeordnet werden sollen, z. B. die wichtigen Koppeln, auch die häufiger zu wechselnden Pedalregisterzüge. Es gibt auch schon Spieltische, bei denen alle Register-züge links angebracht sind.

Die Manuale, das Pedal und die Registerzüge oder -tasten befinden sich an jeder Orgel. Dagegen findet man die nächstfolgenden Einrichtungen meist nur an Orgeln aus den

---

[1]) Die Anordnung mit Registerzügen bzw. -wippen auch für die Hilfsregister hat den Vorteil, daß man diese dadurch auch in die freien Kombinationen einbeziehen kann.

letzten Jahrzehnten. Dazu gehören die kleinen *Züge* für die deutschen freien Kombinationen, die meist in einfacher oder mehrfacher Anordnung über den Registertasten liegen, zu denen sie gehören (vgl. Bildtafel 17). Sie können auch als kleine, oft verschiedenfarbige Hebelchen *angelegt* sein.

In der Mitte über dem obersten Manual ist oft die *Skala* für den *Rollschweller* angebracht, der selber dicht über den Pedaltasten in der Mitte liegt. Von ihm aus nach rechts sind ein oder mehrere *Balanziertritte* für die *Jalousieschweller* angeordnet.

Unter dem untersten Manual befinden sich in der *Vorsatzleiste* die *Druckknöpfe*, die sich bei Druck ein- und bei nochmaligem Druck wieder ausschalten –, sie betätigen die Koppeln, die Kombinationen sowie die Absteller. Zu den Kombinationsdruckknöpfen gehört noch ein *Auslöser*; denn diese Druckknöpfe sind so eingerichtet, daß immer nur einer von ihnen wirksam ist. Bei Druck auf einen anderen Knopf verschwindet der erste usw. Um die zuletzt gebrauchte Kombination wieder abzuschalten, muß der Auslöser (bei Dispositionsangaben oft mit 0 bezeichnet) gedrückt werden.

Eine weitere Hilfseinrichtung für den Organisten sind die *Fußtritte*, d. h. Druckschalter für die Füße. Durch sie werden Koppeln, Kombinationen und Absteller eingeschaltet, wenn der Spieler während des Spieles keine Hand frei hat. Sie stehen meist mit den vorhandenen Druckknöpfen derselben Art in *Wechselwirkung*, d. h. es ist gleichgültig, ob z. B. der Druckknopf I/P oder der Fußtritt I/P betätigt wird, um die Koppel ein- oder auszuschalten. An der Stellung des Druckknopfes, der sich automatisch auch bei der Fußbetätigung bewegt, ist zu erkennen, ob die Koppel ein- oder ausgeschaltet ist.

In manchen Spieltischen befinden sich über den Manualen *Transparentfenster*, die bei eingeschalteten Koppeln, Kombinationen und Abstellern aufleuchten.

Erwähnenswerte Spieltischeinrichtungen sind noch der *Windanzeiger*, der angibt, ob Wind in der Orgel ist, dann ein *Voltmesser* bei elektrischer Traktur, und oft der Schalter für den Gebläsemotor, der sich jedoch manchmal in einem besonderen Schaltkästchen befindet. Bei sehr großen Orgeln gibt es noch wesentlich mehr Einrichtungen (z. B. *Werktrenner*), die aber so selten vorkommen, daß sie hier nicht beschrieben zu werden brauchen.

Bis ins 18. Jahrhundert hinein wurden die meisten Orgeln ohne das große Cis im Manual und Pedal gebaut (noch bei Silbermann um 1750), weil diese Taste damals kaum gebraucht wurde. Aus noch älteren Zeiten stammt die *kurze Oktave* mit folgender Tastenanordnung:

$$C \quad F \quad ^D G \quad ^E A \quad ^B H \quad c \quad ^{cs} d \quad ^{ds} e \quad f \text{ usw.}$$

Der Grund für die Einrichtung der kurzen Oktave lag lediglich darin, bei den großer Baßpfeifen Platz und Material zu sparen, auch weil die Semitonien (Halbtöne) im Baß weniger gebraucht wurden als im Diskant.

Bei der „gebrochenen" Oktave wurde dieses System erweitert, indem die beiden Obertasten D und E doppelt angelegt („gebrochen") wurden, d. h., die beiden Obertasten bestanden aus je zwei Teilen, von denen die hinteren Teile noch etwas höher lagen. Diese hinteren Obertastenteile wurden mit den Pfeifen Fis und Gis verbunden. Die Anordnung sah dann folgendermaßen aus:

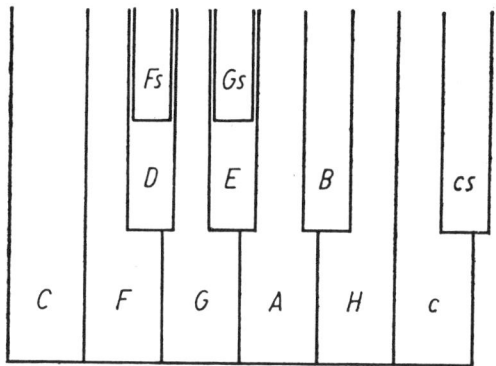

Abb. 50   Gebrochene Oktave

An alten Orgeln aus der Barockzeit findet man oft Registerzüge, die heute manchmal wieder gebaut werden, z. B.:

Calcantenrufer, wodurch der Calcant[2]) (Bälgetreter) durch ein Klingelzeichen zum Treten aufgefordert wurde.
Sperrventil, s. S. 127 und 147.
Zimbelstern. Es handelt sich dabei um einen sich drehenden Stern im Prospekt, durch dessen Drehung kleine Glöckchen erklingen.

Auch noch einige hübsche Spielereien:
Kuckuck. Zwei in der Terz gestimmte Pfeifchen, die den Kuckucksruf nachahmen.
Vogelgesang. Kleine Pfeifen, die von oben angeblasen, mit ihrem offenen Ende nach unten hängend, in einen mit Wasser gefüllten Behälter tauchen. Erklingen sie und wird das Wasser bewegt, so entstehen zwitschernde Töne.
Der Registerzug *Vacat*[3]) ist blind und nur der Symmetrie wegen angebracht. Der *Evacuant*[4]) dagegen ist ein Ventil zur schnelleren Entleerung des Gebläses nach beendetem Spiel.

Im Innern des Spieltisches befinden sich die mechanischen Koppeleinrichtungen bzw. die pneumatischen oder elektrischen *Relais* für die Koppeln und anderen Spielhilfen.
Durch die Einführung der elektrischen Traktur ist die Möglichkeit vorhanden, den Spieltisch, der mit der Orgel durch ein dickes Kabel verbunden ist, fahrbar einzurichten. Um bei großen Sängerchören oder bei Orchesterwerken mehr Platz auf der Empore zu bekommen, kann er dann auf die Seite geschoben werden. Doch ist die Notwendigkeit hierzu meist nie so zwingend, als daß man deswegen auf die mechanische Traktur verzichten müßte, die einen fahrbaren Spieltisch naturgemäß nicht zuläßt.
Überhaupt sollte der Spieltisch möglichst in der Mitte vor der Orgel stehen; eine seitliche Aufstellung verzerrt das Klangbild für den Organisten, ganz abgesehen davon, daß die Anlage einer mechanischen Traktur dadurch erschwert wird.

[2]) Von lat. calcare = treten.
[3]) Von lat. vacare = fehlen.
[4]) Von lat. evacuare = leermachen, entleeren (vgl. Vacuum).

Bei sehr großen, aus mehreren Teilbauten bestehenden Orgeln finden sich manchmal zwei Spieltische. Der eine, meist mit mechanischer Traktur, befindet sich direkt bei der Hauptorgel, während der andere, der *Zentralspieltisch* mit elektrischer Traktur, irgendwo anders aufgestellt werden kann.

Über die *Orgelbank* läßt sich noch sagen, daß sie nach Möglichkeit verschiebbar und auch in der Sitzhöhe verstellbar eingerichtet sein soll, da keineswegs alle Organisten gleiche Körper- und Beinlänge haben!

9. Der Prospekt

Als letztes der rein beschreibenden Aufzählung aller Einzelteile, aus denen sich der Gesamtorganismus Orgel zusammensetzt, wollen wir den *Prospekt*[1]) betrachten, die Schauseite der Orgel, die dem Klang einen sichtbaren Ausdruck verleiht. Das *„Orgelgesicht"*, wie die Alten den Prospekt nannten, ist in Form und Bedeutung ein Spiegel der Zeit, in der er gebaut wurde. Seine Bedeutung liegt in der architektonischen Einfügung in den Kirchenraum, zum Altar ein fast gleichwertiges Gegenstück. Und so richtet sich auch die Form des Prospektes nach der baulichen Eigenart des Raumes. Da Kirchenraum und Orgel meist zu verschiedenen Zeiten entstanden sind, finden wir selten eine Übereinstimmung der Stile, und doch besteht eine Synthese zwischen Orgel und Raum, sofern die Orgel und ihr Prospekt ein Kunstwerk sind. Bis auf gewisse Zeitepochen (Anfang 20. Jh.) war es selbstverständlich, daß der Orgelprospekt mit der gleichen liebevollen Sorgfalt behandelt wurde wie der Altar, was sich in kunstvollen Schnitzereien und Bemalungen zeigt.

Leider sind heute aus alten Zeiten (Gotik, Renaissance, Barock) nur noch wenige wertvolle Prospekte übriggeblieben. Und die Orgeln hinter ihnen sind dazu meistens umgebaut, so daß man aus dem Prospekt nur selten auf das Alter des Orgelwerkes schließen kann.

Sehen wir uns nun den Prospekt im einzelnen an, dann fällt uns bei den meisten eine gewisse Übereinstimmung vieler Merkmale auf. So unterscheiden wir oft verschiedene *Stockwerke* der Pfeifen, die in kunstvoller Abwechslung gebündelt als *Türme* und flächenhaft als *Felder* angeordnet stehen; aber nicht nur in ebener Fläche, sondern oft plastisch aufgeteilt, indem einzelne Teile vor- oder zurückgesetzt werden. Besondere Tiefenwirkung zeigt sich beim *Rückpositiv* (s. S. 183), das wie eine verkleinerte Hauptorgel in der Emporenbrüstung sitzt.

Das *Schwellwerk* – manchmal als Oberwerk oder als Brustwerk – wird heute oft, im Prospekt gut sichtbar, mit Jalousieschwellflügeln aus Plexiglas ausgestattet.

Bei dieser Art der Prospektgestaltung gibt die Schauseite auch den Aufbau der Orgel hinsichtlich der Anordnung ihrer Windladen (Werke) an, auf denen die Pfeifen der verschiedenen Manual- und Pedalwerke stehen. Das wird durch die Aufteilung des Prospektes in verschiedene Stockwerke, Rückpositiv und in die oft an den Seiten stehenden (Pfeifen-)Türme gut sichtbar. Diese Art der Anordnung, wie sie in früheren Jahrhunderten allgemein üblich war, ist der *Werkprospekt*, bei dem sich kunstvolle Schauseite mit zweckmäßigem Innenaufbau zu einer Einheit verbindet (s. Bildtafeln).

---

[1]) Von lat. prospicere = anschauen, ansehen.

Eine spezielle Form des barocken Werkprospektes im norddeutschen Raum war der sogenannte „*Hamburger Prospekt*". Er wurde besonders von der Hamburger Orgelbauerfamilie *Scherer* um 1600 angewandt und später u. a. von dem berühmten Orgelbauer *Arp Schnitger* (1648–1719) weiterentwickelt. Diese Art der Werkgestaltung war in der Barockzeit richtungweisend und wird auch heute wieder – mit modernen Formen versehen – oft gebaut.

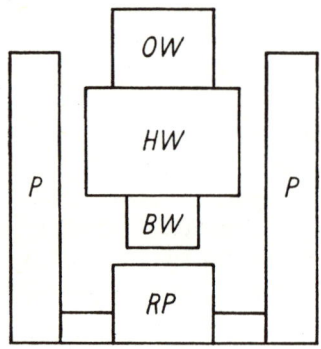

Abb. 51   Der „Hamburger Prospekt"

Bei einer viermanualigen Orgel mit Hamburger Prospekt (s. Abb. 51) liegt in der „Brust" der Orgel dicht oberhalb des im Untergehäuse eingebauten Spielschrankes das kleine Brustwerk BW, oft mit Flügeltüren versehen. Darüber kommt dann die große Windlade des Hauptwerkes HW, über dem das Oberwerk OW den Abschluß nach oben bildet. Im Rücken des vor der Orgel sitzenden Spielers steht – eingebaut in die Emporenbrüstung – das Rückpositiv RP, meist als eine verkleinerte Ausführung des Hauptwerkprospektes gestaltet. Diese Anlage wird eingerahmt von zwei großen Pedaltürmen P an den Seiten, die bis an den Emporenrand vorgezogen sind, so daß der Abschluß der Pedaltürme mit dem des Rückpositivs in einer Ebene liegt. – Bei anderen, oft gebauten barocken Prospekten ist dieser Aufbau ähnlich gestaltet; nur liegen dann die Pedaltürme in einer Ebene mit dem Hauptwerk und schließen nach unten ebenfalls in gleicher Höhe ab.

Doch finden wir schon am Anfang des 18. Jahrhunderts den Beginn einer anderen Einstellung, die sich in einer Überbewertung der architektonischen Aufgabe des Prospektes zeigt. Das Orgelwerk richtet sich nun nach der Schauseite, nicht mehr der Prospekt nach der Orgel. Zwar werden alte überkommene Prinzipien anfänglich noch nach Möglichkeit beachtet, doch zeigt es sich bald (19. und Anfang des 20. Jahrhunderts), daß Orgel und Schauseite gar nichts mehr miteinander zu tun haben, was von uns heute als unorganisch erkannt wird. Diese damalige Einstellung führte oft zum reinen *Fassadenprospekt* mit zwar gegliederter Pfeifenanordnung, die sich aber nicht nach den Windladen richtete.

Bei allen diesen Prospekten wird die Orgel von einem Gehäuse umgeben; das Instrument ist als solches erkannt und wird durch das Gehäuse bewahrt. Bei gotischen Orgeln, auch noch später in der Renaissancezeit, finden sich vor dem Prospekt sogar *Flügeltüren*, wie sie entsprechend an den Flügelaltären angebracht waren.

Sozusagen Reste dieser seitlich angebrachten Flügeltüren sind die „Ohren" der barocken Orgel. Damit bezeichnet man die seitlichen, über den eigentlichen Gehäuserand reichenden, kunstvollen Schnitzereien. Das Schnitzwerk über den Prospektpfeifen, das den dort leeren, dreieckigen Raum zwischen den Pfeifenenden und dem Gehäusedach ausfüllt, sind die „Schleierbretter".

Anders ist es bei den *freistehenden Prospekten,* die heute noch manchmal gebaut werden. Hier stehen die Pfeifen – ohne jede Verkleidung – gegliedert in flächen- oder pfeilerartiger Anordnung. Doch geht jetzt der Eindruck eines Musikinstrumentes zugunsten einer Klangfläche verloren.

Erwähnt sei auch die *prospektlose Orgel,* bei der die Orgel hinter einem irgendwie gegliederten Gitter aufgestellt ist. Ein anderes Extrem ist die *gehäuselose Orgel,* deren Pfeifen so geordnet auf ihren Windladen stehen, daß sie dem Betrachter sozusagen einen Einblick in die Orgeleingeweide bieten. Gewiß reizvoll, doch büßt die Orgel dadurch einen Teil ihrer architektonischen Wirkung ein. Außerdem hat es sich gezeigt, daß das Gehäuse mit Hinterwand, Dach und Seitenwänden durch Klangraffung einen günstigen Einfluß auf die Schönheit des Klanges ausübt.

Zu *Prospektpfeifen* werden im allgemeinen Prinzipalpfeifen aus Zinn, Zink oder Kupfer verwandt[2]. Aber auch konische oder Holzpfeifen können sehr wirkungsvoll sein. Müssen die Pfeifen länger sein, als es ihrer Tonhöhe entspricht, wird der überlange Pfeifenkörper hinten aufgeschnitten, so daß der klingende Pfeifenkörper kürzer ist als der sichtbare. In manchen Fällen besteht der Prospekt aus stummen Pfeifen, was aber abzulehnen ist. Denn gerade die Prospektpfeifen sollten ihrer guten Klangentfaltung wegen klingend sein.

Seit einigen Jahren werden öfters in den Prospekt *waagerecht* nach vorn ragende Zungenstimmen wie bei der altspanischen Orgel eingebaut (vgl. S. 112). In großen Räumen und bei großen Orgeln sind diese waagerechten Zungen klanglich eine Bereicherung, da sie sehr kräftig direkt in den Raum klingen. Doch vermischt sich ihr Klang nur schlecht mit den im Innern der Orgel stehenden Pfeifen.

---

[2] Ein reiner Zinnprospekt ist allerdings sehr teuer. Deswegen werden oft Zinkpfeifen in den Prospekt gestellt, die früher mit Silberbronze angestrichen werden mußten, heute jedoch aus dem gleichmäßig fein glänzenden *Elektrolytzink* hergestellt werden. Doch für die kleineren Prospektpfeifen sollte man immer das schönere und gerade in den Höhenlagen besser klingende Zinn anwenden.

10.   Die Disposition

10.1.   Allgemeines

Hier seien nun die Gesichtspunkte betrachtet, nach denen die verschiedenen Bestandteile der Orgel zu einer organischen Einheit zusammengesetzt werden. Haben wir bisher die Orgel nur in ihren Einzelteilen kennengelernt, so müssen wir uns jetzt mit dem „Gesamtwerk" befassen, das sich nach verschiedenen Gegebenheiten wie Aufgabe, Größe, Raum und klanglichen Forderungen richtet. Dabei sind bestimmte Gesichtspunkte maßgebend, über die später eingehender gesprochen wird. Das Ergebnis aller dieser Gesichtspunkte, die für den Aufbau der Orgel entscheidend sind, zeigt sich in ihrer Disposition.

Die *Disposition*[1]) gibt den Aufbau einer Orgel an, hinsichtlich ihrer Register mit deren Namen und Tonhöhen, die Werkeinteilung und Spielhilfen, sowie Trakturart und Windladensystem. Sie bildet den Plan für den Bau der Orgel, den der Orgelbauer durch sein Schaffen zum Leben erweckt. Bei kleineren Orgeln wird die Disposition einschließlich der Mensurgestaltung und des Klangkronenaufbaus oft allein vom Orgelbauer aufgestellt. Doch hat sich, besonders bei großen Orgelbauten, die Zusammenarbeit zwischen Orgelbauer und -sachberater bewährt, die dann beide für das Gelingen der Orgel verantwortlich sind.

Die Disposition sagt noch nicht alles über den Klang einer Orgel aus; dieser ist ja von vielen, bei der Intonation zu berücksichtigenden Faktoren, vor allem der Raumakustik, abhängig; ganz abgesehen von der Tatsache, daß Register gleichen Namens von den einzelnen Orgelbauern teilweise verschiedenartig und somit auch mit anderen Klangfarben und -eigenschaften gebaut werden.

Disposition und Orgelklang sind, wie bei der Geschichte der Orgel noch genauer erklärt wird, sehr von dem Klangideal der Zeit abhängig, in der die Orgel gebaut wurde. So war der Klangstil der Barockzeit (17. und 18. Jahrhundert) ein anderer als der der Romantik (19. Jahrhundert). Der sich anbahnende Klangstil der Gegenwart erkennt in der Orgel der Barockzeit einen allgemein gültigen Klangkern, mit dem die Klangerkenntnisse der Gegenwart verschmolzen werden. – Auch landschaftlich ist das Klangideal verschieden: Nord- und Süddeutschland; deutscher, französischer, italienischer, spanischer Orgelbau usf.

[1]) Von lat. disponere = anordnen.

10.2.   Die Größe einer Orgel

Die Größe einer Orgel richtet sich nach der *Größe* und *Akustik* des Raumes, nach ihrem *Aufstellungsort* (in einer besonderen Orgelkammer eingebaut muß sie eine größere Tonkraft entfalten, als wenn sie frei im Raume steht, wo sich der Klang ungehindert ausbreiten kann), auch nach dem *Zweck* (Hauptorgel in einer großen Kirche im Gegensatz zu einer kleinen, im Chor stehenden Orgel, die bei kleinen Feiern begleiten soll) und nicht zuletzt auch nach dem *Geld,* das eine Gemeinde aufbringen kann.

Genaue Angaben über die notwendige Registerzahl zu machen, ist nicht möglich, weil nicht die Gesamtzahl der Register, sondern ihre Art die Kraft und Stärke einer Orgel bestimmen; denn es ist z. B. denkbar, mit 5–6 Hochdruck-Registern allein einen großen Raum klanglich zu beschallen. Der umgekehrte Fall tritt bei dem Zimmerpositiv ein, das trotz seines Standortes in einem kleinen Raum gut 10 oder mehr Register erhalten kann, ohne mit seinem Klang aufdringlich zu wirken.

Die Kraft einer Orgel ist hauptsächlich von ihrem *Prinzipalchor* (Prinzipal + Oktaven + Klangkrone) und dessen Mensur abhängig, auch vom Winddruck. Dazu kommt die Tonlage der Prinzipalregister; denn die tiefen Prinzipallagen (16′, 8′) geben eine größere Kraft als die hohen (4′, 2′, 1′). Und je weiter die *Mensuren* gewählt werden, um so tragfähiger (s. S. 61) wird der Klang, dessen physikalische Intensität sich dazu mit einer Erhöhung des *Winddruckes* verstärkt.

Auch spielen für die Kraft einer Orgel die trichterförmigen *Zungenstimmen* aus der Trompetenfamilie eine große Rolle. Die Anzahl der übrigen Register (Weit-, Solochor) hat nur einen geringen Einfluß auf die Klangstärke, wohl aber auf den Farbenreichtum und die Differenzierung des Orgelklanges.

Für die Größe einer Orgel ist also im wesentlichen der Aufbau ihres Prinzipalchores[2] entscheidend und davon besonders die *Prinzipalbasis,* womit man das tiefste Manualprinzipal meint, auf dem sich die höheren aufbauen. Während dieses in einer großen Kirche tief liegen muß (16′), um einen solchen Raum klanglich auszufüllen, soll die Prinzipalbasis in einem kleinen Raum nicht tiefer als die 2′-Lage sein (ein Prinzipal 8′ oder auch schon 4′ in einem Zimmerpositiv klingt unerträglich kräftig).

Man muß den Prinzipalaufbau einer Disposition als Grundlage für die Größe einer Orgel ansehen, wobei die Anzahl der Weit- und Solostimmen je nach der Aufgabe der Orgel bzw. auch nach den finanziellen Möglichkeiten schwanken kann. Dann ergeben sich für die notwendige Größe einer Orgel folgende Grundsätze *(Supper)*:

Prinzipalbasis

2′	genügt für einen Raum mit etwa 20–100 Menschen
4′	genügt für einen Raum mit etwa 150–200 Menschen
8′	genügt für einen Raum mit etwa 400–800 Menschen
16′	ist notwendig in größeren Räumen.

Obwohl man auf Grund der verschiedenen Zusammensetzung des Orgelklanges keine genauen Angaben über die Anzahl der Register für bestimmte Raumgrößen machen kann, haben sich doch einige Faustregeln aus der Praxis bewährt, sofern man von einem Prinzi-

---

[2]) Der Prinzipalchor muß immer engräumig disponiert werden, also Prinzipal + alle höheren Oktaven bis zum 2′ + Klangkrone (s. S. 179).

palanteil (einschließlich Oktaven und Klangkronen) von etwa 30 % der Gesamtpfeifen-reihen ausgeht. Denn ist eine Orgel in einer Kirche zu klein, müssen die Pfeifen im Ver-hältnis zu stark intoniert werden, worunter die Wärme des Klanges leidet. Der umge-kehrte Fall (Orgel für den Raum zu groß) ist nicht so bedeutungsvoll, sofern die Men-suren dem kleineren Raum entsprechend enger genommen werden. Doch stehen einer Übergröße der Orgel meist finanzielle Erwägungen entgegen!

Nach *Supper* soll die *Größe* einer Orgel betragen:

bei 100 Personen etwa 4– 6 Register
bei 200 Personen etwa 8–12 Register
bei 400 Personen etwa 17–22 Register
bei 600 Personen etwa 30–40 Register
bei 1500 Personen etwa 70–80 Register

Geht man von der *Raumgröße* aus (in Kubikmetern), so rechnet man nach *Smets*:

in kleinen   Räumen auf je 50 cbm 1 Register
in mittleren Räumen auf je 75 cbm 1 Register
in großen   Räumen auf je 100 cbm 1 Register

Alle diese Angaben sind jedoch großen Schwankungen unterworfen und geben nur eine gewisse Richtschnur.

Je nach der Registerzahl erhält eine Orgel mehrere Manualwerke; auch schon bei ganz kleinen Orgeln zwei Manuale, ungefähr ab 25 Register drei, bei 50 vier und bei viel mehr Registern eventuell auch fünf und mehr Manuale.

Zum Abschluß noch einige *technische Daten (Walcker)*: Ein Register benötigt im Durch-schnitt (bei Kirchenorgeln)

0,75 qm *Grundfläche*
3,5 cbm   *Raum* und hat etwa
250 kg   *Gewicht*

Bei Positiven und Kleinorgeln sind diese Zahlen wegen der kleineren Register erheblich niedriger.

10.3.   Verschiedene Orgeltypen

Wesentlich für eine Disposition ist der Zweck, für den die Orgel gebaut wird. Denn der Klangaufbau einer Kirchenorgel ist ein anderer als der einer Haus- oder   Konzert-orgel.

Die Hauptaufgabe des Orgelbaus ist der Bau von *Kirchenorgeln*. Hierbei müssen wir wieder mehrere Aufstellungsarten unterscheiden: Die *Hauptorgel* steht meist im Westen auf einer Empore dem Altar gegenüber. Sie dient zur Begleitung des Gemeindegesanges und zum liturgischen, aber auch konzertanten Spiel. Bei ihr ist deswegen eine große Reichhaltigkeit des Klanges nötig.

Bei langen und schmalen großen Kirchen ist die Aufstellung auf der Westempore oft un-günstig, weil sich der Klang nicht richtig entfalten kann. Deshalb wurde in früheren Zei-ten häufig in der Mitte der Kirche an der (meist nördlichen) Mittelschiffswand eine hän-gende Orgel angebracht, das sogenannte *Schwalbennest* (u. a. Straßburger Münster 1489, s. Bildtafel 1). Heute wird diese Art der Orgelanlage manchmal wieder gebaut.

176

Für kleinere Kirchenfeiern (Trauungen, Taufen u. a) steht oft eine Orgel im Chor, die *Chororgel;* meist nur ein kleines Orgelwerk oder Positiv (s. S. 198). Der Vorteil dieser Aufstellung ist der des unmittelbaren Kontaktes der Orgel mit einer kleinen Gemeinde. In Klosterkirchen dient die Chororgel zur Begleitung des singenden Mönchchores.

Zur Erzeugung eines von fern her tönenden Orgelklanges ist in manchen Kirchen ein *Fernwerk* eingebaut, das von der Hauptorgel angespielt wird. Das Fernwerk ist eine kleine „Orgel für sich" und steht meist auf dem Dachboden. Von dort wird ihr Klang durch Schallkanäle zur Mitte des Kirchengewölbes geleitet, wo sich eine Öffnung zum Kircheninneren befindet. Eine unnötige, effektvolle Spielerei, die heute auch deswegen wieder verlassen ist.

Über das kleine *Positiv,* eine Orgel mit nur einem Manual ohne Pedal, wird auf S. 198 noch näher berichtet. Auch die *Kammerorgel (Kleinorgel)* soll in jenem Kapitel behandelt werden.

Die *Konzertorgel* dient, wie schon der Name sagt, hauptsächlich zu konzertanten Zwecken; aber auch oft zur Begleitung bei Oratorien, Instrumental- und Vokalmusik. Ihr Dispositionsaufbau kann dem einer Kirchenorgel sehr ähnlich sein.

Erwähnt sei auch die *Übungsorgel,* die sich in Musikschulen und Seminaren befindet. Sie war bis vor einigen Jahrzehnten nur ein Instrument mit möglichst vielen Spielhilfen und dabei möglichst wenigen Registern, auf deren Klangaufbau kein besonderer Wert gelegt wurde. Heute besteht jedoch die Auffassung, gerade diese Orgeln in Hinblick auf Klang und Werkaufbau orgelgemäß auszuführen. Denn das Klangempfinden des zukünftigen Organisten hängt in großem Maße von seinem Eindruck an der Übungsorgel ab. Ihr Aufbau entspricht meist dem der Kleinorgel (s. S. 199).

Tanz- und Unterhaltungsmusik wurden früher oft auf der Kinoorgel gespielt. Sie hatte das orgeleigene Wesen völlig verloren, wenn auch die Art der Tonerzeugung die gleiche war wie bei der Kirchenorgel. Ihr völlig anderes Wesen beruhte einmal auf der dauernden Einwirkung des Tremulanten, zum anderen auf der changierenden Mensur der süßlichen, effektvollen Solostimmen, die in großer Menge disponiert waren. Dadurch änderte sich ihr Klangaufbau zuungunsten der Obertonregister, ähnlich wie bei der orchestralen romantischen Orgel. Meist war die Kinoorgel nach dem Multiplexsystem oder dem ähnlichen Unitsystem gebaut. In den letzten Jahren wird ihre Stelle mehr und mehr von den Elektrien (s. S. 224) eingenommen, die dort ihren Platz haben.

Hier sei auch noch eine mittelalterliche Sonderform der Orgel erwähnt, die „Hornwerke", von denen u. a. der „Salzburger Stier" auf der Feste Hohensalzburg und die „Löwenpfeife" am Rathaus in Görlitz noch existieren. Es handelt sich hierbei um freistehende unvollständige Blockwerkorgeln (s. S. 203), die nur aus einem vielstimmigen Mixturakkord auf einem Grundton bestehen. Bei Betätigung der Bälge erklang ein langgezogener Hornton, der – ähnlich wie die Glocken – als Alarmsignal oder Tageszeitruf weit hörbar war.

10.4.   Die klanglichen Aufgaben einer Orgel

Neben den eben angeführten allgemeinen Gesichtspunkten der Aufstellung als Kirchen-, Konzert-, Haus- und Übungsorgel muß man bei der einzelnen Orgel auf mehrere klangliche Aufgaben hinweisen, die auf jeder wertvollen Orgel ausgeführt werden können. Damit sind spieltechnische Forderungen wie Begleitung, Solospiel u. a. m. gemeint, bei denen die einzelnen Manualwerke eine Rolle spielen (Werkprinzip, s. u.). Diese Aufgaben erfordern einen sehr differenzierten Klangaufbau. So ist die Hauptaufgabe der Orgel die Bildung des vollen, prächtigen und strahlenden Orgelklanges, das *volle Werk* oder *organo pleno*[3]), das seit Jahrhunderten als „typischer Orgelklang" empfunden wird. Die großen Orgelkompositionen benötigen das Plenum, wobei es wesentlich ist, daß der richtige Organo-pleno-Klang nicht aufdringlich und bei längerem Spiel nicht ermüdend wirkt. Das volle Werk entspricht nicht dem bekannten Tutti (= alle Register einschließlich Koppeln), sondern ist eine Auswahl ganz bestimmter Register mit wohl kräftigem, aber nicht schreiendem Klang.

Wenn auch das *Plenum* bei den einzelnen Meistern etwas verschieden ist, so baut es sich im allgemeinen nach folgenden Gesichtspunkten auf: Als Grundregister Prinzipale (16'), 8', 4', 2', dazu die Klangkronen, die zu den Prinzipalstimmen zählen (enge Mensur); ein etwas schlankerer Klang wird durch Prinzipalstellvertreter (s. S. 179) in den tiefen Tonlagen erzielt, während dabei jedoch die höheren Tonlagen immer Prinzipalcharakter haben müssen. Größere Fülle läßt sich zusätzlich mit einigen wenigen weitmensurierten Registern erreichen, stärkerer Glanz durch Zungenstimmen. Koppeln sollten nur zur Steigerung der Klangstärke und Klangaufgipfelung benützt werden, und dann auch nur sparsam, um die Farbunterschiede der einzelnen Manualwerke nicht zu verwischen (s. Werkprinzip).

Neben dieser Klangforderung des organo pleno ist aber auch die *Begleitfähigkeit* von Vokal- und Instrumentalmusik wichtig, wozu die Grundstimmen dienen, Flöten und Gedackte, gegebenenfalls auch mit ihren Oktavregistern. Dazu können auch Streicher gute Begleitdienste leisten. Für die Begleitung des Gemeindegesangs wird man im allgemeinen aufgehellte Grundstimmen der Prinzipalreihe benutzen (8', 4', 2') ohne zu große Schärfe. Denn der Gemeindegesang soll von der Orgel unterstützt, nur notfalls „geführt", jedoch keinesfalls unterdrückt werden. Doch kann die Begleitung bei z. B. übervoll besetzter Kirche manchmal bis zum Plenum aufgestuft werden.

Sind diese beiden Aufgaben auch nur auf einem Manual (und Pedal) ausführbar, so erfordert das Trio- und Cantus-firmus-Spiel mindestens zwei Manuale.

Beim *Triospiel* wird der Eindruck erweckt, als ob drei verschiedene Instrumente miteinander musizieren. Das wird dadurch ermöglicht, daß die Oberstimme vieler dreistimmiger Orgelwerke *(Trio)* auf dem einen Manual gespielt wird, die Mittelstimme auf einem anderen und die Unterstimme auf dem Pedal. Beide Manuale und das Pedal müssen verschieden registriert werden, haben also je eine andere Klangfarbe, sollen aber in der Klangstärke den anderen gleich sein. Es wird hier „Farbe" gegen „Farbe" gesetzt.

Ähnlich ist die Aufgabe des *Cantus-firmus-Spiels*. Ebenfalls drei- oder auch vierstimmig, wird hierbei nur eine Stimme, der Cantus firmus[4]) (abgekürzt C. f.), durch besondere Klangfarben hervorgehoben. Diese Klangfarben können einmal durch charakteristische Soloregister (besonders Zungen) erzeugt werden, zum anderen durch Registermischung mit weitmensurierten Aliquoten (Aliquotregistrierung), auch mit gemischten Farbstimmen, die zur Bildung neuer synthetischer Klangfarben infolge Klangverschmelzung führen. Der C. f. ist meist die Choralmelodie bei vielen alten und neuen Choralvorspielen und -variationen. Er liegt nicht immer im Sopran, sondern häufig auch im Alt, Tenor oder Baß, wo

---

[3]) Italienisch = volles Werk, auch *Plenum* (lat.) genannt.
[4]) Lateinisch = fester Gesang (im Sinne von „feststehender" Melodie).

er am besten durch Zungenstimmen hervorgehoben werden kann. Vielfach wird der Cantus firmus auch auf dem Pedal gespielt.

Wichtig ist das Vorhandensein mehrerer Manuale, um auch schnellen *Klangfarben-*, auch *Klangstärkenwechsel* (Echo) bei konzertantem Spiel zu ermöglichen, da das Umregistrieren während des Spiels beim Verharren auf einer Klaviatur umständlich ist.

10.5. Gruppeneinteilung und Klangfunktion der Orgelregister

Für alle diese klanglichen Aufgaben (Funktionen), die so sehr verschieden sind, bilden die Orgelregister die Grundlagen. Doch eignen sich durchaus nicht alle Register auch für alle Aufgaben, so daß eine gewisse Einteilung vorgenommen werden muß.

Dabei stellen sich im wesentlichen *vier Gruppen* als funktionsmäßig besonders unterschiedlich heraus, die hauptsächlich von der Weitenmensur und dem Erregungszustand der Pfeifen (s. S. 106) abhängig sind. Hier spielt nicht so sehr die Klangfarbe eine Rolle als vielmehr ihr Verhältnis zum Gesamtorgelklang hinsichtlich der Klangeigenschaft mit Verschmelzungs- und Tragfähigkeit.

Zur *Gruppe I (Engchor)* gehören die normal erregten Register mit relativ enger Mensur, hauptsächlich die *Prinzipale* mit ihren *Oktaven, Prinzipalaliquoten* und *Klangkronen*. Die Herbheit der Prinzipalregister bedingt engräumige Registrierung, was bei der Disposition berücksichtigt werden muß. Das bedeutet, daß keine Tonlagen übersprungen werden dürfen. Dadurch wird der geschlossene, rückgrathafte *Plenumklang* erzeugt. Durch entsprechende Wahl der Mensuren und des Klangkronenaufbaus wird gerade dieser Engchor zur Darstellung polyphoner Formen befähigt. Dem kommt seine geringe Verschmelzungsfähigkeit mit dadurch bedingter Klarheit für die einzelnen Stimmen des polyphonen Spiels (Zeichnungsfähigkeit) entgegen. Zu dieser Gruppe gehören noch einige Register anderer Bauart wie manche ebenfalls eng mensurierte *Gedackte* und *Rohrflöten*. Diese werden dann mit *Prinzipalstellvertreter* bezeichnet, wenn sie in den tieferen Tonlagen (16', 8', 4') an die Stelle der Prinzipale treten. Denn nicht jede Orgel benötigt Prinzipale in diesen Tonlagen (z. B. das Positiv, vgl. auch Prinzipalbasis S. 175).

Die *Gruppe II (Weitchor)* weist durch ihre weite Mensur (geringere Obertonbildung) mit Untererregung ihrer Pfeifen große Fülle und Verschmelzungsfähigkeit mit anderen Registern auf, so daß sich aus der Kombination dieser Register in verschiedenen Fußtonlagen neue synthetische Klangfarben ergeben. Infolge ihrer Verschmelzungsfähigkeit kann man sie weiträumig registrieren (z. B. 8' + 2²/₃' + 1' o. ä.) und auch disponieren. Zu dieser Gruppe gehören besonders die *Gedackte, Flöten, Halbgedackte,* die *Weitaliquoten* und *gemischten Farbregister* (s. S. 100). Ihre Funktion ist also Fülle und gute Verschmelzungsfähigkeit des Orgelklangs beim solistischen Spiel. Da die Weitchorregister ein ganz anderes Gepräge haben als die Prinzipalregister, können sie meist nicht ins Plenum der Prinzipale einbezogen werden.

Ebenfalls zu dieser Gruppe werden noch gewisse eng mensurierte Register gezählt, die aber mittels schmaler Labiierung und hoher Aufschnittgestaltung nur unterregt werden, wie z. B. manche Magerflöten und einige – lasierend wirkende – Hochaliquoten (s. S. 98).

Zur *Gruppe III (Solochor)* zählen wir die übereng gebauten *Streicher,* auch manche andere enge *Sololabiale* (z. B. *Quintadenen* und *überblasende* Register), die sehr stark erregt und obertönig scharf sind, aber wenig Fülle und Verschmelzungsfähigkeit aufweisen. Diese Register haben für das Plenum so gut wie keine Bedeutung, eignen sich jedoch sehr wohl zu Stützungs- und Begleitzwecken, hauptsächlich aber für Soloregistrierungen. Sofern diese sehr eng mensurierten Register als Grundregister (16', 8', 4') gebraucht werden, verschmelzen ihre innerpfeiflichen Obertöne jedoch gut mit Aliquotregistrierungen zu besonders interessanten Klangfarben.

Natürlich gibt es auch Übergänge zwischen den Gruppen I bis III, z. B. Weitprinzipal, das der Gruppe I (obertonreich), gleichzeitig aber auch der Gruppe II (füllebetont) angehört. Umgekehrt klingt das recht enge Geigenprinzipal wohl auch noch prinzipalisch (Gruppe I), hat aber sehr wenig Fülle mit geringer Verschmelzungsfähigkeit (Gruppe III). – Auch die Prinzipalstellvertreter (s. o.) gehören zwei Gruppen an (I und II), weil sie an sich wärmer im Klang (wenig erregt, Gruppe II), aber nicht füllebetont und mäßig tragfähig sind (Gruppe I).

Wenn sich die Labialregister auch nicht immer genau in diese drei Gruppen einteilen lassen, weil die Funktion mancher Register eben vielfältig ist, so gibt diese Gruppeneinteilung nach Pfeifenweite und Erregungszustand doch einen wertvollen Hinweis für die Disponierbarkeit, d. h. für die Einordnung der vielen so verschiedenen Orgelstimmen in die Gesamtdisposition, worüber im nächsten Kapitel gesprochen wird.

Gruppe IV : Vielfach werden die *Zungenstimmen* ebenfalls noch zur Gruppe III der obertonreichen Solo-Register gezählt. Doch ist es in funktioneller Hinsicht wohl richtiger, die schon auf Grund ihrer Klangerzeugung so völlig anders gearteten Linguale in eine besondere Gruppe einzuordnen. Zwar sind keineswegs alle Zungenstimmen in ihrer funktionellen Art und in ihrer Beziehung zum Gesamtorgelklang einheitlich. Doch nehmen sie im Verhältnis zur Gesamtregisterzahl der Orgel immer nur einen geringen Anteil ein, der zwischen 10 und höchstens 25 % liegt. Deswegen ist es üblich, sie in einer Gruppe zusammenzufassen. Es sollte hier aber doch eine gewisse Unterteilung vorgenommen werden :

a) die *plenumbezogenen* Zungenstimmen, zu denen die trichterförmigen offenen Register der Trompetenfamilie gehören *(Trompete, Posaune, Bombarde, Clairon* bzw. *Clarine).* Mit ihrem prächtigen, glänzenden Klang können sie in Labialplenum einbezogen werden, wofür die Franzosen den Ausdruck *grand jeu*[5] (großes, volles Spiel) benutzen. Doch sind diese Zungen oft auch für solistische Zwecke gut zu gebrauchen.

b) die *färbenden* Zungenstimmen, zu denen alle übrigen lang- oder kurzbechrigen Linguale gehören. Sie werden hauptsächlich als *Soloregister,* jedoch auch als Grundregister für mancherlei Aliquotregistrierungen benutzt.

Eine andere Einteilung, die schon im 16. Jahrhundert *(Rücker)* bekannt war, macht nur einen Unterschied zwischen den labialen Plenumregistern (s. S. 178), die den charakteristischen „prinzipalischen" Orgelklang bilden, nämlich dem *Rechtwerk* (übereinstimmend mit dem Engchor, Gruppe I) und den *„Unterscheidlichen".* Zu den letzteren gehören alle übrigen Register, ob eng, übereng oder weit gebaut, ob verschmelzungsfähig oder nur solistisch brauchbar, wozu auch alle Zungenstimmen gehören. Die Unterscheidlichen (weil sie sich vom Rechtwerk, dem „rechten" Orgelklang „unterscheiden") sind eine mehr oder we-

---

[5]) Das französische *plein jeu* dagegen entspricht dem reinen Prinzipalplenum.

niger färbende Bereicherung des Orgelklangs, der selbst hauptsächlich von den prinzipalischen Rechtwerk-Registern seinen charakteristischen Klang erhält.

Parallel zu diesen, durch die Bauart bestimmten Gruppeneinteilungen der Orgelregister führt *Roessler* gewisse Begriffe für die musikalische Bedeutung der Klangfunktionen (nicht nur für Orgelregister!) ein, die bisher eigentlich nur gefühlsmäßig empfunden, aber noch nicht benannt wurden:

So bedeutet sein Begriff „Raumlinienstärke" die Eigenschaft eines bestimmten Klangmaterials, daß eine so geartete Melodielinie völlig sich selbst genügend, plastisch und klar im Raum bestehen kann. Bei Polyphonie zeigt sich hierbei besonders klare und deutliche Linienführung. Raumstarke Klänge weisen noch „Klangkonzentrizität" (Zusammenhalt weit auseinanderliegender Töne), „Längenkraft" (wenn derselbe Klang auch bei längerem Hören nicht ermüdet) und „Dissonanzstärke" auf (Unaufdringlichkeit selbst dissonanter Spannungen). – Meist als Gegensatz, aber auch gekoppelt mit einer dann geringeren Raumlinienstärke, bedeutet die „Harmoniestärke" die Funktionsart eines mehr zur akkordischen Fläche neigenden Klanges. „Höhenparallelität" weisen Klänge mit großer Raumlinienschwäche auf, wenn auseinanderliegende Töne auseinanderfallen, wie das gleichermaßen mit verschiedenen Klangfarben bei der „Farbparallelität" der Fall ist.

Diese verschiedenen Klangfunktionsarten werden im zeitgenössischen Orgelbau durch unterschiedliche, teilweise in der Weite sehr verschiedene Pfeifenformen (Klangfarbe) ermöglicht, auch durch variable Mensurgestaltung mit Variierung der Klangstärke, Tragfähigkeit und Verschmelzungsfähigkeit. Aber auch von der Intonation, der verschieden gestalteten Pfeifenansprache, und nicht zuletzt von der Registrierung selbst sind diese Klangfunktionen abhängig.

10.6. Dispositionsgrundsätze

Nun werden diese verschiedenen Orgelregister nicht wahllos in eine Orgel gestellt; sondern die Disposition richtet sich nach bestimmten Gesetzen, die hier kurz angedeutet werden sollen. Diese Gesetze, die in alten Zeiten (Barock) schon hoch entwickelt waren, wurden teilweise in der Verfallzeit (Romantik) nicht mehr angewandt und sind erst wieder durch die Orgelbewegung entdeckt worden.

Auf die Frage, wozu Gesetze, läßt sich sagen, daß es nicht allein genügt, nur klangschöne Register zu bauen und viele dieser Register in einer Orgel zusammenzufassen. Man hat es im 19. Jahrhundert oft getan, wobei wir aber feststellen, daß einmal der Orgelklang dadurch noch keine Einheit bildet, und zum anderen polyphones Spiel auf solchen Orgeln nie klar und durchsichtig wird (allerdings spielt dabei auch die alleinige Anwendung der Querschnittsmensur $1 : \sqrt{8}$ eine Rolle, vgl. S. 85). Um diesen Fehler zu vermeiden, ist es notwendig, daß jedes Register in den Gesamtorgelaufbau richtig eingeordnet wird.

Die Verteilung der Register auf die einzelnen Teilwerke erfolgt nach der *Funktion*, die jedes Werk zu erfüllen hat, und in der Art, daß jedes Werk seinen bestimmten Klangcharakter bekommt und darüber hinaus möglichst ein Klangganzes bildet, was beim *Werkprinzip* (s. S. 183) erklärt wird.

Die Eigenart der Orgeldisposition liegt darin, daß sie sich aus Gegensätzen zusammensetzt und doch eine Einheit bildet. Diese Gegensätze sind einmal enge und weite Mensuren, zum anderen Grundstimmen und künstliche Obertöne (Aliquote und gemischte Stimmen), und drittens die ganz verschiedenen Einzelklangfarben der Orgelregister.

Sehen wir uns den ersten Gegensatz an: Weite und enge Mensuren, so haben wir die beiden Gruppen I und II, aus denen sich eine Orgel und damit ihr Werk zusammensetzt. Die *Gruppe I* (Engchor, Rechtwerk) sollte mit den sie unterbauenden prinzipalbezogenen Stimmen (Prinzipalstellvertreter) in allen Lagen disponiert werden. Sie gipfelt in einem strahlenden Abschluß, der „Klangkrone", die immer vorhanden sein muß. Diese Gruppe bildet das Rückgrat einer Orgel, da sie ihr den herben, männlichen Klang gibt, den charakteristischen, nur der Orgel eigenen Klang. Der für die *Klangstärke* der Orgel entscheidende Anteil des Engchores beträgt heute etwa 30–40 % der Gesamtpfeifenreihen.

Dazu als Gegensatz die „unterscheidlichen" Register der *Gruppe II,* also die meist weitmensurierten untererregten Flöten und Gedackte, auch Halbgedackte, die verschmelzungsfähig den Orgelklang zu einer Einheit formen. Sie werden auch in den verschiedensten Tonlagen disponiert, wobei die Obertonregister, also Aliquote und gemischte Farbregister, ebenfalls wichtig sind; denn durch sie entstehen neue Klangfarben, synthetisch aus verschiedenen Obertonlagen zusammengestellt. Doch bilden diese Register nur einen färbenden Zusatz zum eigentlichen prinzipalischen Orgelklang, der vom Weitchor nicht überwuchert werden darf. Sein Anteil ist entscheidend für den *Klangreichtum* der Orgel.

Als „Würze" werden einige Register der *Gruppen* III und IV disponiert, Trompeten für das Plenum, andere Zungen zur charakteristischen Färbung einzelner Werke und als Solostimmen für C.-f.-Aufgaben, dazu auch einige interessante Sololabiale.

Auch bei ganz kleinen Werken muß der Gegensatz der Gruppen bestehen bleiben, wobei sich dann beide Manualwerke zusammen ergänzen (s. Disposition Nr. 1, S. 187). Es geht nicht, daß das eine Manual die Register der Gruppe I und das andere die der Gruppe II erhält. Denn dann wären die Manuale nicht gleichberechtigt. Bei kleinen Werken können die Prinzipale in den tiefen Lagen wegfallen und werden dann durch die *Prinzipalstellvertreter* ersetzt. In den hohen Lagen sind die Prinzipale aber immer unersetzlich, besonders darf nie die Klangkrone fehlen!

Ein sehr gutes Grundschema für den Aufbau einer Disposition wird in der „Orgeldisposition" von *Supper* gebracht, das seiner klaren Art wegen hier angeführt werden soll:

	Gruppe I *Engchor*	Gruppe II *Weitchor*
Stufe 1	Klangkrone (Mixtur)	Gedackt 8′
Stufe 2	Oktav 2′	Rohrflöte 4′
Stufe 3	Oktav 4′	Nasat 2²/₃′ (1¹/₃′)
Stufe 4	Prinzipal 8′	Waldflöte 2′

Dieses Schema ist so zu verstehen, daß z. B. eine Disposition mit 4 Registern aus den Stufen 1 und 2 bestehen muß. Bei 6 Registern besteht die Disposition aus den Stufen 1–3 usw. Wohlgemerkt, es handelt sich hier um ein Grundschema, das je nach Eigenart des Werkes abgeändert werden kann. Die Verteilung des Eng- und Weitchores sollte aber immer in dieser Art vorgenommen werden: Der *Weitchor* baut sich von unten auf, während der *Engchor* von der Klangkrone bis zur Prinzipalbasis abwärts geführt wird. Durch die Obertönigkeit des Orgelklanges mit 2, 1, Aliquoten und gemischten Stimmen wird auch eine viel größere Lautstärke erzeugt als nur mit 8'-Registern in der gleichen Anzahl (vgl. S. 33). Der Klang wird sozusagen auf eine große Klangfläche projiziert.

10.7. Das Werkprinzip

Nach diesen allgemeinen Dispositionsgrundsätzen müssen wir uns noch mit dem Werkaufbau der Manuale und des Pedals vertraut machen, denn die Werkeinteilung bildet den Grundstock jeder Disposition und gibt die Richtschnur für die Verteilung der Register.

Aus mehreren Orgelwerken, die ursprünglich an verschiedenen Stellen in einer Kirche standen, zusammengewachsen, hatte schon die mittelalterliche Orgel mehrere Manuale, von denen jedes ein Werk mit einem ihm eigentümlichen Klangcharakter und mit später eigenen Aufgaben in spieltechnischer Hinsicht bildet.[6] Dieses Werkprinzip, wie wir den verschiedenen Klangaufbau der einzelnen Teilwerke einer Orgel nennen, wurde im 19. Jahrhundert verwischt, gilt heute aber wieder als orgeleigen und wichtig für eine gute Orgel. Jedes Manual einer mehrmanualigen Orgel hat also ein ganz bestimmtes Klangbild – ist im Charakter von den anderen Manualen scharf unterschieden, aber nicht so sehr in der Klangstärke.

Durch diesen verschiedenen Klangcharakter eignet sich jedes Werk einzeln bzw. im Zusammenspiel besonders gut für eine der spieltechnischen Aufgaben der Orgel, die vorher aufgezählt wurden (s. S. 178). Damit bekommt jedes Manual eine ganz bestimmte Funktion, die seinem Klangcharakter entspricht (*Werkfunktion* und *Werkcharakter*). Die folgende Übersicht über den Charakter der einzelnen Teilwerke bei der modernen Orgel gibt nur einen ungefähren Anhalt, denn die Werkeinteilung läßt sich auch anders vornehmen. Sie lehnt sich stark an Vorbilder aus der Barockzeit an, weil sie damals besonders charakteristisch ausgeprägt war und allen Erfordernissen des Orgelspiels am besten entsprach.

So hat das *Hauptwerk* die Aufgabe, den charakteristischen Organo-pleno-Klang (s. S. 178) zu bilden, der den Kirchenraum beherrscht. Das volle Werk klingt kräftig, prächtig, vom „Silberglanz der Mixturen" und vom „Golde der Trompeten" übergossen. Die Alten hatten dafür den schönen Ausdruck: „von pompichtem Klang". Die eng mensurierten Prinzipale mit ihren Klangkronen sollen hier möglichst lückenlos aufgebaut sein. Dazu kommen glänzende Trompeten. – Doch hat das Hauptwerk auch oft die Aufgabe, die Begleitung zu übernehmen, weswegen auch leisere, verschmelzungsfähige Register des Weitchors vorhanden sein müssen, die zusätzlich die Klangfülle vergrößern.

An der Emporenbrüstung befindet sich das *Rückpositiv* (im Rücken des mit dem Gesicht zur Orgel sitzenden Organisten). Durch seine Stellung – frei in den Kirchenraum klingend – wird es viel zum *Cantus-firmus-Spiel* verwandt, wozu Solostimmen und Aliquote zur Erzeugung entsprechender Klangfarben dienen. Das Rückpositiv bildet aber auch durch seine von der Hauptorgel getrennte Lage einen klanglichen Gegensatz zu dieser, wobei das Plenum des Hauptwerkes gegen das des Rückpositivs nacheinander ausgespielt werden kann, was sich für die verschiedenerlei musikalischen Erscheinungsformen gut auswerten läßt.

---

[6] Die mittelalterlichen polyphonen Musikstücke wurden so gespielt, daß jede Stimme auf einem anderen „Werk" (Manual, Pedal) mit streng verschiedenen Klangfarben zur besseren Klarheit wiedergegeben wurde, wie heute noch beim Triospiel.

Das *Oberwerk* (oft *Schwellwerk*) – die Windlade steht über der des Hauptwerkes – dient mit seinen gut verschmelzenden Registern hauptsächlich zur *Begleitung* von Instrumental- und Vokalmusik, hat aber auch einige der beim Hauptwerk erwähnten Register (Prinzipale, Mixtur) zur Bildung eines gewissen Oberwerk-Plenums, das dem des Hauptwerkes gegenübergestellt werden kann. Doch ist der Klangcharakter des Oberwerkes im allgemeinen weicher als der der anderen Werke.

Das *Brustwerk* – seine Windlade liegt unter der des Hauptwerkes in der „Brust" der Orgel – entstand aus der Aufnahme des alten Instrumentes Regal (s. Anm. 75, S. 110) in die Orgel. Deswegen weist es meist kurzbechrige Zungenregister (Regale) auf, die sich gut zum C.-f.-Spiel eignen. Daneben werden auch viele hochklingende Register disponiert, wie u. a. die Zimbel zur Bildung perlender Läufe bei alten Orgeltoccaten. Deswegen ist der Klang spitz und scharf, ohne große Fülle. Die Prinzipale (Gruppe I) sind meist nur in den hohen Lagen vertreten. Früher oft mit Flügeltüren versehen, bekommt das Brustwerk heute manchmal eine Schwellwand aus Plexiglas.

Das *Pedal* hat nicht nur die Aufgabe, den Baß, das Fundament des Orgelklanges, zu bilden, sondern soll auch möglichst Zungenregister durch alle Lagen (16′–2′) zur Bildung des Cantus firmus besitzen. Wird der C. f. in der 4′-, 2′- oder gar 1′-Lage im Pedal gespielt, übernimmt ein Manual die Baßstimme (notwendig bei C.-f.-Kompositionen mit bewegter Baßstimme). Für unbedingte Klarheit des Pedalspiels muß die Anwesenheit von Obertonregistern und auch Mixturen gefordert werden. – Diese vielfältigen Aufgaben des Pedals bedingen eine entsprechende Anzahl von Registern, die im allgemeinen etwa ein *Viertel* der Gesamtregisterzahl betragen.

Neben diesen am meisten zu findenden Werken sollen noch einige seltener gebaute Werke erwähnt werden:

Das *Kronpositiv* ist eine Abart des Oberwerkes und besteht aus einer Anzahl Register, oft auf eigener Windlade, jedoch nicht immer mit eigener Klaviatur, das sich als Krönung des Prospektes ganz oben unter der Decke befindet (z. B. Münsterorgel zu Weingarten/Württ.). – Besonders oft in französischen, aber auch manchmal in deutschen Orgeln findet sich das *Bombardenklavier*[7]), ein Manualwerk mit besonders vielen trompetenartigen Zungen, dabei auch Prinzipale und Mixturen. – Das *Echowerk* mit leisen, weichen Registern unterscheidet sich vom *Fernwerk* (s. S. 177) dadurch, daß seine Windlade in der Orgel liegt, während sich die des Fernwerkes meist auf dem Dachboden der Kirche befindet. – In manchen Orgeln finden wir auch das *clavier auxiliare*[8]), kurz *Auxiliare* genannt. Es handelt sich dabei um ein Manualwerk von verschiedenem Aufbau, das keine eigene Klaviatur besitzt, sondern nur durch Koppeln an die werkgebundenen Klaviaturen angeschlossen werden kann. Der Wert eines Auxiliares ist umstritten, da ein Werk mit eigener Klaviatur mit nur geringen Mehrkosten wesentlich mehr Spielmöglichkeiten bietet. – Über das *Koppelmanual*, das keine eigenen Register besitzt, wurde schon auf S. 145 gesprochen. – In manchen großen Orgeln gibt es auch ein besonderes Manualwerk mit nur mehreren, kräftig klingenden Horizontaltrompeten (s. S. 112), das dann *Trompeteria* genannt wird.

Das wären in Kürze die Werke der Orgel; da aber jedes Werk Bezug auf die Funktionen der anderen Werke haben muß, darf das Einzelwerk der Orgel nicht nur auf sich selbst ausgerichtet, sondern muß so disponiert sein, daß es die Art der anderen Werke berück-

---

[7]) Die Bombarde des französischen Orgelbaus entspricht unserer Posaune.
[8]) Clavier auxiliare = Hilfsklavier (franz.)

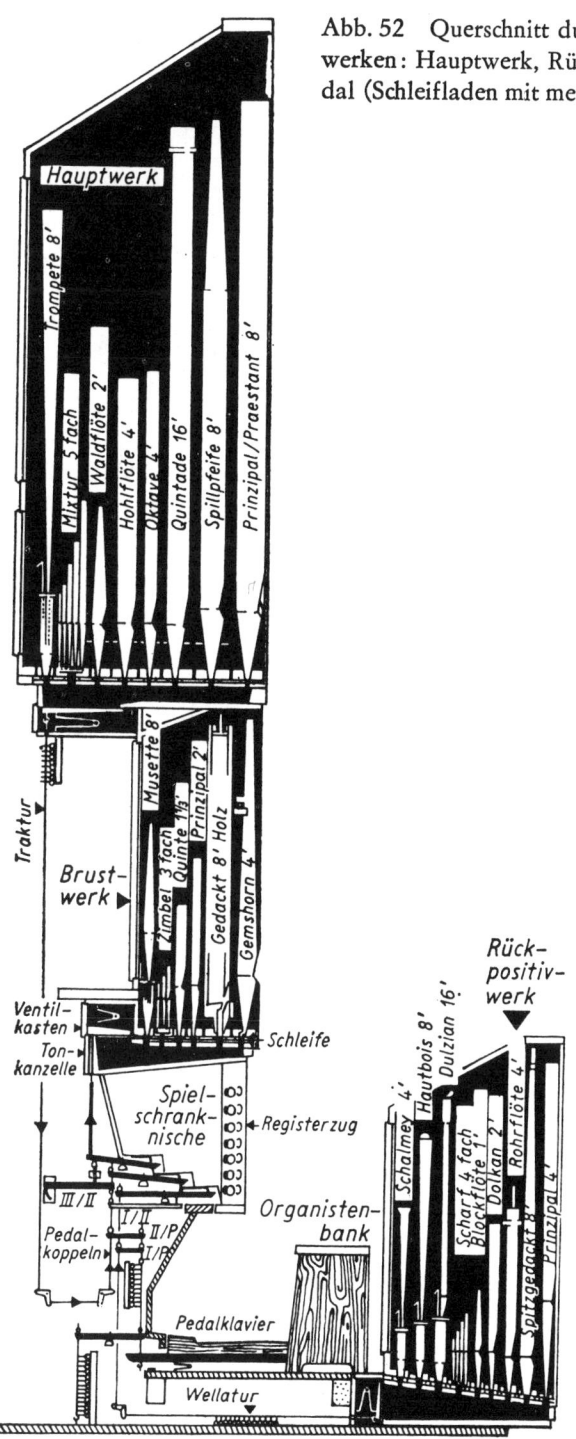

Abb. 52 Querschnitt durch eine Orgel mit den Teilwerken: Hauptwerk, Rückpositiv; Brustwerk und Pedal (Schleifladen mit mechanischer Traktur)

sichtigt. Durch Koppeln lassen sich diese Funktionen auch austauschen und Übergänge schaffen, grundsätzlich muß aber das Werkprinzip zur plastischeren Klangdarstellung beibehalten werden.

Eine viermanualige Orgel setzt sich meist aus dem Hauptwerk, Oberwerk, Brustwerk und Rückpositiv zusammen. Aber nicht jede Orgel hat vier Manuale, die meisten nur zwei oder drei. Bei dreimanualigen Orgeln wird die Zusammenstellung vielleicht folgende sein: Hauptwerk, Oberwerk, Rückpositiv oder Hauptwerk, Oberwerk, Brustwerk.

Dabei ist es üblich, jedem Werk eine andere *Prinzipalbasis* zu geben: Bei großen Werken ist die Basis im Pedal 32′, im Hauptwerk 16′, Oberwerk 8′, Rückpositiv 4′ und Brustwerk 2′. Bei kleineren vielleicht im Pedal 16′, Hauptwerk 8′, Oberwerk 4′ und Rückpositiv oder Brustwerk 2′. Und bei kleinen Werken beträgt die Prinzipalbasis im Pedal 8′, Hauptwerk 4′ und im Rückpositiv oder Oberwerk 2′.

Eine Orgel mit nur *einem* Manual sollte nicht mehr gebaut werden (Ausnahme: das kleine Positiv für ganz bestimmte Zwecke), denn viele wichtige Möglichkeiten fallen durch die Einmanualigkeit aus: Triospiel, Cantus firmus, schneller Registerwechsel. Wie die Dispositionsbeispiele (s. u.) zeigen, lassen sich auch schon ganz kleine zweimanualige Orgeln bauen, die viele Aufgaben weitgehend übernehmen können.

10.8.   Dispositionsbeispiele

Es folgen jetzt einige Dispositionen, die einen Einblick in die Dispositionsweise kleiner bis mittelgroßer Orgeln geben. Die einzelnen Register in diesen Dispositionsbeispielen sind nach ihrer Gruppenzugehörigkeit geordnet.

Bei einer kleinen Orgel muß die Disposition besonders gut überlegt sein; denn sie soll möglichst viele Klangfarben und Werkfunktionen haben, obwohl ihr Registerbestand klein ist. Dazu noch einige Grundregeln für die Dispositionen sehr kleiner Orgeln mit zwei Manualen (*Supper*):

1. Auf eine Klangkrone kann nicht verzichtet werden.
2. Jedes Manual muß ein labiales 8′-Register haben.
3. Die Prinzipalbasis sei der 4′, in Sonderfällen der 2′.
4. Neben einem Prinzipal 4′ als Basis muß in einem Manual noch ein nichtprinzipalischer 4′ vorhanden sein.
5. Es genügt, wenn in beiden Manualen nur ein 2′-Register vorhanden ist.
6. Im Pedal kann bei einer kleinen Kirchenorgel nicht auf einen gedeckten 16′ (Subbaß) verzichtet werden.
7. Wenn irgend möglich, soll das Pedal zwei Register haben.
8. Alle drei Normalkoppeln sind unerläßlich.
9. Ein Tremulant wird befürwortet.
10. Schleifladen mit mechanischer Traktur sind eine Selbstverständlichkeit.
11. Die Klangkrone (Mixtur) beginnt bei einer Prinzipalbasis 8′ mit dem tiefsten Chor als 2′; bei Prinzipal 4′ mit einem 1⅓′-Chor; bei Prinzipal 2′ mit einem 1′-Chor.

Es gibt auch die Möglichkeit, von an sich einmanualig disponierten kleinen Orgeln alle oder mehrere Register in ein zweites Manual, das selbst keine eigenen Stimmen hat, zu transmittieren (Transmissionsmanual, vgl. S. 160)

Alle folgenden Orgeln haben Schleifladen mit mechanischer Spieltraktur:

	Gruppe I	Gruppe II	Gruppe III/IV

1. 8 (bzw. 10) Stimmen

I. Hauptwerk:		Pommer	8′	–
	Prinzipal	4′	(Waldflöte 2′)	
	Mixtur	3f.		

II. Positiv:		Gedackt	8′	–
(Schwellwerk)		Rohrflöte	4′	
		(Sifflöte	1¹/₃′)	
	Zimbel	2f.		(Tremulant)

Pedal:	Choralbaß	4′	Subbaß	16′	–

Spielhilfen: II/I, I/P, II/P, Schweller II

2. 15 Stimmen

I. Hauptwerk:	Holzprinzipal	8′	Spitzflöte	8′	–
	Oktav	4′	Nachthorn	4′	
	Mixtur	3–4f.	Nasat	2²/₃′	

II. Positiv:		Gedackt	8′	Krummhorn	8′
(Schwellwerk)		Rohrflöte	4′		
	Prinzipal	2′			
	Zimbel	2f.	Tertian 2f.	(Tremulant)	

Pedal:	Violoktav	8′	Subbaß	16′	–
	Choralbaß	4′ + 2′			

Spielhilfen: II/I, I/P, II/P, Schweller II

3. 23 Stimmen

I. Hauptwerk:		Quintade	16′		
	Prinzipal	8′	Gemshorn	8′	Schalmey 8′
	Oktav	4′	Nachthorn	4′	
			Waldflöte	2′	
	Mixtur	4–5f.	Sesquialtera 2f.		

II. Oberwerk:		Gedackt	8′	Harfpfeife	8'
(Schwellwerk)				Krummhorn	8'
	Weitprinzipal	4′	Rohrflöte	4′	
	Engprinzipal	2′	Sifflöte	1¹/₃′	
	Terzzimbel	3f.	Nonenpfeife ⁸/₉′	(Tremulant)	

Pedal:		Subbaß	16′	Dulzian	16′
	Oktavbaß	8′	Zink	3f.	
	Choralbaß	4′ + 2′			

Spielhilfen: II/I, I/P, II/P, Schweller II

187

Gruppe I		Gruppe II		Gruppe III/IV	

4. 28 Stimmen, mech. Spieltraktur, elektr. Registratur (= kombinierte Traktur)

I. Hauptwerk:

		Quintade	16′		
Prinzipal	8′	Gemshorn	8′	Trompete	8′
Oktav	4′	Nachthorn	4′		
Oktav	2′	Nasat	$2^2/_3$′		
Mixtur	5–7f.	Terzsept	$1^3/_5$′ + $1^1/_7$′		

II. Oberwerk:
(Schwellwerk)

		Gedackt	8′	Harfpfeife	8′
Weitprinzipal	4′	Rohrflöte	4′	Krummhorn	8′
Engprinzipal	2′	Waldflöte	2′		
Terzzimbel	3f.	Sifflöte	$1^1/_3$′		
		Nonenpfeife	$^8/_9$′		
		Paletta	2f.	(Tremulant)	

Pedal:

		Subbaß	16′	Fagott	16′
Oktavbaß	8′	Rohrpommer	4′	Schalmey	4′
Choralbaß	4′ + 2′	Rauschbaß	3f.		

Spielhilfen: II/I, I/P, II/P, Schweller II, Rollschweller,
3 freie Kombinationen, 2 Pedalkombinationen
Einzelabsteller für Zungen. Tutti, organo pleno

5. 28 Stimmen, mech. Spieltraktur, elektr. Registratur (= kombinierte Traktur)

I. Hauptwerk:

		Quintade	16′		
Prinzipal	8′	Gemshorn	8′		
Oktav	4′	Nachthorn	4′	Schalmey	4′
Mixtur	4–5f.				

II. Schwellwerk:

		Koppelflöte	8′	Salizional	8′
Prinzipal	4′	Hohlpfeife	4′		
		Nasat	$2^2/_3$′	Trompete	8′
		Waldflöte	2′		
Scharf	4f.			(Tremulant)	

III. Positiv:

		Gedackt	8′	Rankett	16′
		Rohrflöte	4′		
Prinzipal	2′	Sifflöte	$1^1/_3$′		
Terzzimbel	3f.			(Tremulant)	

Pedal:

		Subbaß	16′	Fagott	16′
Oktavbaß	8′	Rohrpommer	4′	Vox humana	4′
Choralbaß	4′ + 2′	Zink	4f. $3^1/_5$′		

Spielhilfen: II/I, III/I, III/II, I/P, II/P, III/P
3 freie Kombinationen, 2 Pedalkombinationen
Einzelabsteller für Zungen. Tutti, organo pleno, Schweller II, Rollschweller

6.   37 Stimmen, kombinierte Traktur

I. *Hauptwerk:*		Quintade	16′				
	Prinzipal	8′	Gemshorn	8′	Helltrompete	8′
	Oktav	4′	Koppelflöte	4′		
	Mixtur	5f.	Waldflöte	2′		

II. *Schwellwerk:*		Hölzernflöte	8′		Harfpfeife	8′
	Geigenprinzipal	4′	Rohrflöte	4′	Oboe	8′
	Oktav	2′	Quintflöte	2²/₃′	Schalmey	4′
			Terzflöte	1³/₅′		
			Septime	1¹/₇′		
	Scharfmixtur	5–6f.	Blockflöte	1′	(Tremulan)t	

III. *Positiv:*		Gedackt	8′		Dulzian	16′
		Metallflöte	4′			
	Prinzipal	2′	Sifflöte	1¹/₃′		
	Terzzimbel	4f.	Nonenpfeife	8/₉′	(Tremulant)	

Pedal:	Prinzipal	16′	Subbaß	16′	Posaune	16′
	Oktavbaß	8′	Spitzflöte	8′	Dunkeltrompete	8′
			Rohrpommer	4′	Vox humana	4′
			Dolkanpiffaro	4′ + 2′		
			Zink	4f.		

Spielhilfen: wie bei Disposition Nr. 5

10.9.   Neuzeitliche Dispositionen

1. *Dresden,* Erlöser-Andreas-Kirche. A. S c h u s t e r u. S o h n , Zittau, 1964 (13 Reg.)
(Disposition H. H. Albrecht, Mensuren E. K. Roessler) (Bildtafel 23)
Schleiflade mit mechanischer Traktur

Hauptwerk		*Brustwerk*		*Pedal*	
Rohrflöte	8′	Musiziergedackt	8′	Subbaß	16′
Prinzipal	4′	Singend Nachthorn	4′	Oktavbaß	8′
Rohrschweizerpfeife	2′	Oktave	2′	Choralbaß	2f.
Mixtur	6f. 2′	Gemsquinte	1¹/₃′	(aus Gemshorn 4′ und
		Sesquialtera (ab g⁰)	3f.	überblas. Dulzian 2′)
		Zimbel	4f. 1′	
		– Tremulant –		

2. *Wasungen,* ev.-luth. Kirche. G e b r. J e h m l i c h , Dresden, 1961 (17 Reg.)
Schleiflade mit mechanischer Traktur

Hauptwerk

Prinzipal	8′	Oktave	4′	Sesquialtera	2f.
Gedackt	8′	Praestant	2′	Mixtur	4f.

Oberwerk

Rohrpommer	8′	Oktave	1′	Prinzipalbaß		8′
Prinzipal	4′	Zimbel	3f.	Choralbaß		4′
Nasat	2²/₃′	*Pedal*		Mixturbaß		4f.
Waldflöte	1′	Subbaß	16′	Posaune		16′

3. *Bremen-Oberneuland*, ev. Kirche. A h r e n d & B r u n z e m a , Loga, 1966 (22 Reg.)
Schleiflade mit mechanischer Traktur (Bildtafel 22)

Hauptwerk		*Rückpositiv*		*Pedal*	
Quintadena	16′	Gedackt	8′	Subbaß	16′
Praestant	8′	Praestant	4′	Oktave	8′
Hohlflöte	8′	Rohrflöte	4′	Oktave	4′
Oktave	4′	Gemshorn	2′	Posaune	16′
Spitzflöte	4′	Quinte	1¹/₃′	Trompete	8′
Oktave	2′	Sesqualtera	2f.	Kornett	2′
Mixtur		Scharff			
Trompete	8′	Dulzian	8′		
		– Tremulant –			

4. *Berlin*, Paul-Gerhardt-Kirche. A l e x a n d e r S c h u k e , Potsdam, 1960 (24 Reg.)
Tonkanzellenlade mit mechanischer Traktur

Hauptwerk		*Brustwerk*		*Pedal*	
Quintadena	16′	Gedackt	8′	Subbaß	16′
Prinzipal	8′	Rohrflöte	4′	Oktave	8′
Spillpfeife	8′	Quintadena	4′	Baßflöte	8′
Oktave	4′	Prinzipal	2′	Oktave	4′
Spitzflöte	4′	Oktave	1′	Bauernflöte	2′
Nasat	2²/₃′	Tertian	2f.	Mixtur	5f.
Waldflöte	2′	Scharff	4f.	Posaune	16′
Mixtur	3–5f.	Krummhorn	8′		
Trompete	8′	– Tremulant –			

5. *Berlin*, St. Michael-Kirche. W. S a u e r , Frankfurt/Oder, 1960 (25 Reg.)
Schleiflade mit kombinierter Traktur

Hauptwerk		*Oberwerk*		*Pedal*	
Prinzipal	8′	Rohrflöte	8′	Subbaß	16′
Singend Gedackt	8′	Salizional	8′	Oktavbaß	8′
Oktave	4′	Prinzipal	4′	Gedacktpommer	8′
Rohrflöte	4′	Gemshorn	4′	Choralbaß	4′
Nasat	2²/₃′	Oktave	2′	Flachflöte	2′
Schwiegel	2′	Nachthorn	2′	Mixtur	4f.
Mixtur	4–5f.	Quinte	1¹/₃′	Posaune	16′
Trompete	8′	Sesqualtera	2f.		
		Scharff	3f.		
		Krummhorn	8′		

6. *Stuttgart,* Hospitalkirche. F r i e d r i c h W e i g l e , Echterdingen, 1961 (33 Reg.)
(Disposition H. Bornefeld)
Schleiflade mit kombinierter Traktur

Hauptwerk		Rückpositiv		Oberwerk	
Quintade	16′	Rohrgedackt	8′	Kupfergedackt	8′
Prinzipal	8′	Prinzipal	4′	Rohrflöte	4′
Gemshorn	8′	Flötgedackt	4′	Prinzipal	2′
Oktave	4′	Rohrnasat	$2^2/_3$′	Sifflöte	1′
Hohlquinte	$2^2/_3$′	Hohlflöte	2′	Hörnlein	$1^3/_5$′ + $1^1/_7$′
Rauschharfe	4′ + $2^2/_3$′	Gemsquinte	$1^1/_3$′	Zimbel	3f.
Ital. Prinzipal	2′	Terznone	$1^3/_5$′ + $^8/_9$′	Harfenregal	16′
Mixtur	6–8f.	Scharf	5f.	Schalmei	4′
– Tremulant –		Kopftrompete	8′	– Tremulant –	
		– Tremulant –			
Pedal					
Prinzipal	16′	Rauschpfeife	2′ + $1^1/_3$′	– Tremulant –	
Untersatz	16′	Hintersatz	4f.		
Oktavbaß	8′	Trompete	8′		
Flöte	4′	Kornett	2′		

7. *Köln-Longerich,* kath. Pfarrkirche St. Bernhard. J o h a n n e s K l a i s KG, Bonn,
1967 (36 Reg.) (Bildtafel 28)
Schleiflade mit kombinierter Traktur

Hauptwerk		Brustwerk		Schwellwerk	
Pommer	16′	Holzgedackt	8′	Spitzflöte	8′
Prinzipal	8′	Rohrflöte	4′	Quintade	8′
Rohrgedackt	8′	Prinzipal	2′	Prinzipal	4′
Gamba	8′	Terz	$1^3/_5$′	Flötgedackt	4′
Oktav	4′	Larigot	$1^1/_3$′	Blockflöte	2′
Holzflöte	4′	Zimbel	3f.	Oktav	1′
Quinte	$2^2/_3$′	Vox humana (horiz.)	8′	Sesquialtera	
Superoktav	2′	– Tremulant –			$2^2/_3$′ + $1^3/_5$′ + $1^1/_{15}$′
Mixtur	4–6f.			Scharf	4f.
Trompete	8′			Dulzian	16′
Clairon harm.	4′			Schalmei	8′
				– Tremulant –	
Pedal		Flachflöte	4′	Posaune	16′
Prinzipal	16′	Rauschpfeife	4f.	Zink	4′
Subbaß	16′	(aus Quintade	$2^2/_3$′		
Oktav	8′	Prinzipal	2′		
Gedackt	8′	Blockflöte	$1^1/_3$′		
		Schweizerpfeife	1′)		

8. *Plauen*, St. Pauluskirche. H e r m a n n E u l e , Bautzen, 1962 (40 Reg.)
Schleiflade mit kombinierter Traktur

Hauptwerk		*Oberwerk*		*Rückpositiv*	
Gedacktpommer	16′	Spitzprinzipal	8′	Quintatön	8′
Prinzipal	8′	Holzflöte	8′	Weitgedackt	8′
Rohrflöte	8′	Quintatön	4′	Oktave	4′
Oktave	4′	Weitprinzipal	4′	Rohrpommer	4′
Gemshorn	4′	Rohrnasat	2²/₃′	Blockflöte	2′
Quinte	2²/₃′	Scharfoktave	2′	Sesquialtera	2f.
Flachflöte	2′	Glöcklein	1′	Sept-Non	2f.
Hornwerk	4–5f.	Terz	⁴/₅′–1³/₅′	Hellzimbel	3f.
Mixtur	3–4f.	Scharf	4f.	Krummhorn	8′
Trompete	8′	Dulzian	16′	Rohrschalmei	4′

Pedal			
Prinzipalbaß	16′	Nachthorn	2′
Subbaß	16′	Hintersatz	6f.
Oktave	8′	Posaune	16′
Baßflöte	8′	Trompete	8′
Waldflöte	4′	Clarine	4′

9. *Malmö*/Schweden, St. Andreas. D. A. F l e n t r o p , Zaandam/Holland, 1961
(41 Reg.)
Schleiflade mit mechanischer Traktur

Hauptwerk		*Rückwerk*		*Brustwerk*	
Quintadena	16′	Rohrflöte	8′	Holzgedackt	8′
Prinzipal	8′	Quintadena	8′	Spitzgamba	8′
Spitzflöte	8′	Prinzipal	4′	Prestant	4′
Oktave	4′	Gedacktflöte	4′	Blockflöte	4′
Rohrflöte	4′	Gemshorn	2′	Prinzipal	2′
Spitzquinte	2²/₃′	Quinte	1¹/₃′	Gedacktflöte	2′
Oktave	2′	Sesquialtera	2f.	Waldflöte	1′
Mixtur	4–5f.	Scharf	4f.	Zimbel	2f.
Kornett	4f.	Dulzian	16′	Vox humana	8′
Trompete	8′	Krummhorn	8′	Regal	4′
		– Tremulant –		– Tremulant –	

Pedal					
Prinzipal	16′	Nachthorn	2′	Kornett	2′
Subbaß	16′	Mixtur	6f.		
Oktave	8′	Fagott	16′		
Gedackt	8′	Trompete	8′		
Oktave	4′	Schalmei	4′		

10. *Berlin*, St.-Matthäus-Kirche. E. F. W a l c k e r , Ludwigsburg, 1958 (42 Reg.)
(Disposition K. Th. Kühn und Herbert Schulze)
Schleiflade mit kombinierter Traktur

Hauptwerk		*Unterwerk*		*Pedal*	
Quintadena	16′	Rohrgedackt	8′	Prinzipal	16′
Prinzipal	8′	Prinzipal	4′	Oktave	8′
Diskant-Prinzipal	8′	Flûte à pavillon	2′	Quinte	$^{16}/_3$′
Oktave	4′	Oktave	1′	Oktave	4′
Quinte	$^8/_3$′	Scharff I	3–4f.	Rauschpfeife	2f.
Oktave	2′	Scharff II	1–2f.	Subbaß	16′
Mixtur I	4–6f.	Quinte	$^8/_3$′	Gemshorn	8′
Mixtur II	2–3f.	Terz	$^8/_5$′	Koppelflöte	4′
Terz	$^{16}/_5$′	Septime	$^8/_7$′	Nachthorn	2′
Septime	$^{16}/_7$′	Kubische Pfeife	8′	Mollterz	$^{128}/_{77}$′
Gedackt	8′	Viola di Gamba	4′	Posaune	16′
Rohrflöte	4′	Holzstabklinger	2f.	Trompete	8′
Schreipfeife	3f.	Trichterflöte	8′	Clarine	4′
Trompete	8′	(Schwebung)		Pauke D G A	16′
		Krummhorn	8′		
		– Tremulant –			

11. *Marburg/Lahn,* St. Elisabeth. W e r n e r   B o s c h , Sandershausen, 1963 (55 Reg.)
(Disposition Walter Supper) (Bildtafel 21)
Schleiflade mit kombinierter Traktur

Hauptwerk		*Schwellwerk*		*Rückpositiv*	
Großprästant	16′	Stillbordun	16′	Gedackt	8′
Quintadena	16′	Hölzernprinzipal	8′	Rohrquintade	8′
Großoktave	8′	Rohrgedackt	8′	Kleinprästant	4′
Bleigedackt	8′	Harfpfeife	8′	Metallflöte	4′
Spitzgamba	8′	Schwelloktave	4′	Flachflöte	2′
Großnasat	$5^1/_3$′	Koppelflöte	4′	Sifflöte	$1^1/_3$′
Oktave	1–2f. 4′	Quintflöte	$2^2/_3$′	Paletta	3–4f.
Blockflöte	4′	Oktavflöte	2′	Scharfmixtur	4–5f.
Scharfquinte	$2^2/_3$′	Terzflöte	$1^3/_5$′	Musette	8′
Kleinoktave	2′	Septimflöte	$1^1/_7$′	Schalmey	4′
Waldflöte	2′	Hohlflöte	1′	– Tremulant –	
Mixtur	5–6f.	Grobmixtur	7f.		
Scharf	5–6f.	Klingend Zimbel	3f.		
Fagott	16′	Dulzian	16′		
Trompete	8′	Hautbois	8′		
		Klarine	4′		
		– Tremulant –			

Pedal

Untersatz	32′	Sesquialtera	5^1/$_3$′ + 3^1/$_5$′
Prinzipalbaß	16′	Rauschpfeife	4f.
Subbaß	16′	Kontrafagott	32′
Oktavbaß	8′	Posaune	16′
Spitzflöte	8′	Bombarde	8′
Rohrpommer	4′	Clairon	4′
Dolkan-Piffaro	4′ + 2′	Vox humana	2′

12. *Stuttgart,* St. Elisabeth. R i e g e r , Schwarzach/Österreich, 1959 (55 Reg.)
(Disposition Hans Böhringer)
Schleiflade mit kombinierter Traktur

Hauptwerk

Pommer	16′
Prinzipal	8′
Oktav	4′
Mixtur	7f. 2′
Spitzflöte	8′
Rohrflöte	4′
Nachthorn	2′
Trompete	16′
Trompete	8′
Kornett	5f. 8′

Rückpositiv

Quintade	8′
Prinzipal	4′
Oktav	2′
Scharf	4f. 1′
Rohrflöte	8′
Koppelflöte	4′
Terz	1^3/$_5$′
Quintlein	1^1/$_3$′
Krummhorn	8′
Schalmey	4′
Terzzimbel 3f.	
(^{1}/$_4$′ + ^{1}/$_5$′ + ^{1}/$_6$′)	
– Tremulant –	

Italienisches Werk[9])

Principale	16′
Ottava	8′
Decima quinta	4′
Vigesima seconda	2′
Vigesima sesta	1^1/$_3$′
Vigesima nona	1′
Trigesima III e VI	
	^{2}/$_3$′ und ^{1}/$_2$′
Quadragesima e III	
	^{1}/$_3$′ und ^{1}/$_4$′
Flauto in XV	4′
Flauto in XIX	2^2/$_3$′
Flauto in XXIV	1^3/$_5$′
Flauto in XXVIII	1^1/$_7$′
Flauto in XXX	^{8}/$_9$′
Flauto in XXXII	^{8}/$_{11}$′
– Tremulant –	

Brustwerk

Holzgedackt	8′
Holzprinzipalflöte	4′
Prinzipal	2′
Holzzimbelflöte 2f.	
(^{2}/$_3$′ + ^{1}/$_2$′)	
Cembaloregal	16′
Vox humana	8′
Mollzimbel 4f.	
(^{1}/$_3$′ + ^{1}/$_4$′ + ^{2}/$_7$′ + ^{4}/$_{19}$′)	
– Tremulant –	

Pedal

Prinzipal	16′
Prinzipal	8′
Hintersatz	5f. 4′
Rauschpfeife 3f.	
(2′ + 1^1/$_3$′ + 1′)	
Subbaß	16′
Spillflöte	8′
Sesquialter	2f.
(5^1/$_3$′ gedeckt, 3^1/$_5$′ offen)	
Rohrpfeife	4′

Hohlpfeife	2′
Fagott	32′
Posaune	16′
Trompete	8′
Trompete	4′

– Tremulant Kleinpedal

[9]) Vgl. S. 98.

13. *Hildesheim,* St. Andreas. R. v. B e c k e r a t h , Hamburg, 1966 (63 Reg.)
(Bildtafel 18)
Schleiflade mit kombinierter Traktur

Hauptwerk		*Oberwerk*		*Rückpositiv*	
Prinzipal	16′	Quintadena	16′	Prinzipal	8′
Oktave	8′	Violprinzipal	8′	Rohrflöte	8′
Koppelgedackt	8′	Holzflöte	8′	Quintadena	8′
Oktave	4′	Oktave	4′	Oktave	4′
Quinte	2²/₃′	Rohrflöte	4′	Blockflöte	4′
Oktave	2′	Nasat	2²/₃′	Quintflöte	2²/₃′
Mixtur	6f.	Hohlflöte	2′	Oktave	2′
Scharf	4f.	Terz	1³/₅′	Gemshorn	2′
Trompete	16′	Septime	1¹/₇′	Quinte	1¹/₃′
Trompete	8′	Sifflöte	1′	Sesquialtera	2f.
Trompete	4′	None	⁸/₉′	Scharfmixtur	5f.
		Scharf	4–6f.	Dulzian	16′
		Klingend Zimbel	3f.	Bärpfeife	8′
		Englisch Horn	16′	– Tremulant –	
		Oboe	8′		
		– Tremulant –			

Brustwerk		*Pedal*			
Holzgedackt	8′	Prinzipal	32′	Posaune	32′
Holzprinzipal	4′	Oktave	16′	Posaune	16′
Waldflöte	2′	Subbaß	16′	Trompete	8′
Gemsquinte	1¹/₃′	Oktave	8′	Trompete	4′
Schwiegel	1′	Holzflöte	8′	Zink	2′
Schlagtöne	3f.	Oktave	4′		
Scharfzimbel	4f.	Nachthorn	2′		
Regal	8′	Hornaliquot	2f.		
Schalmei	4′	Rauschpfeife	3f.		
– Tremulant –		Mixtur	6f.		

14. *Berlin,* Kaiser-Wilhelm-Gedächtnis-Kirche. K a r l S c h u k e , Berlin, 1959–62
(63 Reg.)
Schleiflade mit kombinierter Traktur

Hauptwerk

Prinzipal	16′	Mixtur I	6-8f.
Oktave	8′	Mixtur II	4f.
Spielflöte	8′	Trompete	16′
Oktave	4′	Trompete	8′
Nachthorn	4′	Span. Trompete	8′
Rohrnasat	2²/₃′	Span. Trompete	4′
Oktave	2′		

Positiv		Schwellwerk		Brustwerk	
Prinzipal	8′	Gedacktpommer	16′	Holzgedackt	8′
Rohrflöte	8′	Schwiegel	8′	Spitzgedackt	4′
Quintadena	8′	Koppelflöte	8′	Prinzipal	2′
Oktave	4′	Unda maris	8′	Terzian I	$1^3/_5′ + 1^1/_3′$
Blockflöte	4′	Holzprinzipal	4′	Terzian II	$1′ + {}^{16}/_{19}′$
Rohrpfeife	2′	Spitzgamba	4′	Scharff	3–5f.
Quinte	$1^1/_3′$	Hohlquinte	$2^2/_3′$	Bärpfeife	16′
Sesquialtera	2f.	Nachthorn	2′	Krummhorn	8′
Mixtur	4-6f.	Gemshorn	1′	– Tremulant –	
Terzzimbel	3f.	Quint-Sept	$1^1/_3′ + 1^1/_7′$		
Fagott	16′	Terz-None	$1^3/_5′ + {}^8/_9′$		
Oboe	8′	Cornettzug			
Schalmei	4′	Fourniture[10])	5-7f.		
– Tremulant –		Trompete harm.	8′		
		Clairon	4′		
		– Tremulant –			

Pedal					
Prinzipal	16′	Feldpfeife	1′	Fagott	32′
Subbaß	16′	Baßsesquialtera		Posaune	16′
Quinte	$10^2/_3′$	$5^1/_3′ + 3^1/_5′ + 2^2/_7′$		Trompete	8′
Oktave	8′	Hintersatz		Span. Trompete	4′
Trichtergedackt	8′	$4′ + 2^2/_3′ + 2′ + 1^1/_3′ + 1′$		Span. Cornett	2′
Hohlflöte	4′	Mixtur	$1′ + {}^2/_3′ + {}^1/_2′$	– Tremulant –	

15. *Dresden*, Kreuzkirche. G e b r. J e h m l i c h, Dresden, 1962 (76 Reg.)
(Disposition G. Paulik und Prof. Collum) (Bildtafel 19)
Schleiflade mit kombinierter Traktur

Hauptwerk		Schwellwerk		Kronenwerk	
Prinzipal	16′	Spitzgedackt	16′	Quintatön	16′
Oktave	8′	Kupferpraestant	8′	Prinzipal	8′
Gemshorn	8′	Weidenpfeife	8′	Spitzgambe	8′
Rohrflöte	8′	Koppelflöte	8′	Zinngedackt	8′
Oktave	4′	Prinzipalflöte	4′	Oktave	4′
Spitzflöte	4′	Spitzgambe	4′	Blockflöte	4′
Quinte	$2^2/_3′$	Oktave	2′	Nasat	$2^2/_3′$
Oktave	2′	Sing. Nachthorn	2′	Oktave	2′
Flachflöte	2′	Hornwerk	2–3f.	Terz	$1^3/_5′$
Kornett	2–4f.	Sesquialtera	2f.	Septime	$1^1/_7′$
Großmixtur	4–5f.	Mixtur	6–7f.	Schwiegel	1′
Kleinmixtur	4–5f.	Tonus fabri	2f.	Scharf	5–6f.

[10]) Französisch = Mixtur.

Fagott	16′	Bombarde	16′	Quintzimbel	3f.
Span. Trompete	8′	Trompete	8′	Rankett	16′
		Clarine	4′	Krummhorn	8′
		– Tremulant –		Rohrschalmei	4′
				– Tremulant –	

Brustwerk | | *Pedal* | | |

Quintatön	8′	Untersatz	32′	Bombarde	32′
Holzgedackt	8′	Prinzipalbaß	16′	Posaune	16′
Engprinzipal	4′	Subbaß	16′	Dulzian	16′
Rohrflöte	4′	Zartpommer	16′	Trompete	8′
Spitzoktave	2′	Oktavbaß	8′	Feldtrompete	4′
Querflöte	2′	Holzflöte	8′	Sing. Cornett	2′
Rohrgemsquinte	1¹/₃′	Oktave	4′	– Tremulant Kleinpedal	
Oktavzimbel	2f.	Rohrpfeife	4′		
Carillon	3f.	überbl. Dolkan	2′		
Rohrkrummhorn	16′	Jauchz. Pfeife	1′		
Bärpfeife	8′	Baßzink	4f.		
Trichterregal	4′	Rauschwerk	5f.		
– Tremulant –		Choralmixtur	4f.		

11.   Positiv und Kleinorgel

Besondere Bedeutung hat jetzt wieder ein Orgeltyp gewonnen – ein kleiner Bruder der Kirchenorgel – das *Positiv*[1]): Eine kleine Orgel ohne Pedal, meist nur mit einem Manual und mit wenigen Registern. Vom Mittelalter bis in die Barockzeit oft gebaut, geriet es im 19. Jahrhundert bis vor einigen Jahrzehnten fast völlig in Vergessenheit. Dieses Positiv findet jetzt wieder seiner Klangfrische und seines guten Begleitungscharakters wegen Aufnahme in Haus und Schule, Kapellen und Kirchen (als Chororgel) (Bildtafeln 30 und 31).

Durch den gegenüber der großen Orgel völlig anderen Klangcharakter eignet sich das Positiv für einen ganz bestimmten Teil der Orgelliteratur besonders gut. Die *Positivmusik,* zu der auch Händels Orgelkonzerte gehören, braucht keine große Klangfülle (Orgelkammermusik) und steht – grob gesagt – zwischen der Musik für große Orgel und der für Cembalo bzw. Clavichord. Das klingt vielleicht etwas ungewohnt, wird aber sofort einleuchtend, wenn man weiß, daß die Musik für Tasteninstrumente bis ins 18. Jahrhundert hinein noch nicht so klar in Orgel- und Klavier- (bzw. Cembalo-)musik geschieden war wie heute.[2]) Das zeigt sich z. B. bei Bachs c-moll-Passacaglia, die ursprünglich für Pedal-Cembalo geschrieben war, aber ebensogut, wenn nicht besser, auf der Orgel klingt. Zu dieser Positivmusik gehören die kleinen, manualiter (ohne Pedal) geschriebenen Werke der alten Meister bis einschließlich J. S. Bach (u. a. Toccaten, Fugen, Choralvorspiele und Variationen). Aber auch reine Cembalomusik aus dem 17. bzw. 18. Jahrhundert läßt sich gut auf dem Positiv vortragen (z. B. Bachs Klavierwerke zum größten Teil). Auch einige zeitgenössische Meister schreiben wieder Musik für Positive (z. B. Reda, Bornefeld).

Das Positiv ist keine Orgel im Kleinformat, sondern unterscheidet sich wesentlich von der großen Orgel: einmal durch die *Weitenmensur* seiner Pfeifen, die in der Regel allgemein enger ist (bis zu 12 HT, s. S. 94), auch durch einen anderen *Dispositionsaufbau.* Darüber kurz das Wichtigste: Beim kleinen Positiv hat jede Tonlage fast immer nur ein Register (s. u.). Der auch hier notwendige Unterschied zwischen enger und weiter Mensur läßt sich deswegen nur zwischen Registern verschiedener Tonhöhen gestalten. Wesentlich ist, daß in den hohen Tonlagen die Prinzipale und ihre Klangkrone (meist Zimbel) vorherrschen. Als Grundregister dienen die Prinzipalstellvertreter, Gedackte und Flöten, gelegentlich auch Regale.

Wie schon erwähnt, hat das Positiv meist nur ein Manual ohne Pedal; oder das Pedal ist *angehängt,* d. h., es hat keine eigenen Pfeifen oder Register, sondern die Pedaltasten sind lediglich an die Manualtasten gekoppelt. Der Wind wird bei dem pedallosen Posi-

---

[1]) Von lat. ponere = setzen, stellen; im Gegensatz zum tragbaren Portativ (s. S. 203).
[2]) Bachs bekannte „Klavierübung III. Teil" ist für die Orgel geschrieben.

tiv meist durch mit den Füßen getretene Blasebälge erzeugt (wie beim Harmonium) oder durch einen kleinen Elektroventilator.

Das Positiv hat immer Schleiflade mit mechanischer Traktur. Diese hat dazu den Vorteil, daß wegen der engen Pfeifenmensuren die Tonkanzellen nicht viel breiter als die Tasten zu sein brauchen, also praktisch die Kanzellenteilung der Tastenteilung entspricht. Dadurch wird auch die Traktur wesentlich vereinfacht (z. B. Stechermechanik, s. S. 127). Für besondere Zwecke (Cantus-firmus-Spiel) sind die Register in Baß und Diskant geteilt, wobei dann im Diskant noch ein Register hinzudisponiert werden kann, weil die kleinen Pfeifen dort nur wenig Platz beanspruchen.

Zwar teurer, hat das Positiv jetzt durch seine Klangfrische, ebenso durch seine gute Begleitfähigkeit das weiche, säuselnde Harmonium weitgehend verdrängt. Eine gewisse Konkurrenz erwächst dem Positiv wohl durch das etwa gleich teure Elektrium (s. S. 224). Doch handelt es sich beim Positiv um eine Orgel mit natürlichem Pfeifenklang, wogegen das Elektrium nur eine Imitation des Pfeifenklanges (mit Lautsprecherübertragung) erzeugt.

Nun noch ein Wort zur *Hausorgel*, besser *Kleinorgel*, die einen dem Positiv sehr ähnlichen Klangaufbau hat. Früher bezeichnete man mit Hausorgel eine Orgel, die wegen Platzmangel weniger Register als eine große Orgel bekam, sich aber sonst nicht wesentlich von ihr unterschied. Deswegen ist die Bezeichnung Kleinorgel, auch *Heimorgel*, besser. Im Gegensatz zum Positiv besitzt sie zwei, manchmal auch drei Manuale mit einem eigenen Pedal. Durch ihre geringe Tonentfaltung ebenfalls zur Kammermusik für Orgel geeignet, hat sie gegenüber dem Positiv den großen Vorteil, die Wiedergabe von Triomusik, aber auch die größerer Orgelkompositionen mit Pedal zu ermöglichen. Ganz abgesehen davon ist die Kleinorgel auch das ideale Übungsinstrument. Die Maße einer Kleinorgel sind durch die engen Mensuren wesentlich kleiner als die einer entsprechenden großen Orgel (s. Bildtafel 32).

Dispositionsbeispiele

a) Positive

	Baßregister	(C – h)	Diskantregister	(ab c^1)
1. 3 Stimmen	Regal	8′	Regal	8′
	Gedackt	4′	Gedackt	4′
	Prinzipal	1′	Prinzipal	1′
2. 3$^1/_2$ Stimmen	Gedackt	8′	Gedackt	8′
	Rohrflöte	4′	Rohrflöte	4′
	Prinzipal	2′	Prinzipal	2′
			Nasat	1$^1/_3$′
3. 5$^1/_2$ Stimmen	Gedackt	8′	Gedackt	8′
	Rohrflöte	4′	Rohrflöte	4′
	Prinzipal	2′	Prinzipal	2′
			Nasat	2$^2/_3$′
	Zimbel	2f.	Zimbel	3f.
	Regal	8′	Regal	8′

Eventuell mit angehängtem Pedal.

b) Kleinorgeln

4.	7 Stimmen	I. Gedackt	8′	II. Quintade	8′	Ped. Subbaß oder	
		Prinzipal	2′	Rohrflöte	4′	Rankett	16′
				Zimbel	2f.	Rohrpfeife	4′
5.	9 Stimmen	I. Gedackt	8′	II. Holzregal	8′	Ped. Subbaß oder	
		Rohrflöte	4′	Blockflöte	4′	Rankett	16′
		Prinzipal	2′	Sifflöte	1′	Gemshorn	4′
		Quinte	1⅓′	oder Zimbel	2f.		

Bei beiden Orgeln sämtliche Normalkoppeln, eventuell ein Schwellkasten.

6.	8 Stimmen	I. Gedackt	8′	Prinzipal	2′
		II. Rohrflöte	4′	Hörnlein	2f.
		III. Regal	8′	Zimbel	2f.
		P. Rankett	16′	Choralbaß	4′

Koppeln: II/I, III/I, I/P, II/P, III/P.

Dies ist nur ein kleiner Überblick über die Fülle von Möglichkeiten, Positive und Kleinorgel zu disponieren Einige Orgelbaufirmen stellen übrigens serienmäßig Positive in verschiedenen Größen her.

12.　　Kurzgefaßte Geschichte der Orgel

Nachdem wir nun den technischen und künstlerischen Aufbau dieses gewaltigen Instrumentes Orgel kennengelernt haben, wollen wir einen kurzen Blick in die Geschichte der Orgel werfen, der „Königin der Instrumente", wie sie sich von bescheidenen Uranfängen bis zu ihrem heutigen Stand entwickelt hat, und welche Kräfte dabei wirksam waren. Dabei zeigt es sich, wie der große Komplex Orgel von verschiedenen Richtungen her beeinflußt wurde, von Zeitstilen geformt und auch verformt wurde. Die Probleme, die dabei auftauchten, interessieren uns jetzt insofern, als erst vor einigen Jahrzehnten das eigentliche Wesen der Orgel wiedererkannt wurde.

Die Orgel selbst war zwar schon in der Barockzeit hochentwickelt, wurde jedoch gegen Ende des vorigen Jahrhunderts verkannt und in eine Richtung geführt, die wir heute als ihrem Wesen fremd erkennen, womit ihre damalige Stellung als Orchesterersatz gemeint ist. Auch jetzt noch wird mit einigen Problemen gerungen, die erst durch die Kenntnis der Orgelgeschichte verständlich werden.

Das auffallend große Interesse für die Geschichte der Orgel, das in diesem Maße eigentlich bei keinem anderen Musikinstrument gefunden wird, beruht u. a. darauf, daß es sich bei der Orgel nicht um ein klanglich homogenes Musikinstrument handelt. Denn durch die Vielzahl der Orgelregister, die in ihren Klangfarben, Klangeigenschaften und Tonhöhen so verschieden geartet sind, läßt sich der Klangaufbau jeder Orgel derart verschieden gestalten, daß kaum eine der anderen gleicht. Die Art des Klangaufbaus wird dazu weitgehend von den jeweils gültigen Klangstilen der einzelnen Epochen beeinflußt, so daß sich verschiedene geschichtliche Orgelklangstile nachweisen lassen, die später noch genauer besprochen werden. Aber auch landschaftliche bzw. ethnologische Eigenarten beeinflussen den Klangaufbau, weshalb man zuweilen von „Orgellandschaften" sprechen kann.

Die Kenntnis früherer Orgelklangstile aus verschiedenen Zeiten und Ländern, die vor allem durch die erhaltenen historischen Orgeln vermittelt werden, gibt uns nicht nur wesentlichen Aufschluß über die Aufführungspraxis der damaligen Orgelmusik, sondern auch viele Anregungen in klanglicher und sogar technischer Hinsicht beim Bau der heutigen Orgeln. So sind z. B. durch die rückschauende Art der Orgelbewegung in den zwanziger und dreißiger Jahren unseres Jahrhunderts neben manchen anderen wichtigen Erkenntnissen viele alte Register der Barockzeit wiederentdeckt worden, die eine Bereicherung des jetzigen Klanggutes darstellen. Die so wichtige „Orgelbewegung" selbst soll später noch eingehender behandelt werden.

Wie schon erwähnt, handelt es sich bei der Orgel um kein homogenes, in seiner Art klanglich genau festgelegtes Musikinstrument, weil die Art, Gestaltung und Kombination ihrer Klangerzeuger (Pfeifen) vielerlei Möglichkeiten gestatten und so den Klangaufbau der Orgel selbst verschiedenartig gestalten lassen. Sosehr nun jede Epoche ihren eigenen

Klangtypus gebildet hat, so läßt sich doch über alle Jahrhunderte hindurch, die die Orgel in der abendländischen Musik eine Rolle spielt, ein gemeinsames Klangmerkmal feststellen, das man als „typischen" Orgelklang ansehen kann. Dieser ist keineswegs, wie oftmals behauptet wird, gleichzusetzen mit „mehrstimmig spielbaren Dauerklängen verschiedener Klangfarben", die ebenso von manchen anderen Musikinstrumenten (wie z. B. Harmonium oder Elektrium) erzeugt werden können. Auch Pfeifeninstrumente mit reinem Flöten-, Zungen- oder mehr „streichendem" Klang ergeben nicht den „typischen" Orgelklang. Dieser beruht vielmehr auf einem ganz bestimmten Klangaufbau, ohne den eine Orgel trotz technischer und akustischer Ähnlichkeiten eben doch keine vollwertige Orgel ist.

Der für eine Orgel „typische" Klang, dessen Vorhandensein seit dem späten Mittelalter durch alle Jahrhunderte verfolgt werden kann und deswegen als charakteristisch für die Orgel angesehen werden muß, ist der Klang, der sich aus dem Rechtwerk, dem strahlenden, markanten *Prinzipalplenum* (Prinzipale + Oktaven + Klangkronen) zusammensetzt. Alle übrigen Register, die „Unterscheidlichen", ergänzen und bereichern den Klang einer Orgel und sind entscheidend für den Farbenreichtum, der für die Vielseitigkeit der Orgel wohl ebenfalls sehr wichtig ist. Doch nur der Plenumklang ist das entscheidende Klangmerkmal für das Musikinstrument „Orgel".

Der Einfluß zeitlich und landschaftlich verschiedener Klangstile hat im allgemeinen diesen Plenumklang nur wenig verändert und erstreckte sich mehr auf Veränderungen in der Art und Anzahl der Unterscheidlichen, die zu manchen Zeiten fast den Plenumklang überwucherten, z. B. durch Überbetonung der Zungenregister oder – besonders um 1900 – der Streicher. Denn an Versuchen, den Orgelklang „geschmeidiger", „interessanter" oder ganz einfach „moderner" zu gestalten, hat es nie gefehlt! Der klangliche Kern der Orgel, das Prinzipalplenum, hat sich aber über alle Zeiten gehalten und wird auch weiterhin allen ihn verfremdenden Einflüssen widerstehen. Denn sonst würde die Orgel ihr eigenes „typisches" Klangbild verlieren und wohl kurzfristigen Musikströmungen entsprechen, jedoch schon der nächsten Generation als veraltet und „unmodern" erscheinen.

Die Orgel ist im wesentlichen in ihrer heutigen Gestalt erst im späten Mittelalter entstanden, ist also relativ jung. Ihre Uranfänge gehen aber schon auf die *Panpfeife* oder *Syrinx* der altgriechischen Hirten zurück. Diese Panpfeife bestand aus mehreren nebeneinandergebundenen Weidenpfeifen von verschiedener Länge und Tonhöhe, die mit dem Munde geblasen wurden.

Zu welcher Zeit aus dieser Syrinx ein Instrument entstand, bei dem der Wind mit einem Blasebalg erzeugt wurde und die Steuerung der Pfeifen mit Ventilen erfolgte, ist nicht bekannt. Erstmalig wird eine solche „Orgel" (griech. ὄργανον , sprich órganon , von *Ktesibios*[1]) im 3. Jahrhundert vor der Zeitwende in Alexandrien erwähnt, wo sie, die Windzufuhr durch Wasserbehälter geregelt, den Namen *Wasserorgel* führte.

Da das Wort Wasserorgel (griechisch „Hydraulis") immer wieder zu Mißdeutungen Anlaß gibt, sei hier kurz das wesentliche der den Namen gebenden Winderzeugung erklärt: Durch mehrere handbetriebene Luftpumpen wurde Druckluft in einen glockenförmigen Behälter (eine Art Windkessel) gepumpt, der – nach unten offen – in einem mit Wasser

---

[1] Fälschlich wird oft der Friseur Ktesibios um 150 v. Chr. als Erfinder genannt; es handelt sich aber um den Mechaniker Ktesibios (etwa 300–250 v. Chr.).

gefüllten Kessel hing. Die von oben in die Glocke stoßweise gepumpte Luft verdrängte das von unten in die Glocke eingedrungene Wasser, so daß es im Kessel außerhalb der Glocke höher stieg. Das verdrängte Wasser wiederum drückt aber von unten her auf die in der Glocke befindliche Luft, so daß dort eine vom Wasserstand abhängige, nun gleichmäßige Druckluft entsteht, die durch ein anderes Rohr oben in der Glocke zu den Pfeifen abfließen kann. Das Wasser diente also nur zur Erzeugung eines gleichmäßigen Winddrucks.

Diese kleinen Instrumente besaßen nur wenige Pfeifen, jedoch – um die Zeitenwende – schon mehrere Pfeifenreihen (Orgel von *Aquincum*[2]), die mit *Registerkanzellen* einzeln spielbar waren. Die Einrichtung der Register geriet später in Vergessenheit und mußte sozusagen „neu" erfunden werden. Statt der späteren Tonventile hatten diese Orgeln *Tonschleifen*, d. h. Schleifen, die unter allen zu einer Taste (Ton) gehörenden Pfeifen entlangliefen und durch deren Verschiebung die Windzufuhr zu den Pfeifen versperrt oder geöffnet wurde.

Inzwischen mit Blasebälgen versehen, dienten die kleinen Orgeln später in der römischen Kaiserzeit als Tanzinstrumente in den Palästen, wo sie sich in Konstantinopel noch bis ins 15. Jahrhundert hielten. In Rom jedoch gerieten sie während der Völkerwanderung (4. bis 6. Jahrhundert) schon in Vergessenheit.

Die erste Orgel tauchte in Europa erst wieder 757 als Geschenk von Kaiser Konstantin Koprónymos aus Byzanz an Pipin den Kleinen auf. 824 wurde die erste Orgel im Aachener Dom erwähnt.

Bei diesen Orgeln handelte es sich um *Portative*[3]), kleine Traginstrumente mit Kupfer-, später auch Bleipfeifen (Tonumfang etwa $2^1/_2$ Oktaven), bei denen der Durchmesser sämtlicher Pfeifen immer der gleiche war (starre Mensur, s. S. 81, mit changierendem Mensurverlauf). Es kam in der damaligen Zeit eben nur auf die Tonhöhe an. Diese Portative gaben meist den Ton zum Gregorianischen Gesang an, wurden also nur einstimmig gespielt. Später dienten sie auch als Einzelinstrumente beim mehrstimmigen Musizieren, selten jedoch als Begleitinstrumente.

Als im 9. Jahrhundert der Vokalsatz neben Oktavenparallelen auch das Quintenparallelengefüge aufnahm, baute man Pfeifenreihen ein, die im Quintabstand zum Tastenton standen. Sowohl über die Grund- als auch über die Quintreihen wurden Oktavreihen gesetzt, so daß die Orgel zu dieser Zeit – Register waren in Vergessenheit geraten – eine Art großer Mixtur war *(Blockwerk)*. Aus den tragbaren Portativen, die sich in ihrer einfachen Art bis ins 16. Jahrhundert hielten, war damit ein feststehendes größeres Instrument geworden.

Im 10. Jahrhundert werden schon mehrere Blockwerkorgeln in deutschen Domen erwähnt, bei denen bis zu zehn Pfeifen auf einer Taste erklangen.

Beim „Blockwerk", das sich meist aus offenen Prinzipalchören zusammensetzte (später erst traten Gedackte und konische Pfeifen hinzu), war die Chorzahl im Baß geringer als im Diskant und fing mit mehreren (16'-), 8'-, 4'-, auch 2'-Chören an. Nach oben hin traten immer mehr Chöre hinzu, Doppelchöre und Quintchöre, die im Gegensatz zu unseren heutigen Mixturen allerdings nicht repetierten. Doch klangen diese Blockwerke keines-

---

[2]) Bei den dortigen Ausgrabungen (in Ungarn) fand man 1931 die Überreste einer durch Feuer zerstörten, mit ihren Metallteilen aber noch zum Teil erhaltenen kleinen Orgel aus dem Jahre 228 n. Chr.
[3]) Von lat. portare = tragen.

wegs roh, wie vielfach angenommen wurde, sondern hatten einen prächtigen prinzipalischen Plenumklang, der durch die vielen Oktav- und Quintchöre, oft sogar in gleicher Fußtonlage mehrfach besetzt, voll und strahlend war. Deswegen wurden Blockwerke sogar bis ins 16. Jahrhundert hinein gebaut.

Hier ein Beispiel eines Blockwerks (nach *Vente*):
Utrecht, St. Nikolai. Peter Gerritz, 1479.
Blockwerk 8–17fach

	16′	8′	8′	8′	5⅓′	5⅓′	4′	4′	4′	2⅔′	2⅔′	2⅔′	2′	2′	2′	1⅓′	1⅓′
F	16′	8′					4′			2⅔′			2′	2′		1⅓′	1⅓′
d¹	16′	8′					4′	4′		2⅔′	2⅔′		2′	2′	2′	1⅓′	1⅓′
f¹	16′	8′			5⅓′		4′	4′		2⅔′	2⅔′		2′	2′	2′	1⅓′	1⅓′
fs¹	16′	8′			5⅓′		4′	4′		2⅔′	2⅔′	2⅔′	2′	2′	2′	1⅓′	1⅓′
g¹	16′	8′	8′		5⅓′		4′	4′		2⅔′	2⅔′	2⅔′	2′	2′	2′	1⅓′	1⅓′
cs²	16′	8′	8′	8′	5⅓′		4′	4′	4′	2⅔′	2⅔′	2⅔′	2′	2′	2′	1⅓′	1⅓′
e²	16′	8′	8′	8′	5⅓′	5⅓′	4′	4′	4′	2⅔′	2⅔′	2⅔′	2′	2′	2′	1⅓′	1⅓′

Der *Tastenumfang* betrug im 10. Jahrhundert etwa 1–2 Oktaven. Durch die primitive Mechanik und die großen Ventile war der Anschlag der breiten Holztasten vermutlich schon schwer, so daß diese vielleicht wirklich mit den Fäusten geschlagen werden mußten, wie alte Schriftsteller berichten. – Die Tasten der Portative dagegen waren schmal und leicht zu spielen. Vermutlich waren damals schon die schwerfälligen Tonschleifen durch die leichtgängigen *Tonventile* abgelöst worden.

Die Erfindung des *Pedals* fällt etwa ins 14. Jahrhundert. Anfänglich hatte es keine eigenen Stimmen, sondern diente wohl nur zur Entlastung der Hände. Denn die schwergehenden, breiten Manualtasten benötigten zum Niederdrücken je eine Hand bzw. Faust, so daß man deswegen nur zweistimmig spielen konnte. Die zweite Klaviatur für die Füße, das Pedal, verband man – zunächst vielleicht nur mit Stricken – mit der Manualklaviatur und konnte nun drei- bis vierstimmig spielen. Erst später erhielt das Pedal eigene Pfeifen (*Bordunes*).

In dieses Jahrhundert fallen auch die ersten Versuche, einige Pfeifenreihen (Register) wieder einzeln spielbar zu machen, was ja schon früher (s. o. Aquincum) möglich war. Zunächst wurde nur die tiefste Hauptreihe einzeln spielbar eingerichtet, die *vox principalis*[4]). Aus ihr entwickelte sich unser Prinzipal. Das übriggebliebene Blockwerk stand auf der Windlade *hinter* dem Prinzipal und wurde dadurch zum *Hintersatz*, einer zunächst nicht oder nur wenig repetierenden Mixtur.

Eine Orgel aus dieser Zeit wird uns in ihrer Disposition von Praetorius überliefert:
Halberstadt, Dom, Nikolaus Faber, 1361

Werk: 1. Klaviatur Prinzipal 16′ + Hintersatz 32–56fach
2. Klaviatur das obige Prinzipal allein
Baß: 3. Klaviatur Prinzipal 32′
Pedal: 4. Klaviatur das obige Prinzipal 32′ + Hintersatz 16–24fach

Diese Orgel hatte noch keine Registerschleifen, sondern vier Laden, auf denen die beiden Prinzipale und die beiden Hintersätze standen. Die 1. und 4. Klaviatur waren mit je zwei Laden gekoppelt, während die 2. und 3. Klaviatur nur mit je einer Lade verbunden waren.

---

[4]) Lat. = Hauptstimme.

War in Halberstadt die Trennung des Prinzipals vom Hintersatz noch mit Hilfe verschiedener Tastenreihen (Klaviaturen) vorgenommen, so wurde schon vor 1400 die Abtrennung des Prinzipals mit der „Doppellade" technisch anders gelöst: Die vorderste (Prinzipal-)Blockwerkreihe erhielt einen eigenen Ventilkasten. Von den Tasten führten nun zwei Trakturwege zu den vorderen (Prinzipal-)Ventilen und zu den hinteren (Hintersatz-)Ventilen. Nur wenn über ein Sperrventil (ähnlich gebaut wie bei der Schleiflade, s. S. 127) Wind in den entsprechenden Ventilkasten gelangen konnte, klangen bei Tastendruck auch die entsprechenden Pfeifenreihen. – Später hat man wohl auch drei Ventilreihen an eine Klaviatur gehängt (Prinzipal, Oktave, Zimbel) oder auch mehrere Windladen. Weil dadurch aber die Traktur zu kompliziert wurde, waren einer noch weiteren Registerabtrennung bei dieser Technik Grenzen gesetzt, die erst durch die Schleiflade und Springlade überwunden werden konnten.

Wir finden nun einen weiteren wesentlichen Schritt in der Entwicklung des Orgelbaus im nächsten (15.) Jahrhundert, in dem fast alle technischen Bedingungen für die spätere Blüte erfüllt wurden. So fällt in diese Zeit die Erfindung, Pfeifenreihen mittels einer *Schleife* abzutrennen. Anfänglich noch in Kombination mit der Doppellade, wurde die Schleiflade immer weiter ausgebaut und verdrängte die Doppellade bald.

Nicht viel später wurde auch die Springlade (s. S. 129) gebaut, deren komplizierter Bau einer Weiterverbreitung aber im Wege stand. Noch heute existieren einige Springladen in alten Orgeln, z. B. Lemgo, St. Marien (16. Jahrhundert); Stade, St. Cosmae (17. Jahrhundert) u. a. Auch neuerdings werden wieder Versuche mit Springladen gemacht.

Durch die Absonderung einzelner Register war der Weg frei zur Entwicklung der vielerlei Orgelregister. Neben den engen *Prinzipalen, Oktaven* und *Mixturen,* die als *Rechtwerk* zusammengefaßt wurden, entstanden die *Gedackte* und weiten *Flöten,* konische wie *Gemshorn* und *trichterförmige* Register, *Quintaden* und einzelne Solostimmen wie die überblasende *Schweizerpfeife.* Auch werden die charakteristischen kurzbechrigen *Regale* ausgebaut und vereinzelt die ersten gemischten Farbregister wie *Sesquialtera, Kornett* und *Hörnle.* Diese Stimmen bildeten als *Unterscheidliche* einen klanglichen und registriertechnischen Unterschied zum Rechtwerk.

Im 15. Jahrhundert befanden sich in fast allen großen Kirchen Deutschlands Orgeln, sogar oft mehrere (Hauptorgel, Chorpositiv), die abwechselnd mit dem Chor in den Gottesdiensten gespielt wurden. Hatten die Orgeln bisher nur ein Manual, so finden wir jetzt die Vereinigung mehrerer Orgelwerke zu einer größeren Orgel, indem neben das Hauptwerk noch ein *Rückpositiv* und später auch das Zungeninstrument Regal (s. Anm. 75, S. 110) als *Brustwerk* trat. Das *Oberwerk* entstand aus einer Teilung des Hauptwerkes in zwei zusammengehörige, aber klanglich und technisch getrennte Werke. (Oft allerdings besaßen diese beiden Werke, auch später noch, nur eine gemeinsame Klaviatur.) Nun ließen sich alle musikalischen Erscheinungsformen der damaligen Zeit in streng polyphoner Linienführung auf verschiedenen „Werken" in klanglichem „Nebeneinander" und „Nacheinander" darstellen.

Interessant ist, daß der italienische Orgelbau diese Werkeinteilung nicht mitmachte und deswegen nur bei einem Manual blieb (s. u.) Der Grund dafür liegt in der Art der italienischen Musik, die sich mehr vom Vokalstil leiten läßt, wohingegen auf deutschem und niederländischem Boden mehr ein „Orgelstil" entwickelt wurde.

Bekannte deutsche Orgelbauer des 15. Jahrhunderts waren *Heinrich Traxdorf, Leonhardt Mertz* und *Burkhardt Dinstlinger.*

Ein Beispiel für die damalige Orgel bietet folgende Disposition:
Freiberg i. Sa., Dom, Burkhardt Dinstlinger, 1502
(Zustand 1619, 1198 Pfeifen, 14 Bälge)

Oberwerk (Hauptwerk)		*Rückpositiv*		*Pedal*	
Principal	8′	Grobgedackt	8′	Groß Principal	16′
Oktava	4′	Principal	4′	Oktava	8′
Schweizerpfeifen	4′	Kleingedackt	4′	Flötengedackt	(4′?)
Mixtur	9–12f.	Quinta	3′ (2²/₃′)	Hohlflötgen	(2′?)
		Oktava	2′	Mixtur	7f.
Brustwerk		Kleine Quinta 1¹/₂′	(1¹/₃′)	Zimbel	2f.
Kleingedackt	(4′)	Zimbel	2f.		
Klein Principal	2′	Regal	(8′?)		
Mixtur					
Cimbel					

Wir sehen an dem obigen Dispositionsbeispiel, daß die Orgel dieser Zeit schon die wesentlichen Merkmale der späteren Orgel aufwies; doch zeigt sich ihr Aufbau noch hauptsächlich aus dem Prinzipalchor bestehend, dem Rechtwerk. Erst im Laufe des 16. Jahrhunderts wurden die Unterscheidlichen vermehrt und im Verhältnis zum Rechtwerk chormäßig aufgebaut. Besonderen Wert auf unterschiedlich klingende Register legte *Arnold Schlick* 1511 in seinem *„Spiegel der Orgelmacher und Organisten"*. In diesem Büchlein sind grundlegende Gedanken über den damaligen Orgelbau niedergelegt. Im 16. Jahrhundert finden wir einen großen Teil der heute noch gültigen Prinzipien wie Werkprinzip, Registergruppen u. a. schon durchgeführt, wenn auch noch nicht in allem vollkommen ausgearbeitet.

Diese bedeutende Entwicklung fand vor allen Dingen in den Brabanter Landen[5] statt, wo der Orgelbau – angeregt von den deutschen Meistern Johann Frankens (Jan van Covelen) und Peter Briesger – zu hoher Blüte kam. Bei der Brabanter Orgel war der viermanualige Orgeltyp mit Hauptwerk, Rückpositiv, Brustwerk, Oberwerk und Pedalwerk schon völlig ausgebaut. Infolge der dortigen Religionswirren brachten dann viele niederländische Orgelbauer wie Henrik Niehoff und Jasper Johannsen, die Familien Lampeler, Hocque und Slegel ihre ausgeprägte Werkorgel nach Deutschland. Der flämische Einfluß läßt sich sogar bis nach Spanien, Frankreich und Italien verfolgen. In Mitteldeutschland baute vor allem der Niederländer Hermann Raphael Rottenstein-Pock.

Die Orgeln des ausgehenden 16. Jahrhunderts hatten einen klaren, ungebrochenen Klang, bei dem die Färbung und Unterscheidung der einzelnen Register wesentlicher waren als ihre Einfügung in den Gesamtklang *(Frühbarockorgel* mit ausgeprägtem *Spaltklang).*

Die Disposition einer Orgel aus der Frühbarockzeit möge dies veranschaulichen:
Kassel, Brüderkirche, Hans Scherer d. Ä., um 1600.

Hauptwerk		*Rückpositiv*		*Pedal*	
Prinzipal	8′	Gedackt	8′	Prinzipalbaß	16′
Oktav	4′	Prinzipal	4′	Subbaß	16′
Gedackt	4′	Schweizerpfeife	4′	Oktav	8′
Nasat	2²/₃′	Oktav	2′	Posaune	16′

[5] Heute Belgien, Südholland.

Mixtur		Sifflöte	1¹/₃′	Dulcian	16′
Scharf		Waldflöte	1′	Trompete	8′
Zimbel		Mixtur		Cornet	2′
Trompete	8′	Regal	4′	(Schwebung)	
Zink	8′				

Schon im 16. Jahrhundert wies die Orgelmusik Kompositionen auf, die eine solistische Registrierung in jeder Stimme verlangen. Diesem Prinzip kam die damalige, mehrwerkige Orgel entgegen. Wesentliche Bedeutung erhielt die Orgelmusik aber erst durch die Meister, die um 1600 lebten: Samuel Scheidt (Mitteldeutschland), Jan Pieterszoon Sweelinck (Niederlande) und Girolamo Frescobaldi (Italien). 1619 wurde das Buch „Syntagma musicum", II. Teil, „de organographia" von Michael Praetorius gedruckt, aus dem genauer Aufschluß über den damaligen Orgelbau gewonnen werden kann. Eine Fülle von Angaben zeigt, wie reichhaltig der Registerfundus zu seiner Zeit schon war.

Halle, St. Moritz, Joh. Heinrich Compenius, 1624 (nach Angaben des damaligen Organisten Samuel Scheidt[6])

Oberwerk		Rückpositiv		Pedal	
Quintadena	16′	Großgedackt	8′	Subbaß	16′
Prinzipal	8′	Prinzipal	4′	(Quintadena	16′ Tr.[7])
Gedackt	8′	Kleingedackt	4′	Zimbelbaß	2′
Oktav	4′	Sedetz (Oktav)	2′	Flötenbaß	1′
Gedackt	4′	Spitzflöte	2′	Posaunenunterbaß	16′
Quinte	2²/₃′	Quinte	1¹/₃′	Dulcian	16′
Sedetz	2′	Zimbel		Posaune	8′
Mixtur		Dulcian	8′	Kornett	4′
Zimbel		Regal	8′		
Regal	8′	Singend Regal	4′		

dazu Tremulant, Vogelgesang, Trommel, Zimbelstern.

Das 17. Jahrhundert zeigt den Orgelbau in seiner höchsten Blüte, der später nur noch in bestimmten Richtungen verfeinert, aber nicht übertroffen wurde. Der berühmteste Meister dieser Zeit war Arp Schnitger (1648–1719) in Norddeutschland, dessen Werke dort und in den Niederlanden zum Teil noch heute erhalten sind und Zeugnis seines großartigen Könnens in künstlerischer Hinsicht geben. Seine Vorläufer, die Familien Compenius, Fritzsche und Scherer (um 1600), legten den Grund zu seinem Stil. Der Werkaufbau der oft viermanualigen Orgeln dieser Zeit ist in bezug auf Reichhaltigkeit der Farben bei klar gegliederter Bauweise bis zur Vollendung durchgeführt. Man baut den Eng- und Weitchor vollkommen aus, die Entwicklung aller Zungenstimmen, auch der langbechrigen, ist abgeschlossen und bereichert dadurch den Orgelklang. Durch die Einführung von Einzelaliquoten läßt sich der Farbenreichtum noch vergrößern. Ein wesentliches Merkmal dieser Orgeln ist ihr klarer Klang, der durch die variablen Mensurverläufe die polyphone Linienführung klar hervortreten läßt (Hochbarockorgel).

[6]) Nach neuesten Forschungen von Mahrenholz, „Musik und Kirche", 25, S. 38 ff. (1955).
[7]) Transmission aus dem Oberwerk.

Norden, St. Ludgeri, Arp Schnitger, 1686–1688

Hauptwerk		*Oberwerk*		*Rückpositiv*	
Quintadena	16′	Hohlflöte	8′	Prinzipal	8′
Prinzipal	8′	Metallflöte	4′	Gedackt	8′
Rohrflöte	8′	Flachflöte	2′	Oktav	4′
Oktav	4′	Rauschpfeife	2f.	Gedacktflöte	4′
Spitzflöte	4′	Mixtur	4–6f.	Oktav	2′
Quinte	2²/₃′	Trompete	8′	Waldflöte	2′
Nasat	2²/₃′	Vox humana	8′	Sifflöte	1″
Oktav	2′	Trompete	4′	Sesquialtera	2f.
Nachthorn	2′			Tertian	2f.
Mixtur	8f.			Mixtur	6f.
Zimbel	3f.			Dulcian	8′
Trompete	16′				

Brustwerk		*Pedal*			
Gedackt	8′	Prinzipal	16′	Trompete	8′
Blockflöte	4′	Oktav	8′	Trompete	4′
Oktav	2′	Oktav	4′	Cornet	2′
Quinte	1¹/₃′	Rauschpfeife	2f.		
Mixtur	4f.	Mixtur	8f.		
Regal	8′	Posaune	16′		

Weitere bekannte Orgelbauer im 17. Jahrhundert sind *Hans Henrich Bader* (Westfalen), *Matthias Schurig* und *Eugenio Casparini,* ein Deutscher, der 54 Jahre in Italien arbeitete.

Görlitz, St. Peter und Paul („Sonnenorgel"), Eugenio Casparini und Sohn Adam Horatius, 1697–1703 (nach *Adlung*) (Bildtafel 6)

Hauptmanual		*Oberwerk*		*Brustpositiv*	
Prinzipal	16′	Quintatön	16′	Gedackt	8′
Großoktave	8′	Prinzipal	8′	Prinzipal	4′
Violdigamba	8′	Onda maris	8′	Oktave	2′
Vox humana	8′	Oktave	4′	Plochflöte	2′
(= Schwebung)		Ged. Fleut douce	4′	Sedecima	1′
Rohrflötquint	6′	Spitzfleut	3′	Quint Nassat	1¹/₂′
Superoktave	4′	Sedecima	2′	Scharf Mixtur	2f.
Gedacktpommer	4′	Glöckleinton	2′	Hautbois	8′
Salicet	4′	Super Sedecima	1¹/₂′		
Decima nona	3′	Scharff	1′		
Offene Flöte	3′	Cymbel	2f.		
Plochflöt	2′	Cornetti	8¹		
Vigesima nona	1¹/₂′				
Rauschpfeife	2f.				
Zynk	2f.				
Mixtur	3f.				
Bombart	16′				

Pedal

Großprinzipalbaß		Großquintbaß	6′	Mixtur	12f.
	ab F 24′	Superoktavbaß	4′	Posaunen	16′
Oktavbaß	16′	Jubal (= Oktav)	4′	Fagotti	16′
Contrabaß	16′	Tubalflöt	4′	Tromba	8′
Subbaß	16′	Bauerflöte	2f.	Krummhorn	8′
Gemshornbaß	8′	Mixtur	5f.	Jungfernregal	4′
Tubalflöt	8′	Scharf	2f.		
Quintatönbaß	8′	Cymbel	2f.		

dazu Sonne, Nachtigall, Vogelgesang, Tamburo, Kuckuck, Tremulant, Ventil zu den zwei
Engeln.

Mit diesen Meistern ist aber die Blütezeit des Barock nicht abgeschlossen. Noch werden
etwa bis zur Mitte des 18. Jahrhunderts großartige und künstlerisch hochstehende Orgeln
gebaut, die sich auch nach den Grundlagen der Hochbarockorgel richten, aber eine allgemeine Klangverfeinerung aufweisen *(Spätbarockorgel).* Es zeigt sich jetzt schon der Übergang zur Romantik, indem die Grundregister (8′) vermehrt werden, die Einzelaliquoten
verringert und die Zahl der Zungen vermindert wurde. Auch fällt jetzt oft das klanglich
hervorragende Rückpositiv weg. Gewünscht wird nicht mehr der durch den Gegensatz
Eng- und Weitchor scharf differenzierte Klang, sondern ein – besonders in Süddeutschland – wärmerer Plenumklang mit „lyrischen" Solostimmen und Streichern. Das Pedal
wird zunehmend zum Baßklavier ohne eigene farbliche Differenzierung.
Der berühmteste Meister dieser Zeit ist *Gottfried Silbermann* (1683–1753), mit dem
J. S. Bach bekanntlich in näherer Verbindung stand. Die Silbermann-Orgel entspricht mit
ihrem warmen vollen Klang dem Klangideal der späten Bach-Werke, wogegen Bachs
Frühwerken der schärfere Klang der Schnitger-Orgel am nächsten kommt.

Freiberg i. Sa., Dom, Gottfried Silbermann, 1710–1714 (Bildtafel 7)

Hauptwerk		*Oberwerk*		*Brustwerk*	
Bordun	16′	Quintaden	16′	Gedackt	8′
Prinzipal	8′	Principal	8′	Principal	4′
Viola di Gamba	8′	Bordun	8′	Rohrflöte	4′
Rohrflöte	8′	Quintaden	8′	Octav	2′
Oktava	4′	Octava	4′	Nasat	3′ (2²/₃′)
Quinta	3′ (2²/₃′)	Spitzflöte	4′	Tertie aus 2′	(1³/₅′)
Superoktav	2′	Octava	2′	Quinta	1¹/₂′ (1¹/₃′)
Tertia aus 2′	(1³/₅′)	Flageolett	1′	Sufflöt (= Sifflöte)	1′
Cornet	5f.	Echo (Kornett)	5f.	Mixtur	3f.
Mixtur	4f.	Mixtur	3f.		
Cymbeln	3f.	Cymbel	2f.		
Trompete	8′	Krumbhorn	8′		
Clarin	4′	Vox humana	8′		

Pedal

Untersatz	32′ + 16′	Mixtur	6f.
Principalbaß	16′	Posaunenbaß	16′
Subbaß	16′	Trompetbaß	8′
Oktavbaß	8′	Claironbaß	4′
Oktavbaß	4′		

Im 18. Jahrhundert machten sich folgende Orgelbauer ebenfalls einen Namen, die z. T. an Silbermann heranreichen, ja mit ihm vielfach in einer Ebene liegen:

Norddeutschland:	Familie Herbst, Joachim Wagner
Mitteldeutschland:	Zacharias Hildebrandt (Schüler von Gottfried Silbermann), Familie Trost
Westdeutschland:	Familie Stumm, Joh. Patroklus Möller
Ostdeutschland:	Michael Engler
Süddeutschland:	Joseph Gabler, Karl Joseph Riepp, Familie Schmahl, Joh. Nep. Holzhay
Elsaß:	Andreas Silbermann (der Bruder und Lehrmeister von Gottfried Silbermann), Johann Andreas Silbermann (Sohn von Andreas Silbermann)

Ebermünster/Elsaß, Andreas Silbermann[8]), 1731

Hauptwerk		*Positiv*		*Kornettmanual*	
Bourdon	16′	Bourdon	8′	Bourdon	8′
Montre (= Prinz.)	8′	Prestant	4′	Prestant	4′
Bourdon	8′	Nazard	2²/₃′	Cornet	3f.
Prestant (= Okt.)	4′	Doublette	2′	Trompete	8′
Nazard	2²/₃′	Tierce	1³/₅′		
Quarte de Nazard	2′	Fourniture	3f.	*Pedal*	
Tierce	1³/₅′	Cromorne	8′	Sous-basse	16′
Fourniture	3f.	(= Krummhorn)		Flute	8′
Cymbale	3f.			Bombarde	16′
Cornet (Diskant)	5f.			Trompette	8′
Trompete	8′			Clairon	4′
Voix humaine	8′				
Clairon	4′				

Naumburg, St. Wenzel, Zacharias Hildebrandt, 1743 (Bildtafel 3)

Hauptwerk		*Oberwerk*		*Rückpositiv*	
Prinzipal	16′	Bordun	16′	Prinzipal	8′
Quintadena	16′	Prinzipal	8′	Rohrflöte	8′
Oktave	8′	Hohlflöte	8′	Quintadena	8′
Gedackt	8′	Unda maris	8′	Viola da Gamba	8′

[8]) Andreas Silbermann hatte während seines Pariser Aufenthaltes die französische Barockorgel kennengelernt und sich bei seinen späteren Orgelbauten weitgehend danach gerichtet. Auch Ebersmünster zeigt den „klassischen" Aufbau der französischen Barockorgel.

Spillflöte	8′	Praestant	4′	Praestant	4′
Oktave	4′	Gemshorn	4′	Rohrflöte	4′
Spillflöte	4′	Quinte	2²/₃′	Fugara	4′
Quinte	2²/₃′	Oktave	2′	Nasat	2²/₃′
Oktave	2′	Waldflöte	2′	Oktave	2′
Weitpfeife	2′	Terz	1³/₅′	Rauschpfeife	2f.
Sesqualtera	2f.	Quinte	1¹/₃′	Zimbel	5f.
Kornett	4f.	Sifflöte	1′	Fagott	16′
Mixtur	8f.	Scharf	5f.	– Tremulant –	
Bombarde	16′	Vox humana	8′		
Trompete	8′				

Pedal

Prinzipalbaß	16′	Nachthorn	2′
Subbaß	16′	Mixturbaß	7f.
Violonbaß	16′	Posaunenbaß	32′
Oktavbaß	8′	Posaunenbaß	16′
Violonbaß	8′	Trompetenbaß	8′
Oktave	4′	Clarine	4′

Weingarten/Württ., Münster, Joseph Gabler, 1737–1750 (Bildtafel 5)

Hauptwerk (I)		*Ober- und Kron-werk (II) [k]*		*Unterwerk (III)*	
Prästant	16′	Borduen 1–3f.	16′	Borduen	16′
Principal	8′	Principal-Tutti	8′	Principal	8′
Rohrflaut	8′	Violoncell 1–3f.	8′	Flauten	8′
Oktave 1–2f.	4′	Coppel	8′	Quintatön	8′
Superoktave 2f.	2′	Hohlflaut	8′	Viola douce	8′
Hohlflaut	2′	Salizional	8′	Oktave	4′
Piffaro 5–7f.	8′	Unda maris	8′	Hohlflöte 2f.	4′
Sesqualtera 9–8f.	2′	Oktave doux	4′k	Piffaro doux 2f.	4′
Mixtur 10–9f.	2′	Viola 2f.	4′k	Superoktave	2′
Cimbalum 12f.	1′	Nasat	2′k	Mixtur 5–6f.	2′
Trombetten	8′	Mixtur 9–12f.	4′	Kornett 6–5f.	1′
		Cimbalum 2f.	2′k	Hautbois	8′
		Ergänzung:			
		Scharfzimbel (neu)	3f.k		
		k = im Kronwerk stehend			

Positivwerk (IV)		Hauptpedal		Positivpedal	
Principal doux	8'	Contrabaß 2f.	32'	Quintadenbaß	16'
Flaut douce	8'	Subbaß	32'	Superoktavbaß	8'
Violoncell	8'	Oktavbaß	16'	Violoncellbaß	8'
Quintatön	8'	Violonbaß 2f.	8+16'	Flaut douce	8'
Rohrflaut	4'	Mixturbaß 5–6f.	8'	Hohlflautbaß	4'
Querflaut	4'	Bombard	32'	Sesquialtera 7–6f.	2⅔'
Flauto travers 2f.	4'	Posaune	16'	Cornett 11–10f.	4'
Piffaro 6–5f.	4'	– Carillon (Glockenspiel)		Trombetten	8'
Flageolett	2'	– La force	49f.[9])	Fagotbaß	8'
Kornett 11–8f.	2'				
Vox humana	8'	Nebenregister:		Rosignol	
Hauboi (Hautbois)	4'			Tympanon	
– Tremulant				Cymbala	
– Carillon (Glockenspiel)				Cuculus	

Im 17. und frühen 18. Jahrhundert zeigt die Orgelmusik ebenfalls eine Höhe, wie sie später kaum mehr erreicht wird. Meister wie Johann Jakob Froberger, Georg Muffat und Johann Pachelbel in Süddeutschland, in Norddeutschland Dietrich Buxtehude, Vinzent Lübeck und Nikolaus Bruhns zeigen die Orgelmusik in höchster Blüte, die ihre Krönung und ihren Höhepunkt in Johann Sebastian Bach (1685–1750), dem größten Orgelmeister aller Zeiten, findet.

1698 erschien die „Erweiterte und verbesserte Orgel-Probe" von Andreas Werckmeister, der mit Arp Schnitger befreundet war. Weitere Veröffentlichungen über den Orgelbau des 18. Jahrhunderts sind: „L'Art du Facteur d'Orgues", 1766 von Dom Bédos de Celles und „Musica mechanica organoedi", 1768 von Jakob Adlung. Von allen drei orgelgeschichtlich sehr interessanten Büchern gibt es Faksimile-Nachdrucke.

Nun noch ein Wort zur Stellung der Orgel in der Barockzeit, worauf in der Einleitung schon hingewiesen wurde. Es ist dort erwähnt, wie sehr der Orgelklang dem barocken Klangempfinden wegen seiner herben Unpersönlichkeit entsprach und wie sie gerade die besondere Wertschätzung des Bläserklanges durch die Orgel ausdrücken ließ. Die große Bedeutung der Orgel lag aber in ihrer Stellung in der Kirche, die damals den Mittelpunkt des Musiklebens bildete. Doch ist damit nicht allein der Aufstellungsort gemeint, sondern die Mitbeteiligung der Orgel in der Kirche, im Gottesdienst, bei der Liturgie. Im Gegensatz zum heutigen Gottesdienst war die Orgel nicht nur das Begleitinstrument beim Gemeindegesang oder diente mit ihren Vor- und Nachspielen zur „Erbauung" der Gemeinde; sondern wir finden die Orgel in der damaligen Zeit als gleichberechtigtes Mitglied in der Liturgie wie Pfarrer, Gemeinde und Chor. Meist wurden die Choräle im Wechsel zwischen Gemeinde und Orgel gesungen, auch die Orgel „sang". Jeder kannte ja den Choral, den Cantus firmus (s. S. 178). Und aus diesen Gründen finden wir in der Barockorgelmusik die vielen Choralbearbeitungen, die eben nicht nur als Vorspiele dienten. So ist es verständlich, daß die Orgel nicht nur als Musikinstrument allein angesehen wurde, sondern als liturgischer Faktor, der dadurch über dem Menschen stand. Darum bemühten

---

[9]) Dieses Register besteht aus einer 49fachen Mixtur *nur* auf der Taste C des Pedals.

sich die größten Meister, die klangliche und bauliche Eigenart ihrer Orgel mit den besten Mitteln zu gestalten, nicht nur als Schmuck des Kirchenraumes, sondern als Exponenten der damaligen religiösen Lebensordnung.

Wir finden die Orgel in jener Zeit auch als Hausinstrument, als *Positiv*, wo es durch seine Klangfrische inmitten des häuslichen Musiklebens seinen Platz einnahm. Hier nicht so sehr aus religiösen Gründen, sondern als Begleit- und reines Spielinstrument.

Zusammenfassend läßt sich sagen, daß die Orgel in der Barockzeit (17. und 18. Jahrhundert) ein hochkultiviertes Instrument war, dem dank seines differenzierten Klangaufbaues und seiner organischen Klangdisziplin eine im Musikleben nie wieder erreichte Stellung zuteil wurde, wie sie sich denn auch in der Bezeichnung „Königin der Instrumente" ausdrückte. Alles das, was wir heute als grundlegend für den gesunden Orgelklang erkannt haben, war damals schon entwickelt: Die Gruppengegenüberstellung der Register mit den geeigneten Mensuren und natürlicher Intonation, die Werkeinteilung, die günstige Tonkanzellenlade (Schleiflade) mit mechanischer Traktur usw. Wir können heute nur lernen von der künstlerischen Vollendung der damaligen Orgel.

Im 19. Jahrhundert zeigte der Orgelbau mit dem Aufkommen der Romantik eine Veränderung in klanglicher Hinsicht, über die später noch gesprochen werden soll. Doch ist gerade dieses Jahrhundert reich an orgeltechnischen Neuerungen.

So ist am Anfang dieses Jahrhunderts der *Abbé Vogler* zu erwähnen, der mit seinem *Simplifikationssystem*[10] vieles Alte aus der Orgel entfernt hatte, darin allerdings zu weit ging. Sein einziges Verdienst ist die Auswertung der Kombinationstöne zur Einsparung großer Pfeifen; er verwarf leider jedoch den Prospekt, der, meist künstlerisch wertvoll, ein bedeutendes Denkmal für die entsprechende Kunstepoche ist. Voglers Hauptfehler war, die Klangkronen zu verachten, was in seiner allzu konzertanten Auffassung der Orgel begründet war.

In der ersten Hälfte des 19. Jahrhunderts schrieb Professor *Töpfer* ein grundlegendes Buch über den damaligen Orgelbau, in dem er sich theoretisch – nach praktischen Versuchen – mit den Mensuren beschäftigte. Er fand das Mensurverhältnis $1 : \sqrt[]{8}$ (s. S. 83), mit dessen Anwendung die Klangfarbe eines Registers bei sämtlichen Pfeifen gleichbleibt. Das wurde grundlegend für den späteren Orgelbau, wodurch die Orgeln im Klang eintönig und sich weniger für polyphone Musik eigneten.

In diesem Jahrhundert wurde auch der Schwellkasten allgemein eingeführt und nach 1850 die Kegellade, die beide allerdings schon 100 Jahre vorher erfunden waren. 1832 erfand der englische Orgelbauer *Barker* die „pneumatische Maschine" (s. S. 132), durch die die Spielart der großen mechanischen Orgeln erleichtert wurde. In der zweiten Hälfte des 19. Jahrhunderts entstand die Röhrenpneumatik, die die Einrichtung sehr vieler Spielhilfen ermöglichte, was vorher die mechanische Traktur nicht zuließ. Anfang des 20. Jahrhunderts wurde die elektrische Traktur entwickelt.

Auch das 19. Jahrhundert hat bedeutende Orgelbauer aufzuweisen, die hochwertige Orgeln bauten. So in Frankreich *Cavaillé-Coll*, in Deutschland *Ladegast, Furtwängler* und die jetzt noch bestehenden Firmen *Walcker, Weigle* und *Sauer.*

---

[10] Von lat. simplificare = vereinfachen.

Schwerin, Dom, Friedrich Ladegast, 1870/71 (Bildtafel 11)

I. *Manual*		II. *Manual*		III. *Manual*	
Bordun (ab c⁰)	32′	Prinzipal	16′	Liebl. Gedackt	16′
Prinzipal	16′	Quintatön	16′	Geigenprinzipal	8′
Bordun	16′	Prinzipal	8′	Salizional	8′
Prinzipal	8′	Quintatön	8′	Flauto traverso	8′
Gemshorn	8′	Bordunalflöte	8′	Doppelflöte	8′
Viola da Gamba	8′	Rohrflöte	8′	Fugara	4′
Doppelgedackt	8′	Fugara	8′	Piffero	4′
Flauto major	8′	Piffero	8′	Gedackt	4′
Rohrquinte	5⅓′	Prinzipal	4′	Quintflöte	2⅔′
Oktave	4′	Flauto	4′	Piccolo	2′
Rohrflöte	4′	Flautino	4′	Progressiv-	
Spitzflöte	4′	Quintatön	4′	Harmonica	2–4f.
Terz + Septime aus	4′	Gemshornquinte	2⅔′	Clarinetto	8′
Quinte	2⅔′	Oktave	2′		
Oktave	2′	Cornett	3f.		
Cornett 3–4f. B + D[11])		Progressiv-			
Mixtur	4f.	Harmonica	3–4f.		
Cymbel	3f.	Scharf	4f.		
Trombone	16′	Fagott	16′		
Trompete	8′	Oboe	8′		

IV. *Manual*		*Pedal*			
Viola	16′	Violon	32′	Gambenbaß	8′
Zartflöte	8′	Untersatz	32′	Cello	8′
Liebl. Gedackt	8′	Prinzipal	16′	Quinte	5⅓′
Viola d'amour	8′	Oktavbaß	16′	Oktavbaß	4′
Unda maris	8′	Violon	16′	Oktavflöte	4′
Flauto dolce	4′	Subbaß	16′	Cornett	4f.
Salizional	4′	Salicettbaß	16′	Posaune	32′
Flauto	2′	Terz	12⅘′	Posaune	16′
Harmonia		Quinte	10⅔′	Dulcian	16′
aetherea	2–3f.	Prinzipal	8′	Trompete	8′
Aeoline (Zunge)	16′	Flötenbaß	8′	Trompete	4′

mechanische Schleif- und Kegellade mit Barkerhebel
12 Nebenzüge, 15 Collectiv-Tritte (u. a. Sperrventile)
Crescendo- und Decrescendo-Tritt (Vorläufer des Rollschwellers)

*Nach Bach sind so bald keine bedeutenden Orgelkomponisten mehr aufgetreten; erst
wieder Mendelssohn, Liszt, Rheinberger und in Frankreich César Franck, Guilmant brachten die Orgelmusik zu einer neuen, nun romantischen Blüte. Mit Max Reger (1873–1916)
endlich erlebte die Orgelmusik wieder einen Höhepunkt. Er hat sich völlig in die nun
orchestral eingestellte Orgel eingefühlt und beherrscht sie mit ihren dynamischen Steigerungen meisterhaft.*

[11]) In Baß und Diskant geteilt.

Schon mit dem Ende des 18. Jahrhunderts nahm der Orgelbau eine andere Richtung ein als in der vorhergehenden Barockzeit. Es begann die Zeit, in der die Orgel ihre souveräne Stellung unter den Musikinstrumenten zugunsten des Orchesters verlor. Das lag vor allem am Verfall des gottesdienstlichen Lebens mit dem Rückgang der Liturgie – eine der vielen Auswirkungen der Säkularisation. Das Schwergewicht der Musik verlagerte sich nun aus der Kirche in den Konzertsaal. Außerdem hatte sich der musikalische Stil seit J. S. Bach erheblich gewandelt: Für den aufkommenden „galanten Stil" war die barocke Bläserorgel nicht mehr das geeignete Interpretationsmittel, auch wenn es einzelne Orgelkompositionen in dieser Art von mehreren Kleinmeistern, besonders aus Süddeutschland, gibt. Die Wiener Klassiker schätzten wohl noch die Orgel, haben jedoch kaum oder gar nichts mehr für sie komponiert (so *Mozart, Haydn, Beethoven),* auch wenn von *Mozart* der Ausspruch „Die Orgel ist der König der Instrumente" stammt. Die damalige Orgelimprovisation faßte dieses Musikstument dazu in ganz anderer Form als früher auf. So riefen Anfang des 19. Jahrhunderts Alpensinfonien mit sanften Hirtenliedern und dann rollenden Gewittern *(Abbé Vogler)* höchste Begeisterung hervor[12]). Erst die Romantiker mit *Mendelssohn* wendeten sich teilweise wieder der Orgel zu, die seit dieser Zeit auch in die Konzertsäle aufgenommen wurde. Sie empfanden die Orgel nicht ausschließlich mehr als Kircheninstrument, sondern als besonderes Ausdrucksmittel orchestralsinfonischer Klanggestaltung.

Inzwischen hatte sich die Orgel in ihrem Klangaufbau sehr geändert. Finden wir schon im 18. Jahrhundert, besonders im Süden Deutschlands, auch in Österreich, noch hellstrahlende, warmklingende Orgeln mit stärkerer Klangverfeinerung durch eine Fülle differenzierter 8'-Grundregister – dabei schon mit mehreren Streichern –, die eine große Zahl von Einzelfarben und Klanglasierungen zuließen, so ging diese Entwicklung im 19. Jahrhundert folgerichtig weiter und griff auch auf das übrige Deutschland, später auf fast ganz Europa über, bis sich um 1900 allmählich der Typus der grundtönigen *spätromantischen Orgel* bildete.

An die Stelle des Werkprinzips trat nun ein verschiedener Stärkegrad der Manuale: I. Manual ff, II. Manual mf, III. Manual p (die Nebenmanuale hatten oft keine Klangkrone mehr). Auch wurde der im Barock entwickelte Dispositionsaufbau mit Gegenüberstellung der Registergruppen zugunsten einer mehr orchestralen Klangwirkung aufgegeben, die sich in einem hohen Anteil der 16'- und 8'-Grundregister zeigte; er betrug oft über 60% aller Manualregister. Die Prinzipale wurden am weitesten mensuriert und dadurch die kräftigsten Register, lediglich von einzelnen Hochdruckstimmen (s. S. 70) übertönt. Als Gegensatz dazu und zu den oft recht laut intonierten Mixturen, die – wie die Zungenstimmen – nur noch als letztes Steigerungsmittel beim Crescendo gebraucht wurden, bevorzugte man enge Flöten und viele zarte Charakterstimmen wie Äoline, Salizional, Dolce, Vox coelestis u. a. m. Mit ihnen ließen sich außerordentlich viele fein differenzierte Pianissimo-Registrierungen herstellen.

Durch viele Kernstiche wurde die Ansprache entsprechend abgerundet. Infolge des für die Pneumatik benötigten hohen Winddrucks mußten nun die Pfeifen gekulpt werden (s. S. 45), um den Winddruck im Pfeifenfuß auf eine klanglich brauchbare Höhe abzuschwächen. Erstaunlich für uns heute ist die fast widerstandslose Aufnahme der pneumatischen Traktur mit ihrer so unangenehmen Verzögerung! Die allmählich allgemeine

---

[12]) Vgl. auch Beethovens Pastoralsinfonie!

Anwendung der Töpferschen Normalmensur $1 : \sqrt[]{8}$ führte zu einer Betonung der Diskantlagen, und die Registerkanzellenladen unterstützten die Klangverschmelzung in horizontaler, akkordischer Art, was allerdings dem romantischen Klangstil weitgehend entgegenkam. Auch paßten die teilweise wohl herzhaften, jedoch charaktervollen zylindrischen und kurzbecherigen Zungenstimmen (z. B. Krummhorn, Regal) nicht mehr in das empfindsame romantische Klangideal hinein. Deswegen wurden nur die konischen, durch Überlängen grundtönigen, oft mit durchschlagenden Zungen versehenen Trompeten, Klarinetten u. a. m. kultiviert.

Diese Orgeln waren in ihrer Art legitimer Ausdruck des damaligen Musikempfindens, meistens sehr sorgfältig mit bestem Material und entsprechendem Klanggefühl gebaut[13]). Doch war die Epoche der organalen Spätromantik mit diesen überfeinerten und nicht mehr steigerungsfähigen Klangmöglichkeiten abgeschlossen, so daß ein Umschlag kommen mußte, ähnlich wie es in der Architektur schon mehrmals zu deutlichen Rückbesinnungen auf das Alte gekommen war (Renaissance, Klassizismus).

1908 zeigte der berühmte Bachbiograph *Albert Schweitzer* einen neuen Weg für den Orgelbau, der zur *elsässisch-deutschen Orgelreform* führte. Allerdings nahm sich diese noch nicht die Barockorgel, sondern die klassische französische Orgel als Vorbild, die den Weg zur Spätromantik nicht so expressiv wie in Deutschland mitgemacht hatte.

Erst die deutsche Orgelbewegung entdeckte als damaliges Neuland die Klangprinzipien der norddeutschen Barockorgel (ausgehend von der Schnitgerschen St.-Jacobi-Orgel in Hamburg) und setzte sich für diesen Klangstil ein, der zu fast allen Eigenschaften der spätromantischen Orgel im Gegensatz stand. Diese Bewegung nahm seit der Organistentagung in Hamburg-Lübeck 1925 ihren Siegeslauf. Die orgelhistorischen Forschungen wurden zu der Zeit von *Wilibald Gurlitt* in Freiburg i. Br. durch den Bau einer Orgel nach einem Dispositionsentwurf des Michael Praetorius (s. S. 207), der *Prätoriusorgel*[14]), unterstützt.

Man erkannte jetzt wieder die besondere Intonationstechnik und Mensurierung der Barock- und Vorbarockzeit und bestätigte wissenschaftlich und praktisch die Richtigkeit der alten klassischen Orgeldisposition, die mit dem Prinzipalchor als Rückgrat alle übrigen Register funktionell in den Klang einbaute; dazu den Werkaufbau der einzelnen Teilwerke mit prinzipalischen und weitmensurierten Obertonverstärkern. Die Tonkanzellenlade mit mechanischer Traktur stellte sich als die günstigste Ladenform heraus, um den Pfeifen bei entsprechender Intonation einen künstlerisch singenden Klang zu geben. Auch erwies sich ein umschlossenes Gehäuse als notwendig für eine veredelte und richtende Klangabstrahlung. Besonders führend in der Erforschung dieser Erkenntnisse waren vor und nach dem zweiten Weltkrieg Männer wie *Gurlitt, Jahnn, Klotz, Mahrenholz, Supper* u. a.

Diese Reform *(Orgelbewegung)* wurde richtungweisend für den heutigen Orgelbau und ist auch heute noch nicht abgeschlossen. Laufend werden neue Erkenntnisse gewonnen, die über die anfängliche historisierende Phase der Orgelbewegung hinausführen und dafür

---

[13]) Der spätere, abwertend gebrauchte Ausdruck „Fabrikorgel" rührt daher, daß viele Firmen den damals üblichen Ausdruck „Fabrik" von der Industrie übernahmen; er besteht jedoch nicht zu recht.

[14]) Diese Orgel wurde 1921 von dem sehr interessierten Orgelbauer *Oskar Walcker* gebaut und ist im 2. Weltkrieg zerstört worden. Sie wurde 1955 in etwas anderer Form, nun völlig stilgemäß wieder aufgebaut und steht in der Aula der Universität Freiburg i. Br. Sie ist jetzt mitteltönig gestimmt. (s. S. 27)

sorgen, daß die Orgelbewegung in „Bewegung" bleibt. – Neben den oben angeführten „klassischen" Prinzipien der Orgel geht die Richtung dahin, den Orgelklang durch das Einbeziehen neuer Obertonzonen farbiger zu gestalten, wobei bisweilen des Guten zuviel getan wird. Denn der „typische" Orgelklang ist das prächtige und warm klingende prinzipalische Plenum; alle färbenden Klangmittel sind jedoch nur Zusätze, die den Orgelklang bereichern, aber nicht überwuchern sollen.

Jetzt ist auch die so lange Zeit völlig ablehnende Haltung gegenüber allen Ausdrucksmitteln der Romantik überwunden, die auf einem zunehmenden Verständnis für den romantischen Orgelklang beruht. Deswegen werden nun wieder eine Reihe dessen Klangelemente organisch in die moderne Orgel eingefügt, so eine stärkere Betonung der Grundstimmen mit Einbeziehung von Streichern und Schwebestimmen sowie der Schwelleinrichtungen.

Erwähnt sei noch, daß der Orgelbau in anderen Ländern teilweise andere Wege ging. So z. B. die Bevorzugung von Zungenstimmen in *Spanien* und *Frankreich*; in *Italien* die von milden Prinzipalen in sämtlichen Fußtonlagen ohne repetierende Mixturen; in *England* die Aufnahme mehrerer Prinzipale in gleichen Tonlagen.

Ein typisches Beispiel für die *französische* Barockorgel zeigt sich in der auf S. 210 wiedergegebenen Disposition von *Ebersmünster* (erbaut 1731 von *Andreas Silbermann*) mit Terzreihen in allen Manualen und auf wenige Farben beschränkte Registerauswahl, dazu jedoch hervorragende Zungenstimmen. Die bekanntesten französischen Orgelbauer dieser Zeit sind die Familie *Clicquot* (François Henri Clicquot 1732–1790) und *Alexandre Thierry* (um 1650–1730). – Im 19. Jahrhundert hatten in Paris *Aristide Cavaillé-Coll* und im Elsaß die Familie *Callinet* einen besonderen Ruf.

Für den interessanten, immer nur einmanualigen Aufbau der alten *italienischen* Orgel sei hier folgende Disposition gebracht (vgl. S. 98).

Brescia, San Giuseppe, Graziado Antegnati, 1581

Principale	B + D	16′
Ottava		8′
Quintadecima		4′
Decimanona		$2^2/_3$′
Vigesimaseconda		2′
Vigesimasesta		$1^1/_3$′
Vigesimanona		1′
Trigesimaterza		$^2/_3$′
Fiffaro (voce umana)		16′
Flauto in ottava		8′
Flauto in duodecima		$5^1/_3$′
Flauto in quintadecima		4′

Pedal angehängt

13.   Über Neubauten und Umbauten

Wenn ein Organist vor die Frage gestellt wird, den Neubau einer Orgel zu erwägen, wird er in dem Kapitel über die Disposition einen Anhalt finden. Und wie beglückend es ist, eine neue Orgel nach eigenen Plänen gestalten zu lassen, kann sich jeder Organist wohl vorstellen. Doch hüte man sich davor, ohne größere Erfahrung allein an solche Pläne heranzugehen, weil jeder Fehler nur sehr schwer wieder zu beseitigen ist. Im übrigen ist eine Beratung mit einem oder mehreren Sachverständigen – falls nicht sowieso von der Kirchenleitung vorgeschrieben – nur vorteilhaft, damit die werdende Orgel nicht nur dem vielleicht sehr speziellen Klangempfinden des Disponenten entspricht, sondern auch eine zeitlich allgemeingültige Klanggestalt erhält. Denn eine Orgel ist ein Wertobjekt mit im allgemeinen sehr großer Lebensdauer!

Daß in einer neugebauten Kirche auch eine neue Orgel aufgestellt wird, ist an sich die Regel. Doch kann anfänglich die finanzielle Kraft der Gemeinde dazu vielleicht noch nicht ausreichen. (Wenn man allerdings bedenkt, wie gering der Prozentsatz der Orgelbausumme von den gesamten Kirchenbaukosten ist, dann fragt man sich manchmal, warum nicht gleich der Bau einer neuen Orgel mit eingeplant wurde!) Bevor man aber in solchem Falle an den Kauf einer älteren – woanders ausrangierten – Orgel denkt, ist die Aufstellung eines – wenn auch kleinen – Positivs als Zwischenlösung bestimmt besser. Denn leider haftet Provisorien immer eine längere – als geplante – Dauer an: Das kleine Positiv wird eher zum Neubau einer großen Orgel führen als eine alte – wohl künstlerisch nicht befriedigende, aber recht „vollklingende" – Orgel. Und für das Positiv ist später dann noch Verwendung im Gemeindesaal. Doch hüten wir uns vor dem Provisorium Elektrium (s. S. 224), da es keine Orgel, sondern nur deren Imitation ist, auch wenn es noch so verlockend im Preis ist!

Bei der Größe der neuen Orgel werden die Finanzen einer Kirchengemeinde eine wesentliche Rolle spielen. Dabei darf nicht vergessen werden, daß nicht derjenige der vorteilhafteste Orgelbauer ist, der den billigsten Kostenanschlag einreicht; denn die Rentabilität einer Orgel zeigt sich oft erst nach Jahrzehnten, wenn viele in der Zwischenzeit aufgetretene Mängel – mit großem Kostenaufwand beseitigt – die „Qualität" einer Orgel aufdecken. Entscheidend für die Wahl eines Orgelbauers wird die Kenntnis anderer von ihm gebauter Orgeln sein.

Oft muß auch die Frage eines *Orgelumbaus* erwogen werden, weil entweder die Orgel in einem ruinösen Zustand oder klanglich unbefriedigend ist (zu klein, zu grundtönig). In den Fällen, bei denen neben einer unzulänglichen Disposition auch eine fehlerhaft funktionierende Traktur mit schlecht erhaltenen Windladen (Risse, Wurmstiche) den Anlaß zu einem Umbau geben, ist auf jeden Fall ein Neubau vorzuziehen, damit solche oft recht kostspielige Instandsetzung im Grunde genommen nicht doch Flickwerk ohne Aussicht auf längeren Bestand bleibt.

Doch ist in allen Fällen die Entscheidung wesentlich, ob sich in dieser Orgel noch Teile aus der Blütezeit des Orgelbaus befinden, die unbedingt geschont werden müssen, oder nicht, wobei die letzte Entscheidung darüber einem Orgelsachverständigen überlassen werden muß. Auch ein alter wertvoller Prospekt darf auf keinen Fall einem Umbau zum Opfer fallen.

Für eine sorgfältige Behandlung historischer Orgeln, die unter Denkmalschutz stehen, wurde 1957 in Weilheim/Teck von der „Gesellschaft der Orgelfreunde" das *Weilheimer Regulativ*[1]) ausgearbeitet, dessen wesentlichste Punkte hier mitgeteilt werden sollen.

Richtlinien zum Schutze alter wertvoller Orgeln
Präambel

Unsere Zeit hat den Wert historischer Orgeln wieder besonders schätzengelernt. Sie hat hieraus starke Impulse für den Orgelbau und die Orgelmusik empfangen. Da der Bestand an alten Orgeln durch die Auswirkungen der Kriege – und fast mehr noch durch unsachgemäße Behandlung – große Verluste erlitten hat, ist es notwendig, nicht nur die historischen Orgelprospekte, sondern vor allem auch die künstlerisch und kulturhistorisch wertvollen Klangkörper zu erhalten. Diesem Zweck dienen folgende Grundsätze:

I. *Der Begriff „denkmalwerte Orgel"*

1. Unter den Begriff „denkmalwerte Orgel" fallen Orgeln und orgelartige Instrumente abgeschlossener Stilepochen, die hinsichtlich der äußeren Erscheinung (Prospekt) oder bzw. und des Werks bestimmte Bedingungen erfüllen.

2. Über die Denkmalwürdigkeit eines Orgelprospektes entscheidet sein künstlerischer Wert.

3. Für die Denkmalwürdigkeit des Werks ist im allgemeinen Voraussetzung, daß das Instrument Tonkanzellenwindladen, mechanische Traktur und originalen Pfeifenbestand besitzt. Doch können auch solchen Instrumenten klangliche Denkmaleigenschaften zuerkannt werden, die nur noch einen Teil dieser Voraussetzungen erfüllen.

4. Es kann auch neueren Orgeln (bzw. orgelartigen Instrumenten) Denkmalwürdigkeit zuerkannt werden, wenn es sich um besonders eigenartige Instrumente handelt, die für die Zeit ihrer Erbauung klangtypisch sind – auch wenn solche Instrumente keine Tonkanzellenladen und keine mechanische Traktur besitzen sollten.

II. *Die Inventarisation (Bestandsaufnahme)*

1. Der Orgeldenkmalpflegearbeit hat die Bestandsaufnahme voranzugehen. Diese hat sich nach folgenden Gesichtspunkten zu vollziehen (es folgen detaillierte Angaben).

III. *Pflege*

1. Denkmalwerte Orgelinstrumente bedürfen einer besonders sorgsamen Pflege und Wartung.

2. Mit der Wartung eines denkmalwürdigen Instrumentes kann nur ein Orgelbauer beauftragt werden, der in der Lage ist, das Instrument in denkmalpflegerischem Sinne zuverlässig zu betreuen.

3. Auch der Organist soll Betreuer der Orgel sein.

---

[1]) Auf Initiative und unter der Leitung von *Dr. Walter Supper*.
1970 wurden diese Richtlinien in ähnlicher Form neugefaßt.

IV. Instandsetzung

Die Instandsetzung bezweckt die Konservierung einer gefährdeten bzw. im Verfallszustande befindlichen ursprünglichen Substanz im Sinne des Originals.

V. Restaurierung (Rekonstruktion)

1. Die Restaurierung bezweckt in der Regel eine Rückführung des derzeitigen Zustandes in denjenigen früheren, für den denkmalpflegerisch die besten Voraussetzungen gegeben sind.

2. Bei der Restaurierung sind wesens- und stilfremde Eingriffe und Zutaten zu beseitigen.

VI. Erweiterungen und Veränderungen

1. Grundsätzlich soll ein denkmalwertes Orgelinstrument nicht erweitert oder verändert werden.

2. Nur beim Vorliegen ganz besonderer Voraussetzungen können Ausnahmen gestattet werden.

VII. Verfahrensweise

Sämtliche Maßnahmen an denkmalwerten Orgelinstrumenten wie

> Pflege
>
> Instandsetzung
>
> Restaurierung (Rekonstruktion)
>
> Veränderung und Erweiterung

dürfen nur im Einvernehmen mit den kirchlichen Stellen und den staatlichen Einrichtungen für Denkmalpflege vollzogen werden.

Häufiger wird der Wunsch auftauchen, bei gut erhaltenen Windladen und Trakturen Veränderungen an der *Disposition* vorzunehmen, die in ihrem Klangaufbau unseren heutigen Anforderungen nicht mehr entspricht. Und da ist es erstaunlich, mit welch geringem Aufwand eine grundtönige Disposition in eine obertönige verwandelt werden kann.
Beim Erhaltenbleiben der alten, gut funktionierenden Traktur und der alten Windladen ist eine Erweiterung der Registerzahl für die einzelnen Werke nicht möglich und – bei geschickten „Dispositionsgriffen" – auch gar nicht nötig. Da allerlei an Material mit verwertet werden kann, ist solch ein Umbau nicht besonders kostspielig und deswegen leichter durchzuführen als ein Neubau. Doch muß darauf hingewiesen werden, daß eine völlig neue Orgel jedenfalls besser ist als ein Umbau, selbst wenn sie vielleicht kleiner, dafür aber „ökonomischer" gebaut ist als die vorhandene Taschenladenanlage mit pneumatischer Traktur.
Man spare bei einem Umbau nicht am falschen Platz; denn es ist besser, bisweilen eine Hohlflöte 2′ durch Umgießen des vorhandenen, in der Regel guten Pfeifenmaterials anfertigen zu lassen, als daß man den zu „billigen" Weg beschreitet und kurzerhand eine Aeoline 8′ zum 2′ absägt, oder aus einem Salizional 8′ eine Quinte $2^2/_3$′ macht. Aeoline und Salizional haben andere Mensuren, als sie eine Hohlflöte 2′ oder eine Quinte $2^2/_3$′ haben sollten. Doch soll nicht verschwiegen werden, daß bei sehr begrenzten Mitteln auf diesem Wege manchmal noch recht brauchbare Dispositionsverbesserungen ermöglicht werden können.
So läßt sich auch manches dicke *Gedackt* durch Erniedigung der Aufschnitte und vielleicht auch mit Bohrungen in den Spundgriffen zu einem klareren Rohrgedackt umbauen. Bei der

Neuintonation alter Register sind die zu hohen Aufschnitte durch Anleimen oder Anlöten von Verlängerungen am Oberlabium[2]) meist leicht zu erniedrigen. Auch die durch massenhafte Kernstiche sägeartig aussehenden Vorderkanten der Kerne lassen sich glätten, entweder durch Ausreiben der Kernstiche oder durch Verkleben mit Wachs. Durch solche Intonationsveränderungen kann ein geschickter Orgelbauer den Klang und die Ansprache vieler Pfeifen oft ganz erheblich bessern.

Den hohen *Winddruck* grundtöniger Orgeln zu erniedrigen, ist sehr zu empfehlen. Weil aber die alten Pfeifen auf hohen Druck intoniert sind, muß man ihnen bei der Erniedrigung des Winddruckes niedrigere Aufschnitte geben (s. o.). Wichtig ist auch die Änderung mancher *Kombinationen* und der Registrierungsabfolge des *Rollschwellers* im Hinblick auf die neue Disposition.

Doch muß man sich darüber im klaren sein, daß nicht nur Barockorgeln denkmalwert sind, sondern auch viele, gut gearbeitete Orgeln der Romantik und Spätromantik. Denn nicht alle grundtönigen Orgeln sind „schlecht", nur weil sie vielleicht unserem derzeitigen Klangideal nicht ganz entsprechen. Durch nicht immer gerechtfertigte Umbauten ist die originale Klangsubstanz schon so vieler Orgeln der Romantik zerstört worden, daß sie fast genauso selten geworden sind wie Orgeln aus der Barockzeit. Deswegen sind bei allen Umbauten genaue Überlegungen anzustellen, ob es sich bei der betreffenden Orgel nicht doch um ein qualitativ gutes, wenn auch klanglich anders geartetes Denkmal aus der romantischen Zeit handelt, das nicht angetastet werden darf.

Meist haben diese alten Orgeln neugotische Gehäuse, die jedoch zuweilen besser und sorgfältiger ausgearbeitet sind als manche modernen stocknüchternen Prospektgestaltungen. Vielfach wirken diese neugotischen oder -romanischen Gehäuse nur deswegen so scheußlich, weil sie gleichförmig braun angestrichen sind. Durch farbliche Fassungen in verschiedenen Abstufungen, der Gehäusestruktur entsprechend, lassen sich manchmal überraschend annehmbare Ergebnisse bei vormals tristen Prospekten erzielen.

---

[2]) Man kann auch den Pfeifenkörper am Kern abschneiden und ihn – etwas verkürzt – wieder neu anlöten, was aber recht kompliziert ist und vor allem die Mensur ändert (sie wird dann etwas weiter).

14.   Stimmung und Pflege der Orgel

Hier soll nur das wichtigste darüber gesagt werden. Da die Orgelstimmung sehr von der Temperatur abhängig ist[1]), sollte nach jedem Einbruch einer Wärme- oder Kälteperiode eine Nachstimmung vorgenommen werden. Kleinere Stimmungen kann gut der Organist selbst vornehmen, z. B. die der Zungenregister, die nur kurze Zeit ihr Verhältnis zu den Labialen beibehalten und ohne öftere Nachstimmung nicht verwendbar sind. Aber auch einzelne verstimmte Lippenpfeifen benötigen manchmal eine Nachstimmung, besonders die Gedackten und Halbgedackten.

Man stimmt am besten nach dem Register Oktav 4′, das erfahrungsgemäß am ehesten die Stimmung hält und sich durch seine klare Klangfarbe auch bestens als Stimmregister eignet. Gestimmt wird bei den *Zungenpfeifen* an der Stimmkrücke (s. S. 108), die mit einem *Stimmeisen*[2]) vorsichtig hinauf- (Ton wird tiefer) oder hinuntergeschlagen wird (Ton wird höher).

Bei den *Labialen* muß die Berührung mit den Händen unbedingt vermieden werden, da sich ihre Tonhöhe schon durch die mitgeteilte Körperwärme ändert. Bei offenen Labialpfeifen wird der Stimmlappen ein- oder ausgerollt (s. S. 42), wogegen die kleinen Pfeifen mit dem Stimmhorn (s. S. 42) gestimmt werden. Gedackte und Halbgedackte stimmt man am Spund. Beim Umgang mit Labialpfeifen beachte man: An den Labien ist eine Pfeife am empfindlichsten!

Beim Stimmen richtet man sich weitgehend nach den Schwebungen, auch bei den Aliquoten (s. S. 37). Nähert man sich mit der Hand oder dem Stimmhorn der Pfeifenmündung oder dem Aufschnitt, wird der Ton der Pfeife tiefer. Das bedeutet: wenn die Schwebungen nun aufhören, ist die Pfeife zu hoch und muß tiefer gestimmt werden. Treten dagegen bei Annäherung mit dem Stimmhorn stärkere Schwebungen als vorher auf, so ist der Pfeifenton zu tief, die Pfeife muß höher gestimmt werden. Der Umgang mit dem Stimmhorn wurde auf S. 42 beschrieben.

Wenn *Klirrgeräusche* entstehen, so liegt das entweder daran, daß die Pfeife nicht feststeht oder sich eine Pfeifenwandung geöffnet hat (schlechte Lötnaht, schlechte Verleimung). Oder es wird ein Gegenstand in der Nähe (Bleiverglasung, Gehäuseteile der Orgel, auch gelockerte Pfeifen) durch Resonanz (s. S. 34) zum „Mitklirren" gebracht. Auch können Fremdkörper (Kalkbröckel, Insekten u. a.) in eine Pfeife geraten sein. Dadurch

---

[1]) Die Verstimmung einer Pfeife bei Temperaturwechsel erfolgt einmal durch die temperaturbedingte Ausdehnung oder Zusammenziehung des Pfeifenmaterials; zum anderen aber besonders durch die ebenfalls temperaturbedingte Änderung der Schallgeschwindigkeit (s. S. 25). Denn die Frequenz (Tonhöhe) ist abhängig von der Wellenlänge und der Schallgeschwindigkeit. Ändert sich einer dieser Faktoren, so ändert sich dadurch auch die Frequenz, also die Tonhöhe.

[2]) Eine Art Lineal aus stabilem Metall.

verstummt manchmal eine Pfeife auch völlig. Um dies zu beheben, hebe man die Pfeife vorsichtig aus und entferne den Fremdkörper. Hierdurch lassen sich viele kleine Schäden entfernen.

Die Fehlerbeseitigung an schadhaft gewordenen Zungenblättern, an der *Traktur* oder an den *Windladen* überlasse man besser dem Orgelbauer, da hierbei durch unsachgemäßes Hantieren leicht größere Schäden verursacht werden können.

Doch kann ein geschickter Organist die *mechanische Traktur* selbst nachziehen, wenn sie sich im Sommer zu sehr ausdehnt oder im Winter zu sehr verkürzt hat (s. S. 128). Das Nachstellen der Traktur erfolgt im allgemeinen an den kleinen Stellmuttern, mit denen die Abstrakten an den Tastenschwänzen befestigt sind, oder durch Verstellung eingebauter Trakturspanner. Dies alles entfällt jedoch beim Vorhandensein von *automatischen* Trakturspannern (s. S. 129).

Wichtig ist es, den *Schwellkasten* nach beendetem Spiel immer *offen* zu lassen; sonst entsteht bei Temperaturschwankungen im Inneren des Schwellkastens eine andere Temperatur als außerhalb, wodurch sich die Pfeifen verstimmen.

Die Orgel ist auch vor *trockener Hitze* durch Aufstellen von Verdunstungsgefäßen im Inneren und durch Besprengen des Emporebodens mit Wasser zu schützen, eventuell auch mit Vorhängen an den Fenstern, durch die die Sonne scheint.

Zur Pflege der Orgel gehören auch gewisse Kenntnisse über den Einfluß der *Kirchenheizung* auf die Orgel. So sind seit dem jetzt allgemein üblichen Einbau von Heizungen in fast alle Kirchen gerade in den letzten Jahren viele Orgeln und andere Kunstgegenstände aus Holz gefährdet, wenn nicht schon zerstört worden. Denn durch übermäßig starke und feuchtigkeitsarme Heizungen haben sich Holzpfeifen und Windladen verzogen oder sind sogar gerissen, ebenso, wie Schäden an der Traktur auftraten. Auch durch staub- oder ölrußhaltige Heizluft treten Schäden an beweglichen Lederteilen auf, ganz abgesehen von einer stärkeren allgemeinen Verschmutzung der Orgel. Strahlheizungen sind deswegen nicht gut, weil sie zu intensiv in bestimmte Richtungen strahlen und zu Verstimmungen führen können. Am günstigsten ist eine Bodenheizung, die die Steinplatten des Bodens von unten her erwärmt und mit etwa 19° Celsius Fußbodenplattenwärme den Raum am gleichmäßigsten und für die Orgel am schonendsten aufwärmt.

Oft werden Warmluft-Heizungen eingebaut. Zur Schonung der Orgel müssen dann folgende Punkte beachtet werden *(Supper)*:

- Möglichst geringe Temperaturunterschiede zwischen Fußboden und Decke.
- Langsamer Fluß der Warmluft.
- Kein zu rasches Aufheizen. Für die langsame Raumerwärmung sollte ein ganzer Tag gerechnet werden.
- Auch an nicht benutzten Tagen sollte die Kirche eine Raumtemperatur von 5–7° Celsius haben.
- Richtiger Luftfeuchtigkeitsgehalt von etwa 60% relativer Luftfeuchtigkeit, der möglichst konstant sein soll.
- Luftfilter in der Warmluftheizung.
- Die Austrittsöffnungen dürfen nicht zu dicht bei der Orgel sein.
- Einbau von Lufteintrittsöffnungen in das Untergehäuse der Orgel, damit auch die dortige Luft erwärmt wird.

Nicht zu vergessen ist die Pflege des *Motors*: Regelmäßiges Ölen usw. Die modernen Motoren sind allerdings wartungsfrei eingerichtet.

15.   Anhang: Das Elektrium

Seit etwa zwei Jahrzehnten wird in Deutschland eine neuartige Form von Musikinstrumenten propagiert, die auf elektrischem Wege über Lautsprecher einen orgelähnlichen Klang erzeugen und deswegen vielfach „Elektronenorgeln" genannt werden. Da es sich hierbei jedoch keineswegs um Orgeln handelt, deren Wesen ja der Pfeifenklang ist, sondern um völlig anders geartete Instrumente, ist der Ausdruck „Elektronenorgel" falsch. Und weil es bisher noch keine prägnante Bezeichnung für diese Elektroinstrumente mit orgelähnlichem Klang gab, hat der Verfasser den Arbeitsbegriff „Elektrium"[1]) vorgeschlagen, der – ähnlich wie auch beim Begriff „Harmonium" – schon im Namen den Wesensunterschied zum herkömmlichen Begriff „Orgel" aufzeigen soll.

An sich haben die Elektrien als besondere Instrumentengruppe nichts mit der Orgel zu tun. Da aber sehr viele als *„Kirchenmodelle"* mit bewußt orgelimitierendem Klang gebaut werden und auch der Versuch gemacht wird, sie anstelle von Orgeln als Kultinstrumente einzuführen, weil sie angeblich der Orgel gleichwertig seien, ist es doch notwendig, sich genau mit ihnen zu befassen und sie hier eingehend zu besprechen. Das gilt ganz besonders für die Elektrien, die den Orgelklang möglichst genau nachahmen sollen, und die deswegen auch vielfach als „Orgeln" ausgegeben werden.

Klanglich besteht wohl eine gewisse Ähnlichkeit zwischen diesen Musikinstrumenten: bei der Orgel naturgegeben durch die Art des Pfeifenklanges, beim orgelimitierenden Elektrium dagegen gewollt eben diesen Pfeifenklang nachahmend. Um nicht das Original mit der Imitation zu verwechseln, müssen deswegen die Begriffe genau geschieden werden. Nur dem Instrument mit Pfeifen steht der in Jahrhunderten zu einem festen Begriff gewordene Name „Orgel" zu; die elektrogene Imitation muß davon klar getrennt werden, wobei gerade die Namensgebung nicht unwesentlich ist. Denn bisher war immer die Klangerzeugung entscheidend für den Namen, die Art und das Klangbild eines Musikinstruments. Erst der modernen Elektrotechnik ist es gelungen, mit diesen neuen Instrumenten dieses Prinzip zu durchbrechen und trotz andersgearteter Klangerzeugung ähnliche Klänge wie die von „herkömmlichen" Musikinstrumenten zu erzeugen. Doch ist es unzulässig, die neuen imitierenden Klangkörper nach dem Original zu benennen, ja sogar irreführend, weil viele Menschen über die wahre Art dieser Instrumente getäuscht werden können.

Während die Orgel ein *Blasinstrument* (Aerophon) mit „skalamäßig gestimmten Eintonpfeifen" ist (nach *Sachs*), gehört das Elektrium zu den *Elektrophonen*. Damit bezeichnet

---

[1]) Der schon manchmal vorgeschlagene Ausdruck „Elektroneninstrument" oder „Elektronium" ist nicht ganz zutreffend, weil diese Instrumente keineswegs alle „elektronisch" (s. S. 225) arbeiten. Und der Name „Elektrophon" ist inzwischen zu einem Oberbegriff für alle elektro-akustischen Instrumente geworden (s. u.).

man alle Instrumente, mit denen z. T. auf sehr verschiedene Weise (s. u.) ganz bestimmte elektrische Wechselströme erzeugt werden, die erst über Lautsprecher in akustische Schwingungen (= hörbare Klänge) verwandelt werden. Ihr Klangkörper ist also der *elektrisch erregte Lautsprecher.* Da es nun Elektrophone gibt, die keine Tasten haben (z. B. das Trautonium) oder die nur einstimmig (monophon) spielbar sind oder die keine Dauertöne erzeugen (z. B. das cembaloimitierende Cembalet), muß man das Elektrium als eine *besondere Gruppe der Elektrophone* ansehen, die folgendermaßen gekennzeichnet werden kann:

Das Elektrium ist ein mehrstimmig[2]) spielbares Klaviatur-Elektrophon mit Dauertönen.
Seine *Spieleinrichtung* ähnelt meist sehr dem Spieltisch der Orgel mit einem oder mehreren Manualen, Registerzügen und Pedal (dies allerdings oft mit nur aus dem Spieltisch herausragenden kurzen Pedaltasten, das sogenannte *Stummelpedal).*
Die Art, elektrische Wechselströme zu erzeugen und miteinander zu besonderen Klangfarben zu kombinieren, ist nicht einheitlich, sondern kann nach verschiedenen Systemen erfolgen.
Die ersten Anfänge, auf elektro-akustische Weise Töne zu erzeugen und spielbare Instrumente zu bauen, gehen bis ins Ende des vorigen Jahrhunderts zurück (Cahill). In Deutschland gab es erst in den dreißiger Jahren richtungsweisende Versuche: So die 1936 entwickelte „Welte-Lichttonorgel", bei der Wechselströme in lichtempfindlichen elektrischen Fotozellen entstehen, die – ähnlich wie beim Tonfilm – in rhythmischer Folge von einem Lichtstrahl getroffen werden. Die Rhythmik der Belichtung kommt dadurch zustande, daß die Lichtstrahlen durch sich drehende (rotierende) Glasscheiben mit aufgezeichneten Bildern von Klängen geführt werden und sich dadurch in ihrer Stärke wechselnd verändern, bevor sie auf die Photozellen treffen. Doch hat sich diese Art der Klangerzeugung nicht durchsetzen können.
In Amerika dagegen wurde ein anderes, dem Welte-System in gewisser Hinsicht doch ähnliches Prinzip entwickelt, nämlich das bekannte elektro-magnetische Hammond-System. Bei ihm entstehen sinusförmige Induktionsströme in Spulen, die über Polschuhe durch rotierende, gezahnte Metallscheiben magnetisch erregt werden. Die verschiedenen sinusförmigen Wechselströme lassen sich teiltonweise zu Klangbildern zusammenstellen. Dieses System wird heute noch viel angewandt. Ebenfalls auf rotierenden Scheiben sind beim Dereux-Instrument Klangbilder einiger Register von Cavaillé-Coll-Pfeifenorgeln aufgezeichnet, die – ähnlich wie beim Tonbandgerät – mit einem Tonkopf elektro-statisch abgetastet werden. Hier erklingen zwar die Klangbilder echter Pfeifenregister, doch ohne die so wichtigen Einschwingvorgänge und auch nur über Lautsprecher.
Nach einem anderen, dem elektro-mechanischen System (z. B. Wurlitzer) werden dauernd schwingende Metallzungen elektrisch abgetastet, die selbst – schallabgedichtet – direkt nicht zu hören sind.
Der am meisten benutzte Weg ist das *rein elektronische* Prinzip, dessen Anfänge auf die sogenannte „Elektron-Orgel" von *Kock und Vierling* (1936) zurückgehen. Arbeitete dieses Instrument damals noch mit Glimmlampen, werden jetzt Generatoren mit Elektronen-Röhren oder Transistoren benutzt. Diese *Generatoren,* deren Anzahl aus pekuniären Gründen meist begrenzt ist, können entweder *sinusförmige* Wechselströme erzeugen, die

---

[2]) Vielfach wird dafür der Ausdruck „polyphon" gebraucht, der an sich – übersetzt – stimmt, bekanntlich aber in der Musik eine ganz andere Bedeutung hat.

völlig ohne Oberwellen sind und aus denen Klangbilder mit verschiedenem Teiltonaufbau zusammengestellt werden (*additive* Methode). Andere Generatoren erzeugen *rechteckförmige* Wechselströme, deren Eigenart das Vorhandensein nur der ungeradzahligen Oberwellen (wie beim Gedackt) ist. Wiederum andere Generatoren erzeugen sehr oberwellenreiche, *sägezahnartige* Wechselströme, aus denen sich bestimmte Wellenbereiche herausfiltern lassen (*selektive* Methode). Außerdem gibt es *Zischgeneratoren, Modulatoren, Chorzahlvervielfacher* u. a. m.

Nun hat nicht jeder Ton seinen eigenen Generator, was zu kostspielig werden würde. Vielfach kommen manche Elektrien mit nur 12 Generatoren aus, die die chromatischen Töne der obersten Oktave erzeugen. Aus diesen entstehen durch bestimmte Schaltungen (*Frequenzteilerkaskade*) die tiefen Oktaven, ebenfalls aber auch die Obertonreihen, die der Tonhöhe der – allerdings temperiert gestimmten – Quinten und Terzen entsprechen, also eine ähnliche Schaltung wie beim Multiplexsystem (s. S. 161). Durch Kombination mehrerer verschiedener Generatorenarten (s. o.) lassen sich aber bei – allerdings dann teureren – Elektrien Klänge erzeugen, die dem Orgelklang außerordentlich nahekommen.

Sofern man die Elektrien nur für bestimmte Formen der Musik, vielleicht auch Tanz- und Unterhaltungsmusik verwendet, ist gegen diese Instrumente nichts einzuwenden. Tatsächlich eignen sie sich mit ihren besonderen Klangeffekten (Perkussion, Nachhalleffekt), auch mit besonders schmiegsamen Klangfarben, vom Tremulanten und einer stark wirksamen Schwelleinrichtung unterstützt, gerade für Unterhaltungsmusik besonders gut. Auch bieten sich interessante Zukunftsaufgaben mit neuartigen Klanggestaltungen (z. B. subharmonische Teiltöne, Klangfarbenschweller und Verklingungseffekte) an, die völlig neue kompositorische Möglichkeiten ergeben können, wofür sich die neuen Synthesizer eignen.

Doch die besonderen „Kirchenmodelle" der Elektrien, die gerade – in den letzten Jahren technisch erheblich weiterentwickelt – alle Eigenschaften der Orgel möglichst peinlich genau nachahmen wollen, um damit in den Aufgabenbereich der Orgel einzudringen, müssen genau auf ihre künstlerischen und musikalischen Fähigkeiten untersucht werden, was natürlich nur im Vergleich mit dem „Vorbild Orgel" möglich ist.

Zunächst die *Vorteile* der Elektrien:

1. *Geringerer Preis* gegenüber der Orgel. Es gibt sehr billige Instrumente, die in der Preislage kleiner Positive und noch darunter liegen. Größere und anspruchsvollere Elektrien kosten so viel wie eine Orgel mit 10 Registern, aber auch mehr.

2. *Geringer Platzbedarf* mit leichter Transportmöglichkeit. Ein Elektrium besteht eigentlich nur aus dem Spieltisch, in dem alle elektrischen Schaltungen untergebracht sind, manchmal sogar noch die Lautsprecher.

3. *Absolute Stimmungskonstanz* gegenüber Witterungs- und Temperatureinflüssen mit der Möglichkeit, die Stimmung relativ leicht zu verändern.

4. *Neuartige Klangfarbengestaltung* auch bei kleinen Instrumenten mit besonderen Klangeffekten.

5. *Unabhängigkeit von der Raumgröße*. Die Lautstärke (nicht Fülle!) kann durch Schweller vom ppp bis fff eingestellt werden.

6. *Anschlußmöglichkeit für Kopfhörer*. Ohne Lautsprecher, nur mit Kopfhörern sein Spiel zu kontrollieren, kann für Übungsinstrumente eine gewisse Bedeutung haben.

Allerdings überwiegen, von der Orgel her gesehen, die Nachteile in klanglich-künstlerischer Hinsicht derart, daß die Elektrien noch lange nicht an das Vorbild Orgel heranreichen oder als Musikinstrumente mit der Orgel auf eine Stufe gestellt werden können. Die Klangunterschiede sind bei den billigen Elektrien ganz erheblich; manchmal so stark, daß man von einer „Karikatur der Orgel" sprechen kann. Bei den teureren Instrumenten ist die Klangähnlichkeit mit der Orgel schon erheblich größer. Doch erfordert jede weitere Annäherung an den Orgelklang auch einen erheblich größeren technischen Aufwand, der so groß sein kann, daß solche Elektrien dann teurer als das Vorbild werden!

Deswegen sind die *Nachteile,* die im folgenden besprochen werden, nicht für alle Elektrien gleich, sondern variieren je nach Preisklasse und auch je nach Fabrikat:

1. Der bedeutendste Unterschied zwischen der Orgel und allen Elektrien ist die Art der *Klangabstrahlung,* die bei letzteren über einen, meist aber mehrere *Lautsprecher* erfolgt, von deren Qualität die Klangwiedergabe ganz erheblich abhängt. Bei der Orgel dagegen haben wir Hunderte, ja Tausende von Klangabstrahlern (Pfeifen). Unser Ohr hat sich zwar schon weitgehend an die Lautsprecherwiedergabe von Klängen (durch Rundfunk, Schallplatte und Tonband) gewöhnt; doch besteht ein großer Unterschied zwischen direkter Klangabstrahlung, die plastisch erscheint und sich durch die Raumakustik gegenseitig beeinflußt, und indirekten Klängen über Lautsprecher, auch wenn mehrere über eine große Fläche verteilt aufgestellt werden. Manche Klangverzerrungen durch Lautsprecher empfinden wir auf Grund der Gewöhnung kaum noch, obwohl sie vorhanden sind: Unser Ohr abstrahiert Verzerrungen *(Supper).*

2. Lautsprecherklänge entbehren auch der verschiedenartigen *Tragfähigkeit* (s. S. 61) von Pfeifenklängen, die – wie wir wissen – bei den einzelnen Registern verschieden groß ist, ja sogar auch innerhalb der Register selbst in verschiedenen Tonlagen durch entsprechende Mensuren variabel gestaltet werden können.

3. Auf die besonders charakteristischen *Einschwingungsvorgänge* bei der Orgel (s. S. 30), die bekanntlich sehr kompliziert sind, wird durch entsprechende Intonation geachtet. Diese können bei den Elektrien künstlich durch Vorläufertongeneratoren vielleicht in etwa nachgeahmt werden, aber bestimmt nicht völlig gleichwertig. Da solche spezielle Ansprachenachahmung aber sehr kompliziert und teuer ist, wird bei den meisten Elektrien darauf verzichtet: Entweder ist ihr Toneinsatz abrupt (ohne jeden Einschwingvorgang) oder gemildert mit sogenannten Einschwinggeneratoren bzw. mit Einrichtungen für einen allmählichen „weichen" Tonstärkenanstieg.

4. Es ist jetzt möglich, den *Teiltonaufbau* von stationären Orgelklängen sehr gut nachzuahmen, so daß viele Klänge denen von Orgeln manchmal verblüffend ähnlich sind.

Aber:

a) Viele billige Elektrien benützen noch *temperierte Teiltöne* mittels Multiplexschaltungen.

b) Die Möglichkeiten, den Klängen bestimmte *Formanten* (s. S. 29) zu geben, ist gering.

c) Im allgemeinen werden bei den Elektrien *hochliegende Teiltöne* nur wenig benützt, während durch den innerlichen Teiltonaufbau der Pfeifen schon dort sehr hochliegende Teiltöne erzeugt werden, auch wenn sie in der Dispositionsangabe nicht erscheinen (z. B. der innerpfeifliche Teiltonaufbau einer scharfen, obertönigen Quinte, oder bei Zungenstimmen usf.).

d) Die *Teiltonfrequenzen* beim Elektrium sind – sofern sie nicht temperiert liegen (s. unter 4a) – mathematisch genau aufgebaut, wogegen in Orgelpfeifen feine Abweichungen von den theoretischen Teiltonfrequenzen zu finden sind, die um so größer werden, je weiter eine Pfeife mensuriert ist (s. S. 58).

5. Die den Orgelklang besonders interessant gestaltenden *Intonationsschwankungen,* an der sich die künstlerische Ausdrucksfähigkeit des Intonateurs mit besonderem Fingerspitzengefühl zeigt, lassen sich beim serienmäßigen Elektrium schon gar nicht herstellen. Jede Variierung der Ansprache, des Klangaufbaus der einzelnen Pfeifen müßte bei der elektrischen Tonerzeugung bewußt für jeden Ton durch besondere Schaltungen nachgeahmt werden, was einen sehr großen technischen und damit finanziellen Aufwand mit sich bringt.

6. Die vielfach als Vorteil angepriesene, absolut zuverlässige, ja mathematisch genaue *Stimmung* ist für unser Ohr in Wirklichkeit gar kein Vorteil, da zu reine Stimmung steril klingt und das Ohr bei längerem Spiel ermüdet (fehlende *„Längenkraft"*, s. S. 181). Feine Stimmungsunterschiede der mit dem Ohr gestimmten Orgel beleben ebenso wie die feinen Intonationsschwankungen den Orgelklang und machen ihn zu einer künstlerischen Aussage (kein mit Zirkel und Lineal gemaltes Bild regt in uns künstlerisches Empfinden an!). Durch Dauertremulanten wird die Klangsterilität wohl etwas verringert, aber nicht aufgehoben.

7. Billigen Elektrien mit nur wenigen Generatoren fehlt ganz der für die „Fülle" des Orgelklanges so wichtige *Choreffekt.* Infolge der Sparschaltungen stehen nur eine begrenzte Menge von Teiltönen zur Verfügung, die teilweise bei einem bestimmten Klangaufbau schon verbraucht und für einen zusätzlichen Klang nicht mehr verfügbar sind. Bei den teureren Elektrien stehen durch die Kombination der additiven mit der selektiven Klangbildung (s. S. 226), vor allem auch durch die größere Anzahl von Tongeneratoren wohl erheblich mehr Teiltöne zur Verfügung, die – zusammen mit Chorzahlvervielfachern – wohl einen gewissen Choreffekt hervorrufen. Doch stelle man sich selbst bei kleinen Orgeln die vielen verschiedenen Teiltöne vor, die sowohl durch die verschieden hohen Register (Grund- und Aliquotreihen) als auch durch die innerpfeiflichen Obertöne entstehen. Dazu sind sie in ihrer Tonhöhe teils stimmungsbedingt (temperiert oder als Aliquot rein gestimmt), teils innerpfeiflich von den harmonischen Teiltönen mehr oder minder abweichend (s. S. 58) und erzeugen dadurch die Fülle und den Glanz des Orgelklanges, aber auch das gewisse Flimmern und Strahlen hochliegender Mixturen (vgl. die Bedeutung von Doppelchören).

8. Wenn auch ein Elektrium leichter transportabel ist als eine Orgel, so kann man bei der Orgel doch durch entsprechende Mensuren auf die *akustischen Bedingungen des Raumes* (s. S. 94) eingehen und den Klangaufbau optimal gestalten. Das ist bei den serienmäßigen Elektrien nur sehr bedingt möglich.

9. Das Elektrium hat, seiner Natur entsprechend, auch eine *elektrische Traktur.* Die Vorteile der Mechanik können hier nicht ausgenützt werden.

10. Um den Preis der Elektrien gering und damit konkurrenzfähig zu halten, müssen sie in möglichst großer Anzahl nach rationellen Fabrikationsmethoden angefertigt werden. Das bedingt eine *Normierung* nach Klang und Dispositionsaufbau entsprechend dem gerade aufgelegten Herstellungstyp. Für individuelle Wünsche bleibt nur die Auswahl zwischen mehreren Modellen verschiedener Firmen, die sich vielfach – dem gerade herrschenden Dispositionstypus angeglichen – sehr ähneln. Wenn auch im Zeitalter des Massenkonsums eine gewisse Normierung nicht zu umgehen ist, so ist gerade bei künstlerisch

anspruchsvollen Musikinstrumenten mit so verschiedener Klanggestaltung eine solche Entwicklung sehr fragwürdig.

11. *Orgelmusik* ist für das Instrument „Orgel" geschrieben. Jeder Versuch, sie auf einem anderen Instrument oder mit anderer Instrumentierung zu spielen, ist ein Verstoß gegen die werkgetreue Wiedergabe dieser Musik und auch gegen die künstlerische Aussage des Orgelkomponisten. Wohl ist die Wiedergabe von Orgelmusik auf der Orgelimitation technisch möglich, künstlerisch aber unzulässig und unbefriedigend.

12. Schließlich ist jetzt (1972) die Frage der *Dauerhaftigkeit* noch offen. Wir wissen, daß Orgeln einige hundert Jahre ihren Dienst tun. Ob das bei Elektrien möglich ist, ist zu bezweifeln, wenn man die Lebensdauer anderer elektrischer Geräte betrachtet, die im allgemeinen schon nach 20 Jahren verbraucht, zumindest hoffnungslos veraltet sind.

Bei allen diesen Punkten zeigen sich die Unterschiede des elektrotechnisch konstruierten, serienmäßig gebauten Elektriums, sofern es die Orgel nachahmen soll, zum Vorbild der Orgel selbst, die ein in Jahrhunderten künstlerisch ausgereiftes Musikinstrument ist. Und wie sehr die Feinheiten des Orgelklanges von der Disposition, der Mensurierung und Intonation abhängig sind, um allen musikalischen Möglichkeiten gerecht zu werden, wird der Leser dieses Buches gemerkt haben. Gewiß, auch die Elektrien könnten wesentlich mehr nach künstlerischen Gesichtspunkten gestaltet werden. Doch wird der technische Aufwand dann so groß, daß der bisherige Vorteil, erheblich billiger als eine Orgel zu sein, wegfällt. Eines läßt sich aber auf keinen Fall entfernen, nämlich der Lautsprecherklang. *Selbst das „vollkommenste" Elektrium könnte bestenfalls der Schallplatten-, Rundfunk- oder Bandwiedergabe einer echten Orgel gleichkommen!*

Wie schon gesagt, haben die Elektrien als Instrumente sui generis eine gewisse, sicher noch steigende Bedeutung. Auch für Tanz- und Unterhaltungsmusik haben sie sich gut bewährt. Die *orgelimitierenden Elektrien* dagegen sind *Ersatzgegenstände* mit nachgeahmten, nicht aus dem Eigenen heraus gewachsenen, also künstlichen (nicht künstlerischen) Mitteln. Ihre Entwicklung ist mit der möglichst vollkommenen Imitation der Orgel erreicht und damit begrenzt. Sicher wird sich auch für die Elektrien ein gewissen Ansprüchen entsprechendes Anwendungsgebiet erschließen, zumal es klanglich besser ist als ein Harmonium.

Doch selbst als Übungsinstrument bietet es gewisse Gefahren durch Klangverbildung auf Grund der Lautsprecherübertragung, der perfektionierten Klangbildung ohne jede Intonationsfeinheiten und nicht zuletzt durch die fehlenden Besonderheiten der mechanischen Traktur.

Wenn es auch vielleicht noch einige Zeit dauern wird, bis sich das Wort „Elektrium" im allgemeinen Sprachgebrauch durchgesetzt hat, so wird dieser Zeitpunkt doch bestimmt kommen. Denn die menschliche Sprache dient dazu, jedes Ding mit einem besonderen Namen zu bezeichnen und damit Begriffe zu bilden (auch die verschiedenen, sogar sehr eng miteinander verwandten Zupfinstrumente wie Laute, Mandoline und Guitarre z. B. haben – fein säuberlich getrennt – ihre bestimmten Namen). Und deswegen besteht gar kein Zweifel, daß der zukünftige Sprachgebrauch einen deutlichen Unterschied zwischen der Orgel und der elektrophonen Nicht-Orgel, eben dem Elektrium, machen wird. Der vielfach gebräuchliche Ausdruck „Elektronen-Orgel" genügt nicht, um den grundsätzlichen Unterschied zur Orgel aufzuweisen. Denn oft wird – im Sprachgebrauch abgekürzt – eben doch nur von einer „Orgel" gesprochen, wodurch sich viele Menschen, besonders

Laien der Tatsache, daß es sich gar nicht um eine Orgel handelt, nicht immer bewußt werden.

Zum Abschluß sei noch bemerkt, daß sich viele Kirchenleitungen – teilweise sogar mit weitgehenden Verboten – gegen die Aufstellung von Elektrien in der Kirche ausgesprochen haben, wobei neben liturgischen Gründen vor allem zwei Tatsachen entscheidend sind:

1. Das Elektrium ist keine Orgel, sondern nur deren Imitation. Und für Imitationen ist in der Kirche kein Platz.

2. Die Orgel – selbst nur ein kleines Positiv – ist ein in Jahrhunderten hochentwickeltes, künstlerisch besonders hochwertiges Musikinstrument, wogegen die künstlerischen Qualitäten der handelsüblichen Elektrien bisher erheblich geringer sind.

Für den Gottesdienst sollte die Orgel – und nicht ihre billige Nachahmung – auch weiterhin als „Königin der Instrumente" ihren traditionellen Platz einnehmen.

Literaturverzeichnis

Hier werden nur die wichtigsten Bücher angegeben,
die zum Weiterstudium geeignet sind:

Geschichte der Orgel

Adlung, Jacob: Musica mechanica organoedi 1768, Neudruck 1931
Antegnati, Costanzo: L'arte organica 1608, Neudruck 1958
Bédos de Celles, Dom: L'art du facteur d'orgues 1766–78, Neudruck 1963
Biehle, Johannes: Die Tagung für Orgelbau in Berlin 1928, 1929
Bormann, Karl: Die gotische Orgel von Halberstadt, 1965
Bormann, Karl: Orgel- und Spieluhrenbau, 1968
Clicquot, François-Henri: Théorie-Pratique de la Facture de l'Orgue, 1789,
    Neudruck 1968
Dähnert, Ulrich: Der Orgel- und Instrumentenbauer Zacharias Hildebrandt, 1962
Dähnert, Ulrich: Die Orgeln Gottfried Silbermanns, 1953
Flade, Ernst: Gottfried Silbermann, 2. Aufl. 1953
Fruth, Klaus Michael: Die deutsche Orgelbewegung und ihre Einflüsse auf die heutige
    Orgelklangwelt, 1964
Klotz, Hans: Über die Orgelkunst der Gotik, der Renaissance und des Barock, 1934
Metzler, Wolfgang: Romantischer Orgelbau in Deutschland, 1965
Moser, Hans Joachim: Orgelromantik, 1961
Perrot, Jean: L'orgue de ses origines hellénistiques à la fin du XIIIᵉ siecle, 1965
Praetorius, Michael: Syntagma musicum Tom. II: de organographia 1619, Neudruck 1964
Quoika, Rudolf: Altösterreichische Hornwerke, 1959
Quoika, Rudolf: Vom Blockwerk zur Registerorgel, 1966
Rücker, Ingeborg: Die deutsche Orgel am Oberrhein um 1500, 1940
Rupp, Emile: Die Entwicklungsgeschichte der Orgelbaukunst, 1929
Sorge, Andreas: Der in der Rechen- und Meßkunst wohlerfahrene Orgelbaumeister 1773,
    Neudruck 1932
Schlick, Arnold: Spiegel der Orgelmacher und Organisten 1511, Neudruck 1951
Schlimbach, G. C. Fr.: Über die Structur, Erhaltung, Stimmung, Prüfung etc. der Orgel
    1801, Neudruck 1966
Schweitzer, Albert: Deutsche und französische Orgelbaukunst 1906, Neudruck 1962
Töpfer, J. G.: Lehrbuch der Orgelbaukunst 1855
Walcker-Mayer, Werner: Die römische Orgel von Aquincum, 1970
Werckmeister, Andreas: Erweiterte und verbesserte Orgelprobe 1698, Neudruck 1968
Williams, Peter: The european organ 1450–1850, 1966

Sammelberichte:

Beiträge zur Organistentagung Hamburg–Lübeck 1925
Bericht über die Freiburger Tagung für deutsche Orgelkunst, 1926
Bericht über die 3. Tagung für deutsche Orgelkunst in Freiberg i. Sa. 1927
Bericht über die 2. Freiburger Tagung für deutsche Orgelkunst 1938
Der Barock, seine Orgeln und seine Musik in Oberschwaben (Bericht über die Orgel-
    tagung in Ochsenhausen 1951), 1952
Orgelbewegung und Historismus, 1958

Orgelbau

Bormann, Karl: Heimorgelbau, 1972
Elis, Karl: Orgelwörterbuch, 1949
Ellerhorst, Winfried: Handbuch der Orgelkunde 1936, Neudruck 1966
Goebel, Joseph: Theorie und Praxis des Orgelpfeifenklanges, Intonieren und Stimmen,
    1967
Klais, Hans Gerd, Überlegungen zur Orgeldisposition, 1973
Klotz, Hans: Das Buch von der Orgel, 7. Aufl., 1965
Mahrenholz, Christhard: Die Orgelregister, ihre Geschichte und ihr Bau, 1929,
    Neudruck 1968
Mahrenholz, Christhard: Die Berechnung der Orgelpfeifenmensuren vom Mittelalter bis
    zur Mitte des 19. Jahrhunderts, 1938, Neudruck 1968
Pape, Uwe: Dispositionen zweimanualiger Orgeln, Band 1, 1967, Band 2, 1969
Rössler, E. K.: Klangfunktion und Registrierung, 1952
Smets, Paul: Neuzeitlicher Orgelbau, 1944
Supper, Walter: Architekt und Orgelbau, 1940
Supper, Walter: Die Orgeldisposition, 1950
Supper, Walter: Orgelbrevier für Architekten, 1958
Schneider, Thekla: Die Namen der Orgelregister, 1958
Töpfer-Smets: Lehrbuch der Orgelbaukunst, 4.–5. Aufl., 1955–1960
Walcker-Mayer, Werner: Die Gestaltung des Orgelspieltisches, 1968

Orgelprospekt

Adelung, Wolfgang: Orgeln der Gegenwart, 1972
Haacke, Walter: Orgeln in aller Welt, 1965
Hill, Arthur George: The organ-cases and organs 1883/91, Neudruck 1966
Hill, Arthur George: Orgelgehäusezeichnungen, 1953
Kaufmann, Walter: Der Orgelprospekt, 3. Aufl. 1949

Positiv und Portativ

Bornefeld, Helmut: Das Positiv, 1946
Hickmann, Hans: Das Portativ, 1936
Quoika, Rudolf: Das Positiv in Geschichte und Gegenwart, 1957

Orgelmusik

Apel, Willi: Geschichte der Orgel- und Klaviermusik bis 1700, 1967
Bornefeld, Helmut: Orgelbau und neue Orgelmusik, 1952
Eggebrecht, Hans Heinrich: Orgel und Orgelmusik heute, 1968
Fellerer, Karl Gustav: Orgel und Orgelmusik, ihre Geschichte, 1929
Frotscher, Gotthold: Geschichte des Orgelspiels, 2. Aufl. 1959
Kraus, Eberhard: Orgeln und Orgelmusik, 1972
Lukas, Viktor: Orgelmusikführer, 1963
Matthaei, Karl: Vom Orgelspiel, 2. Aufl. 1949
Probst, Cécile: Literatur für die Kleinorgel, 1964

Orgelakustik und Elektronik

Adelung, Wolfgang: Elektroneninstrument und Pfeifenorgel, 1956
Bierl, Richard: Elementare technische Akustik der elektronischen Musikinstrumente, 1965
Eger, Arthur: Stimmungshöhe und Stimmungsart und ihre Probleme bei der Wiederherstellung alter wertvoller Orgeln, ohne Jahresangabe
Das Elektrium, Beiträge zur Klärung der Frage Orgel – Orgelimitation, 1964
Ingerslev und Frobenius: Einige Messungen an Orgelpfeifen, 1947
Lottermoser, Werner und Meyer, Jürgen: Orgelakustik in Einzeldarstellungen, 1967
Michel, Josef: Umgang mit Orgeln, 2. Aufl. 1969
Winckel, F.: Klangstruktur der Musik, 1955
Zorkóczy, Levente: Hörsamkeit in Kirchen, 1975

Allgemeines

Brustwerckle, Daniel: Summaria seyner Erlebnisse als Orgelmacher, 1964
Bunk, Gerard: Liebe zur Orgel, 1958
de Graaf, G. A. C.: Literatur über die Orgel, 1957
Schäfer, Ernst: Laudatio organi, eine Orgelfahrt von der Ostsee bis zum Erzgebirge, 1972
Supper, Walter: Lesebuch für Orgelleute, 1951
Walcker, Oskar: Erinnerungen eines Orgelbauers, 1948
Weilheimer Regulativ, Richtlinien zum Schutze alter, wertvoller Orgeln, 1957
Die Musik in Geschichte und Gegenwart, 1949 ff.

Periodica

Acta organologica, herausgegeben von der Gesellschaft der Orgelfreunde
ars organi, Mitteilungs- und Referatenblatt der Gesellschaft der Orgelfreunde
Bach-Jahrbücher, herausgegeben von der Neuen Bach-Gesellschaft
ISO-Information, herausgegeben von der international society of organbuilders
Das Musikinstrument, Frankfurt/Main
Instrumentenbau-Zeitschrift, Siegburg
Die Musikforschung, Kassel
Musik und Kirche, Kassel
The Organ-Yearbook, Amsterdam

Namen-, Orts- und Sachverzeichnis

(Orgelregister siehe auch S. 114 ff.)

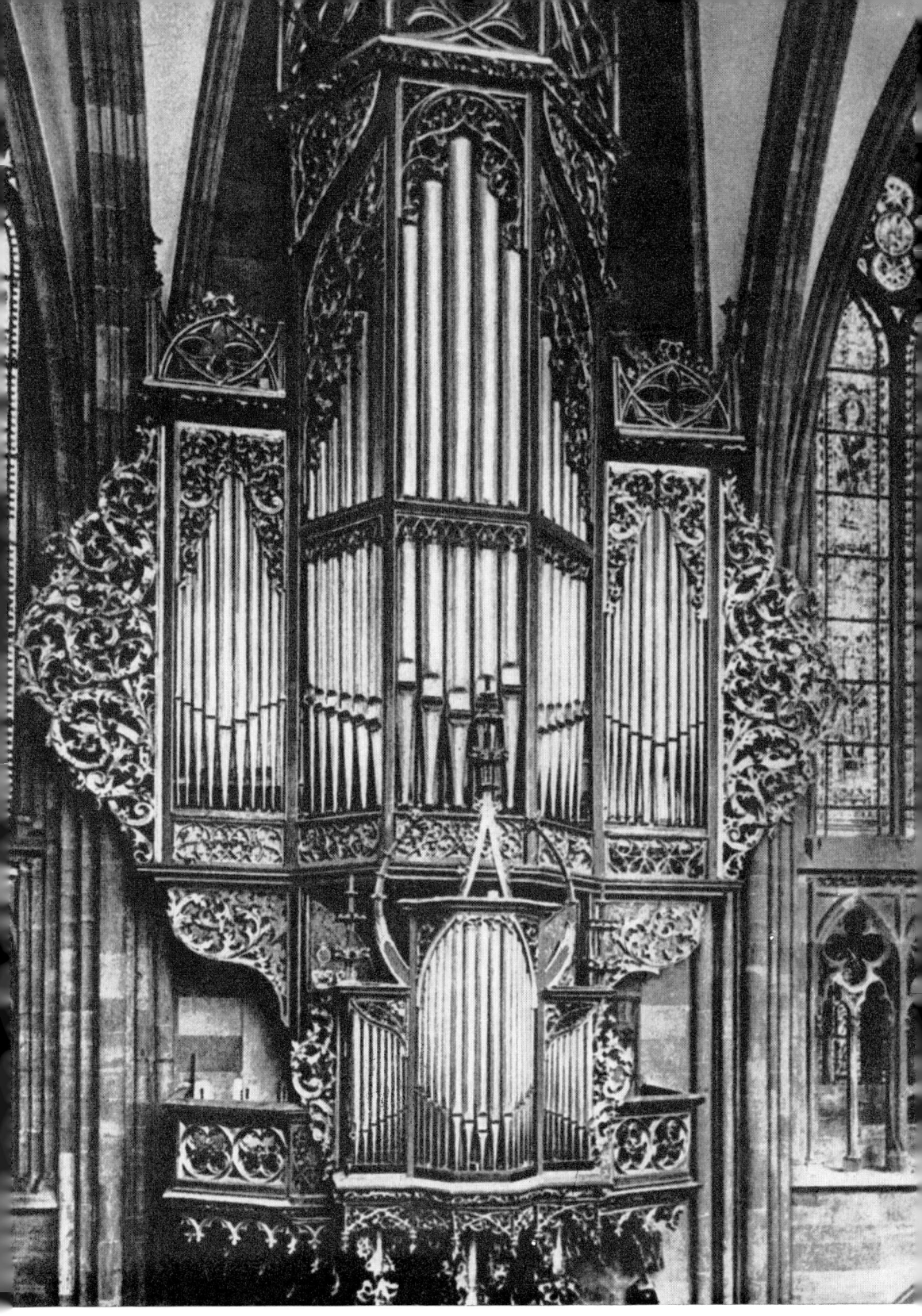

Tafel 1. Orgel im Straßburger Münster, 1489

Tafel 2. Orgel der St. Stephanskirche zu Tangermünde, 1624

Tafel 3. Orgel der St. Wenzelskirche zu Naumburg, 1695—1705

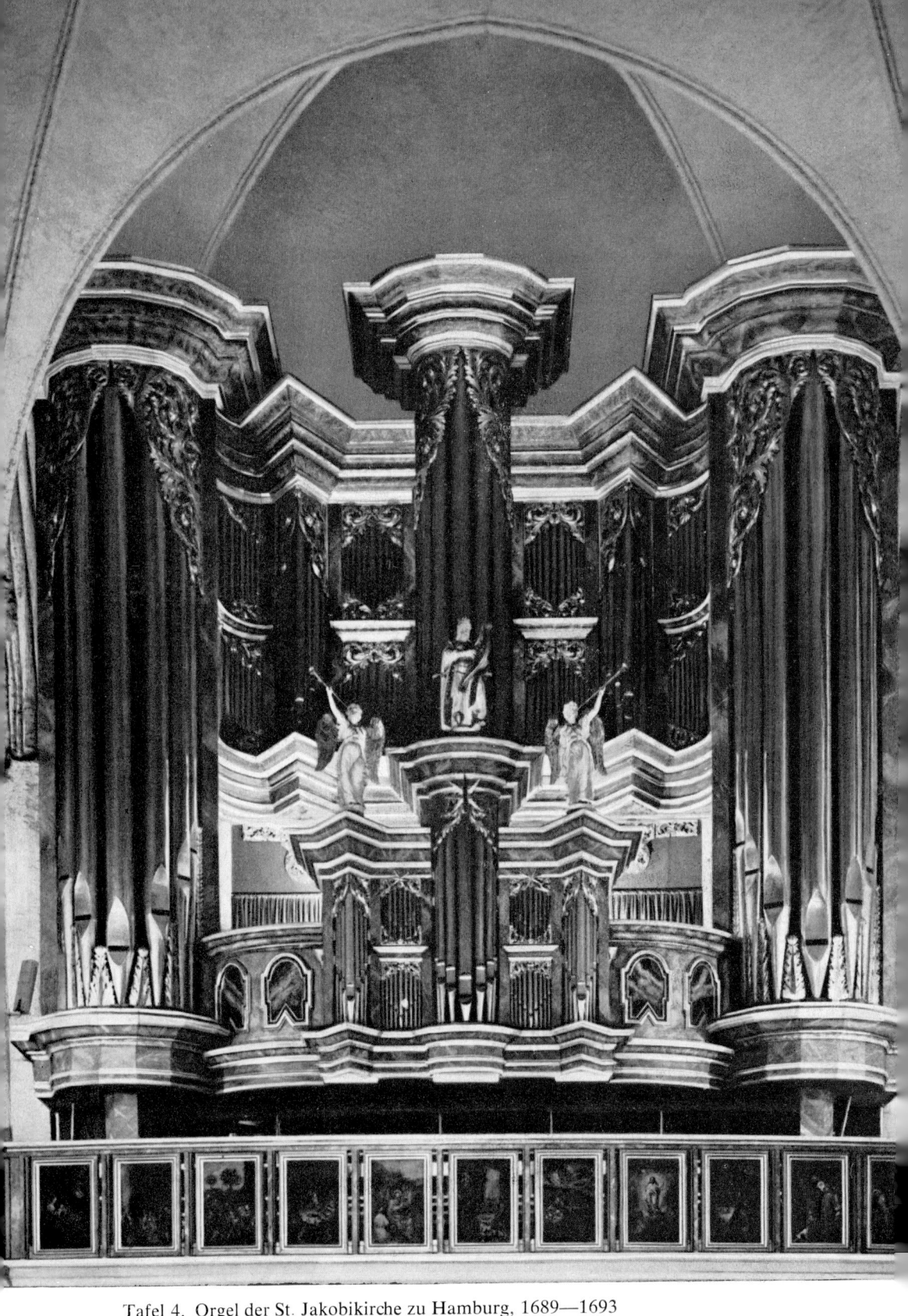

Tafel 4. Orgel der St. Jakobikirche zu Hamburg, 1689—1693

Tafel 5. Orgel im Münster zu Weingarten (Württemberg), 1737—1750

Tafel 6. Sonnenorgel der St.-Peter-und-Paul-Kirche zu Görlitz, 1697—1703

Tafel 7. Orgel im Dom zu Freiberg, 1710—1714

Tafel 8. Orgel der evangelischen Kirche zu Störmthal, 1722—1723

Tafel 9. Orgel der ehemaligen katholischen Hofkirche zu Dresden, 1750—1754

Tafel 10. Orgel der St. Marienkirche zu Rostock, 1766—1770

Tafel 11. Orgel im Dom zu Schwerin, 1870—1871

Tafel 12. Blick in eine Orgelkammer

Tafel 13. Orgelinneres mit „aufgebänktem" Kornett

Tafel 14. Spiel- und Registermechanik in einer alten Orgel

Tafel 15. Geöffneter Ventilkasten

Tafel 16. Spielschrank der Silbermann-Orgel im Dom zu Freiberg

Tafel 17. Moderner Spieltisch

Tafel 18. Orgel der St. Andreaskirche zu Hildesheim, 1965

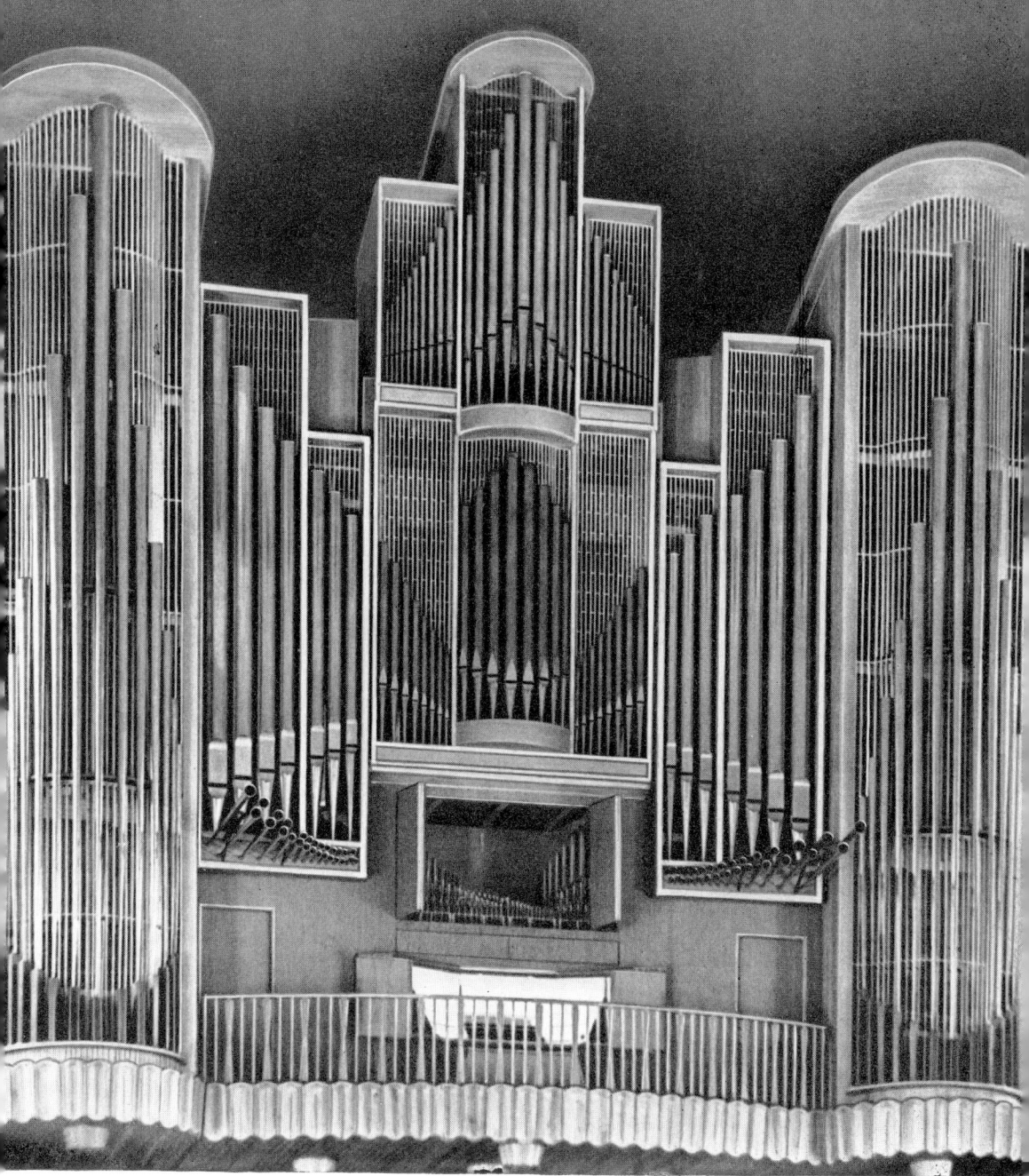

Tafel 19. Orgel der Kreuzkirche zu Dresden, 1963

Tafel 20. Orgel der evangelischen Kirche zu Badenweiler (Baden), 1963

Tafel 21. Hauptorgel der St. Elisabethkirche zu Marburg/Lahn, 1963

Tafel 22. Orgel der evangelischen Kirche zu Bremen-Oberneuland, 1966

Tafel 23. Orgel der Erlöser-Andreas-Kirchgemeinde zu Dresden, 1966

Tafel 24. Orgel im Großen Sendesaal des Staatlichen Komitees
für Rundfunk in Berlin, 1957

Tafel 25. Orgel im evangelischen Predigerseminar zu Wittenberg, 1965

Tafel 26. Orgel der evangelischen Stadtkirche zu Ravensburg (Württemberg), 1967

Tafel 27. Orgel der St. Nikolaikirche zu Hamburg, 1966

Tafel 28. Orgel der katholischen St. Bernhardskirche zu Köln-Longerich, 1967

Tafel 29. Modernes Regal

Tafel 30. Positiv von 1650

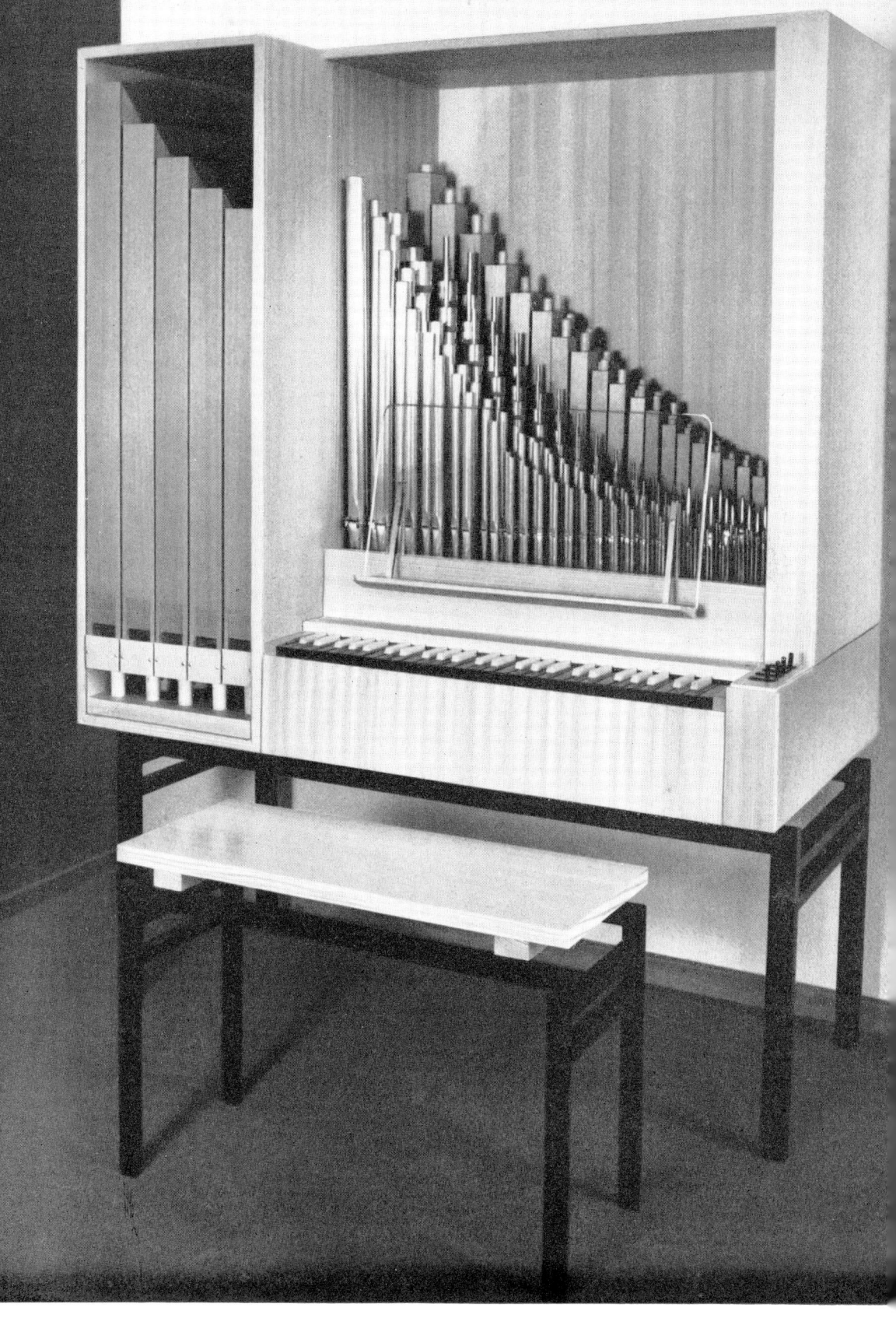

Tafel 31. Modernes Positiv

Tafel 32. Moderne Kleinorgel in Creuzburg/Werra, 1966